RAKT AS Į KABALĄ

Rav Michael Laitman PhD

LAITMAN
KABBALAH
PUBLISHERS

Versta iš:
Michael Laitman, THE KABBALAH EXPERIENCE,
Laitman Kabbalah Publishers, Toronto, Canada

Original English language edition published by
Laitman Kabbalah Publishers. Copyright © 2022

ISBN 978-1-77228-058-6

TURINYS

Įvadas 5

Pirmas skyrius. Kūrimo sumanymas 9

Antras skyrius. Kabalos mokymas 53

Trečias skyrius. Kabalos studijos 81

Ketvirtas skyrius. Dvasinis darbas 142

Penktas skyrius. Malonumo troškimas – atrasti ir ištaisyti 208

Šeštas skyrius. Siela, kūnas ir reinkarnacija 247

Septintas skyrius. Tikėjimai, mistika, antgamtiškumas 287

Aštuntas skyrius. Malda, prašymas, ketinimas 322

Devintas skyrius. Mokytojas, mokinys ir grupė 337

Dešimtas skyrius. Mesijas ir pasaulio pabaiga 362

Vienuoliktas skyrius. Kabalistinės sąvokos 371

Dvyliktas skyrius. Įžvalgos ir mintys 404

Įvadas

Kabalos mokslas moko mus, kaip gyventi supančioje tikrovėje. Tai nuoseklus metodas, plėtotas tūkstančius metų, iš kartos į kartą perduodamas saujelės ypatingų žmonių. Jų užduotis – pasirūpinti, kad kabalos mokymas būtų atskleistas tiems, kurie pasirengę jį priimti.

Iki šiol kabala buvo slepiama nuo visuomenės (nes šioji dar nebuvo pasirengusi jos priimti). Būtent dabartinei kartai buvo tobulinama kabalos metodika. Ir kaip tik dėl to knygoje *Zohar* nurodoma, taip pat Ari ir Baal Sulamas (kabalistas Jehudis Ašlagas, *Sulam* („Laiptai"), komentarų knygai *Zohar*, autorius) rašo, jog mūsų laikais kabala taps paprastu, autentišku gyvenimo keliu, atvertu visiems be jokių apribojimų. Tai prasidėjo 1995 metais ir šiandien esame kabalos populiarėjimo pusiaukelėje.

Kodėl mūsų karta? Todėl, kad sielos, nusileidžiančios į šį pasaulį ir įsivelkančios į kūnus, vystosi iš kartos į kartą, kol galų gale susimąsto apie savo egzistencijos prasmę.

Klausiama: „Kokia mano gyvenimo prasmė?" arba „Kam gyvenu?" Tokie klausimai kyla ne tik vis labiau kenčiant, bet ir tada, kai mus užlieja ramybė, pasitenkinimas ir malonumas. Šie klausimai netikėtai tampa skaudūs, parbloškia mus, kol randame išeitį – plaukti pasroviui kasdienybės upėje.

RAKTAS Į KABALĄ

Susimąstę apie dabartinę padėtį, kabalistinėse knygose aprašytą kaip „dienų pabaigą" (su kuria šiandien ir susiduriame), imame baimintis, jog be kabalos mokslo nepajėgsime saugiai išsikapstyti iš mus užklupsiančių sunkumų.

Kabalos mokslas leidžia mums pažinti *Aukštesnįjį pasaulį* – sistemą, kuri kontroliuoja ir valdo tikrovę, sykiu ir šį pasaulį, visą žmoniją ir kiekvieną iš mūsų bet kurią akimirką. Kabala padeda kontroliuoti pasaulių sistemą ir nuspręsti, kaip tvarkyti savo kasdienį gyvenimą, todėl šis mokslas tampa reikalingas kiekvienam.

Iki 1995 metų buvau užsiėmęs kabalistinių grupių kūrimu visame pasaulyje. Pasipylė klausimai, jų vis gausėjo, kol tapo nebeįmanoma atsakinėti įprastais laiškais. Todėl nusprendžiau sukurti interneto svetainę, atsakyti visiems klausiantiems ir kartu pateikti bendresnių žinių apie žmogų ir jo egzistavimą pasaulyje.

Tinklalapis buvo greitai pildomas, tobulinamas ir šiandien per mėnesį jame apsilanko daugiau nei milijonas žmonių iš įvairių pasaulio kampelių. Jie domisi informacija apie kabalos metodiką ir būdais, kaip tvarkyti savo gyvenimą, pateikia daugybę tiek asmeninių, tiek bendrų klausimų elektroniniu paštu ir diskusijų forumuose internete.

Dažnai susitinku ir su naujais žmonėmis – per paskaitas ar neoficialius pokalbius – kurie dar neatrado šio vertingo metodo, net jeigu klausimas „Kokia mano gyvenimo prasmė?" dega kiekvieno jų širdyse.

Visi jie ieško aiškaus, mokslinio, suprantamo atsakymo. Todėl nusprendžiau surinkti ir paskelbti visą forume susikaupusią medžiagą. Iš gausybės medžiagos atrinkau klausimus ir atsakymus, kuriuos skaitydamas kiekvienas galės žengti pirmuosius žingsnius su kabala.

ĮVADAS

Šiuos klausimus pateikė tokie pat žmonės, kaip ir tu, kurių *taškas širdyje* (taškas, raginantis mus klausti apie gyvenimo prasmę) prabudo. Ši knyga leis suprasti kelią, kuriuo jie ėjo klausdami: „Kokia mano gyvenimo prasmė?", „Kaip valdyti savo likimą?", „Ko turėčiau tikėtis iš kiekvieno veiksmo savo kasdieniame gyvenime?", ir gauti glaustus atsakymus.

Šie atsakymai remiasi aiškiu pačių išsiugdytu matymu, kuris susiformavo kiekvienam iš jų studijuojant Aukštesniąsias jėgas pagal kabalos metodiką. Kelias, kuriuo kiekvienas iš jų ėjo, yra asmeniškas, tinkantis vien jam. Tačiau iš mano pateiktų atsakymų, kurie grindžiami tūkstantmečiais besitęsiančiais kabalos mokslo tyrinėjimais ir plėtote, tu irgi gali atrasti savąjį kelią.

Reikėtų žinoti – kuo labiau gilinsiesi, tuo daugiau klausimų kils ir jie bus atsakyti tiesiai iš Šaltinio. Būtent tai leis tau tobulėti. Prisimink, jog sėkmė priklauso vien nuo tavęs.

Lydėsiu tave visame kelyje.
Michaelis Laitmanas

Pirmas skyrius
KŪRIMO SUMANYMAS

ŽMOGUS – KŪRIMO TIKSLAS

Daugelis stengėsi įspėti kūrimo tikslo mįslę – kodėl gimstame, gyvename ir mirštame. O koks kūrimo tikslas pagal kabalą ir kaip jį galima pasiekti?

Žmogus yra kūrinijos centras, jos tikslas. Kūrėjas sukūrė žmoniją ir trokšta pakelti ją į pačią aukščiausią pakopą – tokią kaip Kūrėjo. „Kūrėjo suvokimo", t. y. Kūrėjo savybių pažinimo, procesas yra būdas taisytis. Be to, būtent tai ir yra kūrimo tikslas, nes, kitaip nei moksle, Kūrėjo suvokimas – tai Jo suteiktas atlygis ir pasitenkinimas. Pagal kabalą žmonija ir yra visa kūrinija (arba *Pirmasis Žmogus*). Gimęs jis suskilo į 600 000 dalių. Kiekviena dalis išsitaiso savarankiškai prilygdama Kūrėjui. Visos būtybės turi sąmoningai pereiti šį procesą.

Kiekvieną išsitaisiusią dalelę galima užpildyti Kūrėjo Šviesa, t. y. Kūrėjo jautimu. Pojūtis, kad tave užpildo Kūrėjas, yra naujas. Ir būtent jį patirdamas atskleisi dvasinius pasaulius.

Mūsų tikslas – būti visiškai užpildytiems Kūrėju. Tačiau dabar mūsų sielos yra vadinamosios „šio pasaulio" būsenos: jos nejaučia Kūrėjo, nes Jis yra paslėptyje.

Kai siela pirmąsyk užmezga ryšį su Kūrėju, ji pakyla į pirmąją dvasinę pakopą. Tada siela vis labiau prilygina save Kūrėjui ir todėl vis stipriau Jį jaučia. Kai visos sielos yra visiškai ištaisytos, jos pakyla į būseną, vadinamą „taisymosi pabaiga".

Kas nutiks, jeigu žmonija atsisakys pripažinti kūrimo tikslą, prieštaraus jam? Ar Kūrėjui reikės sunaikinti ir iš naujo sukurti žmoniją?

Nėra ko baimintis, netgi tavasis klausimas kyla iš Kūrėjo! Žmogus tegali pasakyti: „Jeigu ne aš sau, tai kas dėl manęs?"

Kitaip tariant, privalome elgtis, tarsi Kūrėjas neegzistuotų, ir tik po to, kai jau visa atlikta ir pasakyta, priskirti Kūrėjui viską: nuo pirmosios minties iki paskutinio veiksmo. Visa iš anksto suplanuota. Visas tavo kelias jau nubrėžtas. Tu jau esi pasiekęs savo galutinę būseną, tiesiog dar negali jos pajusti. Nuo tavęs priklauso tik greitis, kuriuo artėsi prie tikslo. Visa kita ateis, jeigu daugiau skaitysi. Pamatysi, jog kito kelio nėra.

Tokio pobūdžio klausimai kyla, nes esame silpni ir neišsitaisę. Tačiau Kūrėjui pradžia ir pabaiga yra viena, tad joks papildomas veiksmas nebereikalingas. Viskas, kas vyksta, vyksta vien mumyse, kaip galų gale jaučiame kiekvieną įvykį. Už mūsų niekas nekinta, viskas tobula ir amžina.

IŠSITAISYMAS

Kas yra išsitaisymas ir ką reikia taisyti?

Kūrėjo sukurtas noras jausti malonumą yra vadinamas „kūriniu" arba kūrimo „medžiaga". Tačiau šio noro negalima pripildyti pradinėje formoje, nes vos tik žmogus užpildomas malonumu, pasitenkinimas

KŪRIMO SUMANYMAS

išblėsta. Iš pat pradžių Kūrėjo ketinimas buvo pripildyti norą. Bet šitai įmanoma tik tada, kai žmogus laisva valia prilygina savo ketinimą Kūrėjo atidavimo savybei. Kadangi šios savybės neriboja emocijos, žmogus gali pasiekti tobulumą ir amžinybę.

Žmogus yra kūrimo tikslas ir jis privalo pakeisti norą „mėgautis egoistiškai" į norą „suteikti malonumą Kūrėjui". Kai žmogus įgyja tokį ketinimą, noras mėgautis prilygsta Kūrėjo norui duoti. Kitaip tariant, kūrinys tobulėja teisingai naudodamas vienintelę savo savybę – malonumo gavimą.

Ketinimo keitimas susideda iš keleto etapų:
1. Vengimas naudoti norą jo pirmine forma.
2. Iš visų norų išskiriami tie, kuriuos galima tiek kokybiškai, tiek kiekybiškai panaudoti, kad suteiktum malonumą Kūrėjui.
3. Dvasinis susijungimas su Kūrėju, Jo atskleidimas (tai įmanoma tik izoliuojant norą, su ištaisytu tikslu).

Pirmieji du ištaisymai vadinami „apipjaustymu". Juos, kaip ir visus ištaisymus, atlieka ne kūrinys, bet Kūrėjas, t. y. aukštesnė nei dabartinė dvasinė pakopa. Kūrinys niekad neturi jėgų išsitaisyti. Žmogaus tikslas – paprasčiausiai panorėti būti ištaisytam, melsti, prašyti ištaisymo ir Aukštesnioji pakopa (Kūrėjas) jį ištaisys.

ŽMONIJOS VYSTYMASIS

Kodėl kabala pasilieka pasaulio kultūrinės raidos pakraščiuose, nedarydama įtakos žmonijos tobulėjimui kaip Vakarų filosofija? Juk kabalos tikslas – ištaisyti visą žmoniją.

Kūrimo tikslas – atvesti sielą, t. y. visą žmoniją su visomis jos dalimis, į tokią būseną, kai kiekvienas jos judesys harmoningai dera su Kūrėju, mūsų tobulumo matu. Bet iš pradžių žmonija turi patirti visas priešingas būsenas, kad suprastų, jog iš tiesų vien Kūrėjas yra tobulas.

Kultūra ir mokslas tėra įrankiai, duoti mums suprasti, kad mes ir visa, kas mus supa, turi susilieti su Kūrėju. Tai ir yra mūsų lemtis – aukščiausia raidos pakopa, kurią privalome pasiekti. Kabala privalo būti atskleista žmonijai. Tam metas dar neatėjo, tačiau mūsų laikais į šį pasaulį leidžiasi sielos, turinčios tikrąjį troškimą dvasiškai vystytis.

DOMĖJIMASIS KŪRIMO TIKSLU

Kodėl tiek mažai žmonių klausia savęs apie sukūrimą?
Kaip galima sudominti žmones studijuoti kūrimo tikslą?

Mūsų pasaulis, jo laimėjimai, skaudi istorija ir dvasiniai pasauliai su visu tuo, kas yra juose, – tai niekai, palyginti su tuo, ką žmogus atras. Sukūrimo plano didybė žmogui nesuvokiama.

Milijardai žmonių gyvena šiame pasaulyje tam, kad kelios dešimtys įgytų teisingą supratimą apie Kūrėją, ir vos keletas iš tų dešimčių suvoks Jį. Tačiau, be šių dešimčių, netgi tie, kurie išbando kabalą, jau yra išskirtiniai.

Kabala atskleidžiama iš viršaus; ji vystosi pamažu ir tam tikru etapu taps žinoma visiems, siūlydama aiškų tikslą kiekvieno iš mūsų gyvenimui. Daugybė žmonių dalyvaus šiame procese.

KŪRIMO SUMANYMAS

ŽMONIJOS PADĖTIS

Kokia žmonijos padėtis dvasinių pasaulių atžvilgiu?

Žmogaus vieta dvasiniame pasaulyje priklauso tiktai nuo įgyto ekrano stiprumo. Tai savo ruožtu lemia tik nuotolis nuo būsenos, kai visi žmogaus norai yra šiame pasaulyje (su ketinimu „dėl savęs"), ir artumas Kūrėjo pakopai (t. y. ketinimui „dėl Jo").

Kiek suprantu, žemėje visada yra tik vienas žmogus, esantis Aukštesniajame pasaulyje, aukščiau nei visi kiti kabalistai. Kas tas žmogus šiandien?

Pasaulyje yra slaptų kabalistų, žinomų vien patiems kabalistams, ir kabalistų, žinomų visiems. Visi jie dirba šiame pasaulyje ir atlieka savo užduotis pagal Kūrėjo nurodymus.

Jų darbas – tai jų pačių ir Kūrėjo reikalas. Mums nereikia žinoti apie jų darbus, nes turėtume daryti tai, dėl ko esame gimę – išsitaisyti.

Vietą tikrajam išsitaisymui privalome išsirinkti širdimi, kai jaučiame, jog kaip tik ši vieta tinka mums. Ir to priežastis nebūtinai yra didis, kitų itin gerbiamas mokytojas, jo iškalba ar išmanymas. Žmogus turi pasirinkti tokią vietą, kur kalbama apie tai, ką jis nori sužinoti savo širdies gilumoje.

Patarčiau ieškoti savo širdyje, būti sąžiningam sau pačiam. Su niekuo nesutikti, netgi menkiausiu dalyku, jeigu manai, jog tai neteisinga, nes siela turi rasti vietą, kur bus ištaisyta. O kai ji ims augti iš taško į pilną dešimties *sfirų* indą, tada pajusi kitus kabalistus. Žinosi juos, būsi su jais, gausi atsakymus į visus savo klausimus.

KŪRINIJOS TOBULUMAS

Kas yra tobulumas ir kaip jį pasiekti?

Tobulybė – tai kažkas, ko negalima paaiškinti, bet ką galima pasiekti. Vis dėlto galima paaiškinti, kas ją nusako. Tobulybė gali būti tik viena, niekada negali būti dviejų – tuomet arba viena iš jų, arba abi bus netobulos.

Kūrimas – tai Kūrėjo būsena, nes Jis yra vienintelis ir aukščiausias. Ar įmanoma suvokti Kūrėją? Toks yra kiekvieno iš mūsų gyvenimo tikslas. Būdas, kaip pasiekti tobulumą, vadinamas kabala. Pradėjęs studijuoti, patirsi pačius nuostabiausius pojūčius.

Vienintelis skirtumas tarp žmogaus ir gyvūno yra tas, kad žmogus turi pasirinkimo laisvę. Nurodyme „Rinkis gyvenimą" (Pakartoto Įstatymo knyga 30, 19)[1], žodis „gyvenimas" reiškia susiliejimą su Kūrėjo savybėmis.

Jeigu, kaip sakote, turime būti panašūs į Kūrėją, kodėl gi mums nesiekus ramybės?

Kūrėjas yra visiškoje ramybėje, nes Jo būsena tobula ir nereikalaujanti jokių pokyčių. Tu taip pat trokšti ramybės, bet gėda ir kitos jos apraiškos – tuštybė, žinių ar valdžios troškimas – verčia tave judėti toliau. Tavo būsena nėra tobula, tad jeigu nieko nedarai, esi laikomas tinginiu.

Siekti savo šaknies – tai siekti jos tobulumo. Ramybė – šio tobulumo rezultatas.

---

[1] Knygoje panaudotos Senojo Testamento citatos iš: „Šventasis Raštas", Vilnius: „Katalikų pasaulis", 1998, vertė Antanas Rubšys, Česlovas Kavaliauskas.

KŪRIMO SUMANYMAS

KŪRĖJO PASLĖPTIS

Jeigu Kūrėjas yra geras ir trokšta, kad mes patirtume malonumą, kas tada yra mūsų kančių šaltinis?

Kūrėjas yra vienintelis visko, kas egzistuoja, šaltinis. O iš kurgi dar viskas galėtų kilti? Iš Kūrėjo ateina vien tobulumas, bet susidūręs su žmogumi, kuriam būdingos priešingos Kūrėjui savybės, tobulumas jaučiamas visiškai kitaip – kaip netobulumas, tiksliau, kančia. Šis reiškinys vadinamas „Kūrėjo paslėptimi" ir čia slypi žmogaus problema.

Todėl mūsų užduotis – prilygti Kūrėjui taisant save, kad Jo poveikį sau jaustume tokį, koks jis yra iš tiesų – geranoriškas. Būdami tokios būsenos kiekviena savo savybe turėtume natūraliai prilygti Kūrėjui ir jeigu viena iš mūsų savybių kol kas dar nėra tobula, mes, savaime suprantama, jausime Kūrėjo poveikį kaip netobulą.

Tam, kad apsaugotų mus nuo nusidėjimo (kaltinant ir prakeikiant Kūrėją), kad dar labiau neatitolintų mūsų nuo Savęs (kaip kad su netyromis jėgomis), Kūrėjas slepiasi nuo mūsų. Kol jaučiamės nelaimingi, nematome, kad viskas ateina iš Jo, ir tiktai mums pajutus gėrį, Kūrėjas atsiskleidžia kaip šio gėrio šaltinis.

Jeigu kančios – tai pagalba žmogui, kodėl sakoma, kad noras kentėti kyla iš netyrų jėgų?

Nesuprantu pasakymo „kančios – tai pagalba žmogui". Toks pasakymas aukština skausmą, kuris visiškai priešingas kūrimo tikslui. Kūrimo tikslas – suteikti mums malonumą. Kūrėjui kančia yra nepageidaujamas pojūtis ir jos paskirtis – pastūmėti mus taisytis.

Kančios pojūtis nutolina mus nuo Kūrėjo. Jis duodamas, kad sukrėstų mus, antraip tetrokštume ilsėtis. Iš prigimties vadovaujamės dėsniu: didžiausias malonumas mažiausiomis pastangomis. Tačiau, kai ieškant kančių šaltinio jos išbudina mus ir verčia prisiminti tikslą, tada nedelsdami turime atsigręžti į Kūrėją, nes tik dėl to jos ir buvo siųstos.

Taisymosi pabaigoje, kai visas savo galias ir norus naudosime teisingai, nebeliks vietos nė menkiausiai kančiai. Priešingai, jausime pilnatvę, malonumą ir ramybę.

KANČIŲ PRASMĖ

Kodėl Kūrėjas verčia savo kūrinius kentėti, jeigu iš tiesų trokšta jiems dovanoti „amžinąjį rojų"?

Šį klausimą kelia visų kartų žmonės nuo pat atsiradimo. Atsakymo į šį klausimą nėra.

Kabalistas Jehudis Ašlagas rašo, kad proceso pradžioje arba viduryje neįmanoma suvokti jo rezultatų ar teisingai įvertinti. Tik nuėję visą kelią ir būdami proceso pabaigoje galime teisingai išsiaiškinti, kas nutiko kelyje.

Ne be priežasties sakoma: „Nerodyk nebaigto darbo." Tik įveikę visą kelią įgyja pakankamai išminties teisingai vertinti tai, kas atsitiko.

Eidami dvasiniu keliu patiriame jausmus, kurie mums reikalingi, kad padėtų pasiekti galutinį rezultatą: amžinybės ir tobulumo pojūčius. Ir negali būti kitaip.

KŪRIMO SUMANYMAS

Tai kodėl iš pat pradžių Kūrėjas nesukūrė mūsų tobulų ir amžinų? Jeigu Jis taip būtų padaręs, nesugebėtume *jausti* tobulumo ir amžinybės! Kelyje, kol dar negalime laisvai rinktis tarp savosios būsenos ir dvasinės būsenos, pamažu išmokstame iš tikrųjų vertinti dvasingumą ir pasiryžtame įgyvendinti tai savo gyvenime. Tuomet dvasinis tobulėjimas ir amžinybė tampa geidžiami ir išties suteikia mums malonumą.

Kokia mūsų kančių prasmė?

Atsakydamas į šį klausimą pacituosiu mokytojo Jehudžio Ašlago žodžius iš „Įvado į *Mokymą apie dešimt sfirot*", kur jis aiškina, kodėl parašęs šią knygą.

„Iš tikrųjų jeigu savo širdyse pabandytume atsakyti į vienintelį klausimą, esu tikras, kad visi kiti klausimai ir abejonės išnyks, pažiūrėsi į juos ir jų jau nebebus. Tai skaudus klausimas, kuris jaudina visus žmonės pasaulyje: „Kokia mūsų gyvenimo prasmė?" Kitaip tariant, šie mūsų gyvenimo metai, kurie mums taip brangiai kainuoja, t. y. mes tiek daug kenčiame, kad juos nugyventume, kas jais mėgaujasi, ar tiksliau sakant, kam suteikiu malonumą?

Ir tiesa, kad tyrinėtojai pavargo bandydami rasti atsakymą, ypač mūsų kartos, kai niekas nė pagalvoti apie tai nenori. Vis dėlto klausimas lieka toks pat opus ir kankinantis, kaip ir anksčiau. Kartais jis užklumpa mus nekviestas, įsibrauna į mūsų protą parblokšdamas ant žemės, kol vėl kaip visada imamės senų gudrybių ir negalvodami atsiduodame gyvenimo srovei taip, kaip ir vakar" („Įvadas į *Mokymą apie dešimt sfirot*", 2 skirsnis).

Toliau jis rašo, kad tik išmokę valdyti savo likimą gauname atsakymus į šiuos klausimus.

NEATSAKYTI KLAUSIMAI

Kodėl Kūrėjas nuo mūsų slepia dvasinį pasaulį?

Man patinka tavo klausimas, nes jis rodo dvasingumo ieškojimą. O kaip tu manai? Kodėl šių atsakymų žmonės nerado per tiek šimtmečių? O gal jie rado, tik paslėpė nuo mūsų? Kodėl tiek daug išsilavinusių žmonių (filosofų, mokslininkų, tyrinėtojų) negali atsakyti į pačius svarbiausius žmogui klausimus? Tiesą sakant, kodėl patys negalime sau atsakyti? Kodėl Kūrėjas slepia šiuos atsakymus nuo mūsų? Reikėtų atkreipti dėmesį, kad Jis slepia atsakymus, bet ne klausimus. Priešingai, būtent Jis ir verčia tave juos kelti, štai dėl ko žmogus juos pateikia ir jaučia jų kartumą. Paskaitykite „Įvadą į *Mokymą apie dešimt sfirot*" pradėdami nuo antrojo skirsnio.

DVASINĖ ŠAKNIS

Ar darome poveikį savo padėčiai dvasiniame pasaulyje? Ar toks taisymosi tikslas?

Dvasinėje šaknyje, *Ein Sof* pasaulio *Malchut*, mūsų būsena yra visiškai ištaisyta ir nekintama. Šią būseną turime pasiekti patys, savo noru, įsisąmoninę, kad šaknis mums yra pati tobuliausia ir geriausia būsena.

Pačiai šakniai mes jokios įtakos nedarome, nes žemesnieji niekados negali paveikti ar pakeisti esančiųjų aukščiau. Priešingai, žemesnieji yra visiškai priklausomi nuo aukštesniųjų.

KŪRIMO SUMANYMAS

Kaip užsimezgė ryšys tarp Aukštesniųjų pasaulių ir sielų? *Ein Sof* pasaulio *Malchut* (mūsų šaknis) buvo sumaišyta su pirmosiomis devyniomis *sfirot* (Kūrėjo savybėmis). Šviesa vis silpo ir galiausiai išnyko, taip buvo sukurti pasauliai. *Malchut* dalis, esanti pasauliuose, vadinama „pasaulių *Malchut*". Tuo pačiu metu pirmosios devynios *sfirot* paveikė *Malchut*. Jos buvo sumaišytos *sfiroje Malchut,* tokiu būdu buvo sukurta pirmojo žmogaus siela. Taip remiantis šiomis devyniomis *sfirot* atsirado ryšys tarp pasaulių ir sielų.

Ar kūrimas yra vien Kūrėjo reikalas? Ar žmogus gali įsikišti?

Žmogus turi valios laisvę. Jis pasiekia tokią būseną, kai gali daryti viską, ką panorėjęs, bet vis tiek renkasi Kūrėjo kelią. Tai atsitinka, kai žmogui vystantis jis visiškai sutinka ir pripažįsta, kad Kūrėjas ir Jo veiksmai yra tobuli. Šiame kelyje žmogus tampa panašus į Kūrėją, yra Jam lygus ir visiškai ištaisytas, toks kaip Jis.

Suprantu, kad kūriniai turi susilieti su Kūrėju. Bet ši būsena amžina ir egzistuoja nuo pačios pradžios, o laikas yra ne kas kita kaip materiali sąvoka. Tai kas iš esmės pasikeitė?

Susiliejimas su Kūrėju egzistavo pasaulyje *Ein Sof,* Kūrėjo sąskaita, kuris šią būseną Pats ir sukūrė. Tam, kad kūrinys pasiektų tą pačią būseną, jis savo laisva valia turi stengtis. Tam jam reikia būti visiškai atsijungusiam nuo Kūrėjo, Šviesos, liautis Jį jautus, nebūti Jo veikiamam.

Tik tada, tik laisvai rinkdamasis žmogus pamažu išsitaisys įgydamas ekraną ir taip prilygdamas Kūrėjui iki paties *Ein Sof*, t. y. visiško tapatumo su Kūrėju.

Kaip du plaukai negali augti iš vieno svogūnėlio, taip ir du objektai šiame pasaulyje negali būti kilę iš tos pačios dvasinės šaknies. Kiekvienas kūrinys turi savo dvasinę šaknį. Bet argi ne viskas kyla iš tos pačios šaknies Keter?

Neklysti: viskas atsiranda iš Kūrėjo ir po to nusileidžia į pasaulį *Acilut*, kur suformuojamas Pirmojo Žmogaus (t. y. mūsų sielų) valdymo ir taisymosi mechanizmas.

Trys žemesni nei *Acilut* pasauliai (*Brija, Jecira, Asija*) buvo sukurti pagal pasaulį *Acilut*. Šie pasauliai – tai sumažinta, bet visiškai tiksli pasaulio *Acilut* kopija. Mūsų pasaulis buvo sukurtas panašiai kaip šie pasauliai.

Viskas, kas egzistuoja bet kuriame iš šių keturių pasaulių, nusileidžia iš *Acilut*. Lygiai tuo pačiu keliu sielos iš mūsų pasaulio kyla į *Acilut*. Pasaulį *Acilut* pasiekiame keisdami savo savybes (vadinamas „mūsų pasauliu") į savybes, vadinamas „*Acilut* pasauliu". Toks yra mūsų tikslas šiame pasaulyje ir kiekvienas turi jį pasiekti.

Pakopa, savybės, vieta, į kurią visi privalome pakilti, vadinama „mūsų šaknimi". Dabartinė pakopa – tai vieta, kur esame šiuo metu, kur yra mūsų „aš", ji vadinama šaka. Kiekviena šaka turi savąją šaknį.

GAUNANČIOJO POJŪTIS

Kodėl Kūrėjas padarė taip, kad Jo kūrinys gaudamas jaustųsi netobulas?

Jis taip padarė tam, kad pažadintų mumyse poreikį keisti mūsų ketinimą gauti į ketinimą duoti. Tik tiems, kuriuos nori priartinti, Kūrėjas siunčia pojūtį, kad viskas gaunama iš Jo.

Kad tą pajaustų, žmogus pirmiausia turi pakilti į pakopą, kur Kūrėjas atskleistas, pajausti Jį kaip Duodantįjį. Žmogus gali prašyti Kūrėjo atsiskleisti, nes to reikalauja kūrimo tikslas, o ne savo malonumui.

Šeimininkas vaišina savo svečią. Svečias iš tikrųjų trokšta pavalgyti, tačiau be jo noro (indo) ir būsimo malonumo (Šviesos), yra ir kitas pojūtis – šeimininko buvimas, duodantysis. Todėl svečias jaučiasi gaunančiuoju, tuo, kuris ima. Šis jausmas toks nemalonus, kad nustelbia malonumą, patiriamą valgant.

GĖDOS JAUSMAS

Kodėl kūrinys, **Ein Sof** *pasaulio* **Malchut,** *jaučia gėdą, jeigu Kūrėjui nesvarbu, kokiu būdu jis gauna?*

Tu teisus. Kūrėjui nesvarbu, tačiau kūriniui svarbu. Kūrinys buvo sukurtas taip, kad gėda įskiepyta jame, ir jis privalo neutralizuoti šį potyrį. Tiesą sakant, būdami dabartinės būsenos, nežinome šio jausmo, jo nėra mumyse, nes gėda patiriama tik susidūrus ištaisytoms ir neištaisytoms *Malchut* savybėms.

Mes jų neturime, nes tai – gaunančiojo ir duodančiojo jautimas. Net nenutuokiame, ką reiškia duoti ar gauti, kadangi norint tą pajusti reikia turėti abi savybes. Visa, ką jaučiame, kyla iš priešybių palyginimo, tačiau mes neturime Kūrėjo savybių ir todėl negalime nei jausti, nei suprasti kūrinio savybių.

MATERIJOS PABAIGA

Ar fizinis pasaulis išnyks taisymosi pabaigoje? Ar Malchut de Malchut – tai materialusis pasaulis? Ar neturinčios ekrano sielos visada yra jame?

Kabala kalba apie norus ir ketinimus. Kabalistiniuose tekstuose nėra nė vieno žodžio apie mūsų pasaulį, t. y. fizinius kūnus. Kūrinys sukurtas iš noro patirti malonumą ir tėra du dalyviai: siela ir Kūrėjas. Ir tai nekeičiama!

Ketinimas gali būti „dėl savęs" arba „dėl Kūrėjo". Kai kūrinys nejaučia Kūrėjo, jo ketinimas yra „dėl savęs", o kai jaučia – „dėl Kūrėjo".

Viena vertus, Kūrėją tegalima pajausti, jeigu tavo ketinimas yra dėl Jo, kita vertus, tokį ketinimą galima įgyti tik Kūrėjui atsivėrus, pajutus Šviesą.

Ekrano gavimo stebuklas, ketinimas dėl Kūrėjo, slypi šiame prieštaravime. Štai kodėl sakoma, jog reikia didžiulių pastangų norint atlikti tai, kas patariama (studijuoti, platinti, mokyti kitus ir t. t.). Tačiau iš anksto negalime žinoti, kaip būsime išgelbėti.

Mūsų pasaulyje norai nepriklauso nuo ketinimo. Mūsų noras mėgautis kyla ne iš dvasinės Šviesos, Kūrėjo, o iš „mažo švytėjimo", įgyjančio šio pasaulio formą: seksas, turtas, valdžia, žinios.

Dvasinis noras – tai mėgavimasis Šviesa, Kūrėju. Jeigu šis noras ketinimu nukreiptas į save, jis laikomas netyru ir vadinamas „apvalkalu". Jeigu noras nukreiptas į Kūrėją, jis laikomas tyru ir vadinamas „šventumu".

Todėl pradžioje dėl tinkamų studijų ir darbo vystosi noras mėgautis dvasingumu dėl savęs ir žmogus vietoj šio pasaulio

KŪRIMO SUMANYMAS

ima trokšti Aukštesniojo pasaulio, Kūrėjo. Kai šis noras pasiekia savo viršūnę, gauname ekraną ir tik tuomet mūsų noras tampa *Malchut* dalimi (pasaulyje *Acilut*).

Net jeigu esame paskendę netyruose noruose, jie vis dėlto yra dvasiniai, nes trokštame mėgautis dvasiniu malonumu, Kūrėju, o ne žemiškaisiais malonumais, tokiais kaip seksas, turtas, valdžia.

VISIŠKAS SUSILIEJIMAS SU KŪRĖJU

Ar kai **Malchut** *savo galutinėje būsenoje yra atsidavusi Kūrėjui, ši būsena tęsiasi tol, kol ji visiškai anuliuojama Kūrėjuje? Ar, nepaisant visko, kūrinys vis dėlto lieka savarankiškas?*

Žodžiais neįmanoma paaiškinti visiško susiliejimo, nes tai – minčių ir savybių vienuma. Tačiau ketinimas vienas kito atžvilgu išlieka, čia ir slypi skirtumas. Kūrinys nepradingsta Kūrėjuje, bet išlieka aktyvus dėl Jo. Kūrinys būtų anuliuotas, jeigu nebūtų įgijęs ekrano norui.

Matyti, jog Kūrėjas nori ir siekia, kad kūrinys liktų nepriklausomas savo mintimis, bet lygus su Juo jėga, valios galia ir ketinimu.

CIVILIZACIJOS LAIMĖJIMAI

Žinau, kad mano klausimas gali nuskambėti kvailokai, bet norėčiau žinoti: įsivaizduokime, jog pasaulis gerėja, ar jame vis dar liks vietos mokslui? Ar žmonija nustos studijuoti kosmosą, chemiją ir matematiką? O gal pasaulis grįš prie natūrinio ūkio? Ir ar toks pasaulis nebūtų pasmerktas išnykimui?

Įdomus klausimas. Iš prigimties aš irgi esu tyrinėtojas, mokslininkas. Visi esame įsitikinę, kad mūsų požiūris į gamtą, mus supantį pasaulį, yra teisingas ir todėl galime jame egzistuoti. Net neįsivaizduojame, kad galbūt yra kitoks, geresnis būdas pasinaudoti gamtos turtais.

Nuolatos sukame galvas, kaip iš gamtos pasiimti kuo daugiau, ir nuliūstame pagalvoję, jog gamtos ištekliai greitai išseks. Pešamės įsitvėrę grobio.

Bet viskas turėtų būti kitaip. Jeigu Šviesa pasiektų mūsų pasaulį, galėtume ją pasiimti paprastai, be kovos, pasitelkdami savo dvasines jėgas. Tačiau dabar esame priversti gauti Šviesą per apvalkalus, pasitenkindami menkutėmis nugvelbtomis Šviesos kibirkštėlėmis tam, kad išgyventume. Būtent dėl to savo gyvenimą praleidžiame vaikydamiesi trokštamų malonumų ir ne „vien gėris lydėjo mane per visą gyvenimą" (Psalmės).

Krauju pažįstame gamtos dėsnius, kad paskui pritaikytume juos savo barbariškiems veiksmams. Bet jeigu pažintume juos, esančius dvasinės prigimties, šie dėsniai būtų mūsų viduje ir galėtų patenkinti mūsų norus be jokio fizinio veiksmo.

Mums nereikėtų daugybės daiktų, jų net nepasigestume, nes būtume laimingi be jų ir be visų kitų dalykų, kuriuos žmonės sukurs ateityje ir kurie vis tiek neatneš jiems laimės.

Pasaulio mokslai bus studijuojami iš vidaus, o ne iš paviršutiniškos patirties ar atsitiktinių atradimų. Puikiai pažinsime gamtos darną, ryšius, išmoksime, kaip išmintingai jais naudotis.

Tačiau dabar visi moksliniai ir techniniai laimėjimai atneša žmogui žalą, parodydami, kaip netobulai mes vystomės. Vadinasi,

KŪRIMO SUMANYMAS

telieka daryti išvadą, jog tik ketinimas dėl Kūrėjo turėtų nulemti visą žmogaus veiklą.

Jeigu mūsų ketinimas sutaps su kūrimo tikslu, tada mūsų vystymasis bus malonus. Jeigu ne, kentėsime, bet tik tam, kad atskleistume blogį savyje, kad įsisąmonintume jį ir ištaisytume. Galų gale vis tiek pasiektume tą patį tikslą, tik per dideles kančias.

KODĖL GAVIMAS DĖL SAVĘS – BLOGIS?

Jeigu „Kūrėjas sukūrė pasaulį tam, kad dovanotų savo turtus kūriniams", tai kodėl blogai viską gauti „dėl savęs"? Kodėl tai laikoma blogiu? Kam reikėjo sukurti pasaulį ir kūrinį tokius netobulus?

Kūrėjo noras – duoti. Todėl Jis sukūrė norą mėgautis. Bet norint patirti malonumą, noras, jį pripildžius, neturėtų išblėsti.

Malonumas neturi sunaikinti troškimo. Patyrus malonumą, noras turi likti nepaliestas, gal net augantis, siekiantis naujų malonumų.

Todėl noras ir malonumas turi glūdėti skirtinguose objektuose. Pavyzdžiui, motina be paliovos rūpinasi savo vaiku, nes jos malonumas – jis, o ne ji pati. Ir priešingai: jeigu žmogus trokšta kuo nors mėgautis, tai patiria malonumą, tačiau malonumas akimirksniu slopina norą ir malonumo pojūtis išnyksta. Kaip tik dėl to, gyvendami, kad patenkintume kitų troškimus, galime patirti nesibaigiantį, neribotos trukmės ir dydžio malonumą.

Kūrėjo Valia sukurti kūrinius, duosiančius Jam – tai pirminė sąlyga beribiam, amžinam malonumui gauti.

Iš šio veiksmo išplaukia dar vienas dalykas: suderindami savuosius veiksmus su Kūrėjo, tampame panašūs į Jį, jaučiame tą patį, ką Jis, t. y. pasiekiame Jo lygį. Ir tai ne vien amžinas, beribis malonumas, tai visiškai kitokios būties suvokimas.

Ši būtis vadinama „kūrimo tikslu", nes Kūrėjas niekados nepaliks mūsų vienų, kol nepasieksime šio lygmens – kiekvienas iš mūsų ir visi kartu.

Kodėl nuo pat pradžių Jis nesukūrė mūsų tokios būsenos? Kodėl žmogui reikia patirti šitiek kančių, kad pasiektų Jo lygį? Todėl, kad ką nors pajausti galima tik iš priešingybių. Maža to, kuo didesnė praraja tarp būsenų, tuo stipresni ir galingesni potyriai. Taigi kad pasiektume Kūrėjo lygmenį, privalome patirti būsenas, visiškai priešingas nei Jo: menkumą, tuštumą, tamsumą, kančias.

Jeigu to neįmanoma išvengti, iš kur imti jėgų visa tai pereiti? Ar negalima apsieiti be tragedijų, katastrofų, naikinimų, žudynių? Nejau iš kartos į kartą nepajėgsime rasti ramybės ir tobulumo, kol kančių taurė nebus perpildyta? Kurgi tada tas didis ir tobulas Kūrėjas?

Mūsų priekaištai būtų pagrįsti, jeigu neturėtume instrukcijų, kaip pasiekti tikslą. Kabala buvo duota, kad išsitaisytume, prilygtume Kūrėjui. Studijuodami, kaip pasikeisti, galime keistis greitai ir pasiekti tobulybę, amžinybę dabar, šiame pasaulyje, šiame gyvenime.

Kabala, užbėgdama fizinėms kančioms už akių, parodo mums, kas esame supančios dvasinės Šviesos atžvilgiu, taip sukeldama gėdos jausmą, menkumą prieš Šviesą (Kūrėją) ir paspartindama troškimo atsikratyti blogio mumyse, noro įgyti tobulų Kūrėjo savybių atsiradimą.

Studijuodami kabalą per trejus penkerius metus (idealiu atveju; paprastai procesas užtrunka nuo šešerių iki dešimties metų) galime pasiekti amžiną, tobulą būseną. Ir toliau kelkite tokius klausimus.

KŪRIMO TIKSLAS

Ar mes regime iškreiptą pasaulio vaizdą?

Kūrėjas pradėjo kūrimą, tiksliau, Jis sukūrė blogą, neištaisytą pasaulį, o žmogus jį užbaigia, t. y. ištaiso. Kadangi žmogus geba valdyti pasaulį, Kūrėjas perleidžia jam vadovavimą kūrimui. Kūrėjas sustiprina mūsų spaudimą, kad imtume valdyti save. Kaip tik dėl to pasaulis aplink mus toks blogas. Kūrėjas pavertė jį tokiu, kad mes pradėtume jį taisyti.

Ar galite įrodyti, jog kabala veda mus į kūrimo tikslą?

Kabala grindžiama eksperimentais, o ne žmogišku protu, filosofijomis ar kitokiais logiškais samprotavimais. Ji tvirtina, kad visa, kas kyla iš logikos ir mąstymo, neturi realaus pagrindo. Taip yra dėl to, kad protas yra mūsų norų, prigimties rezultatas. Todėl neįmanoma objektyviai ar nešališkai apie ką nors diskutuoti.

Paprastas žmogus, ne kabalistas, niekada negali kalbėti objektyviai, visada žvelgia iš „savo varpinės". Tokie žmonės negali peržengti mūsų pasaulio ribų ir išvysti viso pasaulio.

Kabalistais tampa tie, kurie įgyja tokias galimybes. Tai reiškia, kad jie gauna aukštesnį žinojimą apie visą realybę, mato ir suvokia bendrus gamtos dėsnius ir kur link jie veda visatą. Nejaučiantys visos pasaulėdaros negali suprasti tikslo, apie kurį kalbame. Jie gimsta, gyvena, gimdo vaikus (kurie niekuo nesiskiria nuo tėvų), o paskui miršta taip nieko ir nesupratę.

Todėl kabalos mokslas, atsižvelgdamas į iškreiptą žmogaus suvokimą, atsisako apibūdinti tikrąją pasaulėdarą, žmogaus tikslą. Užuot tą dariusi kabala pirmiausia išveda žmogų į visiškai kitą pojūčių erdvę, formuoja kitą požiūrį į pasaulį. Tie, kurie vadovaujasi kabalos išmintimi, mato, kad ji veda į kūrimo tikslą. Kiekvieno mūsų užduotis yra tokia, kaip ir visos visatos, nes mumyse – visos visatos dalelės. Kabala kalba apie tai, kai studijuojame „indų sudaužymą", kuris įvyko anksčiau, negu buvome sukurti.

Dėl šio sudaužymo visos sielų dalys susimaišė taip, kad kiekvienoje sieloje yra kitų sielų dalelių. Iš to kyla abipusė atsakomybė, o žmonių tarpusavio ryšys yra svarbiausias dėmesio objektas kabaloje.

Individas vienas negali įeiti į dvasinį pasaulį. Tai būtų tas pats, jeigu žmogus vienas imtų vystyti visą fizikos ar chemijos mokslą, o paskui panaudotų žinias; arba jeigu žmogus gyventų kaip neandertalietis, nesinaudodamas sukaupta žmonijos patirtimi, o pats mėgintų viską pažinti.

Dėl šios priežasties pradedantiesiems reikalingas mokytojas, kuris jau yra Aukštesniajame pasaulyje ir kuris gali parodyti mokiniui, kaip žingsnis po žingsnio eiti dvasinio pasaulio link. Mokytojas jungia mokinį su dvasiniu pasauliu, tačiau mokinys tą supras tik savarankiškai suvokęs Aukštesniuosius pasaulius.

Vidinis ryšys su mokytoju užmezgamas parengiamuoju laikotarpiu, nes abiejų kūnai yra šio pasaulio lygmenyje, bet susijungti su Kūrėju galima tiktai išėjus į Aukštesnįjį pasaulį. Dėl to ryšys su mokytoju veda prie ryšio su Kūrėju. Mokytojas – tai vedlys.

Įsikūnijimą kabala aiškina kaip sielų įsivilkimą į naujus drabužius, prieš tai atsikračius ankstesniųjų kūnų. Tai reiškia, jog ankstesniųjų kartų sielos apsirengia naujais kūnais ir taip

KŪRIMO SUMANYMAS

žemėje atsiranda nauja karta. Kiekviena karta – tai tos pačios sielos, apsivilkusios naujais fiziniais kūnais. Fiziniai kūnai gimsta, gyvena ir miršta. Mirdami jie pereina iš gyvosios stadijos į negyvąją. Nieko kita su šiais kūnais nevyksta. Iš senojo baltyminio kūno į naują niekas nepereina. Kūnas kabaloje reiškia sielos kūną – norą būti užpildytam Šviesa.

Todėl turime suprasti, kad kai kabaloje kalbama apie kūną paliekančią sielą, omenyje turimas Šviesos išėjimas iš sielos kūno.

Kai sakoma, kad siela sugrįžo į kūną, vadinasi, sugrįžo Šviesa, kad užpildytų sielą po to, kai jos „noras gauti" mirė, buvo ištaisytas ir virto „noru atiduoti".

Kai kalbama, jog kūnas buvo atgaivintas, omenyje turimas noras gauti, kuris praeityje buvo neištaisytas, nedvasinis, t. y. „dvasiškai miręs".

Pagal kabalą sąvoka „įsikūnijimas" nurodo sielą, o ne fizinį kūną. Su pagarba į mirusius kūnus žiūrime todėl, kad mūsų santykis su šiuo pasauliu turi atitikti Aukštesnįjį pasaulį. Bet, kaip sakydavo didis mano mokytojas, jam nė motais, kur ir kaip bus palaidota jo kaulų krūva.

Ateis laikas, kai visa žmonija atmerks akis ir matys tiek šį pasaulį, tiek tą, kurį kabalistai vadina dvasiniu. Tokia būsena vadinama „Mesijo atėjimu".

Tada visi pakeis savo egoistinę prigimtį (savo kūnus) į dvasinę prigimtį, atidavimą. Šis procesas kabaloje vadinamas „mirusiųjų prikėlimu".

Kaip galime pasiekti Kūrėją? Mes kaupiame patirtį per savo gyvenimo ciklus šiame pasaulyje ir vystomės, kol pasiekiame tašką, kada galime sąmoningai siekti dvasingumo. Tokiu būdu mokomės priešintis neįsisąmonintam vystymuisi, kaip būdavo ankstesniuose gyvenimuose. Pasiekus tam tikrą lygį, mumyse prabunda ypatingas noras. Visi mūsų norai – tai siekimas patirti malonumą šiame pasaulyje. Tačiau šis naujasis noras reikalauja užpildymo Šviesos Šaltiniu, dvasiniu malonumu, kurio mūsų pasaulyje nėra. Šis noras skatina mus ieškoti malonumo Šaltinio, siekti ir surasti Kūrėją. Ir nuo to laiko mus ima vesti siela.

KANČIŲ IR KŪRIMO TIKSLO RYŠYS

Negaliu rasti atsakymo į itin svarbų klausimą. Kaip fizinės kančios padeda atsirasti dvasingumo poreikiui ir troškimui? Koks tarp jų ryšys?

Žmogus į kabalą ateina klausdamas: „Kokia mano gyvenimo prasmė?" Paskui jis pradeda studijuoti, pritraukia supančią Šviesą, kuri pažadina norą įgyvendinti kūrimo tikslą (o ne pasiekti kažkokias išgalvotas „dvasines sferas").

Nėra jokio skirtumo tarp įvairių kančių, jos skiriasi tik išoriškai, savo pavidalu. Jos egzistuoja, nes nore trūksta Šviesos. Visi malonumai ateina iš Šviesos, nesvarbu, kad patiriame juos per skirtingus objektus.

ŠVIESOS GAVIMAS

Kaip Šviesa pasiekia mus?

Šviesa, ateinanti iki mūsų, yra tokia blausi, kad negalime jos suvokti. Ją atpažįstame mus traukiančiuose objektuose, nes ji

KŪRIMO SUMANYMAS

įsivelka į juos. Taip galime gauti Šviesą ir mėgautis ja dėl savęs, bet tik tiek ir tik tokiu stiprumu.

Kad pajustume bent jau Šviesą, apie kurią pasakoja žmonės, patyrę klinikinę mirtį, turime atsiriboti nuo savo noro mėgautis. Būtent tai jiems ir atsitinka, todėl jie atvirai jaučia Šviesą.

Bet net jeigu visiškai atsiribosime nuo savo kūnų ir įgysime kitą formą, vis tiek jausime amžiną ir tobulą Aukštesniąją jėgą silpniau, nei galėtume jausti būdami šiame kūne, šiame pasaulyje. Ir tai dėl to, kad esame šiame kūne, šiame pasaulyje ir galime atsiplėšti nuo jų, savo sielomis pakilti į pačią aukščiausią pakopą.

Šviesą galime gauti pasitelkdami vadinamąją „trijų linijų" sistemą. „Kairioji linija" – tai visų mūsų norų mėgautis dėl savęs sankaupa. „Dešinioji" – tai Kūrėjo savybės. Savaime suprantama, kad žmogus iš pradžių jų nejaučia.

Studijuodami kabalistines knygas, kurios parašytos specialiu būdu, pritraukiame „supančiąją Šviesą". Šią Šviesą vėliau galėsime pajausti savo viduje ir patirti ją kaip malonumą.

Todėl, kol nesame pasirengę, Šviesa supa mus, yra paslėpta ir laukia, kol būsime pasiruošę ją gauti. Kabalistai – tai žmonės, gaunantys Šviesą atvirai. Rašydami savo tekstuose jie palieka ryšį, kurį turėjo su Šviesa.

Studijuodami knygas, parašytas tikrų kabalistų pagal teisingą metodiką, galime pritraukti stipresnę supančią Šviesą, kuri išgrynina sielą ir parengia ją priimti Šviesą.

Po to mus užpildys Šviesa ir jausimės tobuli, amžini. Tačiau supanti Šviesa taiso pamažu, dalimis.

Nuo to, kiek perimame Šviesos savybių, priklauso mūsų, mūsų kairės linijos ištaisymas. Tos ištaisytos dalys vadinamos laiptų pakopomis ar lipteliais. Tai dvasiniai laiptai, kurie pakelia žmogų iš šio pasaulio, savęs jautimo į kito pasaulio, Kūrėjo jutimą.

Vidurio linija yra pats geriausias žmogaus gaunančios prigimties ir Šviesos jėgų derinys. Ji suderina žmogaus prigimtį ir Aukštesniąsias jėgas taip, kad žmogus išsitaiso kuo labiau prilygdamas Šviesai, tuo pačiu metu išlikdamas savarankiškas.

APIE „ADOMĄ" IR PASAULĮ

Kaip derėtų suprasti terminą **Adam ha rišon** *(„Pirmasis Žmogus") – ar tai dvasinė visuma (susijusi su* **Adam Kadmon** *pasauliu), ar tiesiog žmogus iš kūno ir kraujo šiame pasaulyje? Ir kaip dėl visų kitų žmonių iki* **Adam ha** *rišon? Be to, kaip tai susieti su moksliniu aiškinimu apie žmogaus kilmę?*

Pasaulis ir žmonija yra amžini. Nėra nei pradžios, nei pabaigos materijos vystymuisi. Visatos formavimasis – tai dvasinio pasaulio vystymosi pasekmė. Žmogaus sukūrimas kyla iš dvasinių objektų, kurie leisdamiesi pakopomis žemyn materializuojasi į pačias žemiausias formas – šio pasaulio objektus.

Žinoma, mes išsivystėme iš primityvesnių gyvybės formų, tačiau ne natūralios (darvinistinės) atrankos būdu. Mes vystėmės veikiant dvasiniams genams, *rešimot*.

Pirmasis taško širdyje pasireiškimas ir yra *Adam* šiame pasaulyje.

Atsakydamas į tavo klausimą galiu pasakyti štai ką: kol taškas tavo širdyje neprabunda ir kol neišauga iki pirmųjų dešimties *sfirot*, nepajėgsi nė trupučio suprasti, iš kur atėjęs ir kur visa nukreipta. Jokie aiškinimai nepadės, kol nebus indų, galinčių juos priimti.

KŪRIMO SUMANYMAS

DU KŪRIMO DĖSNIAI

Kas yra Kūrėjas?

Kabalos mokslas tiria bendrus kūrimo dėsnius ir vartoja žodžius: Dievas, Kūrėjas, Šviesos Šaltinis – kaip techninius terminus jėgoms, šviesoms, pakopoms įvardyti. Sąvokų „Kūrėjas" ir „Šaltinis" reikšmė panaši.

Pavyzdžiui, kiekviena aukštesnioji pakopa vadinama „Kūrėju" žemesniosios pakopos atžvilgiu, nes aukščiau esančioji sukuria, valdo ir ugdo žemesniąją.

Kūrėjas – tai bendras pavadinimas apibūdinti viskam, kas egzistuoja, išskyrus sielas (kūrinius).

Kūrėjas – tai bendra, ypatinga jėga, valdanti visą kūrimo procesą. Ši jėga viena ir vienintelė. Kabaloje yra tik vienas, pirminis kūrimo dėsnis: suteikti malonumą kūriniams visais įmanomais būdais. Kiti dėsniai išplaukia iš jo. Visa, kas vyksta, – tai šio dėsnio vykdymas. Bet kuris vyksmas bet kuriuo kūrimo momentu turi vienintelį tikslą: atvesti žmogų į visišką palaimą – užpildymą Kūrėjo Šviesa.

Kūrėjas veikia tarsi traukos jėga, Jis yra kūrinijos centre. Sielos yra atitolintos nuo Jo per penkis pasaulius: *AK (Adam Kadmon), Acilut, Brija, Jecira, Asija* iki paties tolimiausiojo taško, vadinamo „mūsų pasaulis". Iš šito paskutinio taško Kūrėjas traukia mus prie Savęs.

Šią trauką jaučiame kaip skausmą, pradedant ligomis ir baigiant skausminga mirtimi. Tačiau jeigu mėginsime prie Jo priartėti veikdami kartu su šia jėga, kančių nejausime. Priešingai, jausime šią jėgą kaip gėrį. Tačiau, atsisakę eiti su šia traukiančiąja jėga, kentėsime, sirgsime, patirsime kitus nemalonumus priklausomai nuo to, kiek priešinsimės.

Kabalos mokslas leidžia mums pažinti save taip, kad visados, bet kokiomis aplinkybėmis būsime pusiausvyroje su šia jėga ir taip pasieksime kūrimo centrą. Dėl šios priežasties kabala yra pats praktiškiausias mokslas, mokantis, kaip gyventi gerai.

Prilygti Kūrėjui – tai prilygti Jam bet kuriame Jo pasireiškime. Turima omenyje ne pati Aukštesnioji jėga, bet Kūrėjo santykis su daiktais, Jo, kaip Aukščiausiosios jėgos, Esybės atsiskleidimas mums, mumyse, taip, kaip Jis nori, kad Jį jaustume.

Kūrėjas sukūrė mus norėdamas duoti. Jis sukūrė mūsų norą gauti, kurio dydis prilygsta Jo troškimui duoti. Todėl turime pasiekti viską, ką Jis nori mums suteikti: amžinybę, jėgą, tobulumą, valdymą. Kitaip tariant, privalome perimti visas Kūrėjo pareigas.

Svarbiausias kūrimo dėsnis – Kūrėjo vienatiškumas, t. y. Jis – viena ir vienintelė viską valdanti jėga. „Nėra nieko kito, išskyrus Jį."

Antrasis kūrimo dėsnis – absoliutus Kūrėjo gerumas. Suvokdami tik dalį tikrovės, negalime išspręsti prieštaravimo, kylančio tarp šių dviejų dėsnių.

Kabalistams tai ne „idėja", o faktas, kurį jie atskleidžia jausdami Kūrėją. Žmonės nepajėgia suprasti, kaip Kūrėjas gali leisti tokius dalykus kaip holokaustą, kadangi jie nejaučia Jo! Iš tikrųjų Kūrėjo gerumas atsiskleidžia tik mūsų ištaisytuose noruose (induose). Jeigu esame neišsitaisę, tada priklausomai nuo neišsitaisymo lygio Šviesos atžvilgiu jausime Kūrėjo gerumą priešingai – kentėsime, užuot buvę laimingi.

Ar galėtumėte paaiškinti sąvokas lišma *ir* lo lišma*?*

KŪRIMO SUMANYMAS

Lišma (dėl Kūrėjo) ir *lo lišma* (ne dėl Kūrėjo) sąvokų gelmė neišmatuojama. Sąvokos *lišma* esmė: visos pastangos, tikslai – vien dėl Kūrėjo. Mano pastangų rezultatai atitenka Jam. Yra ir kita sąvoka – „ne dėl atlygio", kuri yra netgi aukštesnėje pakopoje. Kai atrodo, jog nėra jokio ryšio tarp manęs ir atlygio, kai visas malonumas atitenka ne man, o Kūrėjui. Dabar esu žemiau barjero, žemiau pakopos *lišma*. Todėl negaliu suprasti pasakymo „dirbti kažkam kitam be jokios naudos sau". Šiaip ar taip, kad ir ką manyčiau apie atlygį, visada dirbu dėl savęs.

KODĖL REIKIA STUDIJUOTI?

Kodėl turėčiau studijuoti?

Kol dirbame *lo lišma*, negalime suvokti, jog mūsų tikrasis tikslas gali būti priešingas mūsų akivaizdiems ketinimams. Būtent iš čia ir kyla klausimas: „Kam studijuoti?" Kai žmogus vis dar nepajėgia pamatyti ir suprasti turįs stengtis eiti prieš šio pasaulio srovę, aš patariu, kad ir toliau gyventų kaip visi, nes jo noras dar nepakankamai išaugo kažkam aukštesniam nei šis pasaulis.

Abejonės dėl kelio teisingumo gali kilti ir jau pažengusiems mokiniams, kurie jau pasiekė tam tikrą dvasinį lygmenį. Jie, nepaisydami visų kliūčių, su kuriomis susiduria, turi atkakliai tęsti kabalos studijas – „kaip pakinkytas jautis ir nešulius tempiantis asilas". Pirmyn eina tik tas, kuris nepaisydamas proto argumentų stengiasi tikėti.

DVASINGUMO TROŠKIMAS

Kas yra taškas širdyje ir ar visi jį turime?

Kiekvienas žmogus turi tašką širdyje, bet dauguma jo vis dar nejaučia, nes tam dar nesubrendo. Per savo gyvenimo ciklus žmogus pasiekia tokią būseną, kai prabunda taškas širdyje. Žmogus ima trokšti dvasingumo, Aukščiausiojo.

Jeigu žmogus nerodo susidomėjimo dvasiniu pasauliu, tai jis dar nėra tam pasirengęs ir mėginimai jėga pažadinti šį norą bus prievarta.

Bet jeigu žmogus jaučia poreikį pažinti Aukštesnįjį pasaulį, tada jam privalome padėti. Tačiau versti nieku gyvu nevalia.

Kabalistai visada sako, kad kabalą gali studijuoti tik tas, kuris nepajėgia be jos išsiversti.

TAŠKAS ŠIRDYJE

Ar taško širdyje ugdymas laikomas dvasiniu darbu su ketinimu „ne dėl Kūrėjo"?

Taško širdyje vystymasis susideda iš keleto etapų: darbas *lo lišma* ir darbas *lišma*.

Darbas *lo lišma* irgi padeda augti taškui širdyje. Padedamas grupės ir mokytojo, jis ugdo tašką širdyje po barjeru. Todėl *lo lišma* – tai sąmoningas artėjimas kūrimo tikslo link, kiek Kūrėjui vis dar esant visiškoje paslėptyje žmogus gali tą tikslą suvokti.

Kabaloje nepasakyta nė žodžio apie tai, kas vyksta iki taško širdyje atsiradimo. Todėl ir religingieji, ir pasauliečiai mieliau renkasi pažodinį šventų knygų aiškinimą.

KŪRIMO SUMANYMAS

Kai žmogaus taškas širdyje miega ir nėra noro jį ugdyti, šventos knygos pasitelkiamos tik kaip galimo atlygio šiame ir kitame pasaulyje garantas.

Tokia būsena nevadinama nei *lišma* (dėl Kūrėjo), nei *lo lišma* (dėl savęs, ne dėl Kūrėjo). Jai įvardyti net nėra atskiro žodžio. Tai tiesiog būdas patenkinti žmogaus poreikį pasitikėti savimi, pagrįsti savo egzistenciją.

„Ne dėl Kūrėjo" – tai būsena, kai žmogus jau atrado tašką širdyje ir ėmė jį ugdyti. Dvasinio tobulėjimo pradžioje žmogus lavina tašką širdyje, tačiau jo mintys vis dar padalytos tarp dvasinio darbo ir kasdienių reikalų.

Ar lo lišma *– irgi tam tikras išsitaisymas?*

Lo lišma reiškia, kad žmogus pradeda dirbti norėdamas gauti atlygį, tuo pačiu metu augindamas tašką širdyje. Jis pradeda suvokti tikrąją dvasinės pakopos *lišma* reikšmę, nuo mažiausio iki didžiausio, visiško jos pasireiškimo, priklausomai nuo to, kiek įstengia pakeisti savo savybes ir prilyginti jas Kūrėjo savybėms. Toks laipsniškas suvokimas sudaro dvasines tobulėjimo pakopas.

Ar tarp lišma *ir* lo lišma *yra barjeras?*

Lo lišma – tai dvasinė būsena, patiriama prieš barjerą (prieš išėjimą į dvasinį pasaulį). *Lišma* būsena patiriama už barjero. Tarp šių dviejų būsenų yra laikotarpis, kai ribojame savo ketinimus ir stengiamės jų nevykdyti. Vietoj to trokštame judėti Kūrėjo link savo pačių malonumui.

Ši dvasinė būsena panaši į sėklą, iš kurios išauga nauja esybė. Ta nauja esybė vadinama „barjero perėjimu" ir „pakilimo pradžia".

PERĖJIMAS – SIELOS ĮGIJIMAS

Ar barjero perėjimas reiškia, jog nebegalime nieko daryti be teisingo ketinimo, kaip kad darome „savo įprastame gyvenime"?

Niekas nieko nedaro be ketinimo, nes gamta ničnieko neleidžia atlikti be priežasties. Norime žinoti, dėl ko eikvojame energiją. Energijos naudojimas pasąmoninis.

Studijuodami kabalą pamažu vis geriau suprantame atsakymus į šiuos klausimus. Barjero perėjimas reiškia, kad visi sąmoningi procesai vyks su ketinimu dėl Kūrėjo, o biologiniai procesai liks kaip buvę, nes kūnai nesikeičia.

MALONUMO JAUTIMAS

Daug dirbdami žmonės ima didžiuotis savimi. O ar teisinga didžiuotis savo vidiniu išsitaisymu?

Kai žmonės savo dvasiniam augimui skiria daug pastangų, formuojasi pasitenkinimas savimi ir jie ima tuo didžiuotis. Vertėtų būti atsargesniems su tokiu jausmu.

Tačiau, kad ir ką žmogus galvotų apie save, derėtų ir toliau stengtis. Savaime suprantama, kol neperžengiame ribos tarp šio ir dvasinio pasaulio, visos mūsų pastangos kyla dėl noro gauti ką

KŪRIMO SUMANYMAS

nors sau. Bet pamažu pastangos padės atskleisti blogį mumyse, versdamos jaustis vis blogesniems.

Pavyzdžiui, visada pavėžėdavau kaimyną savo automobiliu, paskolindavau pinigų draugams, pagelbėdavau giminėms. Šie poelgiai suteikdavo pasitenkinimą, leisdavo save gerbti, kol staiga suvokiau, kad mano elgesys kyla iš grynų gryniausio savanaudiškumo. Norėjau gerai galvoti apie save, būti vertinamas, daryti tai, ko buvau išmokytas, ir taip save nuraminti. Nenuostabu, kad suvokdamas savo egoistiškumą nuliūstu.

Vis dėlto šis etapas neišvengiamas.

***Kaip imti nekęsti būsenos* lo lišma, *kad galėčiau „atlikti apribojimą"*?**

Klausi, kaip gali pakilti iš dvasinės pakopos *lo lišma* į *lišma*? Norėdamas tą padaryti, turi pasiekti tokį *lo lišma* laipsnį, kai taps aišku, jog *lo lišma* – tai netikra būsena, ir imsi nekęsti šio melo.

Kai išties nebepakęsi šios būsenos ir nekęsi šio *lo lišma* melo, nes dabar atskleidei tiesą, galėsi palyginti jas abi ir aiškiai pamatyti, kur slypi apgaulė.

Pajutęs *lišma* Šviesą būdamas *lo lišma* būsenos išvysi, kaip giliai esi įklimpęs į *lo lišma*, ir suprasi, kad privalai jos atsikratyti, bet nepajėgi.

Jau būsi įsisąmoninęs blogį ir apimtas nevilties, nes pats negali išsivaduoti iš šios būsenos. Būtent tada išeinama į dvasinį pasaulį. Perėjimas iš *lo lišma* į *lišma* – tai nelyginant sėkla, kuri supūva, kad suteiktų gyvybę kažkam naujam.

Ar po norų apribojimo kokiais nors kitais būdais galėsime mėgautis gyvenimu? Atrodo, tarsi dvasinio ir materialaus pasaulio niekas nesietų. Prieš išmokdami atiduoti, negalėsime patirti jokio malonumo?

Jeigu neturėtum taško širdyje, kuris be perstojo trokštų patirti dvasinį malonumą (malonumą, kurio šiame pasaulyje nėra), mėgautumeisi per savo penkias jusles. Tai leistų pajausti įvairius tave supančius reiškinius; užpildytum savo gyvūninį indą ir džiaugtumeisi gyvenimu.

Bet jeigu jau atradai tašką širdyje, savo sielos užuomazgą, troškimą būti užpildytam Kūrėjo Šviesa, tada supranti, jog jį patenkinti gali tik Šviesa, o ne koks nors pakaitalas. Šviesą galėsi gauti tik tada, kai tavo savybės sutaps su Šviesos Šaltinio savybėmis.

Pirmasis veiksmas siekiant įgyti vienodas savybes – „apribojimas". Kaip Kūrėjas slepia Šviesą iš viršaus, taip ir mes savo sielose turime atkartoti šią paslėptį. Tik tada galėsime gauti Šviesą iš Aukščiau.

Kadangi Šviesa paslėpta nuo mūsų, privalome pakeisti savo savybes, kad galėtume ją gauti. Tada pajutę, jog gauname, pakeisime savo savybes tiek, kiek jaučiamės gaunančiais, idant galėtume gavimą paversti davimu.

Tada pagal „formos lygybės" dėsnį Šviesa užlies sielas. Tos paslėptos Šviesos atsiskleidžia mumyse priklausomai nuo mūsų dvasinio tobulėjimo, egoistinių savybių ištaisymo.

Indas, nejaučiantis per penkis jutimo organus, priklauso ne šiam pasauliui, o dvasiniam. Tai sielos indas, taškas širdyje, indas iš kito pasaulio. Jeigu šis taškas (troškimas Šviesos) slypi mūsų

KŪRIMO SUMANYMAS

širdyse, galime stengtis nekreipti į jį dėmesio ir tiesiog plaukti pasroviui, mėginti sugrįžti į „normalų" gyvenimą, arba galime išsiveržti iš tų normų ir imtis kabalos studijų.

Šį norą galime didinti tik padedami grupės. Palikti grupę nereiškia fiziškai iš jos išeiti. Žmogus fiziškai gali būti grupėje, dalyvauti veikloje, tačiau jeigu jo su grupe nesieja vidinis ryšis, bendras ketinimas, tai prilygsta nebuvimui.

Jeigu žmogus palieka grupę, taškas širdyje gali užgesti ir niekas nepasakys, kada jis vėl įsižiebs. Studijuojant grupėje galima ugdyti šį tašką ir sustiprinti norą siekti Kūrėjo. Kabalos išmintis – tai metodika, padedanti vystyti tašką širdyje.

Kad taškas širdyje būtų patenkintas, tikslas turi atitikti malonumą. Sutapimas su malonumu vadinamas *lišma*, nes malonumas ateina Kūrėjo pavidalu ir tiktai į Jį atitinkančius, specialius indus.

Kuriame etape išsižadama ketinimo **lo lišma?**

Aš nežinau, ką reiškia duoti Kūrėjui. Tačiau mintis ateina pati. Negalime žinoti, kas tai yra ar kaip tai vyksta. Dvasinis pasaulis atskleidžiamas ir suvokiamas pagal taisyklę: „Paragauk ir pamatysi, kad Kūrėjas geras", t. y. pirmiausia žmogus mato vaizdą ir tik po to ima jį suprasti.

ARTUMAS KŪRĖJUI

Ar žinių apie kabalą skleidimas – dvasinis veiksmas?

Gali būti nesuprantama, kodėl platinant žinias apie kabalą fizinis veiksmas tampa dvasiniu. Tačiau yra „tarpininkai", kurie padeda mums eiti Kūrėjo link suprantant tikruosius mūsų poelgių motyvus – gauti. Veiksmai, pagrįsti gerais ketinimais, vadinami priesakais. Šiame pasaulyje juos įgyvendiname tarpusavyje. Kiekvieną veiksmą turi lydėti ketinimas pasiekti Kūrėją, rasti ryšį su Juo. Tokia turi būti mūsų motyvacija grupės atžvilgiu. Ryšys su Kūrėju priverčia sukurti grupę, užmegzti ryšį su grupės draugais. Taip teisingai panaudojame savo gebėjimą veikti.

Priešingu atveju, jeigu negebame elgtis „kaip reikėtų", tai, kaip sakoma, „verčiau sėdėti ir nieko nedaryti".

Jeigu dirbama ne dėl ketinimo ateiti pas Kūrėją, tai tada dėl ko? Veikdamas be ketinimo pasiekti Kūrėją, tu kenki. Toks veiksmas nuo pat pradžių žalingas. Visos priemonės, artinančios mus prie Kūrėjo, vertesnės už tas, kurios atitolina nuo Jo.

Kūrėjas nori suteikti malonumą Savo kūriniams. Kūrėjas gali jiems suteikti tiek malonumo, kiek kūrinio savybių sutampa su Jo paties. Jeigu gali padėti žmonėms priartinti savo savybes prie Kūrėjo, atlieki geriausią galimą dvasinį veiksmą Kūrėjo akyse, veiksmą, kuris Jį labiausiai džiugina.

Kaip galima priartinti žmones prie Kūrėjo? Platinant kabalą. Todėl tai yra pats veiksmingiausias būdas dvasiškai priartėti, supanašėti su Kūrėju, tačiau tik tada, kai naudojamės platinimu, kad priartėtume prie Jo, nudžiugintume Jį. Jeigu ieškome, rasime nišą, kur galėtume dėti pastangas. Net nereikia ieškoti toli: mintys apie Kūrėją, ryšys su Juo pamažu atvers tiek vidinius, tiek išorinius būdus.

Jeigu mintis apie Kūrėją nelydi veiksmo, taip daroma specialiai, kad apie tai pagalvotume atlikdami veiksmą ar jį užbaigę. Tam yra daugybė priežasčių. Bet jeigu sistemiškai nedirbame pagal taisyklę: „Galvok apie pabaigą prieš pradėdamas", jeigu negalvojame, kad

KŪRIMO SUMANYMAS

šis veiksmas sustiprins ryšį su Kūrėju, tai nesistengiame prie Jo priartėti. Todėl šie veiksmai priklauso „kančių keliui". Tokie veiksmai veda į akligatvį, iš kurio turime sugrįžti ir ieškoti kito kelio. Jie tik prailgina taisymosi procesą.

Tai kurgi išėjimas?

Turime nesiliauti galvoję apie ryšį su Kūrėju. Visos mūsų problemos rodo, kad neturime kontakto su Juo. Ta pati problema būdinga visiems: individams, grupėms, visuomenei, visai žmonijai.

REIKALAUTI IŠ KŪRĖJO

Net studijuodami grupėje pamirštame apie Kūrėją, tai kaip paprastas žmogus gali Jį prisiminti?

Ryšys egzistuoja. Jeigu paprasti žmonės nesugeba to suvokti, tai nesugebėsime ir mes, nes esame susieti. Visa, kas vyksta žmonėse, vyksta ir mumyse. Tai atsitinka kita forma, bet dėl to paties tikslo.

Tačiau reikia suprasti, kad žmogui pradėjus galvoti apie Kūrėją, žmogus Jį randa dėl to, kad Kūrėjas ėmė jo ieškoti pirmas ir atsiuntė jam norą pradėti galvoti apie Jį. Žmogus yra ne kas kita, o Kūrėjo išvestinė.

Turime atsigręžti į Kūrėją ir reikalauti, kad padėtų užmegzti ryšį su Juo, ir paskui, kad jį sustiprintų. Bet reikalauti privalome būtent mes. Negalime patys atsibusti ir imti galvoti apie Jį. Kai galvojame apie Kūrėją, būtent Jis sukuria ir sustiprina mūsų norą galvoti apie Jį.

Visas procesas Jo valdžioje. Tiesiog turime reikalauti iš Kūrėjo, kad nuolatos atnaujintų mūsų išteklius, ir prašyti, kad padėtų sustiprinti ryšį. Jis to laukia. Galbūt dar nėra ketinimo „dėl Kūrėjo", tačiau nesvarbu – mes jau priklausome nuo Jo.

KANČIŲ PRIEŽASTIS

Kaip man išlaikyti ir sustiprinti šį pabudimą?

Žinok, kad kančias tau siunčia tik Kūrėjas ir kad tuo Jis prašo tavo dėmesio. Žmonės vis dar nemato tikrųjų tų skausmingų įvykių priežasčių, nemato už jų stovinčio Kūrėjo. Jie nesupranta, kad Kūrėjas trokšta sugrąžinti mus į Save, priversti judėti teisinga kryptimi, tikslo link.

Kad nekentėtume, turime prašyti Kūrėjo, jog nukreiptų mūsų mintis ne į kančias ir skausmą, bet į jų šaltinį – Jį. Turime prašyti Jo, kad niekada neleistų to pamiršti, kad nuolat per šią mintį palaikytų ryšį su mumis. Ši malda – vienintelis ir svarbiausias dalykas, ką galime padaryti. Čia prasideda kiekvieno išsigelbėjimo kelias.

Ar tokiu atveju kančios nebereikalingos?

Skausmas ir kančia duoti mums tam, kad paskatintų mus prašyti ryšio su Kūrėju. Negalime to prašyti, kol nepajuntame savo priklausomybės nuo Jo, kuri pabrėžia šio ryšio svarbumą. Kaip tik dėl to Jis siunčia mums skausmą ir kančias.

Tačiau viskas priklauso nuo kančių stiprumo, būdo, kaip išgyvename skausmą, ir kaip iš „gyvūninio" lygmens perkeliame jį į žmogiškąjį, pasitelkdami šias kančias dvasiniam tobulėjimui. Visos kančios, nuo mažiausios iki didžiausios, atspindi Šviesos

KŪRIMO SUMANYMAS

nebuvimo pojūtį ir tai, kad taškas mūsų širdyje, mūsų sielose nesugeba jausti Kūrėjo.

Kūrėjo nejautimas pats savaime yra kančia, nors to ir nežinome. Iš tikrųjų be Šviesos ir indo (noro gauti Šviesą) daugiau nieko nėra.

Jeigu atsigręšime į Jį ir pačiais paprasčiausiais žodžiais maldausime: „Nepalik manęs. Būk greta, pasilik mano sieloje", – tai bus geriausias būdas sėkmei pasiekti.

Kalbu apie kelio pradžią. Paskui pasieksime pakopą *lo lišma* (ne dėl Kūrėjo) ir *lišma* (dėl Kūrėjo), t. y. dėl savęs ir dėl Kūrėjo. Tada tapsime dėkingi už kančias! Bet tas atsitiks vėliau.

Nenorėčiau, kad žmonės pabustų tik skatinami kančių ir nelaimių. Noriu, kad žmonės prabustų skaitydami ir studijuodami knygas. Tačiau jie nesivargina atsiversti knygos, kol negauna perspėjimo. Žmogus netgi patirdamas mažiausias kančias gali savo vaizduotės galia jas padidinti ir taip ateityje išvengti didesnių kančių.

Netgi susidūrę su menkiausiais sunkumais, turime paklausti: „Kokia mano gyvenimo prasmė, kodėl kenčiu? Juk gimiau, kad patirčiau malonumą!"

Turėtume pagelbėti vienas kitam pereiti nuo pagrindinių klausimų apie asmeninę kančią prie bendro klausimo apie gyvenimą, kuris įkvėptų ieškoti atsakymo (kančių šaltinis – Kūrėjas).

Viskas priklauso nuo mūsų pastangų, kurios gali pagreitinti procesą. Mūsų tikslas – paspartinti žingsnį, paskubinti laiką.

Kas iš tikrųjų yra kančia? Jeigu galėtum suvokti dvasinį pasaulį, pamatytum, kad ten, tuose siekiuose, kur patiri kančias, tau trūksta troškimo pajausti Kūrėją, todėl ir kenti.

Kančia – tai Šviesos, Kūrėjo nebuvimo jautimas. Jeigu tą vietą užpildytume Kūrėjo Šviesa, būtent tose žlugdančiose kančios ir skausmo vietose, užuot kentėję, jaustume malonumą. Kaip tik tose situacijose, Kūrėjui atsiskleidus, patiriame didžiausią malonumą.

O dabar mūsų tikslas – sureikšminti net menkiausią kančią, pakelti jos svarbą mūsų akyse ir nedelsiant imti ieškoti tikrosios šios kančios priežasties. Priežasties imsime ieškoti neatsižvelgdami į savo norą.

Mūsų kančių sprendimas – „paragauk ir išvysi, koks geras yra Kūrėjas". Kitos išeities nėra. Kančia pati savaime nėra Kūrėjas, bet Jo nebuvimo mūsų gyvenime išraiška. Malonumas reiškia: „paragauk ir išvysi, koks geras yra Kūrėjas". Tai amžinas, tobulas, visiškas malonumas, laukiantis mūsų.

Kai kurie žmonės kankinasi visą gyvenimą, bet vis tiek nepajunta taško širdyje, jo tiesiog nėra... Kodėl jie kenčia?

Žmogus nuolat kenčia. Per visą savo istoriją žmonija kentėjo. Žmonės gyvendavo, mirdavo, nesupratę tikrųjų savo kančių priežasčių. Kančios turi didėti ir pasiekti tam tikrą lygį, kad galėtume rasti jų priežasčių šaltinį ir kas už jas atsakingas.

Žmonija kaip visuma jau sukaupė kritinę masę kančių ir kabala yra tam, kad atskleistų žmonėms kančių priežastį.

VIENINTELIS TIKSLAS

Kaip galiu sustiprinti Kūrėjo jautimą, kad nepaleisčiau minties apie Jį ir Jo valdymą?

KŪRIMO SUMANYMAS

Negalime nuolatos jausti Kūrėjo, nors šis pojūtis turėtų lydėti kiekvieną mūsų norą. Kaip šį tikslą paverčiame neblėstančiu? Kūrėjas tuo pasirūpina. Jis užtikrina, kad visada Jį prisiminsime. Patarimai mums reikalingi tam, kad parodytų, kaip užmegzti ilgalaikį ryšį. Įsivaizduok, kad akimirką netekai ryšio. Pagalvok apie priemones, kad jį sustiprintum. Dėk visas pastangas jam išlaikyti. Tavo pastangos pamažu kaupsis ir taps vienu vieninteliu tikslu, nukreiptu į Kūrėją.

RYŠYS PER BLOGĮ

Kaip įsisąmoniname blogį ir kuriam tikslui?

Prisiminus kūrimo sumanymą ir tikslą, visi tavo išskaičiavimai liausis buvę inertiški. Užtai jie taps indais arba tikslais, su kuriais randame ryšį su Kūrėju, Jį jaučiame. Kiekviena mūsų neigiama savybė virsta priemone tikslui pasiekti.

Kito būdo užmegzti ryšį su Kūrėju nėra – tik per mūsų neigiamas savybes, per blogį. Blogio atskleidimas – tai jo priešingybės, gėrio atskleidimo pradžia. Kūrėjas parodo tavo blogąsias savybes, kad siektum Jo jausdamas savo egoizmą. Turime mėginti panaudoti blogį ryšiui su Kūrėju užmegzti.

Čia, iš savo blogio, laikausi įsitvėręs Jo. Net jeigu tai ir visiška priešingybė, vis tiek yra ryšys su Kūrėju. Ir būtent tada prašau Jo man padėti: „Iš nevilties gelmių šaukiuosi tavęs, Viešpatie!" (Psalmės 130, 1)

Ar tai ir yra malda?

Taip, tai yra malda. Antraip iš kurgi kils *MAN* (malda)? Kai jauti, kad visa tai – mirtis ir kad tik Kūrėjas gali padėti, tu prašai, meldi, šauki. Dar akimirksnis ir būsi negyvas – kaip stovint ant bedugnės krašto, kaip pusiaukelėje einant iš Egipto, esant ant kranto priešais prasiskyrusią Raudonąją jūrą. Mums nereikia slėpti savo blogųjų savybių, tereikia tinkamai jas panaudoti neigiamose situacijose. Turėtume pasitarti su Kūrėju prieš atlikdami kiekvieną veiksmą ir tik po to imtis veiksmų.

ANGELAI

Kaip galiu nuolat nepamiršti apie tikslą?

Prieš kiekvieną mintį, veiksmą, kvėptelėjimą – pagalvok apie tikslą!

Jeigu grupės draugas priminė man apie Kūrėjo egzistavimą, kad ir šiurkštokai, pavyzdžiui, bakstelėdamas man, kai per pamoką prisnūdau, tas žmogus yra angelas. Nesvarbu, kokius priminimus siunčia Kūrėjas, bet gaudamas juos galiu eiti pirmyn. Taip galvodamas pamatysi, kad aplink tave visi yra angelai, siųsti tau, kad primintų apie Kūrėjo egzistavimą.

Mus ragina iš Aukščiau, kad galėtume artėti Kūrėjo link. Blogiausia, jog bandome rasti išeitį kebliose situacijose pasitelkdami savo protus. Tai stumia mus į kančių kelią: ima mus mušti, kol suprantame, kad sprendimas negali gimti mūsų galvose.

Tai ilgas procesas, bet jis priklauso nuo mūsų. Galime jį pagreitinti tik tuomet, kai esame pakankamai išmintingi, kad suprastume, jog išeities turime ieškoti aukščiau.

KŪRIMO SUMANYMAS

Ką tai reiškia? Tai, jog negalime prarasti ryšio su Kūrėju, kad ir kas nutiktų! Parašyta: „Net kai aštriausias kardas kabos virš galvos, žmogus neturi išsižadėti gailestingumo." Netgi patirdamas nepakeliamas kančias, gali jausti tobulybę, jeigu tik nepaisydamas kančių išlaikai dvasinį ryšį su Kūrėju.

Kitiems gali pasirodyti, kad patiri baisiausias kančias, bet tu pats viduje jausi tobulumą, malonumą, jeigu užmegsi dvasinį ryšį su Kūrėju nekreipdamas dėmesio į skausmą.

Kūnas gali liepsnoti, o tu nieko nejausi. Viskas priklauso nuo ryšio su Kūrėju tvirtumo. Kuo jis stipresnis, tuo didesnis malonumas, kuo silpnesnis – tuo malonumas mažesnis.

Kančia duodama tik ryšiui sustiprinti ir dvasinei pakopai, kur visi jaučiame malonumą, pasiekti. Turime žiūrėti į tai kaip į svarbiausią treniruotę.

Ar šį pratimą svarbu atlikti grupėje?

Svarbu grupėje ir ne grupėje, kartu ir vienam.

NORO IEŠKOJIMAS

Ar dvasinio ryšio siekimas yra noras patirti malonumą?

Jeigu siekis yra, daugiau nieko ir nereikia. Tai reiškia, kad pats Kūrėjas kviečia tave susitikti su Savimi.

Tačiau jeigu tarp noro siekti ir Kūrėjo ryšio nėra, turi ieškoti šio ryšio. Jeigu jau jauti ryšį, vadinasi, turi norą pasiekti Kūrėją. Dabar ieškok papildomo noro susijungti su Juo.

Jeigu lauki, kad noras savaime atsiras, taip nebus. Priešingai, iš Aukščiau gausi kančių ir imsi kelti klausimus bei ieškoti tikslo. Baal Sulamas rašo, kad jeigu turime šį tikslą, Kūrėjas duoda mums norą Jo ieškoti, kviečia mus arčiau. Tada ateina laikas, kai privalome dėti pastangas, kad atitiktume Kūrėjo norą.

Pasaulyje be Kūrėjo, kūrinio ir ryšio tarp jų daugiau nieko nėra! Būtent patirdami kančias, nesvarbu – asmenines, savo šalies ar pasaulines, galime jas pakeisti į mėgavimąsi. Kančia duota dėl vienintelio tikslo – kad per ją susisiektume su Kūrėju, taip paversdami ją malonumu.

Teisingai žiūrėdami į kančias, pamatysime, kad visa ta kankynė – tai tik pretekstas mums dvasiškai kilti, ir tada visas pasaulis bus mums po kojom.

KAS MUS IŠJUDINA?

Kas yra egoizmas? Kas mane supa ir ką turėčiau su tuo daryti?

Kūrėjas sukūrė tik *Adam ha Rišon* (Pirmasis Žmogus), bendrąją sielą, kūrinį, *Malchut*. Pirmojo Žmogaus *parcufas* buvo sukurtas ir paskui sudaužytas, kad būtų galima ištaisyti kūrinį.

Suskaldant buvo sumaišytos kūrinio (patirti malonumą) ir Kūrėjo (suteikti malonumą) savybės. Tai buvo tarsi sprogimas, kuris leido Kūrėjo savybėms prasiskverbti į kūrinio savybes.

Bendrosios sielos dalys buvo suskaldytos ir atskirtos. Dėl to Pirmojo Žmogaus kibirkštis yra kiekviename iš mūsų. Šioje kibirkštyje yra *rešimot* (įrašai) apie visas būsimas situacijas nuo dvasinio kelio pradžios iki išsitaisymo pabaigos. Taip yra todėl,

KŪRIMO SUMANYMAS

kad *Adam ha Rišon* nukrito iš aukščiausios būsenos, tad įrašai apie aukštesnes pakopas ir visas būsenas jau yra mumyse kaip *rešimot* (užrašyta, užprogramuota informacija).

Rešimot grandinė nuolat skleidžiasi kiekviename iš mūsų, tačiau mes jaučiame tik labiausiai nuo centro nutolusį, patį žemiausią *rešimo* (žodžio *rešimot* vienaskaita). Jį juntame kaip paliepimą kažką gauti ir pagal tai veikti. Šia prasme esame ne daugiau nei robotai.

Vieni žmonės trokšta ramaus gyvenimo, kiti auga ir siekia šlovės bei turtų. Viskas, kas skiria žmones, įdėta į *rešimot*, panašiai kaip biologiniuose genuose.

Visa, kas su mumis atsitinka, priklauso nuo dabar aktyvių *rešimot*. Todėl neįmanoma reikalauti, kad žmogus trokštų dvasingumo, jeigu jo išoriniai *rešimot* duoda jam tiktai valdžios troškimą. Mūsų tikslas – suteikti žmogui, kurio dvasinio vystymosi *rešimot* jau aktyvūs, visas reikiamas sąlygas dvasiniam troškimui įgyvendinti.

Mes tegalime paspartinti žingsnį pereidami nuo vieno *rešimo* prie kito ir taip per visą *rešimot* grandinę, nuo pradžios iki galo. Nieko, išskyrus taisymosi greitį, pakeisti negalime.

Kaip tik dėl to turėtume galvoti apie šią akimirką ir ką dabar turime ištaisyti savo viduje.

KOKIA MANO GYVENIMO PRASMĖ?

Ką reiškia jausti „vidinę būtinybę"?

Vidinė būtinybė kyla, kai klausi apie gyvenimo prasmę ir negali rasti atsakymo. Įvade į sudėtingiausią ir svarbiausią kabalistinę knygą *Talmud Eser Sfirot* („Mokymas apie dešimt *sfirot*") jos autorius kabalistas Jehudis Ašlagas rašo, kam ši knyga skirta. Tiems, kuriuos kankina klausimas: „Kokia mano gyvenimo prasmė?" Ji skirta būtent tiems, kurie trokšta žinoti savo patiriamų kančių priežastį, tiems, kurie siekia suprasti, kodėl jų gyvenimas klostosi blogai.

PAGERINK PADĖTĮ PRADĖDAMAS

Esu pasiryžęs viskam, kad pagerinčiau savo gyvenimą. Tačiau kaip tą padaryti, kol dar nesusipažinau su kabala?

Savo gyvenimą netgi nė trupučio neišmanydamas kabalos gali pagerinti ėmęs ja domėtis, norėdamas būti proceso dalimi, bandančia pagerinti pasaulį. Jeigu tęsi studijas ir eisi pirmyn, imsi savu noru, sąmoningai veikti dvasinį pasaulį, kad sukurtum geresnę ateitį sau.

Kitaip tariant, studijuoti kabalą galima keliais lygiais, priklausomai nuo paties žmogaus. Kaip ir mūsų pasaulyje, vieni žmonės gyvena ir veikia pasyviai, visą gyvenimą dirbdami tą patį, kiti – imasi iniciatyvos, keičia savo gyvenimus, daro įtaką visuomenei ir visam pasauliui. Pagal tokią piramidę veikiame dvasinį pasaulį ir visą tikrovę apskritai.

Antras skyrius
KABALOS MOKYMAS

KABALOS MOKSLAS

Kodėl kabala laikoma mokslu?

Mokslas tiria pasaulį mūsų sukurtais prietaisais. Šių prietaisų veikimas pagrįstas penkiomis mūsų juslėmis: rega, klausa, skoniu, uosle ir lytėjimu. Negalime išrasti ko nors nauja, kas nebūtų panašu į tai, ką jaučiame savo juslėmis.

Mūsų smegenys analizuoja visą informaciją, gaunamą iš prietaisų bei juslių, ir sukuria tai, kas, mūsų nuomone, yra supančio pasaulio vaizdas. Jeigu padidintume vieno iš savo jutimo organų jautrumą, matytume, pavyzdžiui, rentgeno spindulius, arba girdėtume garsus, esančius už dabartinio girdimumo slenksčio. Tada pasaulis atrodytų kitaip. Vis tiek vadintume jį „savo pasauliu", bet jis pasikeistų dabar suvokiamo pasaulio atžvilgiu.

Galbūt egzistuoja kiti, paraleliniai pasauliai, kitos būtybės, kurios pereina per mus, tačiau jų nejuntame, nes neturime tam tinkamų prietaisų. Kaip galime objektyviai tirti mus supančią tikrovę, tesuvokdami mažą jos dalį?

Visos mokslo sritys dirba su duomenimis, gaunamais per penkias jusles, tačiau kabala nagrinėja įgytą žinojimą, peržengiantį jutimo organų ribas.

Tarkime, kai informacija garso pavidalu pasiekia mus, iš kur žinome, jog tai garsas? Mus supa bangos. Kai kurios iš jų spaudžia mūsų ausų būgnelius, kurie savo ruožtu vidinį mechanizmą grąžina į pusiausvyros padėtį. Smegenys išmatuoja būgnelių grąžinimo į pirminę poziciją stiprumą bei dažnį ir paverčia šį spaudimą garsine informacija. Šią informaciją suvokiame kaip garsų derinį – melodiją, šlamesį ar kitokį triukšmą.

Kitaip tariant, mūsų reakcija – tai šalutinis spaudimo, kurį mums sukėlė aplinka, efektas. Nežinome visų mus supančių garsų, išskyrus tuos, kuriuos girdime.

Visi mūsų jutimo organai sukonstruoti pagal tokį principą. Niekada nežinome, kas yra už mūsų, ir reaguojame vien į tai, ką suvokiame juslėmis. Išorinio pasaulio garsai ir spalvos gali būti begaliniai, tačiau pajėgiame suvokti tik tai, kas pasiekia mus per jusles.

Visi mokslai ribojami penkių jutimo organų, tačiau kabala kalba apie tai, ką galima įgyti papildomu jutimo organu, vadinamu „šeštuoju jutimu". Juo galime jausti tikrovę, esančią už mūsų juslių. Jeigu palygintume žmogų su uždara dėžute, kuri visą informaciją gauna iš išorės priklausomai nuo jutimo organų galimybių, tai kabala kalba apie tai, ką galima pažinti, išvysti, išgirsti už penkių mus ribojančių jutimo organų.

Jeigu išgyvenome sunkų išbandymą, galime užjausti kitą žmogų, patyrusį tą patį, nes įgijome žinių apie šią būseną ir patyrėme tuos pačius jausmus. Iš tikrųjų turime viską, ko reikia, kad išgyventume kitų žmonių emocijas.

Žmogus, neturintis panašios patirties, nesupras kito žmogaus ir netgi gali būti abejingas kito skausmui. Žmogus nuo kitų gamtos dalių skiriasi tuo, kad geba pajusti tam tikrus išorinio, nepažinto pasaulio poveikius.

Išorinio, paprastai mūsų nesuvokiamo pasaulio tyrinėjimai grindžiami mūsų vidinių savybių ir išorės reiškinių suvienodinimu. Ugdydami tam tikrus iš prigimties neduotus dvasinius jutimo organus, galime pajusti aukštesnį pasaulį – dvasinį, amžiną, beribį, apie kurį paprasti žmonės nė nenutuokia.

Kabala – tai sistema, padedanti išvystyti papildomus jutimo organus, kuriais pradedame jausti dvasinį pasaulį taip, kaip dabar jaučiame šį pasaulį. Be to, galime persikelti į visiškai kitą, beribį informacijos lauką, nei kad jaučiame paprastai. Gimstame, kurį laiką jaučiamės egzistuojantys biologiniame, „baltyminiame" kūne ir paskui išnykstame.

Patirdami reiškinius, situacijas, įvykius šiame pasaulyje, būdami šioje būsenoje, visiškai nežinome, iš kur jie atsiranda. Neretai psichiškai nesame pasirengę jų dažnai nemaloniems ar netgi tragiškiems padariniams.

Visa tai ateina mums iš išorės, bet matydami vien menką pasaulio dalį manome, jog tai atsirado nelauktai ir atsitiktinai; kažkas netikėta staiga pasirodo scenoje, bet taip yra dėl to, kad nematome, kas vyksta užkulisiuose.

Kaip galime tinkamai reaguoti į su mumis atsitinkančius įvykius, nematydami viso vaizdo? Nežinodami savo veiksmų padarinių, nepajėgdami aiškiai matyti jų poveikio. Todėl negalime suvokti pasekmių visko, kas mus supa.

Vadinamės „protingomis būtybėmis": mąstantys, gudrūs, aukščiausia kūrinijos pakopa. Bet tuo pačiu metu esame visiškai atskirti nuo tikrovės ir nuo tiesos. Kad didžiuojamės esą protingi, tik įrodo, jog mūsų vystymosi lygis labai žemas ir net nesuvokiame savo tikrosios būsenos.

Kuo stipriau jaučiame dvasinį pasaulį, kuo labiau suvokiame tikrąjį pasaulį, tuo geriau regime priežasties ir pasekmės tvarką. Matome, kas vyksta su mumis, suvokiame, kaip derėtų reaguoti, ir tampame pozityvia, aktyvia visatos dalimi – „žmogumi". Tą galime pasiekti atverdami akis, užuot pasilikę akli.

Žinoma, jeigu kas nors būtų „žmogumi", nereikėtų mokytis, nes išsilavinimas reikalingas, kad užpildytų spragas to, ko nematome patys. Jeigu mūsų veiksmų rezultatai būtų akivaizdūs, galėtume pasielgti blogai, tačiau mums būtų aišku, kas teisinga, o kas ne. Nebeliktų vietos teorijoms ir filosofijoms. Viskas būtų tarsi ant delno ir dėl visiško mūsų norų bei ketinimų išsivystymo neliktų vietos apgaulei.

Kabala aprašo, kaip galime įgyti tą papildomą jutimą, leidžiantį iš melagingos tikrovės išeiti į objektyviąją. Ji apibūdina, kaip šis jutimas vystosi. Juo gauname informaciją, kaip pradėti teisingai elgtis atsižvelgiant į naujai įgytas žinias.

Kabalistai sako, kad taip išsiveržiame iš laiko ir erdvės, gyvenimo ir mirties ribų. Matome visą savo gyvenimą, netgi gyvenimą iki gimimo ir savo būsimąją būseną, palikus šį pasaulį.

Taip galime pajausti objektyvią tikrovę būdami fiziniame kūne, pakilti į lygmenį, kur praeitis, dabartis ir ateitis susilieja į viena. Visas valdymo mechanizmas yra aiškus ir galime imtis aktyvaus vaidmens jame. Aktyviai dalyvaudami valdyme, esame įtraukti į visatą ir galime teisingai vertinti savo veiksmus, tai, kas anksčiau nepavykdavo.

KABALOS METODO PRIVALUMAI

Rašėte, kad kabalos studijavimas pagreitina žmogaus sielos tobulėjimą kelyje į dvasingumą. Bet šį pagreitėjimą neabejotinai lydi įvykių suspaudimas. Kitaip tariant, tai, ką žmogus turėtų patirti per šimtą metų, jis patiria per keletą dešimtmečių. Tačiau kokie stiprūs bus šie išgyvenimai?

Maža to, studijuojantis, suvokiantis žmogus turi laikyti savyje viso pasaulio kančias, išplėsti savo emocinius indus tam, kad priimtų kiekvieną norą. Tai kuo tada naudinga kabala?

Nesu tikras, kad galėsiu tiksliai atskleisti privalumus, bet:

1. Kabala yra vienintelis kelias Aukštesniesiems pasauliams suvokti. Todėl ir sakoma „Kabalos kelias". Tu kalbi apie kitą kelią – „Kančių kelią". Tai nėra kelias, veikiau būsena, kai žmogus laikinai susilpnėja ir nustoja sparčiai vystytis. Žmogus lūkuriuoja kelkraštyje, kol kančios ima raginti, kad sugrįžtų ir toliau eitų kabalos keliu.
2. Kančių kelias – tai ne kitas kelias tobulėti, tai netgi ne kelias, o laikina būsena, kol žmogus „įgauna proto". Keliu jis vadinamas aiškumo dėlei.
3. Studijuodamas kabalą žmogus sumažina kančias ir gali jas numatyti. Kančia pati savaime yra ištaisymas. Tačiau nereikalingas kančias (jas žmogus gauna, kad taptų protingesnis ir pasirinktų kabalos kelią) kabalistai pakeičia į meilės

kančias Kūrėjui. Žmonijai nereikia patirti kančių savo kailiu. Studijuodami gauname tik į tikslą nukreiptas kančias, kylančias iš gyvybinio poreikio. Mums nereikia kankintis dėl mažmožių, kai suprantame, ko iš tikrųjų turėtume siekti.

4. Dėl ypatingo pasirengimo galime pagreitinti savo gebėjimą jaus ti, analizuoti, taisyti ir iškęsti kančias, kurias sukelia noras mėgautis. Jos praeina taip greitai, nes nedelsdami panaudojame jas priešinga kryptimi, t. y. paverčiame norus, turėjusius mums teikti pasitenkinimą, noro suteikti malonumą Kūrėjui pagrindu.

Kabalistas didelę savo kelionės dalį praleidžia pasauliuose *ABEJA* (*Acilut, Brija, Jecira, Asija*), kuriuose jis pamažu sąmoningus ir nesąmoningus nusidėjimus paverčia dorybėmis ir taip pateisina Kūrėjo darbus ir Jo vadovavimą. Šiuose pasauliuose sistema leidžia pastebimai sutrumpinti procesą.

TIKROVĖ KABALOS AKIMIS

Teko skaityti, kad kabala ugdo gebėjimą jausti tikrovės, dvasinių pasaulių elementus. Bet aš taip pat suprantu, kad laikas ir erdvė neegzistuoja, kad nėra jokių kitų pasaulių ir kad be Kūrėjo nieko daugiau nėra. Tai koks tada turėtų būti teisingas požiūris į tikrovę?

Stengdamiesi suprasti naują ar kitokią tikrovę, žmonės visąlaik pasitelkia pasaulio, kuriame gyvena, savybes ir pojūčius. Per kabalą jie įgyja tikrąjį supratimą apie dvasinę tikrovę ir tikrovę, kurią jaučia šiuo metu.

KABALOS MOKYMAS

Tikrovė sudaryta iš:
1. Materijos.
2. Formos, įvilktos į materiją.
3. Abstrakčios formos (neįvilktos į materiją).
4. Esmės.

Kadangi esame sukurti iš materijos, galime suvokti tik materiją ir formą, įvilktą į materiją. Niekada nepajėgsime suvokti abstrakčios formos, atsietos nuo medžiagos.

Vis dėlto nors negalime suvokti dviejų rūšių iš keturių, jos egzistuoja ir apgaubia viena kitą. Pirmoji – esmė, kurią uždengia abstrakti forma. Ši forma, įvilkta į materiją, o materija apgaubia jas visas. Kabala yra mokslas apie tikrovės veikimą. Žmogus yra eksperimento objektas, todėl šis mokslas suvokiamas mumyse. Kūrėjo savybių jautimas – į materiją įvilkta forma.

Dvasinis kelias – tai laipsniškas vis tikresnės formos, vis artimesnių Kūrėjui savybių įgijimas. Žmogus tegali paspartinti žingsnį įgydamas Aukštesniosios jėgos savybes. Štai dėl ko mums buvo duota kabala.

O kaip dėl laiko nejautimo?

Tu teisus, sunku suprasti laiko pojūčio nebuvimą. Tačiau „laikas" dvasiniame pasaulyje yra ne daugiau nei būsenų pasikeitimas. Šiame pasaulyje taip pat jaučiame, kai laikas „lekia" ar „stovi vietoje", bet mums miegant laikas vis tiek tiksi, priešingai nei dvasiniame.

Dvasiniuose pasauliuose „akimirka" – tai perėjimas nuo vienos savybės prie kitos besikeičiančių savybių erdvėje, kurios vis labiau artėja prie Kūrėjo.

Painiavą, kurią dabar jauti, išgyvena kiekvienas pradėjęs galvoti ir mėginęs lyginti materialias sąvokas su savo dar vis menkomis žiniomis apie dvasinį pasaulį. Šis laikas praeis. Nėra ko bijoti sumaišties, nevilties, nesėkmių ir panašiai. Jų visų prisireiks, kad vėliau galėtum pasijusti visiškai priešingai: patirti sėkmę, tobulumą, pilnatvę, šviesą.

KABALA IR RELIGIJA

Ar skirtumas tarp judaizmo ir kabalos yra tas, jog judaizmas yra religija, o kabala – mokymas, grindžiamas racionalumu ir supratimu?

Kabala – tai mokymas, kaip atskleisti Kūrėją, sistema, kaip suvokti Aukštesniąją jėgą, tai Aukščiausioji tiesa ir Aukštesnysis žinojimas. Religija nekalba nė apie vieną iš jų.

Tikintis žmogus privalo žinoti, kaip laikytis taisyklių ir gyventi jų neperžengiant. O kabala veda į Aukštesniojo pasaulio suvokimą.

RITUALAS

Ar kabala kaip nors susijusi su religiniais papročiais ir ritualais?

Kol neatsiskleidžia siela, žmogus nejaučia jokios vidinės būtinybės dvasiškai tobulėti. Būnant tokios būsenos, žmogui pakanka paklusti taisyklėms ir papročiams, tačiau tai nepriklauso dvasiniam pasauliui. Dvasiniam pasauliui priskiriamos mūsų pastangos ištaisyti ketinimą „dėl savęs" į ketinimą „dėl Kūrėjo".

Ištaisyti ketinimai paslėpti, nes niekas neturi matyti, kas žmoguje ištaisyta. Šie ištaisymai išoriškai niekaip neatsiskleidžia, tačiau keičia žmogaus asmeninį santykį su Kūrėju. Todėl yra paslėpti.

Veikiant šio pasaulio malonumams (tokiems kaip seksas, pinigai, valdžia, šlovė, garbė, žinios), atliekame veiksmus, susijusius su morale ir papročiais. Tai tęsiasi, kol pradedame siekti Kūrėjo.

Kai atsiranda šis troškimas, fiziniai veiksmai, priskiriami ritualui ir moralei, tampa mažiau reikšmingi ir mes užmezgame asmeninį ryšį su Kūrėju. Mūsų gyvenime tai užima svarbiausią vietą ir tada iš paprastų žmonių tampame kabalistais.

Tačiau netgi tapęs didžiu kabalistu, žmogus ir toliau gali atlikti tuos pačius mechaninius veiksmus, kaip darytų paprastas tikintysis. Tai niekaip nesusiję. Galite paklausti pačių didžiausių religijos žinovų ir jie jums pasakys, kad neišmano kabalos. Nereikia mokėti kabalos, kad laikytumeisi religinių papročių ir ritualų.

KABALOS KALBA

Kokia kalba tarpusavyje šnekasi kabalistai?

Kabalistai neišranda savos kalbos. Jų dvasinio pasaulio pojūčiai yra tie patys. Kiekvienas dvasinio pasaulio pojūtis turi vardą. Šio vardo nevalia pakeisti.

Tarkime, kuriant pasaulį dalyvauja dvidešimt du vardai ar savybės. Jie pažymėti hebrajų abėcėlės raidėmis. Jų deriniai nusako objekto dvasinį pojūtį, kurį galima aprašyti fizinėmis šio pasaulio sąvokomis.

Dvasinio pasaulio aprašymas – tai žmogaus sielos, sielos artumo Kūrėjui, artumo jautimo pakopų apibūdinimas. Kuo stipriau siela jaučia Kūrėją, tuo arčiau Jo yra.

Pagal kabalą bendroji siela dalijama į dvi dalis, kiekvienai iš jų suteikiant unikalų vardą, nurodantį jos savybes ir apibūdinantį jos funkcijas. Nors tai jausmų kalba, tačiau ji nepaprastai tiksli.

Kabala – „sielos inžinerija". Tačiau kaip galima naudotis tokiais tiksliais tyrimais ir apibūdinimais, jeigu mūsų kalba netiksli, ribota ir materiali? Todėl kabalistai šiam mokslui sukūrė ypatingą kalbą – „šakų kalbą".

Visi (negyvosios, augalinės, gyvūninės gamtos ar kalbantys) kūriniai, kaip ir visi įvykę, vykstantys ar vyksiantys reiškiniai, kiekvienas objektas ir jo valdymas, ateina iš Kūrėjo ir pereina per visus dvasinius pasaulius iki būsenos, kai šiame pasaulyje Kūrėjas yra paslėptyje.

Tačiau Aukščiausias valdymas nuolatos atsinaujina iš viršaus žemyn. Visa, kas egzistuoja mūsų pasaulyje, prasideda Aukštesniajame pasaulyje ir laipsniškai nusileidžia pas mus. Todėl visa, kas egzistuoja šiame pasaulyje, yra aukščiau esančio pasaulio rezultatas. Tarp mūsų pasaulio objektų ir jų šaknų Aukštesniajame pasaulyje egzistuoja tiesioginis priežasties ir pasekmės ryšys.

Kabalistai tiksliai nustato ryšį tarp Aukštesniojo Objekto ir šio pasaulio objekto. Visa, kas egzistuoja šiame pasaulyje, yra pasekmė, kurią valdo Aukštesnysis Objektas. Todėl kabalistai gali aiškiai nusakyti, kas su kuo susiję, ir įvardija objektus (šaknis Aukštesniajame pasaulyje), remdamiesi materialiosiomis pasekmėmis, „šakomis". Iš čia kilęs pavadinimas „šakų kalba".

Be to, ryšys tarp dvasinės šaknies ir materialių šakų nuolatos atsinaujina. Nuo kūrimo pradžios iki pabaigos tebevyksta kūrimo, taisymo, pakilimo procesas.

Šis procesas vyksta pagal smulkiai apibrėžtą programą, kuri nusileidžia į mūsų pasaulį ir nulemia viską, ką patiriame. Kiekvienas objektas pereina per savo šaknį; nors jis ir susipina su kitais, tačiau niekada neišnyksta ir visada išlieka savimi. Savaime suprantama, neįmanoma sukeisti vardų.

Kad rastume tikslią, bet vis dėlto slaptą kalbą, turime vartoti tik tuos žodžius, kurie apibūdina Aukštesniąją dvasinę Šaknį, kaip mums parodė kabalistai.

Kabalistai, atradę šią kalbą, neklysdami apibūdina dvasinį pasaulį mums suprantamais žodžiais. Ir kitos kalbos čia paprasčiausiai negali būti. Kodėl pasitelkus mūsų pasaulio žodžius įmanoma apibrėžti dvasines idėjas? Turime suprasti taisyklę, kad kabalistiniuose tekstuose vartojamos sąvokos apibūdina mūsų dvasines šaknis, o ne materialius objektus. Ir nevalia jų painioti! Už šių žodžių tėra dvasiniai objektai, arba šaknys, kurie jokiu būdu nesusieti su mūsų pasauliu.

Kabalistai pasitelkė šakų kalbą informacijai perduoti ir atskleisti per šio pasaulio žodžius ir ženklus. Kaip matematikai naudoja formules idėjoms perduoti, taip kabalistai skaitydami ar rašydami jaučia, ką šiais žodžiais norima pasakyti kabalos kalba.

Apibendrinant, žodis – tai ženklas, reiškiantis tam tikrą dvasinį objektą, kuris savo ruožtu nusako konkretų jausmą. Skaitydamas kabalistas gali išgyventi tą jausmą taip, kaip muzikantas žvelgdamas į natas girdi melodiją. Žmogui nereikia žodžių, kad suprastų muzikos kalbą.

APIE „ŠAKŲ KALBĄ"

Viename iš savo straipsnių rašėte, kad „tarp dvasinės šaknies ir materialios šakos yra ypatingas, abipusis ryšys". Kaip tą susieti su faktu, jog pasaulyje yra gausybė kalbų? Nejau kūrimui nusakyti remiamasi vien hebrajų kalba? O visos kitos kalbos tik iškreiptas dvasinio pasaulio atspindys?

Detalų paaiškinimą rasi „Mokyme apie dešimt *sfirot*", pirmoje dalyje „Vidiniai apmąstymai".

Kalba – tai informacijos, kurią indas suvokia ir jaučia kaip Šviesos veiksmą, malonumą, atspaudas. Iš esmės mums nereikia jokios kalbos, nes jau turime šiuos pojūčius savyje.

Tačiau norėdami kitiems perduoti šiuos jausmus, turime pateikti juos tokia forma, kad žmogus, su kuriuo norime kalbėtis, juos suprastų. Ši forma vadinama „kalba" ir nesvarbu, kokia kalba reiškiama. Kabalistai pasirinko hebrajų kalbą ir ja perteikė norimą informaciją. Jie taip pat vartojo aramėjų kalbą, kuria kalbėta senovės Persijoje.

Knygoje *Zohar* taip pat yra kitų kalbų (graikų) žodžių, kurie buvo plačiai vartoti Izraelyje, tad mes, kaip ir kabalistai, juos irgi vartojame. Aš taip pat pateikdavau šį klausimą savo mokytojui ir jis atsakydavo, kad visos kalbos gali būti pritaikytos dvasinei informacijai perduoti. Kadangi kabalistai viską aprašė hebrajų kalba, jie sukūrė žodyną („ryšį tarp šaknies ir šakos"), kuris šiandien sudaro kabalos mokslo terminologijos pagrindą.

Hebrajų kalba dar vadinama „šventąja kalba", nes veda šventumo, Kūrėjo savybių link.

KABALA – NE RELIGIJA

Ar yra atitikmenų kabalai kitose religijose?

Kitose religijose nėra kabalos atitikmenų, nes kabala – ne religija, o mokslas. Ji neturi sąsajų su religija, tikėjimais, ekstrasensorinėmis metodikomis ar net judaizmu. Bet kuris žydas ortodoksas, paklaustas, ar žino kabalą, atsakys nežinąs, be to, jie nemato jokios būtinybės ją studijuoti. Ir jų atsakymas teisingas, nes kabala nereikalinga žmonėms, paskendusiems religiniuose ritualuose.

Maža to, kabala sustiprina tiek norą gauti, tiek troškimą pažinti, kurių pagrindas – savęs pažinimas ir Aukštesniojo pasaulio suvokimas. O religijos grindžiamos savęs ribojimu, askeze.

PASAULIS, RELIGIJOS IR KABALOS MOKSLAS

Daugelyje jūsų knygų pastebėjau, jog tam tikros vietos tekste labai pažįstamos. Kai stengiausi jas nagrinėti, įsitikinau, kad kai kurios kabalistinės idėjos yra įvairių pasaulinių religijų pagrindas. Nors kabala ir nėra religija, atrodo, ji turi potencialą suvienyti pažangiuosius pasaulio religijų atstovus (dažnai aptariama tema Vatikane). Ar matote tokią galimybę?

Kabalos tikslas – ne religijų vienijimas, nes ji neturi nieko bendra su jomis. Kabala yra mokslas, tiriantis žmogaus esmę, Aukštesnįjį pasaulį, visą pasaulėdarą, Kūrėją. Šio tyrimo rezultatas – atskleidimas, kad žmonija trokšta būti panaši į Kūrėją. O religijos – tai žmogaus sugalvotas ritualų derinys, lengvinantis egzistavimą žemėje. Tiksliau sakant, tai „opiumas liaudžiai", būdas psichologiniam komfortui įgyti. Štai kodėl Baal Sulamas sakė, jog vienintelė tinkamiausia religija yra „mylėk savo artimą kaip pats save", nes ji veda į vienybę su Kūrėju. Tai, ką žmonės vadina „religija", yra ne daugiau nei būdas sukurti stabilumo pojūtį, komfortą mūsų trapiame gyvenime.

KABALOS REIKŠMĖ

Kokius šaltinius dažniausiai cituojate kalbėdami apie kabalos reikšmę?

Kabalistas Jehudis Ašlagas, *Sulam* komentarų knygai *Zohar* autorius, pradeda savo straipsnį „Kabalos išminties esmė" tokiu apibrėžimu: „...ši išmintis yra ne kas kita, o tvarka, kuria šaknys nusileidžia priežasties ir pasekmės būdu pagal tikslius, nustatytus dėsnius, susijungiančius į vieną aukščiausią tikslą – „Kūrėjo Dieviškumo atskleidimą Jo kūriniams šiame pasaulyje".

TIKROSIOS KNYGOS

Apie ką rašoma kabalistinėse knygose?

Autentiškų kabalistinių knygų tekstuose būtent ir apibūdinama, kaip veikia tikrovę išjudinantis mechanizmas. Naudojant lenteles ir formules, aprašomas „tikrovės kontroliavimo kambarys" panašiai kaip instrukcijoje vartotojui. Ši vaizdinė medžiaga moko mus, kaip dvasiniame pasaulyje veikia dėsniai ir kaip mintimis bei norais galime daryti jiems įtaką, kartu keisdami grįžtamąjį poveikį.

SUKŪRIMO KNYGA

Kai sakote, kad **Sefer Jecira** *(„Sukūrimo knyga") buvo parašyta Abraomo, ar turėtume įsivaizduoti žmogų, pasiekusį dvasinį lygmenį, vadinamą „Abraomas", ar Abraomas buvo istorinė asmenybė?*

Antruoju atveju, jeigu Abraomas rašė anksčiau už Mozę, kodėl tada minimas pranašo Ezekielio vardas (Mišna 8, 1)? Juk šis pranašas gyveno kur kas vėliau nei Abraomas.

Spėjama, jog „Sukūrimo knygą" parašė Abraomas. Tokios nuomonės laikomasi judaizme, ji nėra mano. Tiesą sakant, niekada nieko neteigiu pats, savo žodžius visada galiu pagrįsti šaltiniais. Todėl mano priešininkai kritikuoja ne mane, o kabalą!

Baal Sulamas savo laiškuose sako, kad „Sukūrimo knygą" parašė kitas kabalistas. O dėl laiko klausimų kyla tik tau, o ne Abraomui ar kitam kabalistui. Tačiau niekas nepadės, kol pats nepamatysi „nuo pasaulio pradžios iki jo pabaigos". Kabalistas, pasiekęs tam tikrą dvasinį lygį, mato, jaučia, turi ryšį su kiekvienu tame lygmenyje nepriklausomai nuo to, ar tai jau įvyko mūsų pasaulyje, ar dar tik bus.

Dvasinis pasaulis amžinas, begalinis. Todėl Biblijos komentarai, netgi nekabalistiniai, dažnai prasideda: „Abraomas pasakė..."

Bet kaip autorius gali žinoti, ką Abraomas pasakė, jeigu šis to niekur neužrašė? Jis tą žino pasiekęs tą patį dvasinį lygmenį, kuriame buvo Abraomas, kai sakė šiuos žodžius! Iš tikrųjų atsakymą į visus klausimus galima rasti tik pačiam pasiekus Aukštesnįjį pasaulį.

KNYGA *ZOHAR*

Iš kur kilo Zohar *pavadinimas?*

Zohar reiškia švytėjimą, kaip sakoma: „Sėdi teisuoliai su karūnomis ant galvų ir mėgaujasi Dieviškumo švytėjimu." Pagal knygą *Zohar*, Kūrėjo (Šviesos) jautimas bendroje sieloje vadinamas „Dieviškumu". Bet kurioje kabalistinių knygų vietoje, kur sakoma „tai buvo parašyta knygoje...", visada turima omenyje knyga *Zohar*. Visos kitos, regis, nelaikomos knygomis, nes žodis „knyga" (hebr. *sefer*) kilęs iš žodžio *sefira*, šis – iš žodžio „safyras", švytėjimas, atskleidimas (Šviesos, Kūrėjo). Tai randama tik knygoje *Zohar*.

Apie knygą Zohar *kalbėta metų metus. Kokia universalių paslapčių esmė? Kaip tai gali būti aprašyta įprastose knygose ir vis dėlto išlikti paslaptimi? Kada galėsiu nusipirkti* Zohar *knygyne ir pats atskleisti paslaptis?*

Kalbėdami apie dvasines idėjas, pirmiausia turime įsisąmoninti, kad jų neriboja laikas bei erdvė ir kad nėra žodžių joms apibūdinti. Tai dėl to, kad laikas, erdvė ir judėjimas riboja viską, ką jaučiame.

Judėjimui liovusis, sustoja ir mūsų gyvenimas. Negalime įsivaizduoti kažko nejudančio, atsieto nuo laiko, neturinčio masės.

Pavyzdžiui, visata egzistuoja tam tikroje erdvėje. Jeigu ją išimtume iš erdvės, būtų tuštuma ir jos nepajėgtume apibūdinti.

Dvasiniame pasaulyje nėra kūnų, laiko, atstumo ir dėl to dvasingumas atsietas nuo žmonijos įsivaizdavimų, išsigalvojimų; jis atskirtas ir nuo mūsų struktūros, prigimties, juslių.

Kodėl negalima studijuoti kabalos tiesiogiai iš knygos Zohar?

Zohar – svarbi kabalistinė knyga, tačiau ji parašyta slaptu būdu, neleidžiančiu jos suprasti, kol žmogus neišeina į dvasinį pasaulį. Todėl nepradedame studijų nuo knygos *Zohar*. Vietoj jos studijuojame Baal Sulamo įvadus ir knygas, kurie moko mus, kaip suprasti, kas parašyta knygoje *Zohar*.

Zohar – nėra ta knyga, kuria vadovaudamasis pasiektum dvasinį pasaulį, ji parašyta tiems, kurie jau dvasiniame pasaulyje. Kad teisingai ją suprastume, pirmiausia reikia studijuoti keletą kitų knygų: „Įvadas į kabalos mokslą", „Įvadas į knygą *Zohar*", „Įžanga knygai *Zohar*", „Pratarmė knygai *Zohar*". Iš šių knygų neįgijus aiškaus ir tikslaus supratimo, knyga *Zohar* liks mums paini ir nesuprantama.

Knyga Zohar buvo parašyta II mūsų eros amžiuje, tačiau atrasta tik maždaug XIII amžiuje. Kodėl prireikė tiek daug laiko jai surasti?

Baal Sulamas kalba apie tai „Įvade į knygą *Zohar*" (61 skirsnis): „Privalome paklausti, kodėl *Zohar* komentarai nebuvo atskleisti iki Ari. Kodėl ji nebuvo atskleista jo pirmtakams? Ir svarbiausia, kodėl Ari žodžiai ir knygos *Zohar* komentarai nebuvo atskleisti iki dabar?"

Kad būtų lengviau suprasti, paaiškinsiu Baal Sulamo žodžius paprasčiau.

Pirmiausia kodėl *Zohar* buvo paslėpta? Pasaulis per 6000 savo egzistavimo metų perėjo tris etapus: pirmieji 2000 metų vadinami „Tohu", vidurinieji 2000 metų – „Tora", ir pastarieji 2000 metų – „Mesijo dienomis".

Per pirmąjį etapą nusileisdavusios sielos buvo tyros sielos su mažomis Šviesomis. Joms užteko paprasto egzistavimo, kad išsitaisytų.

Antruoju etapu nusileisdavo grubesnės sielos, kurioms išsitaisyti reikėjo daugiau Šviesos, taisančios Šviesos. Baigiantis 6000 metų, trečiajame etape nusileidžia pačios grubiausios sielos. Joms išsitaisyti reikia stipriausios Šviesos – kabalos Šviesos. Kabalos anksčiau nereikėjo lygiai taip pat, kaip pirmajame etape nereikėjo taisančios Šviesos.

Ari laikotarpiu (XVI a. pabaiga) priartėjome prie pagrindinės dalies taisymo pabaigos, trečiojo ir paskutinio sielų vystymosi etapo. Todėl Aukščiausioji išmintis buvo atskleista per Ari sielą. Pirmųjų kartų sielos buvo aukščiau nei paskutiniųjų, bet kuo didesnio išsitaisymo reikia sieloms, tuo stipriau jos suvokia ir susilieja.

Per pastaruosius 2000 metų, ypač po Ari, nusileidžiančios į šį pasaulį sielos tampa vis grubesnės ir egoistiškesnės. Todėl norint išsitaisyti joms reikia studijuoti ir realizuoti kabalą.

Kodėl knygoje Zohar *– vien istorijos bei pasakos ir kodėl* Zohar *kalba tokia senamadiška, jeigu ši knyga buvo skirta mums?*

Zohar tyčia taip parašyta, tas pasakyta ir pačioje knygoje. Tiktai žmonės, jau suvokę dvasinę realybę, gali žinoti, kas ten parašyta, ir suvokti tekstą kaip rišlų pasakojimą. Jie mato vaizdus ir traktuoja juos bei pasakojimą kaip viena. Mes to atlikti negalime, nes dar neturime dvasinės regos, todėl *Zohar* atrodo kaip pluoštas istorijų ir legendų.

Tačiau Ari darbai skirti labiau išsivysčiusioms, paskutinių ciklų sieloms, todėl mes juos suprantame kitaip. Bet labiausiai mums tinka Baal Sulamo kūriniai. Jie skirti mūsų kartai, todėl parašyti kaip bet kurio mokslo sisteminiai vadovėliai, panašūs į tuos, iš kurių mokomės universitetuose.

Juose pateikiami klausimai ir atsakymai, apibrėžiama žodžių prasmė, temos aiškiai suskirstytos pagal klausimus. Taip pat parodoma, kaip teisingai aptarti temas. Be šių knygų, yra ir specialių straipsnių, nurodančių, koks turėtų būti žmogaus požiūris į studijas.

Todėl mūsų karta gali be sunkumų pradėti kabalos studijas. Priešingai nei visi kiti mokslai, kabalos mokslui nereikia išankstinio pasirengimo. Pakanka, kad žmogus jaustų, jog gyvenimas nepakeliamas, beprasmis, kad nerastų sau vietos. Tada galima pradėti studijuoti kabalos knygas ir tobulėti.

„Įvade į *Mokymą apie dešimt sfirot*", sudėtingiausiame kabalos tekste, antrajame skirsnyje, Baal Sulamas nurodo, kokiam žmogui jis rašo šią knygą. Jis skiria ją tik tiems, kuriuose dega klausimas: „Kokia mano gyvenimo prasmė?"

155 skirsnyje jis priduria, kad net jeigu žmogus ir nesupranta, kas parašyta knygoje, pačių studijų pakanka, kad sužinotų, kaip išvengti kančių. Vėliau tekstas atsivers jį studijuojančiam ir šis supras, kaip elgtis, kad galėtų gyventi geriau.

ARI IR „MOKYMAS APIE DEŠIMT *SFIROT*"

Koks jūsų požiūris į Ari knygas? Ar „Mokymas apie dešimt sfirot" vienintelė kabalistinė knyga, kurią laikote šventa?

Knygoje *Šaar hagilgulim* („Persikūnijimų vartai") aprašyta, kaip Ari mirties patale uždraudė visiems savo mokiniams, išskyrus Chaimą Vitalį, studijuoti kabalą. Tuo laiku Chaimas Vitalis dar iki galo nesuvokė kabalos, todėl nusprendė neredaguoti ir neskelbti Ari darbų.

Po trijų kartų kabalistai Cemachas, Paprišas ir Chaimo Vitalio sūnus Šmuelis pamažu surado Ari darbus, surūšiavo juos ir išleido knygą. Tačiau nė vienas jų neturėjo viso rinkinio, todėl negalėjo teisingai suprasti ir sudaryti kabalos sistemos pagal Ari.

Baal Sulamas laiške rašo, kad dėl šios priežasties iki jo laikų ničniekas (!) neįstengė suprasti, ką Ari norėjo perduoti mums. Ir tik „Mokyme apie dešimt *sfirot*" buvo perduota visa sistema. Todėl mes nestudijuojame kitų knygų, išspausdintų kabalistų Cemacho, Paprišo ir Šmuelio Vitalio, nors kartais cituojame vieną ar kitą ištrauką, kaip kad darė Baal Sulamas „Mokyme apie dešimt *sfirot*". Be „Mokymo apie dešimt *sfirot*", jokioje kitoje knygoje kabalos mokslas sistemiškai neišdėstytas (šiuo atveju nekalbu apie straipsnius ir laiškus, kuriuose pasakojama apie dvasinį darbą).

KITŲ KELIŲ NĖRA

Jūs negalite tvirtinti, kad, be kabalos, nėra kitų kelių! Tiksliau būtų sakyti, kad VISI keliai veda pas Kūrėją, bet kabala – trumpiausias iš jų.

Iš kur žmogus gali žinoti, kad kabala – trumpiausias kelias, kuris iš tikrųjų veda į tikslą? Eidamas kabalos keliu, žmogus pasikliauja tik kabalistais ir savo širdies intuityviu žinojimu. Kito būdo nėra. Niekas negali to iš anksto žinoti. Taškas širdyje, Aukštesniojo pasaulio siekimas, jaučia, kad tik kabala gali duoti trokštamą atsakymą. Tu taip pat gali pasikliauti kabalistais, kurie patys tą atrado ir aprašė tau. Tai priklauso nuo tavęs.

SAVO LIKIMO KEITIMAS

Kuo kabala skiriasi nuo kitų metodikų, siekiančių dvasingumo?

Visos metodikos, išskyrus kabalą, buvo sugalvotos žmogaus. Žmonija tūkstantmečius ieškojo būdų dvasingumui pasiekti. Šie ieškojimai skatino plėtoti filosofiją ir kitas dvasinio pakylėjimo, nušvitimo metodikas. Tačiau galiausiai žmonija nieko nerado.

Studijuodami kabalą, žmonės ima aiškiai matyti, kokiame pasaulyje gyvena ir kas jiems daro įtaką. Jie įgyja jėgų, kuriomis gali teisingai veikti gamtą. Jie suvokia savo įtaką ir gamtos atsaką į ją.

Tik kabala leidžia mums žinoti, kokie ateityje bus mūsų norai, kaip juos išugdyti ir kokių žinių bei galių tam reikia. Viso to reikia, kad gyventume saugiai ir užtikrintai. Ar yra kas nors svarbesnio? Jeigu nesuvoksime būtinybės studijuoti kabalą, atsidursime vis keblesnėje padėtyje, kol pajusime, kad studijuoti reikia, nes būtinybė kyla tik tada, kai jokios kitos išeities nebėra.

Kas yra dvasingumas?

Nors kiekvienam atrodo, jog žino, kas yra dvasingumas, iš tikrųjų jie neturi jokio ryšio su dvasiniu pasauliu ar supratimo apie jį. Žmonės mano, jog dvasinį pasaulį galima suprasti per muziką, mokslą ar populiariąją psichologiją. Tačiau dvasinį pasaulį galima suprasti tik studijuojant kabalą.

Tai aiškus ir glaustas metodas, kurio turi mokyti tikras dvasinis vedlys. Nei muzika, nei migloti psichologiniai potyriai nepadės suvokti dvasinio pasaulio. Tai, ką atrandi medituodamas, per specialią muziką ar pratimus, gali vadinti „dvasiniu pasauliu", tačiau tai ne dvasingumas, kurį turiu omenyje.

Dvasinis pasaulis, apie kurį kalbu, gali būti atskleistas tik studijuojant kabalą. Kabalos metodas yra sudėtinga sistema, susidedanti iš žmogaus darbo, kuriuo jis pritraukia ypatingą Šviesą.

Ši Šviesa – ypatinga jėga, kuri pažadina mumyse dvasinį norą, troškimą pabėgti nuo minios ir pasaulio apskritai. Tai noras gyventi šiame pasaulyje tik fiziškai, gyvūniniame kūne, o visa, kas susiję su mintimis, norais, turi funkcionuoti visiškai kitu dažniu, tarsi žmogus išsiveržtų pro nematomą užtvarą į kitą pasaulį.

Tokio dvasinio pasiekimo negalima pamatyti, parodyti ar atskleisti kitiems. Žmonės, kurie to nepatyrė, nepajėgs to pajausti ar suprasti iš paaiškinimų. Tai unikalus ir itin asmeniškas potyris, kurį tegalima pasiekti studijuojant kabalą.

Kabalos mokslas – tai metodas, leidžiantis atrasti ir suvokti dvasinį pasaulį, tobulėjant per daugybę dvasinių pakopų, ciklų, dvasinių būsenų. Nors muzika gali būti kabalistinė, tačiau tėra šalutinis produktas, lygiai toks pat, kokie gaunami cheminiais procesais, pavyzdžiui, temperatūros pakilimas, slėgio sumažėjimas ir t. t. Siekdami konkretaus rezultato, kelyje gausime tam tikrų šalutinių produktų.

Ar tai reiškia, kad nėra kabalistinės muzikos?

Kabalistas jausmus gali perteikti muzika, rašydamas, kurdamas naujus mokymo metodus arba siūlydamas naujus mokymo elementus. Tačiau muzika ir dainos yra papildomi būdai jausmams reikšti. Tikrąjį suvokimą žmogus tegali įgyti per sistemą, vadinamą „kabalos mokslu".

ŠEŠTASIS JUTIMAS

Ar kabaloje yra tokia sąvoka kaip „šeštasis jutimas"?

Tik kabalos metodika galima išvystyti šeštąjį jutimą. Tai dėl to, kad kitos metodikos grindžiamos apribojimais, žmogus turi nusileisti į augalų ar net negyvosios gamtos lygmenį.

Visos kitos sistemos grindžiamos noro „patirti malonumą" ribojimu: stengiamės valgyti, kvėpuoti kuo mažiau, galvoti vieną mintį, užsidaryti, atsiriboti ir gyventi nuošaliose vietovėse.

Kabalos mokslas visiškai priešingas: jis didina norą gauti, sustiprina jį, daro jį „egoistiškesnį". Visos kitos sistemos nukreipia žmogų į apribojimus ir askezę, todėl negalima jomis remtis norint suvokti pilną tikrovės vaizdą ir laisvai joje veikti.

Save ribojantys žmonės yra įsitikinę kažką jaučią, bet iš tikrųjų viskas, ką jie jaučia, yra jų pačių egoizmo išnykimas, ne daugiau.

Jie tikrai gali jaustis geriau, nes sunaikina visus savo norus. Jie tarsi pakyla virš jų, todėl jaučia tobulumą. Tai atsitinka ne todėl, kad jie kyla, o todėl, kad tartum sumažina savo poreikius. Galbūt tai atrodo „dvasingiau", tačiau nėra tikrasis tobulėjimas, veikiau regresija. Tiesą sakant, mažinimas prieštarauja pagrindiniam gamtos dėsniui – vystytis, plėstis ir skatinti ištaisyti žmogaus prigimtį sukeliant tobulumo, pasitenkinimo pojūtį.

RINKIS PATS NIEKUO NETIKĖDAMAS

Pastaruoju metu atsirado įvairių grupių, studijuojančių kabalą. Ar verta jas patikrinti?

Visada naudinga patyrinėti, bent jau kartą, kas ir kaip studijuoja kabalą. Tai taip pat padės pažinti save. Todėl patarčiau patikrinti ir paskui apsispręsti.

Neišmintinga slėpti nuo savęs išvadas, kurias galbūt padarysi ateityje. Kabaloje nieko nereikia nuo savęs slėpti, nes imsi sau meluoti. Tai atitrauks nuo vidinės kovos su savimi ir imsi dangstyti, ignoruoti trūkumus ir netgi juos panaikinsi.

Kodėl yra tiek daug kabalos krypčių?

Ateina laikas, kada kabalos unikalumas ir kabalisto Jehudžio Ašlago sistema taps plačiai žinoma. Dabar yra vietos visiems, visoms kryptims. Visos kitos sistemos egzistuoja tik tam, kad atsiskleistų jų beprasmiškumas ir taip išryškėtų kabalos išminties tikrumas.

Sielos, nusileidžiančios į mūsų pasaulį, yra įvairiose vystymosi stadijose. Kai kurios dar neįgijo tikrojo noro studijuoti kabalą. Yra ir žmonių, kurie ateina ir po kurio laiko pasirenka ortodoksinę religiją. Esu įsitikinęs, kad reikia leisti žmonėms patiems pasirinkti savo kelią.

Kai atėjau pas savo mokytoją, pasakiau: „Jau mokiausi pas kelis kabalistus. Iš kur galiu būti tikras, kad čia paskutinė stotelė?" Tada man buvo trisdešimt treji, mano mokytojui – septyniasdešimt penkeri.

Jis atsakė: „Negaliu atsakyti, žmogus šitai turi jausti savo širdyje. Niekuo nereikia tikėti. Ir tau patariu – tai, ką sako tavo širdis, yra teisingiausia. Ji atves tave ten, kur turėtum eiti. Tačiau su niekuo nesitaikyk. Kritikuok ir abejok. Svarbiausia – išsiveržti iš išankstinių nuostatų, auklėjimo, visuomenės nuomonės. Išsilaisvink iš pašalinių dalykų ir pasistenk suvokti, ką sako tavo prigimtis. Tai bus teisingiausia, nes bet koks auklėjimas, bet kokia nuomonė iš išorės yra prievarta."

MOKSLAS APIE TIKROVĘ

Ar kabala nėra dar viena misticizmo forma kaip daugelis kitų mokymų mūsų pasaulyje?

Ne. Žmonės nori priklijuoti kabalai mistikos, palaimos, prakeiksmo, kerų ir pan. etiketę. Visa tai imta sieti su kabala todėl, kad buvo draudžiama ją studijuoti. Bet tik tiek. Netgi šventasis Ari rašo, kad burtai ir palaiminimai draudžiami ir jie neturi nieko bendra su kabala.

RAKTAS Į KABALĄ

Kabala yra mokslas apie tikrovės dėsnį, kurio dalis esame. Studijuodami šį mokslą atskleidžiame taisykles ir dvasinį pasaulį, kuris yra viso, kas vyksta su mumis, priežastis. Šios taisyklės yra bendros ir apima visus dėsnius, kuriuos tiria mūsų pasaulio mokslai.

Kabala nėra dar vienas tikėjimas ar kažkoks įsivaizduojamas, nematomo gyvenimo perteikimas. Priešingai, ji kalba apie tikslius, aiškius dėsnius, kurie apibūdina Aukštesniųjų pasaulių struktūrą.

Būtent studijuodami kabalą pirmąsyk įgyjame žinių apie išorinį pasaulį. Atrandame Aukštesnįjį, Dvasinį pasaulį. Paskui laipsniškai įgyjame gebėjimą daryti jam įtaką. Eksperimentuodami išmokstame tą daryti ir tada suvokiame visą tikrovės vaizdą.

Tada imame dirbti ne su savo kūnais, bet su sielomis, kurios ir yra tikroji mūsų esmė. Pagaliau „žmogus" – tai ne fizinis kūnas, keičiamas naujo gyvenimo pradžioje, o siela, kurios vis dar nejaučiame.

Kūrimo tikslas – kad veiktume iš savo sielų, iš Aukštesniojo pasaulio, kad gyventume pačioje aukščiausioje, o ne žemiausioje, gyvūniškoje (mūsų pasaulio) pakopoje. Atskleisdami savo sielas, užmezgame kontaktą su Aukštesniuoju pasauliu ir taip pasiekiame tikrą, tobulą, amžiną, palaimingą gyvenimą.

Ar kabala – tai mistinis išgyvenimas?

Kabala nėra mistinis patyrimas. Tai kažkas, ką mokiniai išmoksta kaip dėsnius, kurių dalimi yra patys ir kurių turi tvirtai laikytis. Šie dėsniai veikia visuose gamtos lygiuose: negyvajame, augaliniame, gyvūniniame ir kalbančiame.

Ar kabala tik teorija, ar ji patvirtinta praktiškai?

Tai ne teorija. Studijuodamas kabalą žmogus įgyja žinojimą. Tu gali pasakyti, kad joje gausu matematikos ir sausų taisyklių. Ji neturi nieko bendra su psichologija ar kitokiomis fantazijomis. Ir ne veltui sakoma, kad „kabalos išmintis" (išmintis kaip gauti) – tai išmintis, mokanti žmogų, kaip gauti malonumą.

Įgijusieji žinių apie tikrovės dėsnius pradeda naudoti ir dėl to didinti savo egoizmą. Kitaip nei praktikuojant religijos ir mistinius metodus, studijuojant kabalą, nereikia užbraukti savo egoizmo ir troškimų. Nereikalaujama pasninkauti ar savęs marinti. Žmogui nereikia išsižadėti kasdienio gyvenimo ar atsisakyti pareigų šeimoje. Žmogus nei skraido padebesiais, nei atlieka kvėpavimo pratimų, kad įgytų ramybę.

Visiškai priešingai, mokiniai augina egoizmą ir paverčia jį indais, padedančiais pasiekti aukščiausią tikslą. Kad studijuotų kabalą ir suprastų, kaip veikia Aukštesnysis pasaulis, žmogus turi būti šio pasaulio centre ir veikti iš jo.

Todėl žmogus privalo atlikti visas savo kasdienes pareigas. Dvasinės tikrovės pasiekimas turi būti glaudžiai susijęs su žmogaus įprastu žemišku gyvenimu.

PIRMĄSYK ATVERSTI KNYGĄ

Ar žmogus turėtų visą gyvenimą praleisti kabalos universitete studijuodamas sudėtingas teorijas?

Skamba neblogai, tačiau taip nieko nepeši. Studijuodami kabalą iš tikrųjų studijuojame savo vidinę struktūrą, savo sielų struktūrą, tai, kaip sukurti mūsų jausmai.

RAKTAS Į KABALĄ

Mumyse glūdi raktas šiam mokslui suprasti; viena, ką turime daryti, – tai studijuoti iš autentiškų kabalistinių šaltinių, kad atskleistume, kas jau yra mūsų viduje.

Net jeigu nieko šiame moksle nesuprantame, tą akimirką, kai atsiverčiame knygą, ima vertis mūsų širdys ir sielos. Dvasines žinias apie dvasinį pasaulį įgyjame natūraliai, taip, kaip jaučiame kartumą ar saldumą, karštį ar šaltį. Nereikia lankyti mokyklos, kad pajaustum tokius dalykus.

Studijos – tai metodas, padedantis atverti mūsų sielas, mūsų vis dar miegančius dvasinio jutimo organus. Paskui, širdžiai ir sielai atsivėrus, jaučiame poreikį emociškai, natūraliai suvokti tikrovę, kurioje esame.

Kalbu apie tikrą suvokimą, kuriam nereikalinga jokia anksčiau įgyta išmintis, žinojimas ar samprotavimai. Šis metodas ugdo jutimą širdyje, atskleidžia dvasinius pasaulius, leidžia gauti įspūdžius apie gamtoje esamus dėsnius, kurių vis dar nejaučiame, nors jie be perstojo mus veikia.

Aš veikiu mane supantį pasaulį sėdėdamas, valgydamas, galvodamas ar jausdamas. Visi mano troškimai ir mintys pereina per visą tikrovę ir sugrįžta pas mane per Aukštesnįjį, Dvasinį pasaulį.

Tačiau kadangi vis dar neturiu ryšio su Dvasinėmis jėgomis, nežinau, kokiu būdu jos sugrįžta, nežinau, ar kenkiu sau ar veikiu palankiai. Studijuodami kabalą, išmokstame, kaip teisingai veikti tikrovę, nešti naudą sau, ir sulaukti tikslaus atsako iš tikrovės. Apie tai kalba kabalos mokslas ir šiandien jis gali būti atskleistas kiekvienam norinčiam.

Trečias skyrius

KABALOS STUDIJOS

ĮVADAS

Kabalą visada mokė iš knygų. Pirmosios knygos apie kabalą buvo parašytos prieš tūkstančius metų. *Adam* parašė knygą „Angelas Razielis", Abraomas – „Sukūrimo knygą" (*Sefer Jecira*). Knyga *Zohar* buvo parašyta maždaug prieš 1900 metų. Visos šios knygos parduodamos ir dabar. Iš jų galime studijuoti kabalą.

Pagrindinė, svarbiausia knyga, iš kurios mokomės, – „Mokymas apie dešimt *sfirot*" (*Talmud Eser ha Sfirot*). Ją sudaro šeši tomai ir daugiau kaip 2000 puslapių, moksliniais terminais aprašančių kūrimo sistemos dėsnius. Studijuodami šiuos dėsnius gauname ypatingą švytėjimą, ypatingą valdymą iš Aukščiau.

Netgi nesuprasdami nė vieno žodžio, nieko nenutuokdami apie dvasinius pasaulius, nuo pirmos pamokos imame artėti prie Kūrėjo. Tačiau išmokti tegalime studijuodami knygas arba klausydamiesi pamokų – kito būdo nėra.

Kabalistai rašo knygas jau pasiekę tam tikrą dvasinį lygį. Kai skaitome knygas ir trokštame kažkaip susisiekti su tuo pasauliu, apie kurį rašė kabalistas, mus apsupa to pasaulio švytėjimas. Jo nejaučiame, tačiau jis pamažu parengia mus etapui, kai daugiau ir labiau jausime, kas aprašyta knygoje.

Taip žmogus įeina į dvasinį pasaulį. Žinoma, tai nėra taip paprasta, kaip atrodo iš mano pasakojimo. Egzistuoja ištisa sistema, apimanti ypatingų straipsnių, pamokų studijavimą pagal specialią programą.

Pasaulėdara – tai viskas, kas mus supa, ir tai, ką suvokiame ir ko nesuvokiame. Mūsų jausmai susideda iš to, ką suvokiame penkiomis juslėmis, ir to, ko negalime jausti šiandien, bet pajusime „šeštuoju jutimu", papildomu jutimo organu, kuris ateityje išsivystys mumyse. Visą šią informaciją vadiname „pasaulėdara".

Mūsų protėvių ryšys su Aukštesniuoju pasauliu buvo kur kas stipresnis nei mūsų. Tačiau vos įžengę į dvasinį pasaulį, įgysime stipresnį, tvirtesnį ryšį, nes esame egoistiškesni, labiau išsivystę ir neištaisyti. Kaip tik todėl turime galimybę blogį paversti gėriu, patirti gilesnius jausmus šiame pasaulyje ir pasiekti tai, ko mūsų protėviai negalėjo.

Iš pradžių jie buvo arčiau dvasingumo nei mes dabar, nes jų egoizmas buvo mažesnis. Dar daugiau, mes nutolome nuo dvasingumo gerokai daugiau nei jie, tad jeigu grįžtume į jį dabar, atitinkamai į kūrimo sistemą turėtume prasiskverbti kur kas giliau.

TIKSLAS

Kodėl tokie kabalistai kaip šventasis Ari, kabalistai Kukas, Ašlagas tvirtina, kad žmogui būtina studijuoti kabalos išmintį, kad ir kokio amžiaus, lyties, tautybės jis būtų?

Studijuoti kabalą svarbu todėl, kad joje slypi didžiulė jėga, galinti kiekvienam atnešti naudos.

KABALOS STUDIJOS

Studijuodami kabalą, net jeigu nieko nesuprantame, tačiau siekiame suprasti, pažadiname savyje Šviesos poveikį. Viename iš savo gyvenimų turime pasiekti sielos tobulumą. Jeigu to neatliksime padedami Šviesos, mūsų kančios pamažu augs, kol privers mus suvokti kančių priežastį. Mūsų sieloms reikia susigrąžinti Šviesą, kuri buvo jas užpildžiusi prieš nusileidžiant į šį pasaulį.

Žmogaus siela savo egzistavimą pradeda pasaulyje *Ein Sof.* Paskui ji leidžiasi penkiais aukštesniaisiais pasauliais, kol galų gale įsikūnija mūsų fiziniame kūne. Šie aukštesnieji pasauliai – tai pasauliai *Adam Kadmon, Acilut, Brija, Jecira* ir *Asija.* Tokio nusileidimo pasekmė yra visiškas mūsų priklausymas nuo dvasinių pasaulių sistemos dalių bei savybių. Todėl turime studijuoti šią sistemą, kad galėtume veikti pagal jos dėsnius, užuot aklai klaidžioję po šį pasaulį, dažnai gaudami smūgius, bet nežinodami, kodėl.

Pagrindinis šios sistemos dėsnis – „altruizmas". Šis dėsnis veikia nepriklausomai nuo to, žinome apie jį ar ne, ir norom nenorom turime jo laikytis. Dėsnio nesilaikymas sukelia nelaimes ir tragedijas, tiek asmenines, tiek pasaulines.

Šis dėsnis nepanaikinamas, nors esame akimirksniu sustabdomi vos jį sulaužome. Kada ir kaip jis veikia, pajėgsime suprasti tik studijuodami kabalą. Nesinaudodami šia informacija, esame pasmerkti nelaimėms.

Kas gali studijuoti kabalą?

Kiekvienas, nepaliaujamai klausiantis: „Kokia mano gyvenimo prasmė?" Kabalą galima studijuoti tik esant vidinei būtinybei, o ne per prievartą. Žmogaus noras dvasingumui kartais sustiprėja, kartais susilpnėja. Tai paaiškina, kodėl kartais žmogus pradeda studijuoti, o paskui pasisotina ir išeina. Tikėtina, kad po kurio laiko jis sugrįš su tuo pačiu klausimu, kaip ir anksčiau, bet šįkart būdamas visai kitoje vystymosi pakopoje.

Kaip žinoti, jog esame pasirengę studijuoti kabalą?

Kabalistas Kukas, paklaustas, kam leidžiama studijuoti kabalą, atsakė: „Kiekvienam norinčiam". Jeigu žmogus iš tikrųjų trokšta, tai ženklas, jog jis pasirengęs. Jeigu ne, neturėtų pradėti studijų.

Grįšime į šį pasaulį tol, kol nuspręsime studijuoti kabalą ir įgysime reikiamų žinių pasaulėdarai suprasti, su ja dirbti. Tai laikoma aukščiausia, paskutine pakopa, kurią kiekvienas žmogus, siela gali ir privalo įgyti šiame ar kitame gyvenime. Kabalos metodika suteikia žmogui žinių ir galių įžengti į Aukštesnįjį pasaulį be žalos sau ir kitiems. Žmogus įžengia į dvasinį pasaulį tik tiek, kiek yra išsitaisęs.

Taigi negali būti tokio atvejo, kad žmogus įeina į dvasinį pasaulį per anksti ir pridaro žalos. Išsitaisymo lygis – tai įsiskverbimo į Aukštesnįjį pasaulį matas, sąveikos su Aukščiausiuoju valdymu laipsnis.

KĄ IR KAIP STUDIJUOTI

Ką žmogus iš tikrųjų mokosi kabaloje? Ar ten svarbus tik tikslas, ar tai tikros „akademinės studijos"?

KABALOS STUDIJOS

Kabala yra nepaprastai tiksli, reali sistema, kuri padeda žmogui laipsniškai pajausti Kūrėją protu ir širdimi kur kas stipriau, negu mes jaučiame dabartinę savo aplinką. Kūrėjas juntamas kur kas aiškiau, be saviapgaulės, per kontroliuojamus, sistemingai kartojamus veiksmus.

Kabalai taikomi visi mokslui keliami reikalavimai: galima išmatuoti jausmus, išreikšti juos skaičiais, atlikti eksperimentus, juos pakartoti ir gautas žinias perduoti kitiems. Dėl visų šių priežasčių kabala laikoma mokslu.

Viską, kas mums duota šiame pasaulyje, naudojame be apribojimų. Nes nejaučiame, iš kur ir iš ko visa tai ateina. Jeigu jaustume Duodantįjį nors šiek tiek, tučtuojau patirtume kitokius potyrius, mūsų pozicija, santykiai su viskuo ir visais būtų kitokie. Tai akimirksniu perkeltų mus į visiškai kitokią būseną. Visa mūsų problema – kad nejaučiame Kūrėjo. Štai dėl ko vienintelis ir pats svarbiausias tikslas šiame pasaulyje yra pajausti Kūrėjo buvimą, užmegzti ryšį su Juo.

Paskui išlaikyti šį ryšį taps gerokai lengviau. Nors šiek tiek pajautęs Kūrėją, užsikabini už to ir gali vėl sugrįžti, gilinti, plėtoti šį ryšį.

Kartą įgijęs gebėjimą atsigręžti į Kūrėją, gali suvokti, koks bus atsakas. Apie tai sakoma: „Žmogaus siela išmokys jį." Kitaip tariant, žmogų veda jo paties siela; jo paties pojūčiai pasako jam, kaip derėtų elgtis toliau.

Tačiau, kol šito nepasiekė, žmogus negali išsiversti be skrupulingos mokytojo priežiūros, grupės ir knygų. Be to, žmogus turi pasitikėti tais, kurie jau pasiekė šią būseną.

GYVENIMO BŪDAS

Kiek laiko trunka kabalos kursai?

Kabalos išmintis – tai mokslas ir gyvenimo būdas, leidžiantis mums gyventi teisingai. Kiek laiko užima išmokti gyventi teisingai? Tai priklauso nuo sielos. Tačiau pradėję studijuoti greitai pajuntame, kad kitaip jau nebegalime, nes gyvenimas be kabalos atrodo toks keistas, ribotas, kad neradus ryšio su Aukštesniuoju pasauliu, siela, amžinybe, gyvenimas nebetenka prasmės.

Tą pajutę, jau nebegalime atsisakyti kabalos ir likti įkalinti šiame pasaulyje.

KABALISTINIS POŽIŪRIS

Kiek yra metodų kabalai studijuoti ir kuris tinkamiausias mūsų laikams?

Kalbant apibendrintai, yra dvi sistemos kabalai studijuoti: viena vadinama Mozės Kordovero (Ramak) kabala, kita – Izaoko Lurijos (Ari) kabala.

Pirmoji naudota iki XVI a., kol šio amžiaus pradžioje neatsirado Ari kabala. Ari šią sistemą apibūdino savo knygose ir visi po jo gyvenę kabalistai sekė jo pėdomis. Baal Sulamas – griežtas Ari sistemos (Lurijos kabalos) kabalistas.

Sielos nusileisdavusios į mūsų pasaulį iki Ari priklausė „senajam tipui". Tačiau pradedant Ari laikotarpiu, įvyko didžiuliai pokyčiai nusileidžiančiose sielose ir kai kurios iš jų ėmė reikalauti dvasinio tobulėjimo.

KABALOS STUDIJOS

Ar kabala galima pakeisti ateitį?

Būtent tai ir yra kabalos paskirtis.

KO REIKIA STUDIJOMS

Ar galiu savarankiškai studijuoti kabalą?

Studijuoti be mokytojo neįmanoma. Mokytojas turi parodyti dvasinį pavyzdį, paaiškinti dvasinę struktūrą, kaip ji veikia, kaip ją suvokti ir kaip iki jos pakilti. Mokytojai taip pat turi paaiškinti, kaip galime save pakelti į aukštesnę dvasinę pakopą ir kaip valdyti tą dvasinį lygmenį. Per visą istoriją nebuvo atvejo, kad kas nors pakiltų niekieno nepadedamas. Visada mokytojas ir mokinys dirbo kartu. Aš pats ieškojau daugelį metų, kol radau savo mokytoją.

Kokia mokytojo pasirinkimo svarba kabaloje?

To nuolat klausiama: „Kaip įrodysite, kad esate būtent tas mokytojas, kurio man reikia?" Tai geras ir teisingas klausimas. Gyvenimas tau duotas tik kartą ir tu nori jį nugyventi kuo geriau. Tačiau nieko negaliu tau pasakyti. Kaip galiu įrodyti esąs geresnis nei kiti? Kabala atsako į tai labai paprastai: žmogus turi mokytis ten, kur trokšta jo širdis, ten, kur jaučia, kad tai jo vieta. Tai nėra vieta, kurią tau bruka ar įtikinėja, kad ji tavo. Jeigu, atsiribojęs nuo įtikinėjimų, nuo bet ko išoriško, nuo auklėjimo ir nuo visko, ką girdėjai per savo gyvenimą, pajusi, kad ši vieta tavo, tada pasilik. Tai vienintelis būdas!

Ar studijavimas grupėje paspartina žmogaus dvasinį progresą, jeigu šis studijavo vienas?

Milijonus kartų. Žmogus, kuris studijuoja vienas, gali naudoti tik savo paties indą Kūrėjo Šviesai, t. y. dvasingumui, gauti. Žmonės, studijuojantys grupėse, net kartais ir pasiginčydami, sukuria specialų dvasinį indą, susidedantį iš visų dalyvių, ir kiekvienas mėgaujasi šio indo švytėjimu. Sakykime, jog yra dešimt žmonių. Palyginti su vienu individu, gaunama Šviesa bus stipresnė ne dešimčia, o tūkstantį kartų.

To priežastis – įsijungimas, t. y. kiekvieno grupės nario siela susideda iš 620 dalių, kurių kiekviena susijungia su kitomis. Visų dalių sumaišymas sukuria vieną bendrą indą.

Ar kalba turi kokią nors įtaką studijoms?

Kabalą galima studijuoti kokia tik nori kalba, tačiau hebrajų kalba yra natūraliausia. Dauguma kabalistų rašė hebrajų kalba. Bet iš esmės kabala – tai pasaulio sukūrimo studijavimas ir gali būti išreikšta bet kuria kalba.

Ar, be ivrito, galima mokyti kabalą kitomis kalbomis?

Jeigu atsiverstum knygą *Zohar*, pamatytum, kad ji parašyta aramėjų kalba. Ji buvo senovės Persijos šnekamoji ir Mesopotamijos kasdienė kalba. Todėl *Zohar* buvo parašyta tuo metu vyraujančia kalba.

Tuo metu kraštas buvo okupuotas graikų, todėl *Zohar* yra keletas graikiškų žodžių, kurie išliko kabalistinėmis sąvokomis, kaip kad italų kalba muzikoje.

KABALOS STUDIJOS

Jokio skirtumo, kokia kalba studijuojame kabalą. Suvokdami mus supantį pasaulį, patiriame jį jausmais ir pamatome, kad ten nėra jokių žodžių, raidžių, garsų. Netgi kai ką nors jaučiame šiame pasaulyje, nepatiriame to žodžiais ir dažnai negalime rasti tinkamų žodžių jausmams perteikti.

Žodžiai yra išorinis apdaras, jų vienintelis tikslas – perduoti informaciją. Tą galima padaryti keliolika būdų, todėl pati kalba neturi jokios reikšmės. Žinias galima perteikti angliškai, rusiškai ar bet kuria kita kalba, nors kabalistai užrašė kabalą aramėjų, hebrajų kalba ar net šiek tiek graikiškai. Yra kabalistinių knygų ir arabų kalba, o viduramžiais gyvenę kabalistai rašė senąja prancūzų kalba.

Taigi kalba tėra išorinis apvalkalas, padedantis perduoti informaciją.

Ar kabalą gali studijuoti visų tautybių žmonės?

Kiekvienas besidomintis gali studijuoti kabalą. Kabalistinės knygos daugybę metų prieinamos kiekvienam. Gali nueiti į parduotuvę ir įsigyti norimą knygą apie kabalą. Niekas neklaus tavęs, kas esi.

Kabaloje nemokoma paslapčių. Kabalos išmintis vadinama „slaptąja išmintimi" ne todėl, kad ji pati slapta ar pasakoja paslaptis, o todėl, kad ji atskleidžia dalykus, kurie prieš pradedant studijuoti buvo paslėpti. Ji atskleidžia viską, kas mus supa.

Tačiau kabala susideda iš dviejų dalių: „Kabalos skoniai" ir „Kabalos paslaptys". „Kabalos skoniai" tiria dvasinių pasaulių struktūrą, žmogaus sielą ir kaip žmogus turi taisytis. Visiems leidžiama studijuoti šią dalį. Ši medžiaga įvairiomis kalbomis išdėstyta kabalistinėse knygose, parduodamose visame pasaulyje. Visi gali mokytis „Kabalos skonių".

„Kabalos paslaptys" – tai slaptoji mokymo dalis. Knygose apie tai nerašoma. Šios dalies mokoma tik tada, kai žmogus suvokė dvasinių pasaulių, kaip ir savo paties struktūrą, įsisąmonino ir dalyvauja kūrimo procese.

Žmogus, pasiekęs lygmenį, kai gyvenimas ir mirtis neegzistuoja, mato visą procesą nuo pradžios iki galo, yra aukščiau mūsų pasaulio. Tada paslaptys atsiveria tarsi giliausi šaltiniai ir mes suvokiame dėsnius, kurie yra tos sistemos pagrindas. Iki tol nesuprastume šių paslapčių reikšmės, net jeigu pamatytume ar išgirstume.

Ar galite paaiškinti kabalą paprastai, o ne kabalistiniais terminais?

Nėra priežasties aiškinti ar susilaikyti nuo aiškinimų. Mūsų tikslas – padaryti kabalos knygas ir visas žinias apie ją prieinamas kiekvienam visame pasaulyje.

Koks amžius tinkamiausias pradėti studijuoti kabalą?

Kabalai studijuoti nėra amžiaus apribojimų. Turiu mokinių, kuriems aštuoniasdešimt, ir tokių, kurie ką tik baigė vidurinę. Kai studijuoji, amžiaus ar kilmės skirtumai neegzistuoja. Siela nediskriminuoja.

KABALĄ STUDIJUOJANČIOS MOTERYS

Ar moterims leidžiama studijuoti kabalą?

Šventasis Ari pasakė, jog kabalą gali studijuoti kiekvienas, jeigu turi troškimą. Trokštama tada, kai žmogus jaučia būtinybę gauti atsakymą į klausimą: „Kodėl gyvenu?" Jeigu šis noras neduoda ramybės, tada turime studijuoti kabalą. Kabala tik tam ir yra. Kartą kabalisto Kuko paklausė, kas gali studijuoti kabalą. Jis atsakė paprastai: „Kiekvienas, kuris nori." Jeigu troškimas tikras, žmogus studijuos kabalą.

Ar moterys mokosi pagal kitą programą?

Dvasiniame pasaulyje nėra jokios diskriminacijos. Moterys, kaip ir vyrai, turi susilieti su Kūrėju, pasiekti aukščiausią kūrinijos pakopą. Tačiau moterys mokosi kitaip negu vyrai ir būdai, kuriais moterys gali artėti prie Kūrėjo, taip pat skiriasi.

Ar moteris gali pakilti į dvasinį pasaulį ir jeigu taip, iki kurios pakopos?

Taip, bet kuri moteris gali ne mažiau nei vyras, jeigu turi norą, duotą iš Aukščiau ir pati yra tam atsidavusi – lygiai tokie pat reikalavimai ir vyrui.

Ar tai Kūrėjo valia, kad moterys studijuotų kabalą?

Kiekviena siela turi pasiekti tai, kas jai skirta. Visos sielos, tiek vyrų, tiek moterų, turi prilygti Kūrėjui ir tapti Jo dalimi.

VYRAI IR MOTERYS

Ar yra skirtumas tarp vyrų ir moterų studijuojant kabalą?

Ne. Vyras ar moteris – nesvarbu. Moteris taip pat turi dvasiškai vystytis. Vienintelis skirtumas – metodika. Mokymosi proceso pradžia vienoda. Todėl įvadiniuose kursuose metodika vyrams ir moterims nesiskiria.

Vėliau, jeigu žmogus gilinasi į kabalą, metodikų skirtumas tampa akivaizdus. Vyrai ir moterys pradeda skirtingai jausti pasaulį, nes vyrai ir moterys – tai iš tiesų du skirtingi pasauliai ir jie kitaip suvokia kūriniją.

VIDINIS BALSAS

Pradėjau domėtis kabala ir noriu ją studijuoti. Tačiau man sakė, jog tai pavojinga. Kur slypi pavojus studijuojant kabalą?

Dauguma žmonių bandė mane atkalbėti nuo kabalos: tikintieji ir pasauliečiai, nepažįstami žmonės ir giminės. Stengiausi nugalėti troškimą sužinoti savo gyvenimo prasmę ir negalėjau įsivaizduoti dienos, kai pabusiu rytą nebekankinamas šio nuolat persekiojančio klausimo. Negalėjau įsivaizduoti ramios, nerūpestingos dienos, kai sėdėsiu kur tyliai ir mėgausiuosi gyvenimu...

Jeigu tai neišgydoma, tai tartum prakeiksmas. Tačiau tai išgydoma. Jeigu tas klausimas dega tavo širdyje, neleisdamas nurimti, tai klausydamasis kitų patarimų ir gyvendamas pagal jų išmonę, tu švaistysi savo brangų laiką ir galų gale grįši prie to, ko trokšta tavo siela.

KABALOS STUDIJOS

„Žmogaus siela moko jį", tad klausyk savęs ir sužinosi, ko nori. Jeigu gali pakilti virš tų, kurie pataria nestudijuoti, tavęs niekas nebesustabdys. Anksčiau ar vėliau ateisi į kabalą. Siūlyčiau paskaityti „Įvadą į knygą *Zohar*".

PASIRENGIMAS KABALAI

Ar turėčiau skubėti studijuoti kabalą?

Kai žmogus iš tikrųjų ko nors trokšta, jis eina ir daro. Todėl jeigu tavo siela bus pasirengusi pakilti, studijuosi kabalą. O jeigu tavo siela dar nepasiruošusi, kuriam laikui liksi kabalos nuošalyje ir paskui pasišalinsi, nueidamas subręsti kitur. Turėk omenyje, kad pats kabalos nesurandi, tave į ją atveda iš Aukščiau...

KABALOS DRAUDIMAS

Kai kurie mano draugai patarė nestudijuoti kabalos, nes man dar per anksti. Kodėl jie taip mano?

Iki 1920 metų žmonėms nereikėjo studijuoti kabalos. Kiekvienoje kartoje ją studijavo tik saujelė išrinktųjų. Norą suvokti Aukštesniąją tikrovę, Kūrėją jie gaudavo iš aukščiau. XX a. antroje pusėje prasidėjo paskutinis etapas ir todėl draudimas studijuoti kabalą, nustatytas pačių kabalistų, mūsų laikais buvo atšauktas.

Tačiau žmonės, nieko neišmanantys apie kabalą, ir toliau laikosi seno požiūrio, negalėdami suvokti, kad viskas mūsų pasaulyje pasikeitė. Nūdien visoje mūsų tikrovėje įvyko įvairiapusių pokyčių. Galima sakyti, kad neseniai valdymas buvo diktuojamas iš Aukščiau, o pradedant mūsų laikais valdymas reikalauja sąmoningo ir pačių pasirinkto dalyvavimo.

Anksčiau mūsų vaidmuo procese buvo pasyvus, o dabar esame priversti dalyvauti. Vienintelė sąlyga, kad rodytume norą dalyvauti valdyme. Priešingu atveju Dvasinės jėgos privers mus to norėti.

Kodėl tokį ilgą laikotarpį buvo draudžiama studijuoti kabalą?

Nebuvo poreikio. Patys kabalistai taip nusprendė ir patys paslėpė knygas. Pavyzdžiui, kabalistas Šimonas Bar Jochajus paslėpė knygą *Zohar* ir ji liko įslaptinta ilgus šimtmečius. Tas pats ir su tikraisiais Ari kūriniais. Jam mirus jo kūriniai buvo palaidoti kartu su juo. Ir tik po trijų kartų šie tekstai buvo iškasti iš jo kapo ir perduoti spausdinti.

Kabalistai slėpė kabalos mokymą nuo antrosios Šventyklos sugriovimo iki mūsų dienų, perduodami informaciją tik nedaugeliui.

Tačiau dabar žmonija privalo pakilti į naują dvasinę pakopą, todėl kabala tampa prieinama visiems.

BŪTINOS SĄLYGOS

Ar prieš pradėdamas studijuoti kabalą turiu studijuoti Penkiaknygę ir kitas šventas knygas?

Prieš pradėdamas studijuoti kabalą, neprivalai nieko skaityti, nes kabala – tai „ryšys su Kūrėju". Norintis studijuoti kabalą žmogus yra tarsi ką tik iš motinos įsčių gimęs nuogas ir šlapias kūdikis. Ką kūdikiui tada reikia žinoti? Kai norime sužinoti apie Aukštesnįjį pasaulį, mums nereikalingos jokios žinios, įgytos šiame pasaulyje, nes trokštame įeiti į Aukštesnįjį.

Kad dometumeisi kabala, nereikia jokių išankstinių sąlygų, tereikia rasti tinkamus informacijos šaltinius.

KABALĄ GALI STUDIJUOTI VISI

Visi žino, kad prieš pradedant studijuoti kabalą būtina rimtai pasiruošti. Sakoma, jog žmogus privalo išmanyti Šventąjį Raštą, būti daugiau nei keturiasdešimties ir t. t. O knygą Zohar galima studijuoti mažiausiai dviese, tarkime, mokiniui ir mokytojui. Ką turėčiau rinktis?

Draudimai, susiję su kabalos studijavimu, egzistavo tik iki Ari laikų. Šiuos draudimus įdiegė patys kabalistai, nes sielos nejautė poreikio kabalai, kad eitų kūrimo tikslo link. Tačiau pradedant Ari laikmečiu (XVI a. pabaiga), pats Ari ir kiti kabalistai panaikino savo įvestą draudimą. Tai buvo padaryta dėl to, kad sielos pasiekė tokį išsivystymo lygį ir pajuto savyje būtinybę dvasiškai tobulėti.

Barbarų laikai baigėsi. Milijonai žmonių pradeda jausti kabalos būtinybę ir tie, kurie verti, studijuos. Šio proceso nesustabdysi. Tai, kad visa kūrinija siekia Kūrėjo, yra gamtos pagrindas ir dabar šitai tampa akivaizdu.

Kadangi žmogaus noras yra jėga, nulemianti jo vystymąsi, jeigu žmogus trokšta studijuoti, tai parodo tiek protinį, tiek dvasinį jo pasirengimą, joks draudimas negali jo sulaikyti.

RAKTAS Į KABALĄ

Turime išnaudoti visas mums duotas galimybes, kad priartėtume prie Kūrėjo, ir tikėti, jog kiekvieną akimirką mūsų turimos priemonės yra pačios geriausios iš galimų. Vis dėlto neturime liautis ieškoję geresnių.

Kabala, keisdama žmogaus ketinimus, leidžia suvokti Kūrėją, kūrimo tikslą, atskleidžia Šviesą (žmogaus viduje, jausmuose).

Kabaloje žodžiai „uždrausta" arba „neįmanoma" iš tiesų reiškia „tai negali būti atlikta". Pavyzdžiui, kai sakoma, kad draudžiama matyti Kūrėją, reiškia, jog draudžiama gauti Šviesą savo malonumui.

Todėl sakant „draudžiama studijuoti kabalą" iš tikrųjų turima omenyje „negalima studijuoti kabalos dėl noro trūkumo". Šis pasakymas vis dar teisingas ir šiandien plačiosios visuomenės atžvilgiu. Tačiau dabar į šį pasaulį nusileidžiančios sielos pasiekia tokį dvasinio išsivystymo lygį, kad visos jų mintys ir žemiškieji norai virsta Kūrėjo siekimu.

Kai tai atsitiks, sakysime, kad mums „leidžiama studijuoti kabalą", nes tam subrendo mūsų noras.

Ar žmogus turi būti religingas, kad galėtų mokytis kabalos?

Ne, studijuoti gali bet kas. Jeigu Kūrėjas duoda norą, imame kitaip suvokti gyvenimą, žmones aplink mus, save pačius.

Tikrasis vystymasis iš materijos į dvasią turi vykti pamažu, kad suprastume pasaulį, kuriame gyvename. Kuo daugiau menkumo ir sugedimo rasime mūsų pasaulyje, tuo labiau būsime pasirengę vidiniams pokyčiams. Aukštesniojo pasaulio dėsnis nurodo: „Dvasiniame pasaulyje nėra jokios prievartos." Vienas Kūrėjas tegali pakeisti mūsų norus ir ketinimus, tad jeigu kruopščiai studijuosime, pokyčiai netruks ateiti.

STUDIJAVIMO METODAS

Rašote, jog pirmasis etapas studijuojant kabalą – skaityti kuo daugiau įvairios teorinės medžiagos. Jeigu skaitant kyla klausimų, ar turėčiau skaityti toliau, ar sustoti, kol medžiaga visiškai „nusistovės"? Jeigu jaučiuosi pavargęs ir nenoriu toliau mokytis, ar turėčiau save spausti ir mokytis tiek, kiek planavau? Ar reikia nustatyti griežtą grafiką ir tvirtai jo laikytis, ar atsižvelgti į kartkartėmis iškylančius sunkumus?

Jeigu dar tik pradedi studijas, turėtum daug skaityti, bet tik tai, ką gali suprasti. Skaityk daug ir nesustok. Venk sudėtingų dalių, nes tai, ką dabar supranti lengvai, vėliau padės suprasti painesnes vietas.

Tiesą sakant, pravartu studijuoti tada, kai jauti, jog nesi nusiteikęs. Tada geriausia studijuoti pasaulių struktūrą. Studijavimas „laužiant save", dabartinės nuotaikos nepaisymas teikia didžiulę naudą.

Tarkime, jeigu esu neviltyje, vertėtų paskaityti apie Kūrėjo ilgėjimąsi. Turime patirti visus jausmus. Pagaliau esame sukurti suderinus visus egzistuojančius pasaulyje pojūčius ir savybes. Kabaloje žmogus eksperimentuoja savimi.

Mokomoji kabalos medžiaga skirstoma į:
1. Pasaulių sukūrimo, *parcufim, sfirot,* Kūrėjo laipsniško pasislėpimo sekos studijavimą. Ši dalis esminė suvokiant kūrinijos sistemą ir jos funkcionavimą. Ji studijuojama tokia tvarka: „Įvadas į Kabalos mokslą", „Mokymas apie dešimt

sfirot", atskiros knygos *Zohar* dalys (*Idra Raba, Idra Zuta, Safra de Cnijuta*) ir „Gyvybės medis". Šią medžiagą reikia studijuoti sistemiškai, nepaisant vidinės būsenos.
2. Sielos pakilimą dvasinio pasaulio pakopomis iš apačios į viršų. Žmogus turi iš naujo skaityti labiausiai jį dominančias vietas. Apie tai kalbama straipsniuose ir laiškuose. Jie parašyti ne taip kaip „Mokymas apie dešimt *sfirot*", bet jausmų, etikos, veiksmų analizės kalba. Tai nėra pats kabalos mokslas, bet tai, kaip jis taikomas sielai pakilti. Apie tai galite paskaityti Baal Sulamo, Rabašo, mano knygose. Studijos susideda iš susipažinimo su medžiaga, t. y. sistemingo medžiagos peržiūrėjimo, kad būtų galima rasti nurodymų. Žmonės, kurie studijuoja kabalą, kad dvasiškai pakiltų, nuolatos keičiasi, todėl ir skaitomą medžiagą turi pasirinkti pagal tuometinę savo būseną.

ŠIUOLAIKINĖS MOKYMOSI KNYGOS

Kodėl daugiausia studijuojama knyga Zohar *ir Ari bei Ašlagų darbai?*

Nes tai iš tikrųjų yra vienas autorius, viena siela, persikūnijusi iš pirmojo žmogaus į Abraomą, Mozę, Šimoną Bar Johajų, Ari ir pagaliau Jehudį Ašlagą. Tai yra siela, nusileidusi tik tam, kad parodytų žmonijai išsitaisymo kelią. Nors yra kabalistų, žinančių daugiau, jiems neleista rašyti knygų, skirtų žmonėms mokyti ir taisyti, ypač dvasinio kelio naujokams.

Per visą istoriją buvo prirašyta daugybė kabalos knygų, tačiau mano mokytojas davė nurodymus man mokytis ir mokyti tik iš šių šaltinių:

KABALOS STUDIJOS

- Šimono Bar Johajaus darbai,
- Ari darbai,
- Baal Sulamo darbai.

Patariu pradėti studijuoti šiuos šaltinius. Vėliau, kai perprasite medžiagą, įstengsite suprasti kitus autorius. Tai duos tvirtą pagrindą, kuriuo remiantis bus galima analizuoti kitus šaltinius, išsiaiškinti, ar jie jums tinkami. Tai jokiu būdu nereiškia, kad nuvertinu kitus šaltinius. Daug kabalistų buvo pasiekę aukštesnes pakopas nei Šimonas Bar Johajus ar Ari. Tačiau jiems nebuvo leista rašyti, o net jeigu ir leista, tai tebuvo negausios užuominos jau esantiems Aukštesniuosiuose pasauliuose.

Mūsų studijuojami straipsniai dažniausiai remiasi **Sulam** *komentarais. Kas tai yra?*

Jehudis Ašlagas (Baal Sulamas) savo komentarus knygai *Zohar* pavadino „Laiptais" (*Sulam*), nes jų skaitymas leidžia užlipti pakopomis Kūrėjo link, kylant kiekvienu laipteliu aukštyn. Toks kūrimo tikslas.

Atminkite, jog *Zohar* komentarus galima suprasti tik išstudijavus visus įvadus, kurių svarbiausias – „Įvadas į kabalos mokslą".

PER DAUG MOKYTIS

Ar gali kabala išvesti iš proto? Ar per didelis studijavimas gali neigiamai paveikti emocionalų žmogų?

Ne, tai neįmanoma, jeigu teisingai studijuoji. Mokymasis susideda iš dviejų dalių: kabalistų straipsnių bei laiškų skaitymo ir kabalos mokslo – pasaulėdaros struktūros studijavimo. Šias dalis reikia studijuoti proporcingai, kad žmogus išlaikytų pusiausvyrą.

ŠALTINIŲ GAUSA

Jaučiuosi šiek tiek sutrikęs dėl jūsų nuostatos riboti alternatyvius šaltinius. Jeigu teisingai supratau, visiems pradedantiesiems rekomenduojama skaityti tik tam tikrus rinktinius šaltinius. Tačiau knygoje Al Pi Sod *tvirtinama, kad viskas veda į Kūrėją, nesvarbu, ar tai psalmės, Tora, ar matematika, fizika, kasdienio gyvenimo rutina ar netgi budizmas. Visa tai yra naujas būdas, primenantis mums apie Kūrėją.*

Kodėl draudžiami papildomi šaltiniai?

Nors viskas, kas yra pasaulyje, nurodo į Kūrėją, mes to negalime įžvelgti. Kad pamatytume, turime žinoti tikslią kryptį, teisingai suvokti tikrovę, susipažinti su pasaulių kūrimo ir jo vystymosi pagrindais, jų tikslu ir savo suvokimo ribotumu.

Ir jau po to galime „keliauti" bet kur, nors mūsų nebedomins tokios klajonės, kadangi palyginę su kabala tučtuojau pastebėsime kitų metodikų požiūrio į gyvenimą ribotumą. Suvoksime, kad visa kita tėra paprastų žmonių, o ne kabalistų sugalvota psichologija.

Autentiškus tekstus, tokius kaip psalmės, galima skaityti ir šiandien, bet žmogus turėtų stengtis juos interpretuoti kabalistiniu požiūriu, nes būtent tai ir turėjo omenyje Dovydas jas rašydamas.

KABALOS STUDIJOS

PAŽINIMAS IR SUVOKIMAS

Žmogus iš prigimties siekia pažinti. Kodėl tada per tūkstantmečius jis taip ir nepatenkino šio siekio?

Žinių siekis nuostabus, tačiau vien siekti jų neužtenka, reikia norėti suvokti: žinios reikalingos, kad galėtum studijuojamą medžiagą suvokti savyje, savimi, kad atrastum, kas yra tavasis „aš" ir kur manyje glūdi tai, apie ką rašoma knygose. Juk viskas knygose parašyta iš „vidaus", asmeniškai suvokus.

Todėl, kai skaitome kabalistines knygas, autorius kalba mums būtent iš tos pakopos, kurią apibūdina. Dvasiniame pasaulyje nėra „laiko". Ir kaip sako didis mūsų laikų kabalistas Jehudis Ašlagas: „...bet didžiuliu troškimu suvokti tai, ko mokosi, jie sužadina šviesas, supančias jų sielas" („Įvadas į *Mokymą apie dešimt sfirot*", 155 skirsnis).

Trokšdami pasiekti tai, ką studijuoja, skaitytojai pažadina savyje supančią Šviesą iš dvasinio lygmens, apie kurį skaito.

KETINIMAS STUDIJUOJANT

Jūs visada patariate skaityti kuo daugiau. Tačiau kuo paprastai skaitinėjantis žmogus skiriasi nuo susidomėjusio filosofija ar misticizmu, ar to, kuriam reikalingas „kabalos profesoriaus" vardas? Tokie žmonės nežengia nė menkiausio žingsnelio dvasingumo link.

Logiškai mąstant, esi teisus. Tačiau esmė ta, jog žmogus negali prievarta išspausti teisingo ketinimo iš savęs. Šis siekis turi ateiti iš širdies, su sąlyga, kad širdis tikrai to trokšta. Tai atsitiks, jeigu bus poreikis pasiekti kažką aukštesnio, jeigu tavo siela pasiekė tokį vystymosi tašką, kai jai reikia Kūrėjo, o ne materialių šio pasaulio dalykų. Tik siela gali jausti savo tikruosius norus. Mes patys to nejuntame. Galime manyti, kad mumyse kunkuliuoja tam tikras noras, o iš tikrųjų apgaudinėsime save. Vis dėlto būtent siela nuves mus į tikslą, kaip tą darė iki šiol. Ir mes visai ne dėl savo išminties ar sąmoningumo pradedame siekti Šviesos. Kad įgytume reikiamas tobulėjimui savybes, patariama: „Kas tavo jėgoms – daryk." Tai reiškia, daryk viską, ką gali, kad perprastum kuo daugiau medžiagos. Skaityk, net jeigu skaitai vien dėl to, kad išplėstum akiratį ir girtumeisi draugams. Po kiek laiko pati studijų apimtis duos savo vaisių.

Tai teisinga ir turint omenyje pirmąjį mokymosi etapą. Kad kuo daugiau suvoktum, leistina sau meluoti, iškelti naudingus sau tikslus. Tačiau vėliau suvoksi, kad rezultatas priklauso nuo medžiagos kokybės, t. y. tavo požiūrio, ketinimo. Todėl ir sakoma: „Šviesa joje keičia."

Nė trupučio netrokštu atiduoti, bet žinau, kad tikriausiai šis noras slypi manyje. Kaip jį pažadinti? Ar turiu atsisakyti ko nors brangaus, kad jį pasiekčiau?

Nieku gyvu. Tai būtų tavo egoistinis išskaičiavimas. Vienintelis būdas dvasiškai pakilti – tai sau sužadinti dvasinių pakopų poveikį, mokytis turint teisingą ketinimą, padėti platinti kabalą. Pradėk tą daryti ir pamatysi, kaip šie paprasti veiksmai tave pakeis.

VIDINIS ŽINOJIMAS

Kaip suvokiame Kūrėjo veiksmus? Suprantame savo širdimi ar protu?

Viskas, ką suvokiame ir apie ką kalbame, suvokiame savyje. Garsai, vaizdai, pojūčiai nėra išoriniai objektai, bet mūsų pačių reakcija į tuos objektus. Kai pasiekiame Kūrėją, suvokiame, kad iš tikrųjų niekas išorėje nesikeičia. Keičiamės tik mes savo vidumi ir šiuos vidinius pojūčius priskiriame išoriniams.

Kabala – mokslas, kaip pajausti Kūrėją. Protu kabalos nesuvoksime.

Ji yra Šviesa iš Aukščiau, atskleidžiama tik tiems, kurie ištaisė savo fizinius norus mėgautis dėl savęs ir įgijo ekraną, galintį atlikti *zivug de akaa* (dvasinį susiliejimą) su Šviesa.

Žmonės iš paskutiniųjų stengiasi perprasti visa, kas juos supa, ir paimti kuo daugiau dedant kuo mažesnes pastangas. Būdami tokios būsenos, patiriame vien savo vidinę reakciją, kaip visiški egoistai. Tačiau, kai mums pavyksta apriboti savo ketinimus mėgautis dėl savęs, panorstame suteikti malonumą Kūrėjui, pajausti, kas yra ne mumyse, nesiekdami sau jokios naudos. Pajuntame, kas yra mūsų išorėje, nes norime kažko, ko nėra mumyse.

Tada priklausomai nuo to, kiek norime „ne dėl savęs", jaučiame Kūrėjo Šviesą. Priklausomai nuo to, kiek pažįstame Kūrėją, trokštame Jam duoti, o tai sukuria abipusį ryšį tarp žmogaus ir Kūrėjo.

Kūrėjo atskleidimo laipsnis vadinamas pakopa. Žmogaus pojūčiuose šios pakopos sudaro penkias grupes, vadinamas „pasauliais". Pasauliai – tai Kūrėjo atskleidimo ir paslėpties matas.

POJŪČIAI UŽ PROTO IR MINTIES RIBŲ

Ar pakanka proto ir logikos Dieviškumui suprasti?

Joks pasaulio protas nepadės mums suvokti dvasingumo, nes tai pranoksta mūsų supratimą ir protą. Dėl to negalime jo pajausti. Mūsų jutimo organai gali tirti tik tai, ką geba apčiuopti ir analizuoti, šias žinias paprastai vadiname „šiuo pasauliu". Kad pajaustume Aukštesnįjį pasaulį, mums reikia įgyti kitokius jutimo organus, – kabaloje tai vadinama „ekranu". Tik turėdami ekraną galime jausti, kas yra virš mūsų, už mūsų materialių pojūčių, pajausti tai, ko įgimtos juslės negali pajausti. Kai įstengiame jausti Aukštesnįjį pasaulį, tada gauname ir kitokį protą bei suvokimą. Pirmiausia įgyjame Aukštesniojo pasaulio išmintį, protą ir tik tada pajuntame jį patį. Vienintelis būdas ekranui įgyti – tai kabalos studijavimas.

TOBULĖJIMO POŽYMIS

Studijuodamas pasaulių sistemą, supratau **Malchut** *sukūrimą ir pirmąjį apribojimą. Lioviausi tai supratęs ir nebegaliu toliau judėti į priekį.*

Tiesą pasakius, labai gerai, kad nepajėgi suprasti paprasčiausių dalykų. Vadinasi, tavo siela reikalauja būti užpildyta Kūrėjo jautimu. Tai užgožia intelektualaus supratimo būtinybę. Todėl ir neužpildai savo smegenų, nes siela tau neleidžia!

Tačiau be ekrano sielos taip pat neužpildysi. Tad žmogus stengiasi mokytis, bet neįstengia nieko suprasti. Iš tikrųjų tai geras ženklas, rodantis žmogaus vidinį poreikį dvasiškai tobulėti.

Tie, kurių sielos skatina juos ne į vidinius pojūčius, o į žinojimą, mokosi gerai ir sukaupia didžiulį žinių kiekį. Tačiau jų sielos lieka tuščios. Jų žinojimas paviršutiniškas, nes jie nesuvokia vidinių procesų, kadangi Kūrėjas sukūrė indą-norą, o ne indą-supratimą. Taigi kabalos išmanymas ateina vien iš jausminės analizės.

NORAS, O NE TALENTAS

Ar neturintis išskirtinių talentų žmogus dvasinėmis pakopomis lipa pats, ar jam reikia papildomos pagalbos?

„Įvade į *Mokymą apie dešimt sfirot*" kabalistas Jehudis Ašlagas rašo, kad priešingai nei kitiems užsiėmimams, kuriems būtini įgūdžiai, atmintis, techniniai gebėjimai, judrumas, ritmo jausmas, jėga, kabalai studijuoti nereikia jokio talento, nes visi talentai yra kūno savybės šiame pasaulyje. Kitaip tariant, šios savybės priklauso šio pasaulio prigimčiai ir nėra susijusios su dvasinio pasaulio pasiekimu.

Tačiau privalo būti pirminis noras siekti Kūrėjo. Jeigu jis yra, tau daugiau nieko nereikia! Jeigu tau šis noras buvo suteiktas, nuo tos akimirkos visas procesas tavo rankose, nes visos reikiamos galios jau yra tavo sieloje. Tereikia jas išugdyti, o tai yra tavo darbas.

Tą atlikti yra tavo jėgoms, nes tavo unikalus kūnas buvo sukurtas būtent dėl to, kad pasiektum kūrimo tikslą. Todėl niekas negali sakyti esąs nepajėgus ar kad aplinkybės sukliudė pasiekti tikslą, dėl kurio ir gimė šiame pasaulyje.

MOKYDAMASIS TAPSI PROTINGESNIS

Ar kabalos studijavimas pagerins mano protinius gebėjimus?

Ką tik gimusio žmogaus norai yra labai maži. Paskui jie pamažu auga. Priklausomai nuo noro dydžio, vystosi protas. Smegenys vystosi tik tiek, kiek to reikia mūsų norams patenkinti.

Tačiau pradėjus studijuoti kabalą, mūsų norai auga, tampame vis egoistiškesni ir todėl gudresni.

Tačiau nėra ko jaudintis: studijuodamas iš Aukščiau gausi viską, ko reikia tavo vystymuisi. Tiesą sakant, jausi savyje kažką nauja – dovaną nuo Kūrėjo.

TIKSLUI PRADINGUS TOLIAU EITI PIRMYN

Kodėl po kelerių metų studijuojant kabalą gyvenimo tikslas tampa „rutina"? Atrodo, kad tos ypatingos mintys išnyksta ir kartais jauti, tarsi nebeitumei į priekį, nieko nepasiektum. Kartais net pats tikslas dingsta iš akių. Ar tai laikina būsena?

Taip, tai laikina. Tiesą sakant, į priekį galime žengti būtent tada, kada jaučiamės visiškai tušti, o taip atsitinka siekiant dvasingumo iš visų jėgų.

Grumtis gali tekti pačiose beviltiškiausiose situacijose, daugybę metų nusiviliant ir vėl iš naujo siekiant tikslo. Paskui pamažu tampa aišku, kad tik Kūrėjas gali pakeisti mūsų būsenas.

Tačiau tai atsitinka tik visiškai atsidavus, nors išoriniai apvalkalai (t. y. egoistiniai norai mėgautis Kūrėjo Šviesa) be perstojo kužda žmogui, kad jis vis dar gali veikti pats. Tiktai tada be jokio įspėjimo sulaukiama Kūrėjo pagalbos, tarsi išsipildytų svajonė, kai to mažiausiai tikimasi.

Apie tai Jehudis Ašlagas savo knygoje *Pri Hacham – Igrot Kodesh* („Išmintingojo vaisiai – Laiškai", p. 161) rašo: „Žmogaus gyvenime nėra laimingesnės akimirkos nei ta, kai jis visiškai nusivilia savo jėgomis, t. y. kai žmogus plušo ir padarė viską ką galėjo, tačiau jokio vaisto taip ir nesurado."

Nes žmogus nuoširdžiai meldžia Kūrėjo pagalbos tik tvirtai įsitikinęs, kad jo paties pastangos nieko neatneš, o kol mano turįs jėgų pats, jo malda nebus tikra. Taip yra todėl, kad žmogaus blogasis pradas visada pirmiausia rūpinasi savimi ir ragina jį iš pradžių atlikti viską, kas jo galioje, ir tik tada Kūrėjas jį priims.

Apie tai parašyta: „Juk nors Viešpats yra aukštybėse, Jis rūpinasi kukliaisiais" (Psalmės 138, 6). Taip yra todėl, kad žmogus, nesėkmingai atlikęs įvairiausius darbus, iš tikrųjų tampa menkas. Jis žino esąs menkiausias iš žmonių; savo kūne nemato nieko gera ir tada jo malda bus tikra, o Jis savo kilnia Ranka jam atsakys.

Lygiai taip ir su nepasiekusiais Jo meilės. Visa, kas vakar atlikta savo sieloms išgryninti, šiandien prarasta; ir kiekvieną akimirką, kiekvieną dieną privalu pradėti iš naujo, tarsi savo gyvenime dar nieko niekados nebūtum daręs. Ir tada „Izraeliečiai dejavo lažo slegiami" (Išėjimo knyga 2, 23), nes aiškiai matė, kad jų darbas neatneša jokios naudos. Būtent todėl jų šauksmas buvo nuoširdus ir pasiekė Dievą. Dievas girdi visas maldas, bet laukia nuoširdžiosios.

Tiesą pasakius, viskas pasiekiama tiktai per maldą, o plušame vien tam, kad suprastume savo menkumą, kad mums trūksta jėgų, nes patys esame nieko verti. Tik tada mūsų malda Jam gali būti tikra.

Tačiau negalime paprasčiausiai pareikšti esą niekam tikę ir dėl to nesivarginti dirbti. Gamtoje galioja taisyklė, kad nėra išmintingesnio už patyrusįjį; tad tas, kuris nepatyrė ir nesistengia atlikti to, ką gali, nepajėgs suvokti tikrojo savo menkumo taip giliai kaip reikia. Todėl turime plušėti siekdami tyrumo ir šventumo. Kaip sako išminčiai: „Daryk viską, ką leidžia tavo jėgos." Suprask šitai, nes tai gili išmintis.

Šios tiesos neatskleidžiau norėdamas susilpninti tavo širdį, o tu neturi liautis tikėjęs gailestingumu. Nors ir nieko nematai, bet laikas melstis ateina atlikus darbą.

O iki tol pasikliauk išminčiais, sakiusiais: „Sunkiai dirbo, bet nieko nerado, netikėk." Kai darbas padarytas, tavo malda bus tikra ir Kūrėjas atsakys tau kilniaširdiškai, anot išminčių „Sunkiai dirbo ir rado, tikėk." Iki tol nesi vertas maldos, o Kūrėjas girdi tik maldą.

MINTYS IR JAUSMAI, KYLANTYS STUDIJUOJANT

Sakote, kad svarbiausia – įgyti ekraną. Stengiuosi kiaurą dieną ir naktį. Tapau abejingas skausmui, bet vis dar kenčiu.

Pirmiausia pakalbėkime apie ekraną, kurį „augini" pats. Ekranas atsiranda ir vystosi mumyse be mūsų įsikišimo, nes mes neįsivaizduojame, kas tai yra. Visi nauji dalykai, atsirandantys mumyse, yra tiesioginė mūsų studijų pasekmė. Mes negalime žinoti, kas atsiskleis mumyse po minutės. Kaskart tai bus kažkas nauja ir nepažįstama, tad kaip apie tai galime žinoti iš anksto? Kaip galime to tikėtis?

„Naujas" reiškia esantis aukštesnėje pakopoje nei manoji. Taigi neįmanoma sąmoningai ugdyti ekrano.

Kai aplinka neteikia tau džiaugsmo – tai laikina būsena. Tęsk studijas ir tavo atsiskyrimas nuo visuomenės greitai pasikeis į visai priešingą pusę: išvysi, kad tave supa kur kas daugiau malonumų negu anksčiau. Tada pajusi savyje dar didesnį norą gauti, o taip atsitiks dėl to, kad turėtum, ką taisyti.

Mano patarimas tau: kuo daugiau skaityti ir tik mano siūlomus tekstus. Studijos turi susidėti iš „Įžangos į kabalos mokslą" (su brėžiniais) ir straipsnių bei laiškų. Neteik pirmenybės nei vienam, nei kitam.

Rytais prieš eidamas į darbą skirk valandą „Įvadui į kabalos mokslą" studijuoti. Vakare prieš eidamas miegoti paskaityk laiškus ar straipsnius apie dvasinį darbą.

Tavo nuotaikos kelyje keisis ne kartą. Tai natūralu ir rodo, jog darai pažangą. Priešakyje tavęs dar laukia daug potyrių, tačiau tavo pradžia teikia vilčių. Iš straipsnių pastebėsi, kad tavo pojūčiai ir mintys būdingi kiekvienam, einančiam į priekį.

SKUBĖK PATS

Sakote, kad reikia skaityti kabalistines knygas, kad išsitaisytum. Ir tai viskas? Juk tai užtruks daugybę metų, kol pasieksiu Aukštesnįjį pasaulį!

Jeigu studijuoji tekstus teisingai, netrukus pastebėsi daugybę mažyčių pokyčių savyje. Pajusi, kad tave veda, kad tavyje yra siela, kad iš išorės ją kažkas veikia.

Pamatysi, kad tave veda tavo siela ir ją veikianti Kūrėjo Šviesa, o ne fizinis protas. Tavo protas turi žinių apie dabartį, o ateitis lieka nežinioje. Tačiau, ateičiai dar neatsiskleidus, trokšti padaryti kažką daugiau nei tik apie ją fantazuoti; nori elgtis, tarsi jau būtum ten, tarsi jau būtum pakilęs į naują suvokimo lygmenį.

Supanti Šviesa, kuri pažadinama žmogui teisingai studijuojant kabalą, veikia sielą ir sukelia naują dvasinę būseną. Ši būsena ateis pati pakeisdama esamą. Stengdamasis uoliai studijuoti kabalą, žmogus gali pagreitinti individualius pokyčius. Ir tik tokią pasirinkimo laisvę mes iš esmės turime šiame pasaulyje.

Baal Sulamas „Įvade į *Mokymą apie dešimt sfirot*" rašo, kad Kūrėjas uždeda žmogaus ranką ant gero likimo ir sako jam: „Pasirink tai."

Tad koks tas pasirinkimas? O pasirikimas toks: arba mes esame stumiami iš už nugaros ir tą jaučiame kaip kančias, arba einame pirmyn patys, užbėgdami už akių kančioms. Tai yra mūsų valios laisvė.

Visa, kas vyksta mūsų pasaulyje, visa, ką žmogus daro, yra iš anksto numatyta, kadangi visos žmogaus ir jo aplinkos savybės, tiek vidinės, tiek išorinės, yra iš anksto nustatytos Kūrėjo. Pasirinkimo laisvę teturi žmonės, siekiantys dvasingumo ir tik dedantys pastangas.

LAIKO PASPARTINIMAS

Kaip galiu paspartinti savo dvasinį tobulėjimą taip išvengdamas kančių?

Tą gali padaryti keliais būdais:
- Skaitydamas Baal Sulamo, Rabašo ir mano knygas.
- Prisijungdamas prie grupės, siekiančios atskleisti kūrimo tikslą. Būdamas aktyvus ir padėdamas savo grupės nariams ir dvasiniam mokytojui.
- Užsirašinėdamas viską, ką žinai apie dvasinį pasaulį. Taip savo dabartinę dvasinę pakopą galėsi ištaisyti greičiau ir pajusi poreikį pasiekti naują.
- Pats veiksmingiausias būdas yra aktyvus dalyvavimas platinant kabalą.

ASMENINIS RŪPESTIS

Iš pradžių maniau, kad visos neigiamos būsenos duodamos tam, kad jas įveiktume. Tačiau pasirodo, jog yra ypatingos „neigiamos situacijos", kurių tikslas – parodyti, kad niekas nuo mūsų nepriklauso ir kad galutinis rezultatas – vien tik Kūrėjo rankose. Ar galėtumėte tą paaiškinti?

„Blogų būsenų" nėra. Kūrėjas viską duoda mums, kad išsitaisytume. Yra Kūrėjas, esame mes ir yra tai, ką iš Jo gauname. Pasakyta: „Kabala vargina žmogų." Ji parodo žmogui, kas jis, kad jis tėra mažas egoistas.

Tačiau Kūrėjas atveria žmogaus silpnumą (vergavimą egoizmui) tik tiek, kiek žmogus įstengs ištverti tai, ką pamatys. Kuo labiau vystomės ir taisomės, tuo aiškiau suvokiame savo menkumą prieš Kūrėją.

Tai mums atskleidžiama, kad išsitaisytume paprasčiausiai įsisąmonindami savo pačių prigimtį, o tada ją atmesdami.

Tu pradedi jausti asmeninį ryšį su Kūrėju. Geros ir blogos mintys kilo, nes jautei tą, ką turėjai jausti, tačiau nauji suvokimai kaskart ateis ir išeis. Kiekvienąsyk skaitydamas teisingas knygas vis labiau suvoksi, kas esi tu ir kas yra Kūrėjas.

ANAPUS ASMENINIO VALDYMO

Ar bendrasis valdymas vis dar turi įtakos žmogui, pradėjusiam studijuoti kabalą? Ar jis imamas valdyti asmeniškai?

Ką reiškia studijuoti kabalą? Pradėję studijuoti, priklausomai nuo tobulėjimo imame kreipti savo veiksmus tikslo link, t. y. užmegzti dvasinį ryšį su Kūrėju. Atitinkamai mus pradeda veikti asmeninis valdymas, o tai ir yra mūsų ieškojimo tikslas, net jeigu jis dar nesuvoktas.

Jeigu skaitome tik autentiškas knygas apie dvasinį pasaulį, jeigu tai mus domina, jau esame veikiami asmeninio Kūrėjo valdymo. Kūrėjas veda kiekvieną, tačiau mus – asmeniškai.

Kiekviena siela iš Aukščiau gauna vis intensyvesnę Šviesą ir dėl to vystosi pagal Kūrimo sumanymą. Tai vadinama „bendruoju valdymu". Kai Jis išskiria mus iš kitų, kad pagreitintų mūsų vystymąsi, ir traukia prie Savęs, tai vadinama „asmeniniu valdymu".

Būdami asmeninio valdymo būsenoje patiriame pakilimus ir nuopuolius. Jie pasireiškia kaip Kūrėjo atskleidimas arba jo trūkumas atsižvelgiant į mūsų pačių savybes. Mes liaujamės žiūrėję į gyvenimą kaip visi kiti.

Kai kiti sako: „Dėkui Dievui, dar viena diena praėjo. Likau sveikas, šį tą nuveikiau", mes imame vertinti save stambesniu mastu: „Ar šiandien priartėjau prie Kūrėjo? Ar noriu Jį pajausti?" Net jeigu mūsų atsakymai neigiami, jie vis tiek liudija mūsų vystymąsi.

KABALA IR ASKETIZMAS

Jeigu teisingai supratau, dvasinis kelias prasideda formuojant ekraną, t. y. ribojant malonumo gavimą. Argi tai nėra savęs engimas? Jeigu turiu atsisakyti malonumų, ar tai neatves manęs prie asketizmo?

Priešingai nei visos religijos ir filosofijos, kabala aiškiai ir nedviprasmiškai sako, jog dvasinis pakilimas – tai dar didesnis malonumas. Kelio pradžioje žmogus studijuoja kabalą ir toliau gyvena įprastą gyvenimą be jokių pokyčių ar apribojimų. Bet kadangi mūsų norai daro įtaką mūsų veiksmams, tai norėdami pasiekti kažką aukštesnio atitinkamai turime ir elgtis.

Taigi matome, jog taisymosi procesas vyksta dėl Šviesos poveikio žmogui, o ne dėl priverstinių apribojimų. Tuo kabala skiriasi nuo religijos: kabala aktyvina Kūrėjo jėgą; tai nėra engianti išorinė jėga. Todėl gaunant vis daugiau jėgų iš Aukščiau, atsiveria kanalai didesniems norams, kuriuos galima ištaisyti ir teisingai naudoti.

Mes negalime gyventi be malonumų. Pagaliau mūsų tikroji esmė – tai patirti malonumą, džiaugsmą, o kūrimo tikslas – pasiekti tobulą malonumą. Pats malonumas nieko bloga neturi ir mums privalu ištaisyti tiktai jo ketinimą, o ne patį norą.

PIRMENYBĖ DVASINGUMUI

Ką man daryti su savo norais? Aš trokštu didžiulio, prašmatnaus namo, nors ir mažesnis būtų visai nieko. Noriu naujos mašinos, nors senoji dar važiuoja. Ir mane vis dar domina tas darbas, kuris reikalauja didelės atsakomybės. Ar turėčiau atsisakyti šių norų, kad galėčiau daugiau studijuoti? (Mano artimieji jau dabar rodo nepasitenkinimą esama padėtimi.)

Viską mūsų gyvenime: mūsų pasirinkimus, žengiamus žingsnius, prioritetus, savo gyvenimo vertinimą, lemia mūsų požiūris į jų reikalingumą. Pasakyta: „Visa, ką žmogus turi, atiduos už savo gyvybę" (Jobo knyga, 2, 4).

Viena vertus, šią citatą galima suprasti taip: žmogus savo gyvenimui, sveikatai, galimybei gyventi paaukotų viską. Kita vertus, galima sakyti, jog žmogus atiduotų viską (gyvenimą taip pat) dėl kažko, be ko jo gyvenimas būtų beprasmis.

Galime rasti ir istorinių pavyzdžių. Netgi mūsų materialiais laikais viskas priklauso nuo to, kaip vertiname dvasines ir materialias vertybes. Šios vertybės keisis mums vystantis ir versti savęs visiškai nereikia.

„Įvade į *Mokymą apie dešimt sfirot*" Jehudis Ašlagas aiškina, kad praeityje, istorijos priešaušryje, žmonėms, norėjusiems studijuoti kabalą, reikėjo riboti save ir gyventi mintant duona ir vandeniu. Tačiau šiandien, po to, kai pastarųjų šimtmečių kabalistai atliko pasaulyje taisymus ir iš kartos į kartą išsivystė sielos, norint pasiekti Aukštesniuosius pasaulius užtenka vien kabalos studijavimo.

Tad anksčiau žmonių praktikuotas asketizmas, apribojimai daugiau nebereikalingi. Kabalistai, ypač nuo Ari laikų (XVI a.), pritraukė Šviesą mums, kaip sakoma: „Joje esanti Šviesa taiso", t. y. kabalos studijavimas pažadina nematomą Šviesos švytėjimą, kuris taiso žmogų.

Kabalistai aiškina, kad kabala labiau nei bet kokios kitos studijos sužadina mokinyje švytėjimą. Todėl visiems, norintiems pasiekti dvasinius pasaulius ir įgyvendinti kūrimo sumanymą, kabalistai pataria studijuoti kabalą.

Žinoma, gali ir toliau statyti namus, pirkti naujus automobilius, dovanoti brangias dovanas, bet labai svarbu reguliariai studijuoti kabalą, skaityti kada tik turi galimybę, tačiau vien autentiškus kabalistinius šaltinius. Tai pažadins naujas vidines būsenas, vertybes, kurios nulems tavo sprendimus.

Tavo gyvenime pamažu pasikeis prioritetai, tačiau tai turi ateiti iš vidaus, o ne per prievartą. Dvasiniame pasaulyje nėra prievartos, o prievartos mūsų pasaulyje šaltinis – išoriniai apvalkalai.

Patarčiau tęsti studijas ir visą laiką būti savimi. Su laiku tavo siela ves tave leisdama suprasti, kiek jėgų eikvoti dvasingumui ir kiek – šiam pasauliui.

DVASINGUMAS – NAUJAS GYVENIMO BŪDAS

Nieko nebenoriu daryti. Anksčiau džiuginę dalykai (teatras, draugai, net atostogos) nebeteikia malonumo, prarandu ryšius su senais draugais. Dabar man nerimą kelia nesugebėjimas suprasti visos pasaulėdaros.

Mano klausimas toks: nors ir trūksta džiaugsmo, vis tiek turiu gyventi šiame pasaulyje, tad kaip panaudoti išorinį pasaulį kabalos studijoms?

Tokie tavo pojūčiai yra naujų vertybių gavimo pradžia ir tavo reakcija į tai, kas su tavimi vyksta. Šis periodas tęsiasi kurį laiką; reikšmingų pokyčių iš karto nepajėgi atlikti, nes viską apsunkina tavo protas, pagrindinės ir svarbiausios sistemos, tavo nervų sistema, abipusiai ryšiai su aplinka.

Tačiau gerai, kad jau prasidėjo pirminis vidinių pokyčių procesas. Toliau studijuok ir kelk klausimus. Tu, kaip ir bet kuris kitas žmogus, pradėjęs teisingai studijuoti, jauti pirminį poveikį savo vidiniam pasauliui. Žmogus, ėmęs studijuoti kabalą, nenusileidžia ant žemesnės pakopos, bet kopia ant aukštesnės, tad nėra ko nusivilti ir liūdėti.

Aišku, kas džiugino tave anksčiau, dabar atrodo nebesvarbu, vaikiška, dirbtina. Savaime suprantama, viskas aplink tave pasikeičia: dirbi tiktai dėl užmokesčio, tavo ryšiai su giminėmis susilpnėja ir laikosi tik tiek, kiek būtina, draugai nebeartimi. Tai išorinė tavo vidinių pokyčių išraiška.

Tačiau išorėje turi ir toliau dirbti ir ničnieko nekeisti! Nesvarbu, kiek tave šitai domina, negali paklusti savo norams, privalai atlikti savo pareigas. Turi kovoti su savo norais, turi ir toliau dirbti, būti su šeima, mėgautis sportu. Visi antriniai interesai ir laisvalaikio pomėgiai nereikalingi. Tačiau privalai išlaikyti ryšius su artimaisiais.

Mesdamas darbą, net jeigu turi užtektinai pinigų, kad išlaikytum save visą likusį gyvenimą, gali sukelti pavojų savo dvasiniam vystymuisi! Ir nors ryšius su giminėmis turi išlaikyti, tačiau nuo draugų pamažu nusigręži. Tai vyksta savaime. Gamtoje galioja „savybių panašumo dėsnis". Pagal šį dėsnį vienodas savybes turintys objektai suartėja, o skirtingas savybes – tolsta vienas nuo kito. Kai pasirodo dvasinių savybių požymiai, šis dėsnis ima mus veikti taip, tarsi jau būtume įgiję šias savybes.

KAIP PAKEISTI SAVO TIKSLĄ?

Jaučiu, jog mokausi dėl savęs ir man dėl to gėda. Manyje daugybė prieštaravimų ir jau pasiekiau akligatvį kovodamas su jais. Jaučiuosi siaubingai, nes nežinau, kaip pakeisti savo ketinimą, kaip nukreipti jį taip, kad nė vienas mano veiksmas nebūtų dėl savęs. Ką man daryti?

Studijų pradžioje visi šie pojūčiai sveikintini. Jie rodo, jog eini dvasingumo link, barjero link, Aukštesniojo pasaulio jautimo link. Kiekviena pakopa, kiekviena tavo patiriama dvasinė būsena turi mirti, išnykti.

Kitaip tariant, ankstesnės pakopos turi atsisakyti dėl naujosios. Kol grūdas nesupūva, kol apie jį lieka vien žinojimas, tol neprasikals naujas želmuo. Lygiai taip pat su sielomis: mirtis – tai naujo gyvenimo pradžia.

Todėl esama būsena baigiasi, nes tampa nebepakenčiama. Noras pakilti į kitą pakopą susiformuoja iš nepakeliamos dabartinės būsenos, nūnai patiriamos gėdos. Nesusitaikymas su dabartine būsena pagimdo naują. Tad sprendimas priklauso tik nuo studijų kokybės ir kiekybės. Reikia daug skaityti (kiekybė) su mintimi, kad kiekvienas žodis suteiks tau naujų jėgų ir pakeis tave iš vidaus (kokybė).

DVASINIS NUOVARGIS

Kodėl kartais pasiekiame tokią būseną, kai kabala ima varginti fiziškai? Ar tai reiškia, kad mums trūksta noro dvasingumui?

Tik apie tuos, kurie studijuoja kabalą, kurie mokosi ir dirba vedami mokytojo bei knygų pagal principą: „Sukūriau blogąjį pradą ir daviau instrukciją jam ištaisyti" (sukūriau norą mėgautis ir sukūriau instrukciją, kabalą jam ištaisyti) – tik apie tuos sakoma, kad jie eina Šviesos keliu. Tik tada Taisanti Šviesa šviečia jiems.

Tik tie, kurie mokosi kabalos, pastebi, kad jų jėgos silpsta. Nes jie mokosi jos, kad gautų jėgų iš Aukščiau, kad būtų ištaisyti ir prilygtų Kūrėjui. Jie nenori pasilikti kūniškų reikmių tenkinimo lygmenyje. Anot išminčių, „tai jie vadinami žmonėmis, o ne stabų garbintojai".

Stabus šlovina tie, kurie garbina savo blogąjį pradą ir lankstosi savo egoizmui. Lenktis galima arba Kūrėjui, arba savo egoizmui, nes be jų daugiau nieko nėra.

Lankstytis prieš ką nors – tai norėti to kažko arba jo savybių. Garbindamas savo egoizmą žmogus iškelia jį aukščiau už save; užuot užgniaužęs, naudojasi juo.

Pasidavimas egoizmui vadinamas „svetimų dievų garbinimu". Kabaloje tai vadinama „stabmeldyste".

Jeigu mokinys studijuoja kabalą, kad taptų žmogumi, blogasis pradas mato, jog jam nėra čia ko ieškoti, ir prigimtinės jėgos silpsta. Tačiau tuo pačiu metu žmogus dar neturi dvasinių davimo jėgų, todėl Kūrėjas vis dar jo netraukia, nes žmogus iki šiol nežino, kas Jis toks.

Buvimas tarp dviejų pasaulių – tai būsena, sukelianti abejingumą. Ši stadija būtina. Po jos pamažu atsiveria Kūrėjas. Pasirodo aukštesnieji dvasiniai tikslai ir žmogus juda toliau.

O dėl tavo klausimo, jeigu nuovargis kyla dėl tikro dvasinio troškimo stygiaus, tai svarbu suprasti, jog yra darbas *lo lišma* (ne dėl Kūrėjo) ir *lišma* (dėl Kūrėjo). Darbas *lo lišma* irgi dvasinis, kai iš pradžių dirbama su ketinimu „dėl savęs".

Norėdamas suprasti, jog dirbi *lo lišma* (ir netgi ne visi tą pasiekia), turi nors truputį pajausti (tarsi iš toli), ką reiškia dirbti *lišma*, kad galėtum palyginti ir suprasti, jog dirbi *lo lišma*.

Turi suvokti, kad tai yra vien mechaniniai veiksmai. Neturi apgaudinėti savęs manydamas, jog pasiekei kažką svarbaus. Tada pamažu turi prašyti Kūrėjo suteikti tau jėgų atlikti tikrąjį dvasinį veiksmą vien dėl Jo.

Bet viskas vyksta laipsniškai. Laikinas fizinis silpnumas – tai perėjimo nuo ketinimo „dėl savęs" prie ketinimo „dėl Kūrėjo" rezultatas. Nors jėgų atlikti tai dėl Kūrėjo – *lišma*, dar neįgijai.

Kai esi vedamas paskatos atlikti ką nors dėl savęs ar dėl Kūrėjo, nėra nieko nepasiekiamo. Tačiau dabar esi tarp šių dviejų būsenų ir tai rodo, kad eini tikslo link!

DVASINIS „KRITIMAS"

Kai pradėjau studijuoti, jaučiausi pakylėtai kiekvienąkart įeidamas į klasę, tarsi skraidyčiau. Tačiau dabar esu beveik abejingas. Kodėl taip atsitinka ir ką jaučia kiti studijuojantys?

Norėčiau priminti, jog nepatariu žmonėms, studijuojantiems su manimi, dalytis savo jausmais – vien žiniomis. Skatinu dalytis žiniomis apie pasaulių struktūrą, Kūrėją ir Jo veiksmus.

Tačiau aš vis dar nejaučiu ribos tarp to, ką jaučiu ir ką žinau, suvokiu. Ar tai skirta tam ypatingam jausmui- maldai, kuria galima dalytis tik su Kūrėju?

Nors ir nesuvoki, kas su tavimi vyksta, eini į priekį, jeigu nesiliauji keitęsis! Tavo apibūdinta būsena yra teigiama. Ir apskritai kuo dažniau keičiasi tavo nuotaikos, tuo geriau. Tai vienintelis būdas žmogui tobulėti.

Jeigu iš žmogaus nebūtų atimtas dvasingumo troškimas, jis negalėtų dirbti su savimi. Jo noras gauti (egoizmas) pasiglemžtų visus dvasinio darbo vaisius. Didžioji dalis dvasinio darbo turi būti atlikta per šiuos „kritimus", kai jis atrodo beskonis (tarsi dulkės).

Tada galime manyti, jog taip mus baudžia iš Aukščiau, kad apsaugotų nuo darbo savo egoizmui. Jehudis Ašlagas tą vaizdžiai aprašo straipsnyje „Nėra nieko kito, tik Jis".

POKALBIAI SU NEPAŽĮSTAMAISIAIS

Kai apie kabalą šneku su kitais žmonėmis, staiga pasijuntu itin pavargęs, kone sergantis. Ar tai natūrali kūno reakcija?

Dalijimasis žinojimu, priešingai nei dalijimasis savo asmeniniais pojūčiais, tegali atnešti vien gera žmonėms, su kuriais bendrauji.

Neturėtum kalbėti apie savo paties pojūčius ir patirtis, bet gali ir turi dalytis savo žiniomis. Kai atskleidi savo jausmus kitiems, jie tartum įeina į tavo būseną ir tai gali tau pakenkti. Tačiau mokydamas kitus jokios žalos sau nepadarysi.

Esi jautrus ir įžvalgus žmogus, tad mokydamasis esi kupinas entuziazmo, kurį vėliau sunku išmesti iš galvos. Šiaip ar taip, tai yra psichologinė, o ne dvasinė reakcija.

DVASINIO DARBO DALIJIMASIS SU GRUPĖS DRAUGAIS

Anądien pasijutau blogai be jokios aiškios priežasties. Malda padėjo penkioms minutėms. Savo skausmu pasidalijau su draugu ir viskas buvo puiku, tačiau kitąryt mačiau, kad jis pats kenčia. Gal man vertėjo kentėti vienam?

Nesidalyk savo vidiniais pojūčiais, jausmais su nieku, išskyrus Kūrėją ir savo mokytoją. Dėl to, kad kiti žmonės nėra aukštesni už tave, *parcufim* (dvasinės esybės) ir tavęs neveda. Todėl netgi nesąmoningai jie primes tau savo *ego* ir tu kuriam laikui neteksi savo psichinių galių.

Nors pajusi trumpalaikį palengvėjimą pasakodamas apie savo jausmus, laikinai prarasi galimybę kilti į aukštesnę pakopą.

Cituoju vieną iš jūsų knygų: „Draudžiama aptarinėti vidines būsenas su draugais, nes tai gali pakenkti jums abiems." Pamenu jus sakant, kad tai bus žalinga man, tačiau kaip tai gali pakenkti mano draugui?

Pavojus tas, kad tu savo pojūčius primeti draugui. O jie apima tavo vidinius įspūdžius apie dvasingumą ir ryšį su Kūrėju. Visa tai tavo draugas turi pasiekti savarankiškai iš Kūrėjo ir knygų.

Vis dėlto noriu išsiaiškinti, ką galiu ir ko negaliu sakyti draugams. Kuo labiau mėginu suprasti, tuo didesnė painiava. Atrodo, jog viskas, ką žmogus šneka, turi tam tikrą ryšio su Kūrėju atspalvį. Net jeigu du žmonės kalba apie tekstą, abu turi panašių minčių, supratimą. Tad kaip drauge studijuojantys žmonės gali būti artimi?

Natūralu, kad viską, ką sakome, sakome iš savęs, į savo žodžius visada įpiname savo *ego*. Neturi reikšmės, ar egoizmas atskleistas, ar paslėptas; svarbiausia – nekalbėti apie savo dvasinius jausmus Kūrėjui.

Galima šnekėti apie *sfirot*, *parcufim*, neapibrėžtai dalytis kabalos išmintimi, tiesiog nereikia atskleisti jausmų, nes taip pakenksi sau ir draugui. Tas pats galioja ir sutuoktinio, vaikų ar net nepažįstamų žmonių atžvilgiu. Studijuok knygas, tačiau niekad nekalbėk apie savo jausmus.

VEIKTI AR MOKYTIS?

Kada fizinis veiksmas naudingiau už studijas? Ar tada, kai žmogus vis dar nesupranta studijų tikslo? Kaip galima tobulėti, jeigu fiziniai veiksmai yra „žemiau žinojimo"?

Fiziniai veiksmai grupės labui, rengiant paskaitas, kuriant kabalos studijavimo grupes yra daug naudingesni nei pačios studijos. Pagalba mokytojui taip pat svarbiau nei studijos su juo.

„Prakalboje knygos *Zohar* baigimo proga" mokytojas Jehudis Ašlagas rašo taip: „Pasidaryk sau mokytoją ir nusipirk sau draugą."

Kitais žodžiais tariant, išsirink žmogų, kuris tavo akyse reikšmingas, ir padaryk jį savo mokytoju, stenkis pamaloninti jį, nes jis tau svarbus. Taip priprasi dirbti dėl kitų ir šis įprotis leis tau dirbti dėl Kūrėjo. Būdamas dvasiškai arti savo mokytojo, suvoksi, kaip tavo mokytojas brangina Kūrėją, o tai leis tau nors kažką padaryti dėl Kūrėjo ir taip įeiti į dvasinį pasaulį.

Tuo pačiu metu pajausi Kūrėjo didybę ir įstengsi eiti pirmyn, kad visiškai susilietum su Juo.

Laikydamasis mokytojo nurodymų, norėdamas jam įtikti, tapsi dvasiškai į jį panašus. Galėsi priimti jo mintis bei žinojimą ir galų gale perimsi jo meilę bei potraukį Kūrėjui, o tai leis tau dvasiškai vystytis ir tobulėti.

Kita vertus, studijavimas su mokytoju visada grindžiamas noru įgyti žinių „dėl savęs", todėl studijos dvasiškai nepriartina prie Kūrėjo. Kitaip tariant, padėdamas mokytojui, perimi jo mintis, o studijuodamas – tik jo žodžius.

Tačiau taip atsitinka tik tada, jeigu padedama norint suteikti džiaugsmą mokytojui, o ne sau. Priešingu atveju, kai stimulas yra noras patirti malonumą dėl savęs, studijos virsta tikslu ir tampa svarbiau negu pagalba mokytojui.

Jeigu žmogaus aplinka neaukština Kūrėjo didybės, kaip kad turėtų, žmogus niekada nepasieks dvasinės pakopos. Todėl visada patariama mokiniui save matyti mažiausią (dvasiškai) grupėje. Taip mokinys gali perimti grupės mintis. Aplinka būtina norint pasiekti kūrimo tikslą, štai kodėl turėtum „nusipirkti sau draugą".

SKAITYMAS NESUPRANTANT

Neseniai patyriau „atšalimo periodą". Iš pradžių skaičiau jūsų knygas ir viskas buvo aišku. Vėliau skaitant kildavo įvairiausių minčių. Po to turėjau labai stengtis, kad išlaikyčiau dėmesį skaitydamas. Paskui bandydamas suprasti, kas parašyta, nuolatos užsnūsdavau gilindamasis į tą pačią eilutę.

Kaip įveikti šią kliūtį? Ar turėčiau skaityti nesuprasdamas ir laukti, kol tai praeis, ar reikia kažką keisti?

Visų pirma po to, kai parašei man, turbūt daug kas pasikeitė. Netgi pats faktas, kad galėjai parašyti, rodo, jog dar nesi dvasinės duobės dugne ar kad šitai jau perėjai. Reikia stengtis toliau skaityti. Būtent pastangos tave ir išgelbės, pakels į naują pakopą. Būtų visai neblogai, jeigu klausytumeisi pamokų garso įrašų.

Pastangos platinant kabalą taip pat labai padeda ir paspartina pokyčius labiau nei kas kita. Šiaip ar taip, tokia situacija praeis, tik neaišku, kiek šis procesas užtruks: dieną, mėnesį, o gal visą tavo gyvenimą? Kita pakopa – čia pat už posūkio ir tu gali pakilti į ją tuoj pat! Tai priklauso tik nuo tavęs!

Apie tokią būseną sakoma: „Ką gali, daryk." Tad eik ir imkis bet kokių veiksmų, susijusių su kabala.

Jeigu negali mokytis, versk. Jeigu negali versti, klausykis pamokų garso įrašų, pasistenk apie kabalą paaiškinti kam nors kitam, mėgink sukurti grupę, platink knygas. Tai veiksmingiausia, ką gali padaryti.

KABALOS STUDIJOS

NESUVOKIAMI POKYČIAI

Kartkartėmis ir gana netikėtai man ateina naujos įžvalgos. Kaip tai atsitinka?

Suvokiant dvasinį pasaulį, laiko veiksnys labai svarbus, nes žmogus turi priprasti prie dvasinių koncepcijų ir sąvokų, gyventi jose. „Laikas" reiškia, kad mumyse nuolatos didžiuliu greičiu vyksta pokyčiai. Jų nejuntame, iš esmės mums atrodo tarsi nieko nevyktų. Tik vėliau, staiga ir labai aiškiai suvokiame, kad pasikeitėme. Tai yra tų mažų, mūsų nejaučiamų dvasinių pasikeitimų rezultatas. Mūsų jautrumo slenkstis itin aukštas ir tik nuo tam tikro laipsnio imame jausti šiuos pokyčius. Viskas, kas pereina per tave, palieka pėdsakus tavo sieloje ir po kurio laiko pasikeitimas staiga tampa akivaizdus. Todėl svarbiausia – daug ir nuolat skaityti, nesvarbu, kiek suprasti.

MINTYS MIEGANT

Jeigu daug mokausi vakare ir miegodamas toliau galvoju apie kabalą, ar tai irgi yra mano dvasinio darbo ir vystymosi dalis?

Tai, ką apibūdini, nėra joks dvasinis reiškinys, tai psichologija. Taip nutiks su bet kuriuo tekstu, į kurį giliniesi prieš užmigdamas. Vis dėlto labai naudinga, jog prieš eidamas miegoti skaitai ir jauti tekstą miegodamas. Paprastai kabalą (pasaulėdarą, *sfirot*, vystymosi stadijas, šviesą, indus) studijuojame nuo trijų iki pusės šešių ryto prieš eidami į darbą. Patarčiau rytais vieną valandą studijuoti kabalos mokslą, o vakarais „savo malonumui" – laiškus ir straipsnius.

SKAITYMAS PRIEŠ UŽMIEGANT

Ką turėčiau skaityti prieš eidamas miegoti?

Mano mokytojas skaitė *Šamati*. Paskutinę naktį prieš išeidamas jis atidavė ją man ir migdamas pasakė: „Imk ir studijuok". Gavęs ją nusprendžiau, jog jau atėjo laikas atskleisti šią knygą visiems – išspausdinti. Dabar tu irgi turi ką skaityti prieš miegą.

PERVARGIMAS

Jeigu žmogus pavargsta ir tenori vien miegoti, ar tokiu atveju irgi reikia atlikti dvasinį darbą, ar tiesiog eiti miegoti?

Tokiu atveju turėtum eiti miegoti. Tačiau prieš tai būtų ne prošal paskaityti porą sakinių iš Baal Sulamo *Šamati*.

Man gėda pripažinti, bet kartais skaitydamas jūsų rekomenduotas kabalistines knygas užsnūstu. Tai ne dėl to, kad man neįdomu. Tai vyksta prieš mano valią. Net jeigu nenoriu miego, kartais tampu tarsi užhipnotizuotas. Ką daryti? Kodėl taip atsitinka?

Visų pirma tai yra Aukštesnės energijos, supančios Šviesos poveikis. Antra, kai mokinys, nepaisydamas nuovargio, ateina į pamoką, tai yra geriau nei būti tiesiog budriam, gerai pailsėjusiam. Kabalos Šviesa veikia žmogų priklausomai nuo žmogaus atlikto darbo apimties, o ne išmoktų puslapių skaičiaus.

Gali kruopščiai išnagrinėti visą „Mokymą apie dešimt *sfirot*" ir neturėti nė menkiausio supratimo apie dvasingumą. Atitinkamai gali įeiti į dvasinį pasaulį ir pasiekti kūrimo tikslą visai neišmanydamas „Mokymo apie dešimt *sfirot*".

Skaitydamas teisingus tekstus ir laikydamasis mano patarimų, vis labiau įsitikinsi, kad viskas vyksta pagal pirminį sumanymą. Kai nebenorėsi miegoti, pajusi, kad tos snūduriavimo akimirkos prisidėjo prie tavo dvasinio vystymosi. Kūrėjas veda mus ir mums tereikia Jam atsiverti.

METAS JAUSMAMS IR METAS APMĄSTYMAMS

Savo straipsnyje „Pakilimo metas" Baal Sulamas rašo, kad esant dvasiniam pakilimui naudinga skaityti straipsnius daugybę kartų. Ar yra koks nors ženklas, rodantis, kaip gerai perpratau tą ar aną straipsnį?

Yra tekstų, kuriuos reikia skaityti vis iš naujo pagal bendrąjį mokymosi planą, ir yra tekstų, kuriuos žmogus turėtų skaityti tik būdamas tam nusiteikęs, tokių kaip laiškai ar straipsniai apie dvasinius potyrius.

Sakoma, jog esant pakilimui, kai žmogus jaučia artumą tekstams, pravartu skaityti tai, kas veikia jausmus, nes supratimas ateina širdimi.

Problema suvokiant dvasinius pasaulius yra ta, jog mes neturime tinkamų jutimo organų. Juos įgyti galima pamažu ir tik tokiomis akimirkomis. Todėl yra metas protui ir metas širdžiai.

DVASINIAI ŽAIDIMAI

Kodėl kiekvienąsyk, kai rankose laikau kabalistinę knygą, į galvą tuoj pat lenda įvairiausios mintys ir galų gale noriu viską mesti ir išeiti? Bet vos gavęs kančių iš Aukščiau, imu kabalistinę knygą ir neturiu jokių sunkumų susitelkti į ją...

Kūrėjas sukūrė tik norą patirti malonumą. Žmoguje jis išsivystęs labiau nei kituose gyviuose. Kūrėjo tikslas – kad žmogus taptų (panašus į Jį) tobulas ir amžinas. Tačiau šį tikslą galima pasiekti tik veikiant malonumui arba kančioms.

Kadangi esame sukurti mėgautis ir patirti malonumą, tai negalime nieko nejausti. O malonumo trūkumą jaučiame kaip kančią. Kai malonumas ateina, priimame jį kaip kažką natūralų ir savaime suprantamą, būdami įsitikinę, jog „nusipelnėme jo".

Gavę kančių, piktinamės ir galvojame: „Aš neužsitarnavau jų." Vėlgi taip yra dėl to, kad esame sukurti iš medžiagos, vadinamos „noras mėgautis".

Kadangi Kūrėjas turi norą duoti savo kūriniams, Jis sukūrė mus su noru mėgautis. Tačiau jeigu mus veiktų vien malonumas, būdami sukurti iš noro mėgautis, taptume tokiais egoistais, kad sukvailėtume.

Todėl vien malonumo siekimas verčia mus vystytis. Kad taptume tobuli, t. y. kaip Kūrėjas, turime tik vieną pasirinkimą – duoti.

Gaudami malonumą, manome esą jo verti, bet vos pajutę skausmą imame ieškoti jo šaltinio. Tad pamažu priartėjame prie Kūrėjo, kuris yra tiek kančios, tiek pasitenkinimo šaltinis. Kančia pažadina norą ieškoti jos šaltinio, pažinti Kūrėją. Priešingu atveju niekados nepažintume Kūrėjo, niekad Jam neprilygtume.

Jeigu mums sako, kad studijuoti kabalą naudinga, kaip galime įsitvirtinti šiame kelyje? Kūrėjas siunčia mums kliūtis, kad įveikdami jas išmoktume, kaip prie Jo priartėti. O jeigu kliūčių nepakanka, kad suteiktų mums jėgų jas įveikti, gauname daugiau kančių, kad įdėtume papildomų pastangų joms nugalėti.

Tada sunkumai nebegąsdina mūsų, nes kančių baimė skatina mus visada būti budrius. Ir būtent taip viskas vyksta!

Pagaliau juk tu trokšti pasiekti patį didžiausią dalyką ne tik mūsų pasaulyje, bet visur kur! Taigi stenkis ir sėkmė būtinai aplankys tave.

KABALA DARBE

O kaip dėl kabalos studijavimo darbe? Kartais yra laisvo laiko ir galimybė panaršyti po internetą, skaityti tekstus, užuot programavus. Viena vertus, tai apgaudinėjimas, kita vertus, vadovas vis tiek gaus atliktą darbą laiku. Žinau, kad svarbu ateiti studijuoti „švariam", tai ką daryti?

Papasakosiu tau dvi istorijas.

Pirmoji: kurį laiką mano mokytojas Baruchas Ašlagas ir mokytojas Brandvainas mokė kabalos vienoje Jeruzalės sinagogoje per poilsio pertrauką statybose. Kartą jau pasirengus eiti į klasę, pilna vinių dėžė nukrito ant žemės ir pabiro. Pasilikę rinkti vinis jie taip ir nepravedė pamokos. Mano mokytojas, pasakodamas man šį atsitikimą, – nors jis įvyko daugiau nei prieš šešiasdešimt metų, – vis dar apgailestavo, kad ta pamoka neįvyko.

Antroji: kartą nusivedžiau savo mokytoją pas homeopatą, kuris buvo mano draugas. Gydytojas apžiūrėjo mokytoją ir skyrė jam vaistų. Reikalavau, kad jis paimtų pinigų už suteiktas paslaugas, bet kai jis pradėjo pildyti kvitą, pasakiau: „Aš gaunu dvasinį atlygį mokėdamas už savo mokytoją, tad man nereikia kvito."

Gydytojas atsakė: „Kai gaunu pinigus, duodu kvitą, nes taip mano mintys būna sąžiningos ir taip aš nemeluoju sau, netgi nesąmoningai." Mačiau, jog mano mokytojas buvo labai patenkintas tą girdėdamas.

Ką noriu pasakyti šiais pasakojimais? Kad visada reikia mėginti galvoti apie gyvenimo tikslą. Jeigu tau būtina paskaityti penkias minutes darbe, tai eik ir skaityk, kaip kitiems reikia kelių minučių parūkyti. Tegul tai tampa tavo įpročiu ir visada būna tavyje, nekenkiant darbui.

LAISVALAIKIS

Kasdien turiu keturias laisvas valandas. Turėčiau išnaudoti jas dvasiniam darbui ar namų ruošai atlikti? Kaip nuspręsti: pagal nuotaiką ar nustatytas taisykles?

Ruošos darbus turi suskirstyti į būtinus ir nebūtinus. Paskirstyti reikia ne pagal nuotaiką, o pagal svarbumą. Svarbiausia padalyti dieną į kelias atkarpas, nepaisant nuotaikos, bent valandą skiriant savo sielai, pageidautina – prieš miegą. Tada eiti anksti miegoti ir atsikelti valanda (dviem ar trim) anksčiau ir tęsti dvasinį skaitymą. Likusį laiką daryk, ko iš tavęs reikalauja gyvenimas, tačiau retkarčiais sustok minutėlei ir paskaityk ar paklausyk ko nors, kas padės galvoti vėliau, dirbant.

Geriausi taisymosi rezultatai pasiekiami, kai žmogus galvodamas apie kūrimo tikslą derina ne tik studijas, bet ir visą gyvenimą.

KLAUSIMAS – INDAS

Kodėl vos pateikus klausimą, būsena pasikeičia? Tokiu atveju atsakymas nereikalingas, nes jis visada ateina per vėlai. Taip nutinka nuolatos. Kodėl?

Svarbiausia – indas. Vos tik jis parengtas, Šviesa (atsakymas) tučtuojau jį užpildo. Jeigu esame pasirengę atsakymui, jaučiame Šviesą priklausomai nuo mūsų noro brandumo. Jeigu ne, Šviesos nejaučiame. Šviesa yra amžinoje ramybėje. Ji nuolat mumyse. Kai Šviesa užpildo indą, nors jam ir būdingos visiškai priešingos Šviesai savybės, jie tampa vienu. Atsakymas ateina būtent ten, kur yra klausimas.

Kūrėjas ir kūrinys susilieja į viena, nors kūrinys to ir nejaučia. Kabalistai neslepia šio susiliejimo, priešingai – pabrėžia. Kabalistai tą daro dėl to, kad kiti suprastų, jog jų pastangos skirtos atskleisti tai, kas visąlaik yra viduje, tačiau paslėpta dėl mūsų dabartinės neištaisytos būsenos.

ATSAKYMO LAUKIMAS

Kartais jaučiu, kad atsakymai duodami paskubomis, netgi nenoromis. Ar Kūrėjas nenori, kad studijuočiau?

Sakykime taip: yra tik vienas atvejis, kada žmogus neturi paklusti Kūrėjo balsui – jeigu Jis parodo išėjimą ir sako: „Eik šalin." Tik tada Jis ragina nepaklusti. Taip netiesiogiai pamatome turinčio tikrąjį norą žmogaus reakciją. Kaip mokytojas negaliu išmesti nė vieno, tikrai norinčio studijuoti kabalą, kad ir koks būtų jo būdas.

BŪSENŲ KAITA

Studijuoju kabalą ir jaučiu, kaip keičiasi visas mano gyvenimas: mintys, jausmai, santykiai su kitais žmonėmis, bet visa tai atrodo keista. Skaitai ir staiga viską suvoki kaip kažką vientisą. Suvoki, jog Kūrėjas sukūrė šį pasaulį, kad jis sugrįžtų pas Jį. Kuo labiau pakylėta būsena, tuo stipriau jauti savo neišsitaisymą. Ar aš studijuoju teisingai?

Šiuo metu patiri keletą iš nemaloniausių būsenų:

1. Pereini nuo vienos nuotaikos prie kitos, nuo pakylėtos iki depresijos. Taip tavo indas plečiasi, įgydamas priešingas emocijas, kurios tampa jo dalimi. Tariamai sukuri indo ribas. Paskui pajėgsi jame pajausti įvairius dalykus. Kai šie jausmai bus tavyje, jie taps tavo dalimi, bus tavo.

2. Tau parodoma, kiek mažai gali būti savimi, kaip smarkiai tave valdo nuotaikos, kaip priklausai nuo menkiausių jų pokyčių. Štai tu ir štai tavo pasaulis.
3. Suvoki, jog esi lengvai valdomas iš Aukščiau, jog nesi savarankiškas, jog esi Aukštesniosios jėgos, kurios negali jausti, rankose.
4. Šiose situacijose naujai įvertinsi savo ankstesnį gyvenimą, požiūrius, save patį.
5. Šios būsenos gali tęstis ilgus mėnesius. Galų gale nebelaikysi jų nei blogomis, nei geromis, nebesiesi jų su savo asmeniniais pojūčiais. Imsi jas vertinti pagal artumą ar tolumą nuo Kūrėjo. Tai bus matas, nulemiantis būsenos gerumą ar blogumą.
6. Nebekreipsi dėmesio, ar pojūčiai malonūs; jausmai jų atžvilgiu išnyks. Nebežiūrėsi į šias būsenas kaip į malonias ar kankinančias, įstengsi objektyviai jas apibūdinti. Tada artėsi prie barjero. O apie visa kita pakalbėsime vėliau...

Neužmiršk, kad būdamas pakilios būsenos turi stengtis daug studijuoti, mokytis ir neprarasti ryšio su Kūrėju. Tą akimirką, kai imi galvoti ne apie Kūrėją, o apie save, tą akimirką, kai esi patenkintas esama būsena, užuot galvojęs, kiek ši būsena arti Kūrėjo (o tai ir daro ją gerą), pradedi kristi žemyn.

Tačiau praeis tam tikras laiko tarpas, gal net dienos, kol pastebėsi, jog nukritai. Nusidedama esant pakilios būsenos, kai krintama žemyn. Kai esi nuopuolio būsenos, iš tavęs nieko negalima reikalauti, nes esi silpnas ir atskirtas nuo dvasingumo. Esi tarsi gyvūnas, prislėgtas ir paprasčiausiai stumiantis dienas. Įprotis sistemingai studijuoti, dalyvauti grupėje padeda greičiau išeiti iš nuopuolių.

TAISYMASIS STUDIJUOJANT

Pradėjęs studijuoti kabalą pajutau, jog esu irzlesnis ir mažiau pakantus.

Studijuojantieji kabalą nuolatos taiso savo norą mėgautis, pradedant nuo mažiausių troškimų ir baigiant didžiausiais. Lygiai taip pat ir žmonija: laikui bėgant auga „noras mėgautis" (noras gauti tik dėl savęs) ir žmogus auga kartu su juo. Kuo didesnis žmogaus noras gauti, tuo stipresnė jį varanti jėga. Jeigu noras mėgautis mažas, žmogus šiame pasaulyje, o tuo labiau dvasiniame, nieko nesiekia.

Pradėję studijuoti kabalą, ypač jeigu mokomės ne tam, kad įgytume žinių, o kad išsitaisytume, greitai pajuntame savo neištaisytus norus, savo troškimą trūks plyš viską gauti dėl savęs. Studijuojant šie norai be perstojo didėja, kol pasiekia patį didžiausią norą gauti – norą mėgautis Kūrėju.

Kiekviena dvasinė pakopa didesnė už ankstesniąją, o tai rodo mūsų didesnį troškimą mėgautis dėl savęs. Kai šį norą ištaisome, išvystame, kad tai vienintelis būdas kopti ant aukštesnio laiptelio.

ŠVIESA KEIČIA

Ką gaunu studijuodamas kabalą, jeigu žinau, kad kabala turi įeiti į mano širdį, o ne į protą?

Studijuodami kabalą pritraukiame supančią Šviesą, kuri išgrynina mus ir veda Kūrėjo link (žr. „Įvadą į *Mokymą apie dešimt sfirot*", 155 skirsnį).

ŽINOJIMAS, MALONUMAS IR RYŠYS

Kartais man atrodo, jog darau pažangą, viską išmanau, bet tai neteikia pasitenkinimo. Tiksliau, priešingai. Kartais manau, jog sustojau ar net einu atgal. Ar tai normalu? Ar pažinimas, jautimas, kad eini pirmyn, savaime yra malonumas?

Pirmiausia pastebi, kad atsakymai – ne tai, ką sako mokytojas, o tai, ką gauni iš Aukščiau – jie tavyje. Tik tie atsakymai, kuriuos radai pats, yra tikri. Šviesa įeina į indą ir užlieja jį Savo savybėmis. Indas jas „jaučia" kaip savas ir suvokia kaip atsakymą.

Maža to, matai, kad apibrėžimai kažkiek pasikeitė. Anksčiau paprastą malonų potyrį laikei malonumu, o dabar malonumą teikia kūrimo tikslo žinojimas ir priklausymas jam. Malonumo, gėrio sąvokos iki išsitaisymo pabaigos keisis daugybę kartų.

Tada visiškai jausi Kūrėją tokį, koks Jis yra, be jokių filtrų ir ekranų. Visa, ką jaučiame, suprantame, įgyjame, – tai Jis, sklidinai užpildantis mus.

Tiksliau, mes suvokiame ne Jį, bet iš Jo kylančius jausmus, nes Jis yra mumyse. Tačiau nesuklysime ir sakydami priešingai: mes suvokiame Jį ir esame Jame.

ĮSPŪDŽIO GALIA

Kodėl pamokos nedaro man įspūdžio?

Nes nesupranti, kas slypi už žodžių. Kai šitai tau bus atskleista, patirsi stiprius išgyvenimus.

RAKTAS Į KABALĄ

Kokia įspūdžių galios reikšmė suprantant kabalą?

Įspūdžiai tiktai suteikia žmogui jėgų tęsti studijas. Kai studijuojame tekstus, norėdami išsitaisyti, pasiekti tikslą, pritraukiame supančią Šviesą, kuri laipsniškai mus grynina, artindama prie barjero, padėdama įgyti dvasinę prigimtį vietoj materialiosios (gauti malonumą tik dėl savęs).

ATSAINUMAS

Ką reiškia nerūpestingumas?

Kabalistai susirenka kartu tik dėl vieno: kad pasiektų kūrimo tikslą. Tai turi būti vienintelė kiekvieno žmogaus veiksmo ar minties, susibūrimo priežastis. Tik tada galima kalbėti apie ketinimo rimtumą. Jeigu mintis nors trumpam atitrūksta nuo mokymosi, susibūrimo ar kūrimo tikslo – tai atsainumas.

MOKYMASIS BE MOKYTOJO

Ar negyvenantys Izraelyje, tačiau besidomintys kabala ir tinklalapyje skaitantys kabalistinius tekstus žmonės gali susiburti kartu ir studijuoti kabalą? Ar be mokytojo nesuklysime?

Niekada nebijok klysti. Kiekvienas žingsnis visada prasideda nuo klaidos. Kaip sakė išminčiai: „Iš tikrųjų nėra žemėje nė vieno žmogaus, kuris būtų toks teisus, kad tik gerai elgtųsi ir niekad nenusidėtų" (Koheleto knyga 7, 20), t. y. prieš dvasinę teisuolio pakopą visados yra blogio būsena.

Taip yra todėl, kad aukštesnioji pakopa visada absoliučiai priešinga dabartinei ir niekada negali tiksliai žinoti, kuo ji priešinga. Be to, prireiks nemažai laiko, pastangų ir minčių, kol visi norintys suprasti susidarys aiškų vaizdą apie kūrimo procesą ir Kūrėjo ketinimus. Kai tai atsitiks, žmogus įstengs dirbti su naujai įgytomis žiniomis.

Būtų nuostabu, jeigu galėtumėte susitikti ir skaityti kabalistinius tekstus, kartu mokytis. Net jeigu kalbama apie jausmus Kūrėjui, vis tiek galite kartu skaityti, bet nereikia kalbėti apie savo asmeninius išgyvenimus. Tačiau leidžiama laisvai aptarinėti tekstus, kuriuose kalbama apie Aukštesniųjų pasaulių struktūrą ir sandarą.

Studijos grupėje, netgi be mokytojo, pakelia besimokančius į aukštesnį lygmenį, pagreitina jų dvasinį vystymąsi. Aš savo ruožtu padėsiu jums dvasiniame kelyje, nes tokia mano pareiga. Sėkmės!

VIRTUALUSIS MOKYMASIS

Gyvenu ne Izraelyje, tačiau trokštu studijuoti kabalą. Padėkite man!

Visos Baal Sulamo, Barucho Ašlago knygos skelbiamos mūsų tinklalapyje ir jas gali parsisiųsti nemokamai. Šiaip ar taip, kabalos platinimas – tai mano gyvenimo veikla. Pamėgink parsisiųsti tekstus, kruopščiai juos studijuok ir pakviesime tave į kongresą. Tada nuspręsi, ar nori pasilikti.

Šiame gyvenime mums tereikia vieno – noro siekti Kūrėjo. Jeigu jis yra ir jeigu jis tikras, t. y. svarbesnis už visus kitus, tada Jis užpildys tavo norą.

Ar atsakymus į savo klausimus galiu rasti jūsų svetainėje?

Daugybė žmonių klausia ir net nesivargina skaityti medžiagos tinklalapyje. Norėdamas ką nors suprasti konkrečiu klausimu, turėtum nors šiek tiek susipažinti su pagrindinėmis idėjomis. Siūlyčiau skaityti tekstus internete, esu tikras, kad rasi išsamius atsakymus į savo klausimus.

Džiaugiuosi, kad klausi, tačiau žinias gali įgyti sistemingai ir tai leis į savo klausimus atsakyti pačiam.

VIRTUALI KABALISTŲ GRUPĖ

Ar jūs taip pat dalyvaujate virtualiose grupėse internete?

Aš įkūriau interneto grupę, susidedančią iš rimtų studentų, kurie intensyviai mokydamiesi gali pasiekti tai, ką pasiekiau su savo mokiniais. Šiandien galima mokytis įvairiais būdais, tarkime, realiuoju laiku dalyvauti vaizdinėse ir garsinėse pamokose ir pan.

Suburk grupę ir imsimės studijų. Manau, visi besidomintys pirmiausia turėtų tarpusavyje apsispręsti dėl grupės kūrimo, susipažinti. Studijuojančiųjų kabalą grupė – tai ne dar vienas žmonių susibūrimas, tai žmonės, kurie ketina kartu studijuoti ir suprasti dvasinį pasaulį.

Savo ruožtu pažadu, kad jūs gausite viską, ką gauna mano nuolatiniai mokiniai. Pradėsime nuo svarbiausių tekstų. Paruošiu ir išdėstysiu juos jums drauge su brėžiniais vaizdinėse ir garsinėse pamokose.

KABALA ANGLIJOJE

Rašau jums iš Londono. Šiuo metu neturiu galimybių studijuoti kabalos Izraelyje. Ar pažįstate ką nors Londone, kas galėtų man padėti? Kaip suprantu, neturint tikro mokytojo kabalisto ir grupės neįmanoma tobulėti.

Visa medžiaga yra mūsų tinklalapyje, daugybė knygų ir tiesioginiai kontaktai su mumis. Pasinaudok galimybe ir pradėk. Kūrėjas tau davė viską, ko reikia šiam momentui. Dabar to pakaks ir jeigu jausi akstiną apsilankyti, esi čia laukiamas!

Kiekvienas žmogus pasirenka mokytoją. Tirk, studijuok mūsų medžiagą, klausk kitų. Jeigu atsakymai patenkins tave, spręsk – mokytis kartu su jais ar ne. Gali būti taip, kad tau kiek per anksti studijuoti kabalą bei taisyti savo sielą ir tave gali patenkinti kitokie tekstai.

Patikrink, ar yra kitų temų, keliančių tavo susidomėjimą, ir jeigu taip, neužmesk jų. Tačiau tai atlikti galima tik po keleto mėnesių studijuojant kabalą, po to, kai išstudijavai bent jau jos pagrindus.

ĮEITI IR IŠEITI

Ar gali žmogus mokytis, išeiti, paskui sugrįžti ir vėl išeiti?

Pasakyta: „Tūkstantis įeina į kambarį ir tik vienas išeina, kad mokytų." Tai labai teisinga! Tūkstančiai žmonių ateina, tačiau mano pagrindinę grupę sudaro daugiau nei du šimtai mokinių, kurių amžius nuo 25 iki 40 metų. Kasmet prisideda maždaug po 15 naujokų, kurie atsisijoja iš šimtų žmonių, atėjusių į pakaitas įvairiuose miestuose ir „Bnei Baruch" centre. Tai rodo, jog visi gali ateiti ir išeiti.

Kabala neprimeta tau minčių, „nepraplauna" smegenų. Priešingai, kabala yra metodas, mokantis žmogų būti nepriklausomą, nes žmogus gimsta vergu!

MOKYTIS AR NESIMOKYTI? ŠTAI KUR KLAUSIMAS!

Ar galiu studijuoti kabalą, net jeigu nežinau, kaip ji mane paveiks?

Pradėti kabalos studijas gali kiekvienas. Jeigu Kūrėjas tau davė norą dvasiškai tobulėti, tu susidarysi ypatingą požiūrį į gyvenimą, tave supančius žmones, save patį.

Tikras, natūralus kiekvieno iš mūsų vystymasis turėtų vykti pamažu, priklausomai nuo to, kaip suvokiame mus supantį pasaulį. Atrasdami kitą, egzistuojantį aplink mus pasaulį, keičiamės. Kaip tik dėl to ir sakoma, jog dvasiniame pasaulyje nėra prievartos. Viskas priklauso nuo ketinimo, kurį pakeisti tegali Kūrėjas.

Todėl tavo užduotis – stropiai studijuoti tekstus, o visa kita ateis tinkamu laiku, jeigu bus ir kai bus poreikis.

NEBERGŽDŽIOS PASTANGOS

Atrodo, jog kabaloje, kaip ir visur kitur, reikia didžiulių pastangų, kad pasiektum viršūnę. Tačiau dauguma žmonių užsiėmę kasdienėmis problemomis ir mažmožiais. Paprastas žmogus svarsto: „Kabala išlaisvina mus iš skausmo ir turi aukštą tikslą. Tai puiku! Tačiau gaila, nes aš – paprastas žmogelis, ir ne mano nosiai tokie aukšti tikslai."

Ar galiu dvasiškai tobulėti, iš anksto žinodamas, kad negalėsiu visiškai atsiduoti kabalai, o gal net neverta pradėti?

Net ir menkiausia dvasinė pakopa nepasiekiama be žmogiškąsias galimybes viršijančių pastangų. Nes pačiam neįmanoma pakeisti savo prigimties.

Išminčiai sakydami, kad pastangos turi pranokti žmogiškąsias galias, turi omenyje, jog didžiulės, bet įmanomos pastangos gali padėti įsisąmoninti, kad niekas kitas be Kūrėjo tau nepadės. Turi pasiekti tokį tašką, kai esi visiškai „palūžęs" ir gali iš tikrųjų paprašyti Kūrėjo pagalbos.

Tą akimirksnį, kai tai nutiks, būsi išlaisvintas iš savosios prigimties. Tavęs nebevaržys šio pasaulio ribos, gausi pirmąją Aukštesniąją savybę – pirmąją dvasinę pakopą.

„Kas eina, tas įveikia kelią", o aš dar pridėčiau, kad kito kelio nėra. Viską atliekame per prievartą, netgi siekdami pinigų ir valdžios. Kuo labiau trokštame pabėgti, tuo labiau mus reikia stumti.

Esu tikras, jog pameni pasakojimą apie pranašą Joną, kuris mėgino pabėgti nuo Kūrėjo, kad nereikėtų atlikti jam skirto ištaisymo. Tačiau Nineveho miestas vis dar turi būti ištaisytas iš vidaus.

Ketvirtas skyrius

DVASINIS DARBAS

KAS YRA „DVASINIS DARBAS"?

Ar yra įvairių būdų dvasiniam pasauliui pasiekti? Ką reiškia „dvasinis darbas"?

Bet koks darbas prasideda po to, kai savo pojūčiais įeiname į Aukštesnįjį pasaulį, nes tik tada pradedame kilti 620 pakopų nuo barjero iki taisymosi pabaigos. Laikotarpis iki kertant barjerą vadinamas „pasirengimo dvasiniam darbui laiku".

„TARNAUTI KŪRĖJUI" – TAI PRILYGTI JAM

Ką reiškia „tarnauti Kūrėjui"? Kaip žmogui to išmokti? Kaip to nusipelnyti?

Kabala šį darbą pateikia aiškiai ir atvirai, nes ji kreipiasi į tuos, kurių „taškas širdyje" (Kūrėjo dalis iš Aukščiau, sielos užuomazga, kuria galima pajusti Kūrėją) yra prabudęs.

Ji duoda nurodymus, kaip išplėsti šį tašką ir užpildyti jį Kūrėju, paverčiant žmogų indu, kuriame yra Jis. Tai įmanoma tik prilyginant savo savybes Kūrėjo savybėms, suvienodinant savo ketinimus su Jo. Kaip Jis duoda man, taip aš duodu Jam. Tai reiškia „tarnauti Kūrėjui".

DVASINIS DARBAS

Kuo didesnis panašumas, tuo stipriau žmogus jaučia Kūrėją. Tai vadinama „jausti Aukštesnįjį pasaulį". Pasaulis – fragmentiškas Kūrėjo jautimas. Kai žmogus baigia taisytis, pasaulis išnyksta ir žmogus jaučia, kad yra užpildytas Kūrėju.

AR YRA KITŲ KELIŲ, VEDANČIŲ PAS KŪRĖJĄ?

Skaitinėdamas klausimus šioje knygoje, matau, kad visuose atsakymuose patariate skaityti teisingas kabalistines knygas. Ar pakanka vien studijuoti, ar taip pat reikėtų atlikti vidinį darbą, jeigu taip, kas tai yra?

Nuo gimimo žmogaus niekas nesieja su dvasingumu. Paskui, tam tikru metu, kuris kabaloje simboliškai vadinamas „trylika metų", Kūrėjas pakviečia žmogų ateiti pas Jį.

Nuo tada žmogus privalo reaguoti į šį kvietimą. Kaip? Ir kaip vystyti savo paties norą? Tam kabalistai parašė daug knygų. Kito kelio nėra, tik studijuojant jas su mokytoju, kuris padeda teisingai jas perskaityti, grupėje, kai noras didėja kaip grupinės veiklos rezultatas.

PRIE KARALIAUS STALO

Kaip jaučiantis dvasingumui trauką žmogus pradeda mokytis?

Trauka dvasingumui atsiranda, kai žmogus pajaučia Kūrėją. Bet vos žmogus pajunta dvasinį pasaulį ir Kūrėją, jis taip pat pajunta Kūrėją kaip Duodantįjį, ir čia slypi visa bėda. Kūrėjo buvimas priverčia mus pajausti, kad mes tiktai imame, sukame galvas, kaip iš šio pasaulio pasiimti viską, kad patirtume malonumą.

Jehudis Ašlagas šiai situacijai apibūdinti pasakodavo istoriją apie „Svečią ir Šeimininką". Tai unikalus kabalistinis pasakojimas, kurį naudoja visi kabalistai. Tarkime, tu esi šeimininkas, o aš – svečias. Tu mane puikiai pažįsti, kaip kad Kūrėjas pažįsta žmogų. Taigi tu kaip šeimininkas žinai mano pomėgius, slapčiausius norus ir pagal tai paruoši vaišes. Aš, svečias, ateinu į tavo namus ir matau, jog stalas nukrautas tais patiekalais, kuriuos mėgstu. Savaime suprantama, trokštu paragauti visko, kas prieš mane padėta.

Šeimininkas nuoširdžiai kviečia mane: „Prašom prašom, paruošiau tavo mėgstamų skanėstų." Sėduosi prie stalo. Ką turėčiau jausti? Suprantu, kad šeimininkas iš visos širdies nori suteikti man džiaugsmo, tačiau tai, deja, neleidžia man nusiraminti, nes jo buvimas varžo mane. Jeigu nematyčiau jo ir jeigu stalas būtų mano, galėčiau mėgautis skanėstais, kirsčiau nė nepagalvodamas!

Lygiai taip ir Kūrėjas yra paruošęs mums stalą vaišių. Tada Jis atsitraukia – tą mes jaučiame dabar. Vos tik Kūrėjas (šeimininkas) atsiskleidžia, atsiranda kliūtis, nes matau Jį, Duodantįjį, ir pasijuntu „gaunančiuoju". Gavimo jausmas sunaikina bet kokį malonumą, kurį galėčiau patirti.

Argi tai, kad šeimininkas vaišes paruošė iš geros širdies, neturi reikšmės?

Tai nesvarbu. Net jeigu šeimininkas trokšta viską mums atiduoti, mūsų santykis vis tiek bus gaunančiojo ir Kūrėjo, Duodančiojo. Šio skirtumo neįmanoma pašalinti. Tik studijuodami kabalos teikiamą mokymą galime išspręsti šią problemą.

DVASINIS DARBAS

Mokymo esmė tokia: yra Kūrėjas, šeimininkas, kurio noras – duoti. Kaip matome, Jis irgi jaučia poreikį: trokšta, kad mes džiaugtumės. Jis kenčia, jeigu esame nelaimingi, taip, kaip kenčia svečias, kai gėdos jausmas sulaiko jį nuo mėgavimosi vaišėmis. Ir čia viskas priklauso nuo svečio.

Ar jis gali patirti tobulą, beribį malonumą? Viena vertus, vaišindamasis jis tiesiog mėgausis maistu, ir viskas. Kita vertus, jis gali pakilti į aukštesnę malonumo, subtilesnių pojūčių pakopą ir taip prilygti šeimininkui.

Kaip tą padaryti? Nusprendžiant nieko nepriimti iš šeimininko! Tačiau svečio atsisakymas sukelia šeimininkui kančias. Jis stengiasi įtikinti svečią paskanauti patiekalų, taip sukurdamas svečiui galimybę kažką padaryti dėl jo, atiduoti jam, užuot iš jo gavus.

Kaip? Gaunant iš šeimininko, bet tik su ketinimu suteikti jam malonumą. Kitaip tariant, svečias daro jam paslaugą. Mėgaudamasis pats, svečias suteikia malonumą šeimininkui, taip iš gaunančiojo virsdamas duodančiuoju.

Svečias naudojasi savo alkiu ir tuo, kad maistą šeimininkas paruošė būtent jam, kad trokšta jį pamaloninti. Neapsieina svečias ir be gėdos jausmo, kurio nepatirdamas nebūtų galėjęs savęs sustabdyti. Svečiui reikia visų šių dalykų, kad galėtų mėgautis ir tuo pačiu metu suteiktų malonumą šeimininkui.

Svečias, skanaudamas vaišes, jaučia šeimininko džiaugsmą ir pats patiria malonumą. Taip abu tampa lygūs ir priklausomi vienas nuo kito!

Tokia ryšio su Kūrėju esmė. Žmogus turi laipsniškai paruošti save dar prieš pajausdamas Kūrėją ir vos tik jis pasirengia, Kūrėjas atsiveria ir prasideda procesas, kai žmogus atiduoda Kūrėjui taip, kaip Kūrėjas duoda jam.

Tarkime, Kūrėjas nori suteikti žmogui 100 kilogramų malonumo, tačiau žmogus tegali priimti 20, o kitų 80 kilogramų priimti negali, nes jeigu priimtų, tai būtų vien dėl jo paties malonumo, o tai vėl sukeltų gėdą.

Svečiuodamiesi kieno nors namuose, išgyvename tą patį: „Tai priimti galiu, o šito – ne. Paimti šitai priimtina, o štai aną – nepatogu" ir pan. Taip elgiamės automatiškai kiekvienąkart, kai negalime pabėgti nuo jausmo, kad esame gavėjai.

Žmogus prilygsta Kūrėjui tiek, kiek gali gauti, suteikdamas Jam malonumo. Jeigu, pavyzdžiui, galiu priimti iš tavęs dvidešimtąją dalį viso maisto, tai teisinga sakyti, kad tuo dvidešimčia procentų prilygau tau.

Dvasiniame pasaulyje kažkam prilygti – tai visiškai tą kažką jausti: jo dvasinę būseną, mintis, pojūčius. Kitaip tariant, žmogus už Karaliaus stalo gauna skanėstų tiek, kiek prilygsta Karaliui, Kūrėjui.

Dvasinio pasaulio laiptai surąsti pagal tą patį principą: žmogus gauna vis daugiau mėgaudamasis dėl Kūrėjo, kol gali gauti visu šimtu procentų. Tada jis gali duoti Kūrėjui šimtu procentų tiek, kiek jam duoda Kūrėjas. Abu priklauso vienas nuo kito, imdami ir duodami vienas kitam malonumą.

Tai vadinama žmogaus ir Kūrėjo *zivug de hakaa* (dvasine sueitimi). Ši būsena dar vadinama „taisymosi pabaiga", jos turime siekti.

Ši būsena nuostabi. Netgi menkiausias ryšys su Kūrėju atveria žmogui neaprėpiamas galimybes pasiekti tobulybę, o tai nė iš tolo neprilygsta tam, ką jaučiame būdami dabartinės savo būsenos.

Šeimininkas ir svečias nuolat patenka į aklavietę, nes šeimininkas nori, kad svečias priimtų visus šimtą procentų, o pastarasis jaučia privaląs susidoroti su bauginančiu gėdos jausmu, kylančiu iš šeimininko buvimo. Šitai neleidžia svečiui mėgautis šeimininko paruoštais skanėstais.

Tokia būsena egzistuoja ir mūsų pasaulyje. Kuo labiau žmogus dvasiškai pažengęs, tuo didesnę gėdą patiria, ir ta gėda gali būti tokia didelė, jog jis gali būti pasiryžęs numirti, kad tik išvengtų šio jį žeminančio pojūčio.

Didžiąją laiko dalį baiminamės užmegzti ryšį su Kūrėju. Visa kabalistinė žmogaus parengimo metodika grįsta kontakto su Kūrėju ieškojimu ir žmogaus vylimusi, kad šis kontaktas suteiks malonumo.

Kalbėjome apie Kūrėjo didingumo jautimą. Jeigu esate svečias, ką jums reiškia šeimininko buvimas?

Jaučiu jį kaip duodantįjį su kiekvienu kąsneliu. Kuo, tarkime, pasikeičia salotos, jeigu šeimininkas sėdi greta tavęs arba jo nėra? Pasikeičia tik jų vidinis turinys. Salotos jau ne tik malonumo šaltinis: jos tampa indu, per kurį aš galiu užmegzti ryšį su kažkuo aukštesniu už save.

Tada prigimtis, noras gauti visus įmanomus malonumus, tampa priemone pasiekti kažkam visiškai priešingam ir žmogus įplaukia į dvasinę sferą.

PIRMOJI DVASINĖ PAKOPA

Kaip žmogus pirmą kartą kerta barjerą?

Kai pakeičiame savo ketinimą iš „dėl savęs" į „dėl Kūrėjo", pajuntame savyje (ar aplinkui) tai, kas anksčiau buvo nuo mūsų paslėpta dėl mūsų prigimties gauti tik dėl savęs. Šis naujas jautimas vadinamas Aukštesniuoju pasauliu arba Kūrėju.

Žmogus jaučia Kūrėją tiek, kiek jo ketinimas yra „dėl Kūrėjo". Šitas kiekis yra pirmoji žmogaus dvasinė pakopa. Iš tikrųjų nieko žemiau už tą pakopą nėra. Žmogus tegali kilti nuo šios pagrindinės pakopos.

Užlipę ant pirmojo laiptelio, gauname papildomą norą su ketinimu „dėl savęs". Tai verčia mus manyti, kad nukritome nuo ankstesnės pakopos. Tačiau taip jaučiame dėl to, kad gavome naują, neištaisytą norą.

„Nuopuolis" – kitos pakopos neištaisytos būsenos jautimas. Todėl kaskart žmogui ištaisius materialų ketinimą „dėl savęs" į dvasinį ketinimą „dėl Kūrėjo", kritimas ištaisomas ir žmogus pakyla į kitą pakopą. (Tiesą sakant, žmogus turi trokšti šio ištaisymo, tačiau ištaisyti gali tik Kūrėjas.)

Jeigu žmogus jau pajuto Kūrėją, ar gali šis pojūtis išnykti amžiams?

Įėję į dvasinį pasaulį, toliau kylame į viršų. Viskas vyksta priklausomai nuo mūsų pastangų, o jų dydis nulemia mūsų vystymosi tempą. Tačiau jeigu dar neįėjome į dvasinį pasaulį ir jaučiame vien supančiąją Šviesą, tada šis jausmas kyla iš mūsų noro mėgautis dėl savęs. Todėl negali būti tikras, kad būsimi pojūčiai būtinai bus dvasiniai.

Ar gali žmogus baisiai suklysti ir, „prisiliesdamas" prie Aukštesniojo, padaryti kažką ne taip, dėl to visam laikui užtrenkti sau duris?

Neįmanoma galvoti apie kažką, kas nepriklauso tavo dabartinei pakopai. Kai žmogus pasiekia tam tikrą lygį, šis nulemia kiekvieną jo norą, mintį, planą ir suklydimą. Tai tarsi vidinė programa.

Pasakyta, kad „Šventumas tik auga, niekad nemažėja." Apskritai gamta eina tik į priekį. Kritimą reikėtų laikyti būsena, kai gaunamas naujas indas, naujas noras.

SPRENDIMAS APRIBOTI

Ar įmanoma suteikti malonumą Kūrėjui nieko neatsisakant, neribojant savęs, neatliekant pirmojo apribojimo, tiesiog pakeičiant ketinimą iš „dėl savęs" į „dėl Kūrėjo"?

Kai imsi gilintis į save ir pajusi visą savo prigimties menkumą, suprasi, kodėl natūralu būti jos apgautam. Mūsų prigimtis visada slepiasi po „realiomis", „nesuklastotomis", „naudingomis", „trokštamomis" formomis. Neįmanoma suvokti, kad visus veiksmus atliekame tik tam, kad mėgautumės.

Todėl turime nutraukti visus ryšius su noru ir malonumu. Tai ir yra mūsų „apribojimas" – sprendimas nesekti paskui savo materialiąją prigimtį. Vėliau pasieksime tokį išsitaisymo lygmenį, kai tapsime visiškai abejingi pasekmėms.

Tik po šios pakopos ir priklausomai nuo išsitaisymo lygio galėsime pradėti mąstyti, kaip veikti ne dėl savęs, o dėl Kūrėjo. Dabar matome, jog taisomi keli vienas po kito einantys laipteliai, kurie neišvengiamai prasideda „apribojimu".

NORŲ ANALIZAVIMAS

Pagal ką kabalistai nusprendžia, kurie norai gali būti ištaisyti, o kurie – ne. Ar kabaloje svarstoma, ar viskas ateina iš suvokimo bei patirties?

Kūrėjas sukūrė norą mėgautis, nes Jo savybė (teikti malonumą) ir Jo noras (duoti) yra absoliutūs ir tobuli. Tačiau norą mėgautis reikia taisyti, tobulinti, paversti tobulu. Žmogus neturi savarankiško noro. Nejausdamas, kad noras kyla iš vidaus, žmogus negali pajusti tikrojo malonumo.

Noras mėgautis atsiranda iš Kūrėjo, bet norėdamas jausti malonumą, turi jausti Kūrėjo nebuvimą. Kas yra malonumas, kylantis iš Kūrėjo? Tai malonumas, kurį gauname suvokdami Kūrėjo ir Jo būsenos tobulumą. Tik šitai verta patirti kaip malonumą, nes tai ir yra pati aukščiausia būsena.

Todėl kūrinys turi būti kartu *su* Kūrėju ir būti *kaip* Jis. Būti *su* kažkuo ir būti *kaip* kažkas galima tik kai suvienodiname savo savybes, norus, mintis.

Bet kaip mes, kūriniai, su savo troškimu jausti malonumą galime panorėti mėgautis Kūrėju, Jo tobulumu, Jo būsena ir padaryti taip, jog šis noras kiltų iš mūsų pačių?

Tam Kūrėjas slepia Save. Laipsniškai leisdamasis iš Aukščiau, Jis pamažu atitolina Save ir sukuria penkis pasaulius (hebrajų kalba žodis „pasaulis" taip pat reiškia „paslėptį"): *Adam Kadmon, Acilut, Brija, Jecira, Asija.*

Kiekviena pakopa arba kiekvienas pasaulis – tai vis kitas Kūrėjo paslėpties matas. Po šiais pasauliais yra mūsų pasaulis, kur Kūrėjas visai nejaučiamas. Kai Šviesa pasiekia mūsų pasaulį, noras mėgautis yra už penkių pasaulių nuo Kūrėjo, todėl šiame pasaulyje jaučiame tik save. Bet tą galima pajusti tik dėl šių pasaulių sukuriamos uždangos. Tad jeigu Kūrėjas visiškai paslėptas, mes, kūriniai, esame palikti vieni.

Visa mūsų pasaulio gamta yra būtent šios būsenos. Negyvoji, augalinė, gyvūninė gamtos dalys jaučia tik save ir lieka su šiuo pojūčiu, o kalbančioji, žmogus, be to, kad jaučia save ir savo norą mėgautis, dar ima ilgėtis kažko aukštesnio.

Kol Kūrėjas visiškoje paslėptyje, kūrinys negali jausti, kad Kūrėjas nuo jo slepiasi. Tačiau vien tai, kad sielvartaujama dėl Kūrėjo nebuvimo, rodo Jo buvimą ir galimybę, kad žmogus gali Jį pajausti.

Mums atsiranda galimybė siekti Kūrėjo, nes mūsų nore mėgautis yra kibirkštis iš Aukščiau. Ši kibirkštis paslėpta mumyse, kad galėtume pasirinkti, kas geriau: Kūrėjo tobulumas ar dabartinė mūsų būsena.

Kad tai nutiktų, mūsų egoistiniuose troškimuose atsirado noras pajausti Kūrėjo prigimtį, Jo atidavimo savybes. Tai įvyko dėl dvasinio proceso, vadinamo „Indų sudaužymu" („indas" – tai noras arba siekis).

Šio proceso metu kūrinio savybės (gauti malonumą) buvo sumaišytos su Kūrėjo savybėmis (suteikti malonumą). Todėl žmogui tenka rinktis, kurios yra geresnės, tobulesnės.

Pasirinkimo procesas vadinamas „Sudužimo ištaisymu". Šis procesas trunka daugybę gyvenimo ciklų ir jį apibrėžia ypatinga sistema, sukurta valdyti taisymąsi, – „pasaulis *Acilut*".

Taisymosi pabaigoje kūrinys (siela) nori viskuo prilygti Kūrėjui. Kai tik siela pereina visas formos supanašėjimo su Kūrėju būsenas, palyginusi save su Juo, ji visiškai pateisina Kūrėjo veiksmus.

Savybių suvienodinimas (formos tapatumas) leidžia susilieti su Kūrėju ir taip suvokti Jo mintį. Tai, trumpai tariant, ir viskas. Visa kita turėsi atrasti pats.

GEBĖJIMAS NUSPRĘSTI

Norėčiau geriau suprasti, ką reiškia „analizavimas". Sakėte, jog pradedant ką nors mokytis visada būtina nuodugni analizė. Vis dėlto kadangi neįmanoma analizuoti vos pradėjus mokytis, svarstau, kiek pastangų galime įdėti dirbdami su savo norais, kad pasikeistume. Ar malda pasikeisti ateina savaime?

Mes negalime priversti savęs pasikeisti. Keičiamės, jeigu mus keičia iš Aukščiau. Jeigu negavome naujų savybių iš Aukščiau, niekas nepadės: nei mano žodžiai, nei tavo noras. Todėl viskas, ką mums reikia daryti – tai stengtis. Pokyčiai ateis iš Aukščiau, bet nebūtinai tai, ko norėtume, – bus visiškai priešingai. Ten, Aukščiau, jiems geriau matyti...

Todėl pirmieji etapai mokantis ir tobulėjant – reguliarus visų tekstų skaitymas. Skaityk Baal Sulamo, Barucho Ašlago ir mano knygas, ypač tas vietas, prie kurių tave traukia. Tekste slypi Šviesa, kuri dirba, kad pamažu tave pakeistų. Prisipildydamas to, kas parašyta knygose, galėsi analizuoti savo būseną iš nematerialių, nefizinių pozicijų.

Paskui perskaityti tekstai ims veikti tavyje ir Šviesa pamažu įsiskverbs į tave, ims iš lėto tave keisti, nors iš pradžių to ir nepastebėsi. Dėl to įgysi vidinį žinojimą, galimybę atskirti, kas arčiau dvasinio pasaulio, o kas toliau.

DVASINIS DARBAS

SUPANTI TAISANTI ŠVIESA

Iš kur ateina taisanti jėga ir kaip ji veikia?

Kad būtų galima pakilti į kitą pakopą, aukštesnioji pakopa nuleidžia savo apatinę dalį, vadinamą ACHAP (*Ozen, Chotem, Pe*), pakopa žemiau. Todėl suprantame, kaip turime keistis, kaip turime būti ištaisyti ir iš kur gauti jėgų. Taisomasi supančiai Šviesai padedant, nes žemesniajame inde vis dar nėra ekrano, į kurį galėtų priimti Šviesą. Tik pagalvok: jeigu jis galėtų gauti Šviesą, jam nereiktų taisytis, tiesa? Ištaisymas visada ateina iš aukštesniosios pakopos, į kurią turėtų pakilti kol kas dar neištaisytas indas. Todėl taisymas visada ateina iš išorės, per Aukštesniąją jėgą, kuri dirba kaip supančioji Šviesa.

EKRANAS – DVASINIS SPRENDIMAS

Ekranas leidžia sielai priimti sprendimus dvasiniame pasaulyje. Ar šiame pasaulyje žmonės turi panašų instrumentą, kuriuo galėtų naudotis?

Mūsų pasaulyje žmonės dar nieko nežino, nes yra akli, bandantys kažką tamsoje užčiuopti. Žmonės turi daryti viską, kad patektų į Aukštesnįjį pasaulį, t. y. turėtų įgyti ekraną. Nesugebame iš anksto suprasti situacijos ir priimti sprendimų, nes neįgijome ekrano, Kūrėjo jėgos. Ekraną gauname kaip Šviesos poveikio norui rezultatą.

Kaip įgyti ekraną, jeigu neturime Šviesos?

Šviesa turi slaptą poveikį, kurį galima sustiprinti tik skaitant tikras kabalistines knygas. Ekranas įgyjamas studijuojant, perprantant tekstus ir turint ryšį su Mokytoju. Todėl svarbu skaityti autentiškus tekstus, nes net jų nesuprasdami einame pirmyn teisinga linkme. Paslėpta Šviesa veikia!

O apie laiką, kurį žmogus praleidžia šiame pasaulyje, „Įvade į *Mokymą apie dešimt Sfirot*" pasakyta: „Visa, ką tik tavo ranka imasi daryti, daryk visomis jėgomis" (Koheleto knyga 9, 10). Taip yra dėl to, kad tik po didžiulių pastangų žmogus gali pajusti paslėptos Šviesos poveikį. Tai suteiks žmogui jėgų išsivaduoti, įeiti į dvasinį pasaulį ir pajausti Kūrėją. Tada žmogus gaus savo pirmąjį ekraną ir veiks taip, kad suteiktų malonumą Kūrėjui, o ne tam, kad gautų „dėl savęs".

Kodėl kūrinys vadinamas „Buvimu iš nebūties"?

Kūrimo pradžioje *Malchut* vadinama tašku, juodu tašku baltoje Šviesoje. Paskui ji plečiasi ir padengia visą baltą Šviesą ir ištaiso save taip, kad pati švyti kaip Šviesa drauge su ja. Ši *Malchut* vadinama „Buvimu ir nebūties", nes „noro gauti malonumą" iki kūrimo nebuvo ir dėl to jis nebuvo jaučiamas. Kai pajuntame, kad visa mūsų prigimtis iš esmės yra noras mėgautis Kūrėjo Šviesa, esame laikomi kūriniais.

GELEŽINĖ SIENA APLINK MUS

„Įvadas į **Mokymą apie dešimt Sfirot**" *(pirmas skirsnis):*
„*Pirmiausia, manau, būtina sugriauti geležinę sieną,*

DVASINIS DARBAS

kuri atskyrė mus nuo kabalos išminties, nuo Šventyklos sugriovimo iki dabartinės kartos..." Turiu tris klausimus:

1. Iš ko pastatyta ši siena?
2. Kodėl reikėjo ją pastatyti?
3. Kodėl ši siena stovi tarp norinčių taisytis sielų ir kabalos?

1. Geležinė siena yra mūsų širdyse, tarp egoistinių ketinimų „dėl savęs" ir taško širdyje, ekrano, altruistinio ketinimo „dėl Kūrėjo".
2. Kabalisto Akivos (kuris mokė „mylėti artimą kaip save patį") mokiniai dvasiškai nukrito ir nusileido į nepagrįstos neapykantos lygmenį. Ir anksčiau dvasiniame lygmenyje buvo nuopuolių, tokių kaip Pirmosios Šventyklos sugriovimas, ir nuo tada iki dabar šie nuopuoliai tęsėsi. Tačiau mūsų laikais prasideda procesas, kai suvokiama būtinybė taisytis, pakelti sielą iki barjero ir aukščiau.
3. Barjeras – tai geležinė siena, skirianti mus nuo dvasingumo, kabalos. Pagal apibrėžimą kabala nėra mokslas, kaip įžengti į dvasinį pasaulį, tai tik dalis jos. Kabala – metodas, mokantis, kaip susijungti su Kūrėju, pasiekti Kūrimo tikslą, kitaip tariant, kabala iš tikrųjų prasideda tik už barjero.
4. Barjeras tarp norinčių taisytis sielų ir kabalos egzistuoja todėl, kad noras su ketinimu „dėl Kūrėjo" yra egoizmo (Egipto) valdžioje, jį supa ši siena. Šiandien šis noras jaučia poreikį ištrūkti iš „Egipto".

BARJERO KIRTIMAS

Ar žmonės jaučia, kai kerta barjerą? Jeigu taip, šis pojūtis nuolatinis ar trumpalaikis? T. y. ar žmogus gali tiksliai žinoti, kad jis jau TEN?

Visus procesus tiek iki barjero, tiek einant per jį, žmogus patiria sąmoningai, tačiau paties perėjimo neįmanoma nuspėti iš anksto. Barjero kirtimas – vienakryptis perėjimas į dvasinį pasaulį, atgal į mūsų pasaulį negrįžtama. Mes siekiame *lišma*, ketinimo „dėl Kūrėjo", visiško susiliejimo su Juo, tarsi vaisius motinos įsčiose. Užlieti tokio jausmo, suprantame esą TEN.

Knygoje „Dvasinių pasaulių suvokimas" pasakyta: „Žemiausia dvasinė pakopa – tai pakopa, kai dvasingumas tampa svarbiau už materialius dalykus." Ar teisingai suprantu, jog žmogus, pradėjęs labiau vertinti dvasingumą negu materialumą, įeina į dvasinį pasaulį?

Taip, tačiau prievarta to nepadarysi. Tai, kaip ir visi pasikeitimai mumyse, gali vykti tik veikiant Šviesai.

Ar esančiam dvasiniame pasaulyje žmogui reikia mokytojo, grupės, knygų?

Taip, ir net labiau nei anksčiau. Tačiau tada mokinys jau supranta, kaip labai jų reikia!

DVASINIS DARBAS

Ar teisinga sakyti, kad tas, kuris nėra dvasiniame pasaulyje, viską vertina per savo egoizmą?

Taip.

Tada išeitų, kad žmogus, kuris yra dvasiniame pasaulyje, viską vertina iš altruizmo pozicijų, nes egoizmas ištaisytas?

Taip, bet tik tiek, kiek egoizmas ištaisytas.

VISI TURI IŠSITAISYTI

*Kaip suprantu, vienas kabalistas gali atlikti septynių milijardų žmonių darbą. Bet neįstengiu suvokti, kodėl visi (įskaitant **moteris, vaikus, jaunus ir senus, protiškai atsilikusius**) privalo siekti Kūrėjo, pereiti 125 pakopas ir pasiekti taisymosi pabaigą.*

Bendroji siela (Pirmasis žmogus) susideda iš dalių: *Galgalta ve Einaim* (*GE*) ir *Ozen, Chotem* bei *Pe* (*ACHAP*). GE – tai indai, su kuriais kabalistai dirba mūsų pasaulyje. Šių indų pakanka nesąmoningai parengti kiekvieną individualią sielą pasaulyje, kad atsirastų taškas širdyje. Tačiau po to kiekvienas turi eiti pats.

Yra daliniai ir neužbaigti gyvenimo ciklai; yra tokių, kurie susipina taip taisydami vienas kitą, pavyzdžiui, protiškai atsilikęs vaikas ir jo kenčianti motina. Mums neleista matyti tikslo ir bendro kokiu nors būdu susijusių sielų taisymo, nes tai itin sudėtinga ir apima daugybę gyvenimo ciklų.

Tokiais dalykais nereikia kvaršinti galvos, nes jie tik atitraukia mūsų dėmesį nuo to, kas svarbiausia: jeigu mums duota galimybė gyventi ir leista žinoti tikslą, privalome veikti! Pasiekęs tikslą viską suprasi, o dabar tai tik trikdys tave, dėl to netgi gali pražiopsoti savo šansą šiame gyvenime.

Tad mūsų norai suprasti, kas vyksta, neatitinka mūsų lygio. Jie siunčiami iš Aukščiau, kad juos įveiktume, o ne tam, kad jais sektume.

125 PAKOPOS

Kaip tiksliai galima išskirti 125 pakopas? Tarkime, dvasinį pasaulį pasiekęs kabalistas yra Asija *pasaulio* Binoje. *Ar kabalistas tiksliai žino, kur jis yra?*

Net pačią mažiausią tikrovės dalį sudaro visos kitos dalys, t. y. ji sudaryta iš dešimties *sfirot*. Todėl pačioje pirmoje suvokimo pakopoje jau žinoma apie visą būtį, nes ją tesudaro dešimt *sfirot*, tačiau 613 kartų aukštesnė, aiškesnė, detalesnė.

Kitais žodžiais tariant, pasiekęs pirmąją pakopą žmogus jau gali jausti visas tikrovės dalis, bet tik taip, kaip būdinga pirmajai pakopai.

Trys sielos vystymosi pakopos (apvaisinimas, kūdikystė, pilnametystė) galioja kiekviename iš 613 laiptelių. Savaime suprantama, žmogus negali jų pasiekti neperėjęs visų trijų būsenų žemesnėje pakopoje. Tačiau perėjęs visą ciklą (apvaisinimas, kūdikystė, pilnametystė) žmogus gali suvokti visas būsenas iki pat taisymosi pabaigos.

Bet pati taisymosi pabaiga – nesuvokiama, nes nėra jokių paralelių su žemesniosiomis pakopomis. Taisymosi pabaiga – tai paskutinė pakopa. Ji vadinama „Mesijo atėjimu", kuris pasirodo po blogio jėgas, apvalkalus taisančios Šviesos.

BŪDAS PASIKEISTI

Ar galiu pasikeisti nestudijuodamas kabalos?

Ne. Pasikeisti – tai įgyti Šviesos savybes. Todėl tik iš Aukščiau šviečiant Šviesai galima taisytis. Ir tai vienintelis būdas pakeisti save.

TIK EKRANAS TAISO

Kodėl sakote, kad negalima pataisyti žmogaus charakterio? Aš manau, charakterį galima pakeisti pasitelkus psichologiją, nors tai – laiko švaistymas. Jeigu žmogus turi kažką neigiama, tai turėtų puikiai tikti taisymui.

Tiesa, kad nieko, ką gauname gimdami, ištaisyti neįmanoma. Kūrėjas iš pat pradžių sukūrė tikslią, nekintančią formą. Iš čia pavadinimas – *domem*, iš žodžio *dmama* (negyvoji gamta).

Vienintelis keistinas dalykas – dvasinio noro ketinimas, tiksliau, mūsų požiūris į santykį su Kūrėju. Tiktai ketinimas „dėl Kūrėjo", atsiradęs kaip mūsų pastangų rezultatas, yra naujas. Nieko kita nepakeisi.

Tai atsiveria mums priklausomai nuo mūsų poreikio ir gebėjimo sukurti naują ketinimą „dėl Kūrėjo". Kaip kad mokomės: yra indas, šviesa ir mūsų sukurtas ekranas.

BADAVIMAS – IŠ KABALOS NESUPRATIMO

Mokytojau, kabala neturi nieko bendra su fiziniu priesakų laikymusi. Tačiau ar galiu badauti (penkias dienas badauti, paskui daryti pertrauką ir vėl tęsti), jeigu noriu pasikeisti, stumtelėti save į priekį, dvasiškai pakilti? Ar visiškai neverta? Savaime suprantama, badaudamas mokysiuosi kabalos, klausysiu pamokų ir pan.

Badavimas nepadės tapti geresniam ar dvasiškesniam. Tai tik skatins tave galvoti apie savo „dvasingumą", puoselėti savo tuštybę ir reikalauti iš Kūrėjo atlygio...
Siūlau gerai pasistiprinti ir eiti pirmyn! Maitinkis tinkamai, palaikyk formą ir studijuok kabalą.

MŪSŲ ELGESYS IR DVASINIAI PASAULIAI

Savo straipsniuose ir knygose nuolat pabrėžiate, kad mūsų elgesys šiame pasaulyje niekaip nesusijęs su dvasiniais pasauliais. Todėl galime daryti išvadą, kad žmogus gali kirsti barjerą tarp mūsų ir dvasinio pasaulio ir tuo pačiu metu amoraliai elgtis šiame pasaulyje (atlikti sunkius nusikaltimus, blogai elgtis su žmonėmis ir t. t.). Ar tai tiesa?

Kadangi visi taisymai turi būti atliekami iš vidaus, tai pasiekti kūrimo tikslą reiškia ištaisyti norą. Jokių išorinių veiksmų kaip tokių nėra. Vien noro keitimas iš „dėl savęs" į „dėl Kūrėjo" laikomas taisymu.

Tiktai vidinės žmogaus pastangos skatina tokius pokyčius ir pritraukia supančią Šviesą. Kai žmonių savybės pasikeičia, tai atveda juos pas Kūrėją. Bet koks išorinis spaudimas dirbtinis. Matome, kad išoriniai apribojimai negali padaryti mūsų geresnių (pataisos namai, kalėjimai ir pan.) Apribojimai tiktai paslepia ydas ir neleidžia greitai jų ištaisyti.

Taigi, priešingai nei kitos lavinimo sistemos, kabala kviečia žmogų „studijuoti grupėje turint teisingą ketinimą iš autentiškų knygų, vadovaujant kabalistui ir pritraukti galingą Šviesą bei pasiekti tikslą dar šiame gyvenime".

Šviesa pati keičia mus; nėra jokios kitos jėgos, galinčios teisingai taisyti. Tad kabala yra vienintelė taisymosi priemonė. Atėjus laikui visi amoralūs bruožai bus ištaisyti, bet dabar jų reikia būtent tokių, kokie jie yra. Blogis buvo sukurtas Kūrėjo ir žmogui reikia jį ne naikinti, o paversti gėriu.

Ar galima sakyti, kad charakterio pokyčiai iš tikrųjų yra jo pasireiškimas? Nors šie anksčiau paslėpti bruožai atrodo nauji, ar nebuvo šis „pasikeitęs charakteris" jau anksčiau viduje ir tik dabar iškilo į paviršių?

Mus stebina, kai paprastai konservatyvūs britai ar vokiečiai staiga tampa barbariškais žudikais. Apie tai galima pasakyti štai ką.

Pasakojama istorija, kaip vienas žmogus bandė įtikinti kabalistą, jog galima pakeisti žmogaus prigimtį. Jis teigė, kad net kates galima išmokyti gerų manierų, ir pakvietė kabalistą to pasižiūrėti. Susirinko šeimininko pakviesti svečiai ir vos pravėrus duris katės, aprengtos padavėjais, ėmė nešti maistą ant stalo. Visi šūkavo iš nustebimo, bet kai niekas nematė, kabalistas ištraukė iš kišenės pelę ir ją paleido. Kai katės pamatė ant grindų pelę, viską metusios puolė jas vytis.

Esame įkalinti savo prigimtyje ir išsitaisyti galime tik gavę iš išorės jėgų keistis. Visos vidinės jėgos yra mūsų prigimties dalis; vadinasi, ji netaiso mūsų, o tiesiog užmaskuoja.

GERI VEIKSMAI – TIK IŠ AUKŠČIAU

Kas yra geri darbai mūsų vidiniame darbe?

Geri darbai – viskas, kas veda į kūrimo tikslą ir į susiliejimą su Kūrėju prilyginant mūsų savybes Jo savybėms. Kiekvienas veiksmas taisant mūsų sielas ir padedant kitoms bendros sielos dalims, vadinamas „geru darbu", nes visi atskleidžia, kad „tu esi geras ir darai gera".

Kaip galima siekti atlikti gerus darbus, jeigu iš anksto žinai, kad tai neįmanoma?

Pamėgink ir pamatysi. Kaip dar gali sužinoti, kas esi?
Šviesa ateina kaip mūsų pastangų rezultatas ir tiktai siekdami gėrio išvysime, kokie blogi esame. Taigi manydami esą geri ir tą paliudydami, tiksliai atskleidžiame, kokią dvasinio vystymosi fazę pasiekėme.

Svarbiausia prisiminti, kad reikia kuo daugiau skaityti; taip tikrąją prigimtį pajusi kur kas greičiau.

PAJUSTI GĖRĮ

Kaip išvengti kančių?

Kūrėjas veda šį pasaulį ir nuolat jį kontroliuoja. Visatoje nėra nieko kita, išskyrus Jį. Kūrinys yra po Juo, o Kūrėjas – vienintelis valdovas. Be Jo nėra jokios kitos jėgos.

Tai visiškai suvokiame tapę kabalistais, tačiau tik mūsų pasirengimas ir tai, kiek mūsų savybės prilygsta Kūrėjo Šviesai, nulemia, ar gausime iš Kūrėjo tai, ką Jis trokšta mums duoti.

Kuo mažiau prilygstame Šviesai, tuo daugiau kenčiame. Kūrėjo ketinimai visada patys geriausi, tačiau mūsų jutimo organai paverčia juos kančiomis, kai mūsų savybės nesutampa su Šviesos savybėmis.

Viskas priklauso nuo mūsų savybių. Jeigu jos sutampa su tuo, ką gauname iš Kūrėjo, jaučiame tikruosius Kūrėjo ketinimus. Kabala atskleidžia, kaip galime pakeisti save, kad tobulai supanašėtume su Kūrėju, ir jaustume vien tik gėrį ir amžinybę.

Kabala moko, kaip teisingai gauti iš Kūrėjo, ir pajausti, ką Jis mums siunčia.

PASIKEITIMAS: REINKARNACIJA

Kodėl yra taip, jog būdamas tam tikros būsenos net negali pagalvoti, kad gali būti kitokios būsenos?

Kiekviena būsena laikoma gyvenimo ciklu. Jeigu būsenos kraštutinės, jos vadinamos „katapulta", t. y. sielos blaškymusi iš vieno krašto į kitą kūnui mirus. Savęs ir aplinkinių žmonių jautimas kiekvienoje situacijoje vadinamas „pasauliu". Todėl kiekvieną kartą, kai žmogus įeina į naują būseną, iš esmės jaučia naują pasaulį.

Egoizmas, kurio šaknis kyla iš *Malchut de Ein Sof* (Begalybės pasaulio *Malchut*), nesikeičia. Keičiasi vien ekranas virš egoizmo. Ekranas keičia ryšio su aukštesniosiomis devyniomis *sfirot*, Kūrėjo savybėmis, stiprumą. Tokiu būdu *Malchut* jausdama, kad devynios *sfirot* yra jos išorėje, save jaučia kaip visiškai atskirą pasaulį. Jeigu ne devynios *sfirot*, *Malchut* jaustų savyje tik malonumą ar jo nebuvimą.

Bet kai ji susisieja su Kūrėjo savybėmis, jose jaučia Jį. Šis jautimas gali būti sąmoningas (kai žmogus yra dvasiniame pasaulyje) arba nesąmoningas (jeigu žmogus jaučia tik šį pasaulį). Jį galima pajusti viduje (juslėse) ar išorėje (paslėpta) ir tai mes vadiname „pasauliu" arba „savo pasauliu".

Todėl gali stebėti, kaip mažyčiai tavo prigimtinių savybių, mažiausių tavo dalių pokyčiai generuoja visiškai kitokį vaizdą tavyje. Tas vaizdas toks skirtingas, kad net sunku pasakyti, jog turime reikalų su tuo pačiu žmogumi. Išties tai yra du skirtingi žmonės. Jų vidus skirtingas, o išorė (fizinis kūnas) lieka ta pati. Todėl sakoma, kad kiekvienu momentu, t. y. po kiekvieno pasikeitimo, esame kitokie, iš naujo gimę.

PRIEŠINGOS NUOMONĖS

Kodėl aš visada imu abejoti idėjomis, kurias dar prieš minutę laikiau teisingomis?

DVASINIS DARBAS

Tiesa ta, kad tavyje nuolatos viskas keičiasi. Tave stebina šie vidiniai prieštaravimai ir išties neįtikėtina, jog viename žmoguje tuo pačiu metu gali egzistuoti tiek daug prieštaringų požiūrių, ypač kai jie keičiasi kas minutę. Kaip tik taip esi mokomas, kad viskas duodama iš Aukščiau, viskas kyla iš Kūrėjo, kur visi prieštaravimai susilieja į vieną tobulybę.

Būtent dėl šio susiliejimo, dėl savo artumo Kūrėjui galėsi suvokti savyje esančius prieštaravimus.

VERTINIMAS IR SAVITYRA

Kaip po kiekvieno veiksmo įprasti analizuoti? Jeigu aš neanalizuosiu, ar tai reikš, kad veiksmas buvo beprasmis?

Tik daugelį mėnesių skaitydamas kabalistines knygas gali pajusti ir įvertinti, kas vyksta tavo viduje, įvertinti savo mintis, pažiūrėti į savo veiksmus iš kabalistinių pozicijų. Tada pradėsi analizuoti, t. y. įstengsi kritikuoti save tiesos atžvilgiu.

O kol žmogus neturi šio gebėjimo, jis panašus į bet kurį kitą gyvūną, nes viduje, be gyvūninės prigimties, daugiau nieko nėra. Tik tada, kai pasirodo būsimos Aukštosios sielos sėkla, žmogus gali teisingai save vertinti. Tik tada žmogus liaujasi buvęs gyvūnu ir tampa žmogumi, nes „žmogus" – tai Kūrėjo dalis mumyse.

NAUJOS SMEGENYS

Nuo tada, kai pradėjau skaityti kabalistines knygas, jaučiu, tarsi mano smegenys būtų perprogramuotos. Atrodo, jog visos mano moralinės vertybės apsivertė aukštyn kojomis. Vis dažniau susimąstau apie paprastus klausimus, kurių atsakymus maniau jau turįs. Ar galite paaiškinti, kas su manimi vyksta?

Ką dabar patiri – tai naujų vertybių, naujo tave supančio pasaulio vertinimo, naujo, brandesnio požiūrio į gyvenimą pradžia. Šie pasikeitimai trunka gana ilgai, nes neįmanoma akimirksniu atlikti šių drastiškų pokyčių ir iš vieno pasaulio perkelti žmogų į kitą. Nes žmogaus smegenys, nervų sistema, fiziologinės sistemos, ryšiai, santykiai su išoriniu pasauliu – viskas gula ant mūsų kaip sunkus atsvaras.

Tačiau pokyčiai tavo sieloje jau prasidėjo, tad ir toliau kelk sau klausimus. Taip pajusi pirmuosius mokymosi rezultatus savo vidiniame pasaulyje.

PER PAKILIMĄ

Kai esu pakilime, kai jaučiu dvasinio darbo tikslą, ar turiu priminti sau, kad Kūrėjas atsiskleidė tik mano materialiuose induose, ir imti ieškoti šitos būsenos trūkumų, kad išvengčiau kritimo?

Pakilimas – tai atspirties taškas kilti aukščiau, o ne kristi. Skaityk daug ir kuo reguliariau, kad tekstuose atrastum, ko nematei anksčiau. Nieku gyvu nereikia mėgautis pačiu pakilimu. Priešingai, kontroliuok save ir jausdamasis pakiliai prisimink šio pakilimo priežastį ir kontaktą su šios būsenos šaltiniu.

Pirmoji ir paskutinė kūrinijos būsena skiriasi tik tuo, kaip žmogus jaučia Kūrėją. Visai kaip pavyzdyje su svečiu ir šeimininku: svečias vaišinasi tuo, kas jam buvo paruošta, tačiau nejaučia, kas jam tai duoda. Tik duodančiojo jautimas skiria šias dvi būsenas. Todėl susidūrę su kliūtimis turime stengtis neatsijungti nuo minčių apie Kūrėją. Visi Jo mums siunčiami sunkumai skirti mūsų ryšiui su Juo sustiprinti.

Tą akimirką, kai pamiršti Kūrėją ir susitelki tik į savo būsenoje patiriamą malonumą, pradedi kristi, nes malonumas tampa ne dėl tobulėjimo, o dėl savęs paties.

Tai nėra savęs kankinimas, veikiau mokymosi procesas, skirtas susieti priežastį ir pasekmę. Visa kita gali sužinoti iš straipsnio „Nėra nieko kito, tik Jis".

NAUJAS NORAS – NAUJAS TAISYMAS

Dvasinis pasaulis – tai altruistinių norų pasaulis. Mūsų pasaulis (šis pasaulis) – tai egoistinių norų pasaulis. Tas, kuris virš šio pasaulio norų sukuria ekraną ir įgyja altruistinius Asija *pasaulio norus, niekada nebegalės norėti „dėl savęs". Jeigu taip, kaip pakilsime į aukštesnius pasaulius?*

Visi turi asmeninių norų, kurie buvo duoti iš Aukščiau, kad jaustume juos šiame pasaulyje. Šie norai gali būti išmatuojami kiekybiškai ir kokybiškai. Kai galime juos apriboti (vengti juos naudoti tik dėl savęs), kertame barjerą – vartus tarp šio ir dvasinio pasaulių.

Pakilti į aukštesnę pakopą galima tik įgijus ekraną – ištaisius ketinimą gauti dėl savęs virš naujų, didesnių norų mėgautis. Paskui šie norai naudojami kiek širdis geidžia, su sąlyga, kad išlaikomas ketinimas duoti Kūrėjui, mėgautis dėl Jo. Esi teisus. Jeigu nėra ko taisyti, nepakilsi. Tik pakeitęs naujų norų ketinimą iš „dėl savęs" į „dėl Kūrėjo", žmogus gali pakilti.

Pakilimas – tai naujų norų gavimas ir jų taisymas, ketinimo keitimas iš „dėl savęs" (apvalkalai) į „dėl Kūrėjo" (šventumas). Pakilimo laipsnis atitinka ištaisyto noro stiprumą.

Gavęs norą su ketinimu „dėl savęs" ir ištaisęs jį į „dėl Kūrėjo", žmogus pakyla į aukštesnę dvasinę pakopą. Tačiau ankstesnį norą pakeičia dar didesnis naujas noras su ketinimu „dėl savęs", kurį ir vėl reikia ištaisyti. Taip tobulėjame.

TEISINGAS KETINIMAS

Kaip savyje sukurti teisingą ketinimą?

Kad pajaustume Kūrėją, turime savyje sukurti ketinimą gauti malonumą tam, kad suteiktume Jam pasitenkinimą. Tam turime skaityti teisingus tekstus. Yra tik viena jėga, galinti mus išlaisvinti, ištraukti iš mūsų prigimties ir sukurti mumyse teisingą ketinimą – tai taisanti kabalos Šviesa.

Šiam tikslui buvo parašytos ypatingos knygos ir jose Šviesa yra pakankamai stipri, kad taisytų. Tai Jehudžio Ašlago, Barucho Ašlago, Ari darbai ir *Zohar* (parašyta Šimono Bar Johajaus).

DVASINIS DARBAS

PRISITAIKYTI, TEIKTI PIRMENYBĘ, O NE ATSISAKYTI

Ar galima sakyti, jog šio pasaulio malonumų atsisakymas rodo, kad žmogus nori gyventi dvasiniame pasaulyje? Ar to nepakanka?

Aukštesnysis pasaulis, t. y. kai žmogus jaučia Kūrėją, yra geresnė būsena nei šis pasaulis, tad turime siekti jos kaip kažko tobulo, o ne bijodami bausmių. Šiame pasaulyje, kol nesuvokiame Aukštesniojo pasaulio kaip kažko didingo, irgi lepinamės malonumais. Iš tiesų šitai būtina, kad vystytumės dvasiškai ir užmegztume teisingą ryšį su Kūrėju. Žmogus, kuris anuliuoja malonumo troškimą, negali augti. Todėl neprotinga atmesti šį pasaulį. Tiesiog turime išmokti, kaip jį priimti, kad mėgautumės amžinai, visiškai. Ir tam galima pritaikyti kabalos išmintį, todėl gerai atlikti štai ką:

1. Pajausti Aukštesnįjį pasaulį, t. y. Kūrėją.
2. Įsitikinti, jog Aukštesnysis pasaulis geresnis už mūsų.
3. Suprasti šios būsenos įsisavinimo metodą.
4. Pasiekti šią būseną ir būti tobulam bei amžinam visame kame.

RYŠIO BŪTINUMAS

Visada patariate skaityti. Ką daryti, jeigu tam tikru metu dieną negaliu skaityti, nors jaučiu, kad reikia ryšio su Kūrėju?

Visąlaik, bet kuriomis aplinkybėmis savyje gali rasti Kūrėją, kviečiantį tave užmegzti ryšį su Juo. Problema ta, kad ryšys trūkinėja. Kūrėjas nori pagilinti ryšį, tad vos tik žmogus kokiu nors būdu susisiekia su Juo, nedelsdamas pastato kliūčių žmogaus kelyje. Taip daroma, kad žmogus išlaikytų kontaktą, nepaisydamas visų trukdžių, ir taip sutvirtintų ryšį.

Tiesa, kad žmogus negali nuolat išlaikyti ryšio, bet pamažu jam pavyks.

PRIEŠ ATSIVĖRIMĄ

Ką galiu padaryti dar neturėdamas nuolatinio kontakto su Kūrėju? Ar galima Jį pajausti neturint ekrano?

Neįmanoma nuspėti kito žingsnio. Priešingai, kūrinija tyčia sukurta taip, kad negalime numatyti kito žingsnio, antraip būtume tarsi vagis, bėgantis minios priekyje ir šaukiantis: „Laikykit vagį, laikykit vagį!"

Nereikia apgailestauti dėl to, kas dar neištaisyta tavyje, dėl to, kas trukdo judėti į priekį ir užmegzti ryšį su Kūrėju. Iš esmės būtent šis gailėjimasis ir skatina tave toliau dirbti su savo prigimtimi, norėti išsilaisvinti iš jos, iš ketinimo „dėl savęs". Tavo protas ir širdis, noras mėgautis ir ketinimas „dėl savęs" būtinai atsiskirs.

Parašyta (Psalmės 126, 1): „Kai Viešpats parvedė Ziono tremtinius, mes buvome lyg sapne." Tai panaši perėjimo stadija kaip kūdikio gimimas; tai ateina mums iš Aukščiau be mūsų žinojimo. Tačiau už barjero darbas visiškai kitoks.

Tik intensyvus autentiškų kabalistinių tekstų skaitymas pagreitina kelią. Patariu paskaityti „Įvadą į *Mokymą apie dešimt sfirot*" (155 skirsnis).

BANDYMAI PAJAUSTI DVASINGUMĄ

Stengiuosi pajausti „apribojimą", ekraną, ištaisytą norą. Ar galima tą įgyvendinti kasdieniame gyvenime?

Viską, ką manai galįs įgyvendinti – įgyvendink. Priešingu atveju – apsižvalgyk. Nesvarbu, jog kiek vėliau suprasi, kad tai, ką matai, ne visai yra taip.

Pasitelk neteisingus palyginimus; tai nesvarbu. Mūsų pasaulyje viskas leidžiama, nes šis pasaulis yra tam, kad mokytų, o mūsų padarytos klaidos nelaikomos klaidomis. Baruchas Ašlagas šitai lygindavo su tuo, kai senovėje vaikams duodavo rašyti ant lentelių, kad neeikvotų brangaus popieriaus.

Bet kurią akimirką susiduriame su kitokiu pasaulio paveikslu. Kiekviena nauja pakopa yra senesniosios neigimas. Todėl savo norus naudodamas su teisingu ketinimu, pakilsi į tobuliausią ir amžiną būseną.

PASITIKĖJIMAS IR TIKĖJIMAS

Nusivylimo baimė neleidžia džiaugtis dabar. Ar tai sulaiko ir mano augimą?

Kabalistams ataka – nuolatinis vyksmas. Bijoma dėl pačios baimės, baiminamasi padarinių, kuriuos sukelia gebėjimo jausti tikslą trūkumas.

Tikslo jautimas vadinamas „tikėjimu" ir būtent jis suteikia tau pasitikėjimo susidoroti su kančiomis. Mokinys tampa būtybe, kuri kabinasi už gyvenimo tikslo tiek, kiek sugeba aukštinti kūrimo tikslo didingumą. Todėl jeigu aukštiname tikslą, niekas negąsdina.

Be to, tikslui svarbiausia ryšys su Kūrėju. Pagaliau juk Pats Kūrėjas ir yra tikslas! Jeigu be perstojo sieki tikslo, ieškai savyje minčių apie Jį, viską, kas vyksta su tavimi, susieji su Juo, tada iš tikrųjų gali bet ką. Įgysi tikrumą ir baimės neliks.

Negalima nusivilti, jeigu tai, kas tobula, amžina veda tave pas Jį. Tau tereikia reikalauti Jį pajausti!

JAUSMŲ PAŽADINIMAS

Nuo vaikystės tikėjau, kad mano jausmai netikri. Jie pažadina manyje nuobodulį ir norą nuo jų pabėgti. Noriu pajausti ką nors tikra!

Tai teisingas mūsų jaučiamo pasaulio suvokimas. Mes nejaučiame pasaulio, koks jis yra, tai veikiau sapnas, kaip rašė karalius Dovydas: „Kai Viešpats parvedė Ziono tremtinius, buvome lyg sapne" (Psalmės 126, 1).

Kai Kūrėjas susigrąžina mus, jaučiame, jog iki tol sapnavome.

DVASINIS DARBAS

NEREIKALINGOS BAIMĖS

Ar yra kas nors, ko turėčiau vengti dirbdamas su savimi?

Nesuprantu tų žmonių baimių, nerimo, kurie mano, jog studijuojant kabalą galima „paliesti" kažką pavojinga, kažką pranokstantį mūsų supratimą ar net patekti į pavojingas vietas. Šios baimės nepagrįstos ir tik visiškas pasaulėdaros atskleidimas gali pakeisti mūsų vidinį pasaulį. Tai priverčia mus pasikeisti, nes nebegalime daugiau sau meluoti, sąmoningas slėpimas iš mūsų pusės sukuria vidinį kompromisą, kuris sustabdo pasikeitimų ir dvasinio vystymosi procesą.

Kai pirmąsyk pradėjau studijuoti su savo mokytoju Baruchu Ašlagu, buvau nustebęs, kaip giliai žmogus turi prasiskverbti. Viską iškelk į šviesą, nieko nebijok (nors tai gali būti itin nemalonu!) ir tada prašyk Kūrėjo, kad leistų tau pamatyti dar giliau.

TIESUOLIAI IR NUSIDĖJĖLIAI – AMŽINA KOVA

Kai teisuolis „žiūri" į nusidėjėlį, šis trumpam išnyksta ir po to „apsilanko" kur kas sumaniau! Vos teisuolis užmerkia akis, nugalėtojas nusidėjėlis grįžta. Kaip išlaikyti teisuolio akį budrią?

Tai nuolatinis vidinis teisuolio ir nusidėjėlio darbas mūsų viduje. Tačiau pasakyta, kad nėra būtinybės sunaikinti nusidėjėlį mumyse. Verčiau turėtume jį padaryti teisuoliu. Tada darbas taps kūrybingas. Pats darbas tęsiasi už barjero ir taip iki taisymosi pabaigos.

KAIP IŠVENGTI KRITIMO?

Galbūt apskritai neįmanoma išvengti nuopuolių. Bet ar galime juos nuspėti? Juk pagaliau žmogus niekada nenukrinta staiga. Jeigu tai tiesa, gal įmanoma pasistengti nenukristi ar bent jau sušvelninti kritimą? Ar mėginimas išvengti kritimo šiandien padės man ateityje?

Nėra jokių vaistų nuo kritimo ir negali būti. Nes nuopuolis – tai nusileidimas į naujus norus gauti „dėl savęs". Kai juos ištaisai, jie pakelia tave į naują pakopą. Kiekviena „kita pakopa" skiriasi nuo ankstesniosios tuo, kad gauni stipresnius norus. Todėl ištaisymo „kad suteiktum malonumą Kūrėjui" jėga yra stipresnė.

Pasakyta, kad „šventumas tik auga ir niekad nemažėja", bet prieš ištaisymą kiekvienas naujas troškimas su ketinimu „dėl savo paties malonumo" atrodo mums kaip nusileidimas ar kritimas. Tačiau kai tas papildomas troškimas bus ištaisytas, jis mums atrodys kaip pakilimo priežastis.

Naują norą gauname nukritę į norų „jausti malonumą" krūvą, kuri iš prigimties yra mumyse. Tik tada iš lėto pradedame su juo gyventi, jį taisyti ir todėl krintame. Iš esmės taip gauname medžiagos taisytis.

Bet daugeliu atveju galima išvengti kritimų, t. y. gauti naujus, neištaisytus norus dvasiškai nenukritus ir nepraradus ryšio su Kūrėju. Tam reikalingas kitas metodas: tu sąmoningai kontroliuoji situaciją, savo valia pasirinkdamas susidūrimą su stipresniu noru mėgautis ir taip stiprini ryšį su Kūrėju.

Pagal šį metodą ieškoti trūkumų savo ketinimuose turi dar būdamas pakilime, taip išvengsi būtinybės, kad Kūrėjas juos tau „numestų".

Baruchas Ašlagas pasakojo istoriją apie senuką, kuris vaikštinėjo pasilenkęs žemyn tarsi ko ieškodamas, žinodamas, kad dar yra daugybė norų dėl savo malonumo, su kuriais jam dar teks susidurti idant ištaisytų ir taip pakiltų.

Savo būseną apibrėžiame pagal savo pojūčius. Todėl galime ir turime siekti išeiti iš būsenų, kurias apibrėžiame kaip „kritimas".

Mes ten, kur mūsų mintys.

Be to, kritimas – tai bet kuri mintis ne apie Kūrėją, o apie kažką kita. Tai nebūtinai blogas potyris ar depresija; iš tikrųjų gali kristi būdamas puikios nuotaikos, trokšdamas mėgautis gyvenimu be ryšio su Kūrėju ir kūrimo tikslu.

Todėl nuopuolis gali prasidėti, kai jaučiamės esą viršūnėje. Staiga būdami šios pakilios būsenos nebegalvojame apie Kūrėją ir tiesiog mėgaujamės savo sėkme.

Tą akimirką nesąmoningai, nevaldomai imame kristi, net jeigu vis dar mėgaujamės gyvenimu. Netikėtai suvokiame, kad nukritome, kad jau esame žemai.

Pasimokykime iš šio senuko, kuris dar jausdamasis pakiliai ima ieškoti būdų savo būsenai pagerinti. Jis pradeda kritikuoti savo mintis, savo ryšį su Kūrėju, ypač kai užpildomas Išminties Šviesa. Dėl to, kad taip stipriai nori rasti savuosius trūkumus (savo ketinime „dėl Kūrėjo"), jis nekrinta, nes ištaiso visas mintis ne apie Kūrėją, jeigu tokių yra, ir taip kyla toliau.

DVASINIAI PAKILIMAI IR KRITIMAI

Ką reiškia, kai sakoma, jog vienas kritimas gimdo kitą, ar tarp jų nepajusime pakilimo?

Kai žmogus kiekvieną būseną laiko nuopuoliu, t. y. kai jo niekas netenkina, tai puiki būsena. Jeigu žmogų tenkintų jo dabartinė būsena, progresas liautųsi. Akivaizdu, kad geriau, jog žmogus nesustotų iki pat taisymosi pabaigos!

Tačiau jeigu vienas ilgas nuopuolis juntamas kaip keletas nuopuolių, be jokių pakilimų tarp jų? Tuomet pakilimą irgi turėtume jausti kaip keletą pavienių pakilimų, nes jis susijęs su keliomis sritimis: ketinimais, malonumo forma, nusivylimo ankstesniais tikslais jautimu, naujų prasmių suteikimu senoms vertybėms.

Apskritai tariant, visos šios būsenos puikios. Jos padeda sukurti norus, indus, kuriuose suvokiame Kūrėją. Pagaliau žmogus – didžiausia Kūrėjo priešybė. Todėl Kūrėjas jaučiamas tik jutimuose, kurie priešingi mūsų jutimams savo pačių atžvilgiu.

NUTRAUKTI ATOVEIKSMIO GRANDINĘ

Paaiškinkite, ką reiškia „Viena nuodėmė veda prie kitos"?

„Viena nuodėmė veda prie kitos" reiškia, kad vienas pažeidimas skatina kitą. Žmogus mėgaujasi vogdamas, pasigrobdamas kieno nors kito Šviesą sau. Sugadinti indai ima reikalauti daugiau, todėl atitinkamai „tas, kuris gauna 100, nori 200, tas, kuris gauna 200, nori 400".

DVASINIS DARBAS

Kai nukrintame į žemesnį lygmenį, jis skatina visapusį silpnumą ir veda į tolesnį kritimą. Nauja ir žemesnė aplinka vilioja mus naujomis pagundomis (gauti malonumą dėl savęs) atitolindama nuo Šviesos ir kliudydama Šviesai veikti indą.

PRISITAIKYTI PRIE DVASINIŲ KRITIMŲ

Nukritęs imu kaltinti visą pasaulį ir prarandu norą gyventi. Po to, skaitydamas jūsų straipsnius, jaučiu gėdą. Tačiau nuopuoliai kartojasi, ir vis stipresni, neįmanoma prie jų priprasti, kad jie – tik žaidimas, tik pratimas, duotas iš Aukščiau. Ką patartumėte?

Praktika ir patirtis pojūčius pavers išmintimi ir pradėsi matuoti būsenas ne tik jausmais, bet ir protu, vertindamas, keisdamas, lygindamas jas, matydamas ryšį.

Viskas ateina su laiku. Kiek laiko užtruks surasti pusiausvyrą tarp proto ir jausmų, siekti Kūrėjo ne tik emocionaliai, bet ir protiškai, priklausys nuo tavo dedamų pastangų.

LAIKYTIS PAKILIMO

Dvasinio pakilimo metu turėtum galvoti apie žemesniąją būseną. Ar tai reiškia, kad turi dirbtinai nusileisti į ją?

Tik blogoji jėga verčia mus kentėti, „graužti save". Niekada, nesvarbu, kaip susiklostytų aplinkybės, neieškok žemesnės būsenos, nes „žmogus ten, kur jo mintys". Kuo žemesnės būsenos yra žmogus, tuo jis tolimesnis Kūrėjui.

Ar tiesa, kad išgyvenant nuopuolį verta prisiminti savo gerąsias būsenas?

Ne. Nieko gera prisiminti, kaip puikiai jauteisi per pakilimą, nes jau nukritai iš jo. Jeigu dabar vėl pakilsi prisimindamas aną pakilimą, tai nebus taisymasis ar kažkas nauja. Kokybės atžvilgiu dabartinė tavo pakopa nebus geresnė už ankstesniąją.

Todėl geriausia ieškoti naujų priežasčių pakilimui, naujai įvertinti Kūrėjo didingumą, kūrimo tikslą, savo paties būsenos niekingumą ir pan.

GREITIS – TAISYMŲ DAŽNIS

Kabala kalba apie „būsenų praėjimo spartą". Gal galėtumėte paaiškinti, kokia dvasinė „greičio" prasmė? Ir kaip pajusti, kad jis priklauso nuo mūsų?

Dvasinėje (pojūčių) erdvėje tobulėjimas apibrėžiamas kaip „jausmų kaita", nulemta požiūrio į Kūrėją pasikeitimų. Subtilūs šių santykių „Aš ir Kūrėjas" niuansai sukuria mumyse dvasinio judėjimo pojūtį. Visi kiti pokyčiai arba nėra dvasiniai, arba parengiamieji.

Kitaip tariant, judėjimas – tai ketinimo kaita iš „dėl savęs" į „dėl Kūrėjo". Šių pasikeitimų dažnumas nusako judėjimo dvasinėje srityje greitį.

IŠ TAMSOS ATRASTI ŠVIESĄ

Pastebėjau, koks esu egoistiškas aplinkinių žmonių atžvilgiu. Tai siaubinga! Noriu pasikeisti. Ar tai teisingas prašymas? Ar tai ta malda, kurios Jis laukia? Galų gale noriu ištaisyti savo santykius su žmonėmis, ne su Juo.

Teisingai apibrėži ir analizuoji savo būseną. Esi teisus. Dabar tau atskleidžiama, kad viena iš tavo savybių yra neigiama, tačiau dar neleista žinoti, kaip ji jaučiama lyginant su Kūrėjo savybėmis. Kūrėjas vis dar paslėptas nuo tavęs, tu vis dar nejauti Jo. Tačiau tik per šį palyginimą, tik laipsniškai atrasdamas savo blogąsias savybes, viena vertus, pajusi Kūrėją kaip kažką priešingo savo prigimčiai, kita vertus – kaip kažką sau artimo, švelnaus ir gero savo atžvilgiu.

Tada suprasime principą, „kad išmintis prašoka kvailystę, kaip šviesa kad prašoka tamsą" (Koheleto knyga 2, 13). Mes esame indai, todėl tegalime suvokti Šviesą kaip kažką priešinga sau, antraip jaustume ją kaip malonumą, o ne kaip kitokią savybę.

JIS IR AŠ

Kaip ištverti visus šiuos sunkius periodus?

Jeigu jaučiu ką nors neigiama savyje, pirmiausia įsiuntu. Norisi šaukti, išsilaisvinti iš sielvarto. Paskui nurimstu ir mėginu suvokti, kad Kūrėjas šį pojūtį man siunčia tikslingai. Jeigu iš anksto paruošiu save, kad įsisąmoninčiau, jog visa, kas vyksta, ateina iš Kūrėjo, ir būtent Jis siunčia man sunkumus drauge su pojūčiu, kad tai ateina iš Jo; ši būsena vadinama „veido paslėptimi".

Ir mes prabundame, nes susiduriame su problema. Tai nėra vien smūgis, tai žinia iš Aukščiau. Čia prasideda mūsų dvasinis darbas. Nematydami, kad kartu su problema yra ir žinutė nuo Kūrėjo, esame panašesni į gyvūnus nei į žmones.

Jeigu įsisąmoniname, kad Kūrėjas yra šios problemos šaltinis, siunčiantis ją, kad mus pažadintų, pradedame formuoti santykį su reiškiniais iš „taško širdyje" pozicijų.

Turėtume stengtis visada prisiminti, kad pasaulyje tėra dvi realybės – Jis ir aš. Net sutikus su tuo, kad viskas, kas su tavimi nutiko, atėjo iš Kūrėjo tikslingai, lieka daugybė dvasinio darbo.

Pirmiausia prisimink, jog neturi nusiraminti vien pagalvojęs, kad Kūrėjas tau siunčia šią žinią, ir tęsti lyg nieko nebūtų atsitikę. Taip darydamas, tu tartum ištrini šią žinutę, atsisakydamas galimybės tobulėti, kurią davė Kūrėjas.

IŠ NEVILTIES Į PALAIMĄ

Nekaip jaučiuosi neturėdamas tikrojo noro, kuris neleistų man užmigti. Ar tikrai tam tikru metu galime sakyti, jog atlikome viską, ką galėjome, tikslui pasiekti? Kaip tą pasiekti?

Apie tai Baal Sulamas rašo: „Nėra laimingesnės akimirkos žmogaus gyvenime nei ta, kai žmogus visiškai nusivilia savo paties jėgomis. T. y. žmogus plušo, darė viską, ką tik įstengė sugalvoti, ir nerado vaistų. Tada žmogus nusipelno tikrai, nuoširdžiai melsti Kūrėją pagalbos, nes yra tvirtai įsitikinęs, kad jo paties pastangos neduos rezultato. Tačiau, kol žmogus jaučia, kad dar gali šį tą atlikti, jo malda nebus pilna."

Todėl būtina kuo greičiau įdėti pakankamai kiekybinių ir kokybinių pastangų, kad būtų įsisąmoninta Kūrėjo pagalbos būtinybė. Be to, visada būtina dirbti su noru pasiekti tikslą, priešingu atveju viskas, ko sulauksi – tai neviltis.

Štai sėkmės receptas: kiek galėdamas skaityk, versk, padėk skleisti žinias apie kabalą (naudingiausias iš visų būdas), melsk, prašyk Kūrėjo; o ko nepadarys protas, padarys laikas.

BŪSENŲ KAITA

Kaip keičiasi būsenos? Pavyzdžiui, kai pasijuntame bejėgiai ir suvokiame, kad tai tikroji mūsų būsena ir kad dabar nieko negalime pakeisti, kaip pereiname į kitą būseną? Ar turėtume sukaupti tam tikrą tokių būsenų skaičių, kol pats Kūrėjas išgelbės mus, nes esame pasyvūs ir negalime stipriai prašyti?

Pokyčiai mumyse, pakilimai ir nuopuoliai tiesiogiai nepriklauso nuo mūsų darbavimosi, studijavimo, darbo grupėje kokybės ir kiekybės. Niekada nematysime, kad besikeičiančių būsenų sparta priklauso nuo mūsų darbo, nes negalime įžvelgti skirtumo tarp savo dabartinių ir būsimų būsenų.

Kartais, net jeigu ir dirbame iš peties, netikėtai pajuntame kitą būseną, sunkesnę, grubesnę arba staiga imame greitai eiti į priekį, nors beveik nieko nepadarėme!

Tik ateityje, kai būsime patyrę šias būsenas, suvoksime jų priežastis ir pasekmes. Dėl to turime eiti pirmyn nepaisydami tiesioginių rezultatų, nes paaiškinimo sulauksime tik pabaigoje, kai suvoksime būtinybę. Tačiau esame sukurti taip, kad visada laukiame atlygio už savo veiksmus, atsako, kurį manome turį gauti. Laikui bėgant pamažu įgysime kantrybės, patirties, netgi nesulaukdami greito atsakymo į savo klausimus. Žmogus tiesiog toliau darbuojasi.

NUO KO PRIKLAUSOME?

Paskaitęs Rambamą, susipainiojau – nuo ko aš pagaliau priklausau: nuo savęs ar nuo Kūrėjo?

Viskas žmogaus rankose ir viskas Kūrėjo rankose. („Viskas numatyta ir leidimas duotas.") Būtent apie tai rašė Rambamas. Prieš veikdamas žmogus turi pasakyti, kad viskas priklauso nuo jo: „Jeigu ne aš sau, tai kas man?" Tačiau matydamas rezultatus, žmogus turi pasakyti, kad tokia Kūrėjo valia ir kad tai padaryta Kūrėjo, nes „nėra nieko kito, tik Jis". Nuolat esame ribojami laiko ir nesuvokiame, kaip galima būti už jo ribų. Todėl nepajėgiame įsivaizduoti, kaip viskas tuo pačiu metu gali priklausyti nuo mūsų ir nuo Kūrėjo.

KUR YRA „AŠ"?

Pasakyta, kad prieš kiekvieną veiksmą turiu sakyti: „Jeigu ne aš sau – tai kas man?", o užbaigęs veiksmą: „Nėra nieko kito, tik Jis." Kaip reaguoti į jausmus veiksmo metu ir kur mano sprendimuose yra mano „aš"?

Būtent dėl to, kad dar nejaučiame panašumo tarp „savęs" ir Kūrėjo, turėtume dirbtinai pažadinti būseną, kai esame visiškai atsidavę Kūrėjui, tarp mūsų ir Jo išnyksta skirtumas.

Ir tada nekils klausimas: „Kas atlieka: aš ar Kūrėjas?" Pažadindami susiliejimo būseną savo ketinimo galia ir troškimu pasiekti Kūrėją, po kurio laiko iš tikrųjų pradėsime jausti šią būseną.

Tačiau mūsų darbas tuo nesibaigia. Eiti pirmyn galima tik iš priešybių. Todėl atlikdami veiksmą ir prieš jį pradėdami, turėtume ignoruoti Kūrėjo buvimą ir prisiversti veikti neapgaudinėdami savęs, tarsi Kūrėjo iš tikrųjų nėra.

Šie pratimai būtini, nes šiame etape staiga pradėsime „tikėti Kūrėju", „būsime teisuoliais", nors ir negalėsime Jo jausti.

Kodėl žmogus mieliau tiki nei iš tiesų tiesiogiai veikia?

Nes blogosios jėgos, apvalkalai (neištaisyti mūsų norai), kurie nėra atsidavę Kūrėjui, tyčia stabdo mus, kad tik neveiktume. Dėl to galime pamėginti ištaisyti šiuos norus ir mintis.

Gali pasakyti, kad visos šios kliūtys kyla iš Kūrėjo: iš pradžių Jis siunčia mums mintis, kad Jis egzistuoja. Būtent taip Jis kliudo mums veikti. O pabaigoje Kūrėjas siunčia mums mintis, kad Jis neegzistuoja, ir šios mintys taip pat yra kliūtys, kurias turime nugalėti.

Visi šie trukdžiai, ar tai būtų dėl Kūrėjo buvimo ar dėl Jo nebuvimo, duoti mums tam, kad turėtume galimybę stengtis. Šios pastangos taiso mūsų mintis ir ketinimus.

Galų gale žmogus įsitveria minties apie Kūrėją. Jis neseka Kūrėjo mintimis, veikiau „prilimpa" prie jų, t. y. žmogaus mintys ir Kūrėjo mintys tampa identiškos.

Baal Sulamas apie tai kartą rašė laiške:

„O dėl Baal Šem Tov, jau minėjau, kad neatlikęs priesako žmogus neturi galvoti apie asmeninį valdymą, priešingai, turi sakyti: „Jeigu ne aš sau – kas man?"

Tačiau atlikęs veiksmą žmogus turi tikėti, kad veiksmas užbaigtas ne dėl jo rankų galios, o dėl Kūrėjo malonės, kuris viską man sumanė iš anksto ir aš buvau priverstas paklusti.

Taip pat ir su šio pasaulio reikalais, nes dvasingumas ir materija panašūs. Todėl žmogus rytą, prieš eidamas į turgavietę užsidirbti kasdienės duonos, turėtų pamiršti apie valdymą ir pasakyti: „Jeigu ne aš dėl savęs – kas dėl manęs?" Bei daryti viską, ką atlieka paprasti žmonės, kad užsidirbtų pragyvenimui.

Tačiau vakare, grįžus namo su užmokesčiu rankose, Kūrėjas draudžia manyti, kad tai jis pats savo sumanumu užsidirbo. Net jeigu žmogus visą dieną būtų pragulėjęs pusrūsyje, jis vis tiek būtų uždirbęs tiek pat, nes Kūrėjas taip buvo sumanęs jam, todėl būtent taip ir turi būti.

Ir nors šios idėjos atrodo prieštaraujančios viena kitai, nepriimtinos, žmogus vis tiek turi tuo tikėti, nes taip jam prisakyta Kūrėjo.

Ir tokia *Havaja* ir *Elokim* susijungimo paslaptis. *Havaja* – tai asmeninis valdymas, kai Kūrėjas yra viskas ir Jam nereikia molinių namų gyventojų pagalbos. O *Elokim* – gamta[2], kai žmogus elgiasi pagal prigimtį, kurią Jis įspaudė materialiame danguje ir žemėje.

Kai žmogus, kaip ir visi kiti gyvūnai, laikosi jų dėsnių ir kartu tiki Havaja, tai yra asmeninis valdymas. Taip žmogus juos sujungia į viena, savo Kūrėjui suteikdamas didžiulį pasitenkinimą ir atnešdamas švytėjimą visiems pasauliams.

Dabar galime suprasti tris aspektus: priesaką, nuodėmę ir pasirinkimą. Priesakas yra šventenybės vieta, nuodėmė – blogojo prado vieta, pasirinkimas nėra nei priesakas, nei nuodėmė, bet yra tai, dėl ko kovoja šventumas ir blogasis pradas.

---

[2] *Elokim* pagal hebrajiškų raidžių numerologiją atitinka žodį „gamta" (vert. pastaba).

Kai žmogus renkasi tai, kas nepriklauso šventumui, jis užleidžia šią vietą blogajam pradui. O kai sustiprėjęs susijungia su šventumu, tada pasirinkimo vietą vėl paverčia šventa.

Interpretavau išminčių žodžius: „Gydytojui buvo suteiktas leidimas gydyti." Net jeigu gydymas neabejotinai Kūrėjo rankose ir joks žmogaus planas neišstums Jo iš savo vietos, vis dėlto pasakyta tau, jog yra pasirinkimas, vieta, kur susiduria šventumas ir nuodėmė.

Taigi matome, jog esame įpareigoti pasirinkti ir paversti pasirinkimą šventumu. Kaip tą padaryti? Kai einame pas gydytoją ir jis išrašo mums vaistų, išbandytų tūkstančius kartų, geriame juos ir pasveikstame, tačiau vis tiek turime tikėti, kad net ir be to daktaro Kūrėjas būtų mus išgydęs, nes mūsų gyvenimo trukmė iš anksto numatyta, ir, užuot liaupsinę gydytoją, turėtume garbinti Kūrėją. Taip pasirenkame šventumo valdžią.

Kiti pasirinkimai irgi patenka į šią kategoriją, taip išplečiant šventumo ribas, kol staiga išvystame pilną savo pakopą, ir visi esame šventuose rūmuose.

Šiuos dalykus anksčiau tau jau aiškinau keletą kartų, nes ši tema kelia sunkumų daugeliui žmonių, kurie neturi aiškaus supratimo apie asmeninį valdymą. Jie nori tikėti, užuot dirbę, dar daugiau, trokšta neabejoti savo tikėjimu, gauti nurodymus, pranašiškus ženklus iš gamtos ir už tai yra smarkiai baudžiami.

Taip yra todėl, kad nuo pirmojo žmogaus nuodėmės Kūrėjas parodė, kaip ją taisyti sujungiant *Havaja* ir *Elokim*, tą jau paaiškinau. Būtent tokia žodžių „savo veido prakaitu valgysi duoną" prasmė.

Savaime suprantama, kad žmogui sunku vadinti tai, ką įgijo didžiulėmis pastangomis, Kūrėjo dovana. Todėl žmogus turi galimybę mėginti visiškai patikėti asmeniniu valdymu ir prieiti išvadą, kad ir be savo pastangų būtų viską pasiekęs. Taip nuodėmė pasaldinama."

AŠ AR KŪRĖJAS?

Kaip išsprendžiate priešpriešą tarp „viskas priklauso nuo manęs" ir „viskas nulemta Kūrėjo"?

Visi šie „pratimai", ką ir kaip galvoti prieš veiksmą ir po jo, reikalingi pirminiam Kūrėjo pajautimui, kad užčiuoptume Jo Buvimą. Kadangi negalime jausti mūsų savasties susijungimo su Kūrėju, turime prisiversti pajusti ir tik tada galėsime jausti vienybę su Juo.

Prieš ir per kiekvieną veiksmą turėtume visiškai nepastebėti Kūrėjo Buvimo ir apsimesti, kad Jo ir su žiburiu nerasi. Kas mums neleidžia racionaliai tokiu būdu veikti? Kodėl staiga patikime, kad Kūrėjas padės, ir stengiamės būti teisuoliai?

Juk blogosios jėgos, apvalkalai (mūsų neištaisyti norai) nesusijungia su Kūrėju ir specialiai neleidžia mums to padaryti. Todėl galime stengtis ir ištaisyti šias mintis bei norus.

Žinoma, gali sakyti, kad visos kliūtys ateina iš Kūrėjo. Pirmiausia atsiunčia mintį, kad Jis egzistuoja, o tai yra viena kliūtis, ir galų gale siunčia mintis, kad Jis neegzistuoja, o tai jau kita kliūtis. Visos šios kliūtys – tam, kad paskatintų mus taisyti savo mintis, nes galų gale mūsų ir Kūrėjo mintys susijungia.

Mes ne tik sekame Kūrėjo mintimi, bet ir susivienijame su ja, t. y. mūsų mintys ir Kūrėjo mintys neįsigyja priežasties ir pasekmės formos, o yra paprasčiausiai tapačios.

DVASINIS DARBAS

ATLYGIS IR BAUSMĖ

Jeigu Kūrėjas egzistuoja, į visus turėtų žvelgti su amžina meile. Kodėl tada yra tiek daug nubaustųjų?

Tavo klausimas parodo vietą, kurioje esi, nes išvadas galime daryti tik iš savo pačių vystymosi pakopos. Jeigu pakilsime dvasiškai, viskas mumyse pasikeis: mūsų išvados, požiūriai ir netgi tai, kaip matome pasaulį. Pasaulį matysime kaip kažką gera, tobula.

Tačiau dabartinėje savo būsenoje tegali matyti tikrovės fragmentą, kuriame tau itin sudėtinga pateisinti ir suvokti Kūrėją. Žinau tai iš savo patirties.

Palauk, kol Kūrėjas atsiskleis tau, ir tada galėsi Jį pateisinti. Tas, kuris pateisina Kūrėją, vadinamas „teisuoliu". Žmogus turi tapti visišku teisuoliu norėdamas atskleisti Kūrėją ir Jo veiksmus, visiškai Jį pažinti, kad galėtų pateisinti.

Kad tą pasiektume, turime būti tapatūs Kūrėjui, nes pažinti galėsime prilygę Jam formos panašumu. Patarčiau paskaityti Baal Sulamo „Įvadą į *Mokymą apie dešimt sfirot*".

JUSLIŲ TAISYMAS

Ar yra kokia nors kabalistinė elgesio technika, padedanti „suminkštinti" ar apriboti blogio gavimą?

Viskas ateina iš Kūrėjo. Iš Kūrėjo išeina tik paprasta Šviesa, visiškas gėris. Savo neištaisytose juslėse jaučiame ją priklausomai nuo savo panašumo į ją, kuri varijuoja nuo visiškos priešingybės iki to, kokia ji yra iš tikrųjų.

Skirtumą tarp savęs ir Šviesos jaučiame kaip skausmą. Šios kančios gali būti nesąmoningos, kai žmogus nežino, kodėl pasaulis kenčia, arba sąmoningos. Taip nutinka, kai pajuntame Kūrėją ir patiriame, kad Jis yra ne skausmo, o veikiau malonumo šaltinis, ir kad kančių priežastis – skirtumas tarp mūsų ir Kūrėjo savybių.

Būdas išsivaduoti gana paprastas: studijuok tik Rašbi (Šimonas Bar Jochajus), Ari ir Ašlagą. Mūsų kančios pamažu išnyks ir užuot klausę: „Kodėl neturiu...", klausime: „Kodėl nejaučiu Jam meilės?" Paskui patirsime „meilės kančias" – troškimą susijungti su mylimuoju. Dabar tai tėra žodžiai (gana žemiški), bet kai pasieksime šias būsenas, suvoksime jų dvasinę prasmę. Kartais netgi paprasti žmonės jaučia, kad patiria šias būsenas ir ima apie jas rašyti.

Bet kuriuo atveju raginu daug skaityti be jokios ypatingos tvarkos. Perskaityk viską, ką paskelbėme, taip pereisi įvairias būsenas, kurios išmokys tave, kaip gyventi.

Ryšys su vedliu, mokytoju, kabalistu – būtinybė. Priešingu atveju silpnumo akimirkomis tave gali nublokšti į šalį. Žinoma, tu sugrįši į kabalą, tačiau tai gali ilgai užtrukti, gal net keletą gyvenimų.

SĄMONINGA BEPRASMYBĖ

Stengiuosi daryti tai, ko reikia Kūrėjui, bet tada pajuntu pasišlykštėjimą savimi ir panieką. Viskas, ko klausiu, atrodo melas, bet vis tiek tęsiu, nes atrodo, lyg kas nors mane stumtų iš už nugaros. Ar turiu kitą pasirinkimą?

DVASINIS DARBAS

Pasirinkimas tik vienas: toliau skaityk kabalistines knygas, klausykis kabalistinės muzikos. Taip valandą kitą pasitreniruok su ketinimu tiek, kiek gali, kad tai padėtų išeiti iš šios būsenos. Ko negali protas, tą padarys laikas. Šias būsenas patiria kiekvienas kelyje ir tokių reakcijų bus dar daugiau. Tai vadinama „blogio įsisąmoninimu", mūsų prigimties menkumo įsisąmoninimu. Po to sumišimą pakeis tikroji gėda, kurią minime kaip pirmojo apribojimo priežastį. Apskritai siūlyčiau užrašyti savo mintis, tai paspartina šias būsenas, jų įsisąmoninimą ir taip jas pakeičia. Trumpai tariant, tai padės paspartinti tobulėjimo procesą.

ABEJINGUMO ĮVEIKIMAS

Ką daryti, kai staiga į iš Aukščiau atėjusias aplinkybes imu žiūrėti su abejingumu? Tiesiog nejaučiu nieko, ką paprastai patiriu: nei skausmo, nei malonumo. Kokia tai būsena? Ar turėčiau ką nors daryti ar tiesiog būsena praeis pati?

Visus pojūčius gauni iš Aukščiau. Ir jie būtini. Pats pamatysi, jeigu ne dabar, tai vėliau. Tokiais laikotarpiais svarbiausia žiūrėti į save iš šalies ir pamatyti, kad nieko su savimi negali padaryti.

Dėl šio tikslo iš Aukščiau gali gauti įvairiausių būsenų... Išvysi, kad be atlygio, be malonumo ar tikslo negali nė piršto krustelėti. Tavo nuotaiką, tavo ketinimus, požiūrį į gyvenimą galima akimirksniu pakeisti iš Aukščiau. Turi ištirti šias būsenas.

Kabala studijuoja kūrinio prigimtį, šį tyrimą atlieki su savimi, savo kūnu, savo kančiomis, džiaugsmais, ketinimais – nuo subtiliausiųjų iki grubiausiųjų.

Nelengva išgyventi abejingumo būsenas, bet kad jas paspartintum, geriausia būti grupėje žmonių, kurie, kaip ir tu, studijuoja kabalą. Daryk ką nors kartu su jais, bet ką, pavyzdžiui, skaityk kabalos paskaitas ar padėk ją platindamas. Bet koks fizinis veiksmas, nukreiptas į tikslą, labai padeda pereiti apatijos būseną. Mūsų darbas – paspartinti tobulėjimo procesą.

ABEJINGUMO BŪSENA

Kodėl vietoj entuziazmo jaučiu visišką abejingumą?

Kiekvienas žmogus, sužinojęs apie kūrimo tikslą, Kūrėjo suvokimą, būdus tam pasiekti, iš tikrųjų gauna kvietimą iš Aukščiau studijuoti kabalą. Visa kita priklauso nuo tavęs.

Kad ir ką jaustum – tai duota tau, kad eitumei į priekį (nesvarbu, kas tai būtų, patirsi daugybę įvairių pojūčių: nuo visiško abejingumo iki entuziazmo). Todėl vienintelis atsakymas: stropiai tęsk studijas nepaisydamas savo besikeičiančių nuotaikų ir norų.

VIDINĖ KOVA

Kodėl suvokimas prote ir pojūčiai širdyje nesutampa?
Kodėl paklusęs savo širdžiai, nes negalėjo daryti kitaip, žmogus pamato, kad protas buvo teisus? Kodėl manyje vyksta ši kova ir kaip tai išspręsti?

Dabar tu iš vidaus tyrinėji, pradedi studijuoti save. Tikėtina, kad šią savianalizę atlikai ir anksčiau, prieš pradėdamas studijuoti kabalą. Psichologai taip pat su tuo dirba.

DVASINIS DARBAS

Psichologinė analizė skiriasi tuo, kad save tiriame neperžengdami šio pasaulio ribų, žmogiškojo proto lygmenyje, o ne kabalistinių tekstų veikiami. Kai žmogus studijuoja kabalą, jo atliekama analizė – tai supančios Šviesos, kuri veikia jo sielą, rezultatas. Todėl galiausiai savo potyrius priskirsi ryšiui su Kūrėju. Daugiau skaityk, ypač tau patinkančias tekstų dalis. Gerai skaityti ir psalmes. Paieškok straipsnių, kur aptariamos panašios būsenos. Pastebėsi, kad patiri tą patį, ką ir jie. Tu eini į tikslą, nors kelias atrodo painus, varginantis, nuobodus ar tuščias. Tačiau jis vis tiek veda tave tikslo, tobulybės, amžinybės link.

KARTI TIESA AR SALDUS MELAS?

Skaitydamas „Vidinius apmąstymus" norėjau pajausti malonumą, tačiau pajutau neviltį, sąžinės graužatį. Kodėl?

Širdis jaučia arba malonumą, arba skausmą. Protas analizuoja, kas tiesa, kas melas; o tu turi pasirinkti, kas svarbiau: tiesa (nors ir karti) ar saldus melas. Toks pasirinkimas galioja bet kuriam mūsų veiksmui ir tai yra tavo vystymosi proceso, vidinės kaitos veiksnys.

NEŽUDYK

Koks būdas pats veiksmingiausias, norint liautis mėgautis „dėl savęs" ir pajausti malonumą „dėl Kūrėjo", nežudant savo norų?

Žmogaus norų nepakeisi, nes jie duoti iš Aukščiau. Žmogus net negali pats tiesiogiai pakeisti savo ketinimų. Pasakyta, kad „Šviesa keičia". Tad rezultatai išryškės pamažu, kai studijuodamas kabalą stengsiesi būti susijęs su mokytoju. Pajusi Aukštesnįjį pasaulį, Kūrėją ir pats tobulėsi pasitelkdamas noro gauti jėgą iš Aukščiau.

„APRIBOJIMAS" – VARTAI Į DVASINGUMĄ

Jeigu griežtai laikysiuosi pirmojo apribojimo sąlygos, kiek metų užtruks, kol nors šiek tiek pajausiu Aukštesnįjį pasaulį?

Vos tik įstengsi atlikti tau duotų norų pirmąjį apribojimą ir nieko nenaudoti „dėl savęs", o tik „dėl Kūrėjo", pajausi Kūrėją ir Aukštesnįjį pasaulį. Jis priklausys nuo atlikto ribojimo stiprumo ir šio ribojimo ištaisytų norų skaičiaus.

Jeigu vėliau savo ankstesniuosius materialius ketinimus gauti „dėl savęs" gali paversti dvasiniais ketinimais „dėl Kūrėjo", su tais norais atliksi dvasinius veiksmus. Pats viskam vadovausi, užuot buvęs vedamas Kūrėjo.

PASIRENGIMO METAS

Žadama, kad per vieną gyvenimo ciklą žmogus gali pereiti visas pakopas, pradedant nuo pirmojo noro dvasingumui ir baigiant taisymosi pabaiga. O jeigu ciklas neužbaigiamas, ar nevertėtų tiesiog „užmušinėti laiko"? Juk pagaliau šis gyvenimas buvo duotas vien tam, kad išsitaisytume!

DVASINIS DARBAS

Baal Sulamas „Įvade į *Mokymą apie dešimt sfirot*" sako, kad per trejus penkerius metus žmogus gali pasiekti Aukštesnįjį pasaulį ir pradėti kilti dvasinėmis pakopomis. Tačiau tik idealiu atveju. Paprastai reikia du ar net triskart tiek, kad pasisektų. Tai, ką aš sakau dabar, galiojo sieloms XX a. devintajame dešimtmetyje, tačiau viskas gali pasikeisti XXI amžiuje, nes sielos, kurios nusileidžia šiandien, nuo pat pradžių yra daug artimesnės dvasingumui.

„MANO SŪNŪS NUGALĖJO MANE"

Kodėl paskutinė iš keturių vystymosi stadijų apibūdinama kaip ginčas su Kūrėju?

Sielos ir žmogaus noro gauti brandumas apibrėžiamas žmogaus noru pakilti aukščiau dabartinio lygmens. Negyvajam lygmeniui trūksta savarankiškumo, augalinis – savarankiškesnis, gyvūninis turi dar didesnį savarankiškumą nei augalinis, o žmogus yra paskutinė iš šių fazių. Iš esmės žmogus susideda iš visų šių keturių fazių.

Negyvajame lygmenyje žmogus nesikeičia ir lieka tokios pat būsenos, kokios ir gimė. Paskutiniame lygmenyje („žmogus" žmoguje) jis nori išsivaduoti iš savo gaunančiosios prigimties ir grumtis su Kūrėju, kuris suteikė jam šią prigimtį. Kūrėjas sukūrė gaunančiąją prigimtį, o žmogus Jį verčia ją pakeisti.

KALTINTI KŪRĖJĄ

Kaip dvasinėje kelionėje išvengti nusivylimų? Juk kur kas patogiau manyti, kad Kūrėjas atėmė iš mūsų norą artėti prie Jo, tad mes pateisiname save ir kaltiname Jį. Bet jeigu tai suprantame, ar galime šiuos procesus savyje ištaisyti?

Mumyse nėra nieko, ko neturėtų būti. Liekame tokie, kokie buvome sukurti, tačiau jeigu mėginame išsitaisyti, taisome prigimtinių savybių panaudojimo būdą. Mes keičiame tik ketinimą iš veikti „dėl savęs" į veikti „dėl Kūrėjo". Tad nereikia skųstis savo prigimtinėmis savybėmis, o jeigu jau atsidūrei čia, apsižvalgyk aplink ir ko nors imkis.

Kaip dvasiniame kelyje išvengti nusivylimų?

Nusivylimų neišvengsi. Iš tikrųjų jie pozityvūs, nes rodo tavo nepasitenkinimą noru mėgautis. Tai ženklai, kad eini teisinga linkme. Žmogus, dirbantis „dėl savęs", kupinas energijos, nes jis tiki, jog taip užsitikrina amžiną palaimą.

Bet lengviau galvoti, kad Kūrėjas nepakankamai mums davė.

Klausi, kaip reaguojame, kai jaučiame nepasitenkinimą savo būsena: ar kaltiname Kūrėją už tai, kad nelepina mūsų; ar prašome pagalbos įveikti savo pačių prigimtį?!

...o tada pateisiname save ir kaltiname Kūrėją.

Pakeisk žodžių tvarką. Kaltinkime save ir pateisinkime Kūrėją. Kaltindami Kūrėją, kad šis nepriartina mūsų, jaučiame vidinę prieštarą. Artėti prie Kūrėjo reiškia, kad esame būsenos, kai nieko nenorime „dėl savęs" ir priimame viską, kas ateina mums, kaip geriausią galimą dalyką, nes tikime, kad viskas nusileidžia „iš Kūrėjo".

Tai apie kokį prašymą kalbi?

Lengva kaltinti Kūrėją, kad neduoda mums noro ir priemonių prie Jo priartėti.

Jeigu nuolat kartojame, kad Kūrėjas neleidžia mums prie Jo priartėti, tai būtent ta būsena, kai turime ko prašyti. Privalome prašyti, kad Kūrėjas suteiktų daugiau meilės artimui savybių, kad būtume visiškai patenkinti tuo, kaip Kūrėjas valdo pasaulį, ir, užuot keikę, garbintume Jį.

Šitai neabejotinai galime atlikti.

Buvimas kairėje linijoje reikalingas tam, kad atskleistume naujus norus mėgautis dėl savęs. Paskui juos ištaisome, mus užpildo Šviesa bei žinojimas ir taip pakylame virš savo ankstesnės būsenos. Tai vyksta nuolatos.

Mes galime tik pagreitinti nuolatinio proceso vyksmą, sutrumpinti buvimo laiką kiekviename etape. Viskas priklauso nuo prisitaikymo prie konkrečios būsenos.

Verkšlenti ir kaltinti Kūrėją – lengva, nes išvaduoja mus nuo veiksmų, pastangų. Tačiau ko nedaro protas, tą daro laikas. Viskas praeina ir mes pamažu priprasime prie šių pokyčių bei tam tikru laipsniu pradėsime juos kontroliuoti. Kiekvienoje situacijoje turėtume elgtis, kaip pasakyta: „Visa, ką tik tavo ranka imasi daryti, daryk visomis jėgomis" (Koheleto knyga 9, 10).

Nesvarbu, net jeigu nežinai, kaip daryti. Tiesiog daryk. Netgi pats klaidingiausias, neteisingai suprastas veiksmas paspartina žingsnį ir priartina tave prie kitos pakopos, kuri visada arčiau išsitaisymo nei ankstesnioji.

EKRANO SUDAUŽYMAS

Sakoma, kad kuo aukštesnė sfira, *tuo didesnis jos noras ir ekranas buvo sudūžtant, tuo žemiau krinta jos kibirkštys praradus ekraną. Kodėl?*

Aukštesnioji *sfira* – tai didesnis noras ir todėl stipresnis jį atitinkantis ekranas. Žinoma, jeigu ekrano nebėra, didesnis noras lieka tuščias. Pasilieka didesnis noras mėgautis dėl savęs negu žemesniojoje *sfiroje*, kurios ir noras, ir ketinimas yra mažesni.

Todėl galioja taisyklė: kas dvasiškai aukščiau, to ir noras didesnis. Ir jeigu jis krinta, tai krinta giliau, tampa blogesnis. Lygiai taip pat ir šiame pasaulyje, tačiau dvasiniame pasaulyje atstumai (savybių skirtumai) tarp pakilimo ir nuopuolio yra milžiniški.

Jeigu tikrai susikoncentruosi, gali pereiti visas būsenas ir tobulėti, nekreipdamas dėmesio į savo nuotaikas, vidinę psichinę būklę.

DVASINIS TIKĖJIMAS

Tikėjimas turėtų pakeisti visus pojūčius, tarsi visa tikrovė būtų atverta žmogui prieš akis, nors jis nejaučia Kūrėjo ir Jo valdymo. Ar tai ne aklas tikėjimas?

Neprivalai aklai tikėti Kūrėju, nes tikėjimas įgyjamas tik su ekranu, nes tikėjimas – tai Kūrėjo jautimas. Yra tikėjimas, vadinamas *Binos* Šviesa, gailestingumo Šviesa, ir yra absoliutus tikėjimas, vadinamas gailestingumo Šviesa su *Chochma* švytėjimu. Būtent pastarąjį ir norime pasiekti. Tada indas-siela (žmogus) yra tobulos būsenos taisymosi pabaigoje, po to, kai sugrįžo į savo šaknį, Kūrėją.

SVARBOS KĖLIMAS

Kaip galima pakelti gyvenimo tikslo ir Davėjo didingumo svarbą?

Baal Sulamas atsako taip: studijuojant grupėje, prižiūrint mokytojui kabalistui.

Studijuoti reikia tik tuos tekstus, kurie buvo parašyti specialiai šiam tikslui, kad vestų žmogų pas Kūrėją nuo pat pirmojo žodžio.

Kam reikalinga grupė? Visos sielos iš esmės yra viena siela, mūsų fiziniais pojūčiais padalyta į daugybę dalių. Dvasingumas „liejasi" iš vienos sielos į kitą ir jeigu grupės nariai sieja stiprus ryšys, jų kūnai nekliudo kelyje pas Kūrėją.

Priešingai, kūniškų kliūčių įveikimas, norint užmegzti ryšį su kitomis sielomis, sustiprina dvasingumo jautimą tiek, kad žmogus įstengia pajausti Kūrėją.

Mokytojas turi būti kabalistas, žinomo kabalisto mokinys, iš mokytojo gavęs tikslų mokymosi metodą, pats jį studijavęs ir nuėjęs bent jau dalį kelio.

TIKĖJIMAS AUKŠČIAU ŽINOJIMO

„Tikėjimas aukščiau žinojimo" – koks tai metodas?

Žmogus gali rinktis tris kelius: aukščiau žinojimo, žinant, žemiau žinojimo. Protas – žmogaus esmė, jo idėjos, mentalitetas, išprusimas.

Žemiau žinojimo yra veiksmas be savikritikos ar tyrimo. Tai būsena, kai nepaisoma proto; fanatizmas, kai tikima netikrinant, bet kokia kaina. Kuo daugiau žmogus geba atjungti protą ir eiti vadovaudamasis vien tikėjimu, tuo jo tikėjimas arčiau „žemiau žinojimo".

Tai matyti fanatizme ir mokymuose, kai žmonės aklai seka neklausinėdami ir nedvejodami. Šis metodas naudojamas mokyti žmones tam tikrų įpročių, kurių jie laikosi visą gyvenimą. Todėl kuo labiau žmogus linkęs į „tikėjimą žemiau žinojimo", tuo kvailesnis tampa, nes ima tikėti stebuklais ir kitokiais panašiais fenomenais.

Žinome, kad žmogus tiria ir priima tik tai, kas tinka jo tikrovės suvokimui. Tai vidinis tikėjimas, būsena, kai žmogus kliaujasi protu, juslėmis ir viskuo, ką teikia vidinė prigimtis.

Aukščiau žinojimo – tai, kai žmogus tiria duomenis, mato, kad tai neatitinka jo tikrovės suvokimo, tačiau vis dėlto priima, net jeigu tai ir prieštarauja sveikam protui bei supratimui. Kodėl? Nes šis protas kyla iš Aukštesniojo, kuriuo žmogus pasitiki labiau nei savimi.

Visi mūsų elgesio modeliai suvedami į „tikėjimą aukščiau žinojimo". Kuo aukštesnė pakopa, tuo daugiau žmogus duoda. Mes negalime to suprasti, negalime išvysti, kaip pasiekti tokią aukštą pakopą, stengtis ir rasti energijos darbui.

Tačiau tai įmanoma su „tikėjimu aukščiau žinojimo", nepaisant norų ir kūno supratimo, nes kūno troškimai priklauso dabartinei būsenai, o mes norime pasilypėti į aukštesniąją. Todėl vis didesnis žinojimas mums duodamas kaip kliūtys ir kuo labiau į juos žiūrime per „tikėjimą aukščiau žinojimo", tuo išmintingesni tampame.

Iš tikrųjų vystydamiesi pasikliaujame šiuo žinojimu naudodami jį, kad virš jo pakiltume. Šis žinojimas lieka mumyse it pagrindas, kurį paminame. Taip iš vienos pakopos į kitą augame vis išmintingesni. Pamažu iš savo patirties pats tą suprasi.

Jeigu kabalistai kaip paprasti žmonės mėgintų pašalinti šias kliūtis, pasiliktų „tikėjime žemiau žinojimo". Tačiau jie kliūtis tiria, susiduria su prieštaravimais ir su jais dirba. Štai todėl jie įgyja žinias sulig tikėjimu ir sukuria tikėjimą virš visų prieštaravimų, virš kūno norų. Todėl kabalistai gali suprasti tai, kas pranoksta mūsų suvokimo ribas.

Kitaip tariant, priešais juos atsiveria dvasinis pasaulis, nes jie įgyja ekraną „tikėjimu aukščiau žinojimo".

„TIKĖJIMAS AUKŠČIAU ŽINOJIMO" GRUPĖS DARBE

Kaip „tikėjimas aukščiau žinojimo" veikia grupėje?

Visada turime laikyti Kūrėją šio pasaulio vaizdo, kokį matome, antrame plane. Pasąmonėje visada turime stengtis galvoti apie Kūrėją. Tada mūsų mintys bus nukreiptos teisinga kryptimi: kadangi esame su draugais, kurie taip pat ieško to paties tikslo.

Todėl šiandien viskas, ką gaunu iš ko nors grupėje, tikriausiai yra kliūtis, su kuria reikia susidoroti tikėjimu aukščiau žinojimo, priimti, ką jis man sako, pateisinti jį. Pateisindamas jį, kylu į aukštesnę dvasinę pakopą.

Eiti tikėjimu aukščiau žinojimo reiškia, jog aš priimu ir sutinku savo širdimi ir siela su viskuo, kas man atsitinka. Kai vienas iš draugų kritikuoja mane, turiu priimti visas pasekmes „tikėjimu aukščiau žinojimo" kaip gėrį ir tiesą, nes su savo egoistiniais indais negaliu išvysti tiesos.

Kai įstengiame pajudėti keliais žingsniais į priekį, atlikdami šiuos, atrodytų, paprastus pratimus, t. y. stengiamės viską, kas mums ateina, priimti kaip Kūrėjo norus, pradedame jausti, kaip Kūrėjas elgiasi su mumis.

Šitai dar ne atskleidimas, bet jau dvasinio kontakto su Kūrėju pradžia. Tokiu būdu mezgame ryšį su Kūrėju.

Suprantame, kad Kūrėjas yra paslėptas ir per aplinkinius žmones siunčia mums žinutes. Taip pradedame jausti Jo dalyvavimą visuose mūsų gyvenimo įvykiuose.

Tai tikras jausmas ir šis kontaktas tampa amžinas, svarbiausias veiksnys mūsų gyvenime. Tai būdas įžengti į dvasinį pasaulį, sutvirtinti kontaktą su Kūrėju ir pakilti į aukštesniąją pakopą.

BENDRAS TIKSLAS

Kodėl reikia sutikti su draugais?

Matydami, kad draugai teisūs, paprasčiausiai priimame jų mintis, sutinkame su jais (taip įgyjame naują žinojimą). Lygiai taip pat būna, kai mylime. Abiem atvejais nevyksta joks taisymosi procesas.

Su kitais sutariame ne išorinių priežasčių verčiami (vadovas darbe, kančios, netektis, meilė ir pan.), o todėl, kad turime dirbti kartu dėl to paties tikslo, ir kad jį pasiektume, atliksime tūkstančius bandymų, mėgindami susivienyti Pritariame draugams, nepriklausomai nuo to, ar jie teisūs. Šis sprendimas vadinamas „tikėjimu aukščiau žinojimo", nes priimame jį prieštaraudami savo sveikam protui. Kodėl taip darome? Nes tikslas to reikalauja. Faktai patvirtina mūsų nuomonę, bet dėl bendro tikslo mes laikomės draugo nuomonės, kuri prieštarauja sveikam protui.

PASIEKTI AUKŠTESNĘ DVASINĘ PAKOPĄ

Kaip galiu pasiekti aukštesnę dvasinę pakopą?

Kaip galiu pakilti iš pakopos X į pakopą X+1? Mūsų pasaulyje žmogus gali pakelti tik savo fizinį kūną. Dvasiniame pasaulyje žmogus kelia savo dvasinį kūną ir savo ketinimus. Mes turime pakeisti savo ketinimus, kad jie atitiktų naują dvasinę pakopą.

Tačiau jeigu visi mūsų pojūčiai pasikeičia, kaip sugebėsime pakeisti save? Tą galima padaryti „tikėjimu aukščiau žinojimo".

Veikiame prieš kiekvieną vertybę, supratimą, savybę, kurias turėjome X dvasinėje pakopoje, ir visas X+1 savybes aklai priimame už tiesą, nors jos prieštarauja mūsų prigimčiai ir atrodo nerealios, nenatūralios dabartinėje mūsų būsenoje.

Aukštesniosios pakopos gebėjimai leidžia mums daugiau atiduoti, dar labiau atsiriboti nuo savo pačių poreikių. Šiuo metu nesugebame to padaryti; tai atrodo nenatūralu. Manome, kad tik pamišėlis galėtų taip daryti.

Bet turime šias savybes priimti aukščiau žinojimo it savas. Jeigu mums pasiseks, Kūrėjas pakels mus į kitą dvasinę pakopą, arčiau Savęs, ir taip kitoje pakopoje tapsime dvasiniais embrionais (*Ibur*).

Kaip vaisius motinos įsčiose, taip ir mes užsimerkę sutiksime susijungti su Kūrėju. Nėra kito būdo pasiekti aukštesnį lygį. Dabar tampa aišku, kodėl to neįmanoma padaryti be pagalbos iš Aukščiau. Mes turime siekti „tikėjimo aukščiau žinojimo", užuot mėginę logiškai, protu išsiaiškinti, net jeigu tai ir būtų įmanoma. Grupėje visada yra galimybių sutikti su draugo nuomone. Grupė turėtų virsti vieta, kur žmogus psichologiškai pasirengia eiti pirmyn „tikėjimu aukščiau žinojimo". Turime nuolatos vienas su kitu praktikuotis, kad suprastume, ką reiškia „tikėjimas aukščiau žinojimo": priimti kito nuomonę, nors pats visiškai su ja nesutinki.

Tirdamas savo draugo požiūrį į save, analizę visada pradedu savo intelektiniais gebėjimais ir savo noru jausti malonumą. Negaliu ignoruoti būsenos, negaliu atleisti, bet turiu pasiekti tašką, kada priimu jo idėją absoliučiai su ja nesutikdamas, nes noriu su juo pasiekti tikslą.

Kompromisų nereikia. Turime visiškai įsisąmoninti blogį. Jeigu nesuvokiu, iš kur kyla mano žinojimas, kaip galiu pakilti? Ir virš ko?

Jeigu nesuprantu savo draugo nuomonės, kaip ją priimsiu? Turiu išanalizuoti viską, išskyrus jo idėją, nors karštai jai nepritariu, nors ji mane skaudina, kankina, verčia nekęsti.

Tiesa, kad mano draugas toks pats egoistas, kaip ir aš, gal net didesnis, bet tai neturi reikšmės. Svarbiausia yra treniruotis bandant priimti draugo idėjas vietoj savųjų.

Taip turėsime galimybę ką nors padaryti „tikėjimu aukščiau žinojimo". Tačiau nusprendę priimti draugo nuomonę, mes sutinkame su juo siela ir širdimi. Tai naujas žinojimas aukštesnėje dvasinėje pakopoje, kuri dabar tampa mūsų.

DVASINIS DARBAS

Baruchas Ašlagas savo straipsniuose apie darbą grupėje rašo, kad sukūrus kabalistų grupę nariai įgyja galimybę tirti tarpusavio santykius, pajusti priešiškumą ir galų gale virš viso to pakilti, nes tai vienintelis būdas, kuriuo galima pasiekti dvasinį pasaulį.

MEILĖS RIBOS

Mylėti pavojinga. Vos tik kitas suvokia, jog dėl jo esi pasiryžęs bet kam, ima tuo naudotis. Ar kas nors panašaus vyksta tarp mūsų ir Kūrėjo?

Meilė gali egzistuoti tik tada, kai nėra apribojimų! Tačiau jeigu ji nevaržoma, sužadina mylimojo nepagarbą ar net neapykantą. Galime rasti pavyzdžių, kaip vaikai elgiasi su visiškai jiems atsidavusiais tėvais. Todėl, kad pasiektume absoliučią, amžiną meilę, Kūrėjas sukūrė vidinių ryšių sistemą tarp Savęs ir mūsų.

Iš pradžių Kūrėjas ir Jo meilė paslėpti. Taip daroma norint išvengti būsenos, kai suvokę, kiek meilės mums gali duoti Kūrėjas, imame Jo nekęsti.

Todėl pirmiausia turime pasiekti būseną, kai norime viską atiduoti Kūrėjui, ir tik tada galėsime teisingai, nekenkdami sau pajausti Kūrėjo meilę. Tada pajėgsime gauti iš Kūrėjo ir išreikšti savo amžiną meilę Jam.

Ši būsena amžina, nekintanti. Dėl to pasakyta: pirmiausia reikia bijoti Kūrėjo, o paskui – Jį mylėti. *Zohar* pasakyta, kad bijoma ne netekti meilės, nes netekimo baimė – egoistinė. Bijoti – tai dvasiškai suvokti klausimą: „Ar padariau viską, ką galėjau, dėl Kūrėjo?" Tai primena motinos elgesį su vaiku, nors šiuo atveju mūsų požiūris į Kūrėją prilygsta Jo požiūriui į mus.

Būtina įsisąmoninti, kad atlikti maloningą veiksmą visų pirma reiškia peržengti noro būti geram tik sau ribas ir atlikti gerus veiksmus, nepaisant savijautos. Šioje būsenoje bet kuris noras mėgautis dėl savęs, nesvarbu, kokia jo forma, nepakirs tavo noro ir toliau daryti gera.

Todėl viskas priklauso nuo to, *kas* atlieka gerą veiksmą, o ne *kam* jis skirtas. Klausimas toks: kokius ketinimus turi žmogus, atlikdamas maloningą veiksmą? Ar jis nori atnešti naudą asmeniui, dėl kurio atlieka veiksmą? O gal jis siekia atlygio sau?

Jeigu yra ryšys tarp gero veiksmo ir atlygio, tai gerumas nėra gerumas, o dar vienas būdas gauti malonumą per kitą asmenį. Būtent tai šiame pasaulyje vadiname „meile". Tačiau tikroji, dvasinė meilė pasiekiama tik po pirmojo apribojimo, t. y. apribojant savo norus gauti dėl savęs.

Taip su ekranu taisomi mūsų norai, nes tik po išsitaisymo ryšys tarp noro (gaunančiojo veiksmo) ir malonumo (duodančiojo atsakas) yra nutraukiamas. Tokius taisymus galima atlikti tik su kabala.

BARJERAS

Kaip nuostabu, kada gali mylėti, ir kaip negera, kai negali. Ar kančios, kad negaliu mylėti, liaujasi perėjus barjerą ar tik taisymosi pabaigoje?

Skausmas kyla iš tavo prigimtinio noro mėgautis šiuo pasauliu ir jis liausis dar iki praeinant barjerą. Barjeras – tai minties „dėl savęs vieno" atsisakymas. Tiesą sakant, tai visų šio pasaulio dalykų atsisakymas. Minties tik „dėl savęs" nebuvimas jau susijęs su dvasiniais norais ir malonumais.

KANČIA DVASINIAME PASAULYJE

Mūsų pasaulyje žmogus kenčia šio pasaulio kančias, o dvasiniame – dvasines, kurios gerokai stipresnės nei mūsų pasaulio kančios. Kaip žmogus gali sutikti mažesnes kančias iškeisti į didesnes?

Dvasinės kančios – meilės kančios, kančios, susijusios su klausimu: „Ką dar galiu padaryti dėl savo mylimojo?" Jos vadinamos „saldžiomis kančiomis". Jos niekada nemažėja; jos egzistuoja, kad galėtum jausti malonumą duodamas, susiliedamas su Kūrėju.

BE TIKĖJIMO NĖRA MEILĖS

Mano supratimu, knygoje Zohar parašyta, kad tikroji meilė – tai tikėjimas tikru Kūrėju. Tikėti tikru Kūrėju – tai iš tikrųjų Jį suvokti; suvokti reiškia suprasti. Tikrasis supratimas būna tada, kai žmogus mato, skiria ir žino (tuo pačiu metu, jeigu jo suvokimas teisingas), kad suvokia meilę Kūrėjui, tikėjimą Juo, nes be tikėjimo nėra meilės.

Esi teisus. Nieko ir nebepridėsi!

Aukštesniųjų pasaulių suvokimo metodas – natūralus, nes atrandame jį patys, savyje, o ne gauname iš Aukščiau kaip knygą. Atradę jį savyje, apibūdiname jį ir naudojamės keliui sutrumpinti.

Tą patį kelią galime nueiti ir be knygų, tačiau tai užtruks gerokai ilgiau. Mūsų laikais yra daugybė žmonių, kurie patyrė nemažas kančias ir dėl to staiga ėmė suprasti ir jausti dvasingumą. Taip pat yra tokių žmonių kaip tu, kurie nujaučia dvasingumą. Tačiau tai nėra tikrasis suvokimas, leidžiantis tau valdyti save ir savo aplinką. Kad geriau ir greičiau suprastume, mums reikia knygų, kurios vestų ir mokytų mus. Pagaliau sielai nėra nieko natūralesnio nei atskleisti Kūrėją, nes siela – Jo dalis.

PAJAUSTI KŪRĖJĄ

Koks mūsų darbas?

Kai mėgaujuosi, malonumas visiškai užlieja mane ir aš tampu jo vergu. Daugiau nebeįstengiu kontroliuoti savęs ir savo veiksmų. Esant tokios būsenos mano savybės netobulos, nes viską darau tik dėl malonumo.

Jeigu nesu patenkintas mane supančiu pasauliu, turiu suprasti, kad tai Kūrėjas man siunčia šiuos pojūčius, kad galėčiau kompensuoti savo nepatenkintus egoistinius norus dvasiniu noru siekti Kūrėjo.

Iš tikrųjų į dabartinę problemą turiu žiūrėti ne kaip į problemą, o kaip į šiuo metu geriausią galimą savo būseną. Turiu priimti tai kaip duotą būseną ir su ja susitaikyti.

Kai tai atsitinka, mano nepasitenkinimas pakeičiamas tikėjimu, kad viską siunčia Kūrėjas ir kad viskas – tik į gera. Kai tai nutinka su tave įžeidusiu grupės nariu, pažvelk į viską jo akimis, jo mintis ir norus pasiimk vietoj savų, sutik su juo, nes trokšti būti kaip jis, kaip Kūrėjas.

Nesvarbu, kas jis toks ar kokią dvasinę pakopą yra pasiekęs. Jeigu nori išsilaisvinti iš savo egoistinės prigimties ir pajausti Kūrėjo norus, vadinasi, tu jau nori išsivaduoti iš savo egoistinių indų ir pajausti Kūrėją.

ATSISKLEIDIMO PRIEŽASTIS

Mokytojas Ašlagas savo straipsniuose kalba, kaip svarbu pajusti Kūrėjo didingumą. Iš prigimties linkstame tarnauti didesniam už save žmogui, tad neabejotina, jog kūnas sutiks. Tačiau didingumas ten, kur malonė, o Kūrėjo gerumas nuo mūsų paslėptas. Tarkime, Kūrėjas visagalis, viską valdantis. Bet jeigu pasaulis kupinas skausmo, kaip matyti Jo didybę? Karalius didis savo maloningais veiksmais, o ne turima galia. Kaip tada galime pamatyti Kūrėjo didybę?

Esi teisus sakydamas, kad vergiškai paklustume, jeigu Kūrėjas atsiskleistų mums, kaip tai vyksta mūsų pasaulyje. Vienintelis skirtumas – mūsų tikslas. Kūrėjas atsiskleis tik pasauliui ištaisyti, o ne dėl kokio kito tikslo. Trokštame, kad Kūrėjas atsivertų, nes norime įsitikinti Jo egzistavimu, tačiau šitai turėtų būti vien taisymosi sumetimais.

Jeigu žmogus prašo Kūrėją atsiverti norėdamas išsitaisyti, Kūrėjas pasirodys prieš jį kaip darantis gera. Savo ruožtu žmogus akimirksniu pajus beribę meilę Jam.

Penktas skyrius

MALONUMO TROŠKIMAS – ATRASTI IR IŠTAISYTI

BEGALINIS NORAS

Kodėl mums reikalingas principas "būti užpildytiems dėl Kūrėjo"?

Šis principas leidžia mūsų norams nesilpnėti ir neišnykti. Pavalgę jaučiamės pasisotinę ir mūsų noras išnyksta. Tik įsivaizduok, kaip būtų, jeigu galėtum suvalgyti daugybę patiekalų, o tavo apetitas vis augtų. Kuo daugiau valgome, tuo labiau didėja mūsų noras gauti.

Todėl mums reikia taisyklės: „Ne dėl savęs, bet dėl Kūrėjo." Tik tada mūsų indas tampa beribis ir dvasiškai tobulėdami patiriame jausmus, kurių paprastomis juslėmis neapsakysi. Nes šio pasaulio malonumai, kaip kabalistai apibūdina, tėra „menkutė Šviesa", kibirkštis, nusileidžianti į šį pasaulį. Tai netgi nėra blausi Šviesa, ką jau kalbėti apie begalinę.

Noras eiti pirmyn nepradingsta dvasiškai vystantis. Priešingai, tavo norai auga, kaip didėja ir tavo gebėjimai. Dėl to žmogus patiria vis didesnį pasitenkinimą (gauna Šviesą).

MALONUMO TROŠKIMAS – ATRASTI IR IŠTAISYTI

MALONUMAS – GYVENTI AR MIRTI

Rašote: "Nors ir atrodo prieštaringai, gyvenimo Šviesa, visų mūsų malonumų šaltinis, gali atnešti mirtį. Priežastis ta, kad malonumas "dėl savęs" jaučiamas ne visame inde, todėl sukelia priešingą rezultatą – mirtį. O malonumas "dėl Kūrėjo" jaučiamas visame inde". Mano klausimas, kaip pojūtis, patiriamas tik dalyje indo, gali sukelti mirtį? Kodėl malonumas "dėl savęs" gali užpildyti tik dalį indo?

Po pirmojo apribojimo Šviesa negali įeiti į norą, indą, nes kelią užstoja ekranas. Jeigu ekranas atsispiria norui mėgautis inde, kitaip tariant, jeigu gali sukurti ketinimą "dėl Kūrėjo", tai priklausomai nuo ketinimo dydžio, kuris nusako ekrano stiprumą, Šviesa gali įeiti į indą. Tai vienintelis galimas būdas užpildyti indą, t. y. sielą. Kūrimo tikslas – pripildyti indą Šviesa naudojant ekraną. Kai Šviesa susiduria su indu, neturinčiu ekrano, ji iš karto grįžta į savo Šaltinį (dėl pirmojo apribojimo). Šviesai palietus neturintį ekrano indą, šis tučtuojau ima geisti Šviesos sau, nepaisydamas Šaltinio. Tada jis vadinamas "apvalkalu", "netyrumu" ir "mirtimi".

NORŲ ŠALTINIS

Papasakokite apie dvasinius ir materialius norus. Ar aplinka nulemia visus norus? O ką daryti, jeigu jos nėra? Ar tai mirtis?

Viską nulemia mūsų vidiniai *rešimot* (dvasiniai įrašai) arba aplinka (išsilavinimas, reklama, draugai ir t. t.). Paskaityk apie keturis veiksnius, nusakančius žmogaus vystymąsi ir laisvę Baal Sulamo straipsnyje "Valios laisvė".

O kaip dėl pagrindinių žmonijos norų? Ar tai viskas, ką turime?

Kiekvienas iš mūsų paklusniai atlieka savo mažytį vaidmenį milžiniškame mechaniniame vaidinime, jausdami, "kas su mumis vyksta", ir galų gale tampame pasirengę pajusti galutinį rezultatą.

Kaip didieji kabalistai, būdami atitolę nuo žmonijos, palaikė ir didino savo norą dvasingumui? O gal taip jie atsiribojo nuo norų (turtų, garbės, galios ir pan.), trukdančių kelyje? Kas vyko su dvasiniais norais tokio susvetimėjimo laikotarpiu?

Didieji kabalistai žmoniją jautė taip, kaip nejautė niekas kitas, suimdami į save jos kančias bei siekius, ir buvo artimesni jai už bet ką kita.

Kaip žmogus gali išauginti vidinius norus? Iš vidaus? Ar tai įmanoma?

Tą galima pasiekti tik studijuojant ir dedant pastangas visur, kas susiję su kabala ir nuolatos su tuo turint ryšį.

Kodėl trūksta norų? Kalbu ne apie tuščio indo pojūtį, kaip tik jo ir nėra.

Jeigu su tuo kovoji ir tau nesiseka, tada turi išgyventi šį jausmą ir jis praeis. Nulenk galvą, bet nesusitaikyk ir eik, tarsi turėtum norus.

ATLYGIS – RAMYBĖ IR TOBULUMAS

Kodėl atlygis – tai ramybė ir tobulumas?

Pasakyta, kad taika ir ramybė – galutinė būsena. Kodėl? Nes darbas, kad atiduotum, laikomas atlygiu. Jeigu trokštama atiduoti, tai ir yra atlygis. Kaip bendriausius pavyzdžius paimkime lytinius santykius ar valgymą. Jie reikalauja didelių pastangų. Kadangi gamta pagalvojo apie tiesioginį atlygį, tapo įmanoma gyventi ir daugintis. Apie pastangas nė nesusimąstome, nes atlygis, pats malonumas yra toks puikus.

Arba pažvelkime į motiną, kuri mėgaujasi maitindama savo vaiką. Net jeigu ji ir karalienė, neatsisakys šio veiksmo teikiamo malonumo. To ji nelaiko pastanga. Ir jeigu žmogus pakeičia indus iš ketinimo gauti į ketinimą atiduoti, jis savaime jaučia malonumą atiduodamas ir patiria ramybę.

DVASINIO NORO ŠALTINIS

Prieš metus, tik pradėjus studijuoti, atrodė, kad dvasingumas labai arti. Kone galėjau jį pajausti. Bet dabar kyla klausimas: iš kur kyla mano noras kažkam ko nejaučiu, nežinau ir nematau? Kodėl to trokštu? Apskritai aplinkiniai žmonės sako, jog tai neegzistuoja...

Taškas širdyje veda tave ir jis neleis tau sustoti. Nūnai atsiranda vis daugiau žmonių, jaučiančių šį norą. Ko turėtum siekti? Savo potyriais turi sugrįžti į savąją šaknį, į vietą bendroje sieloje – *Adam*, iš kurios šis taškas širdyje nusileido. Turi norėti grįžti į vienybės su Kūrėju būseną.

NORAI PO GALUTINIO IŠSITAISYMO

Tarkime, kabalistas užbaigė savo asmeninį išsitaisymą. Tada jis ir toliau kopia dvasinėmis pakopomis. Bet kad dvasiškai kiltų, jis tikriausiai turi nukristi. Į kokius norus nusileidžia toks kabalistas?

Kokie norai egzistuoja po galutinio išsitaisymo?

„Įvade į *Mokymą apie dešimt sfirot*" Baal Sulamas apibūdina visas pakopas, kurias turime pereiti dvasiškai vystydamiesi. Atlikę savo asmeninio indo (sielos) taisymą, toliau taisome savo ryšius su kitomis sielomis bendroje *Adam* sieloje.

Po to, kai visos sielos išsitaisė, jos pakyla į taisymosi pabaigos lygmenį ir netgi aukščiau: į pakopas, kurios niekada nebuvo apibūdintos, nes tai – „Kabalos paslaptys". Jų neįmanoma studijuoti ar atskleisti kitiems.

MATERIALŪS IR DVASINIAI MALONUMAI

Dėstau kabalą mažoje, mano paties suburtoje grupėje. Mano mokiniai, pradedantieji, paklausė apie dvasinius ir fizinius malonumus. Prašau padėti suformuluoti aiškų atsakymą, nes man pačiam nelabai aišku.

MALONUMO TROŠKIMAS – ATRASTI IR IŠTAISYTI

Dvasinis malonumas yra:

- begalinis, nes jis sukūrė indą ir todėl gali jį pilnai užpildyti;
- amžinas, nes suvokiamas ketinimu „dėl Kūrėjo", kuris niekada nemažėja jį užpildant malonumu, todėl niekados nesibaigia.
- nepaslėptas nuo indo už daugybės pasaulių (hebrajų kalbos žodis *olam* -„pasaulis", kyla iš žodžio *haalama* – „paslėptis"), todėl nesusilpnintas iki lygmens „menkas švytėjimas". Pats menkiausias dvasinis malonumas yra milijonus kartų didesnis už bet kurį fizinį, t. y. tą, kuris gaunamas dėl savęs.

Dieviško malonumo potyris yra ne tik pats pasitenkinimas, bet ir vienybės su Kūrėju išgyvenimas, Jo jautimas, o tai yra papildomas malonumas.

Jausdamas Kūrėją, žmogus Jį suvokia, įgauna visapusį pažinimą, apima visą pasaulėdarą, o tai suteikia dar didesnį malonumą.

KABALOS PLATINIMAS IR SIELOS VYSTYMASIS

Labai norėčiau, kad paaiškintumėte, ką reiškia „kabalos platinimas".

Visus mokslus apie save ir supantį pasaulį žmogus supranta tirdamas save ir aplinką.

Viską, ką žmogus nori, bet negali pažinti, užpildo savo fantazija, pagrįsta analogijomis, samprotavimais, racionaliais išvedžiojimais to, kas jau žinoma. Tačiau kad ir kaip stengtųsi, neįmanoma įsivaizduoti ar išmąstyti niekados nejaustos pasaulėdaros dalies. Nepadės ir palyginimai, nes žmogaus jutimo organai niekada nepatyrė ko nors panašaus.

Kabala sukuria, tiksliau, ugdo naują juslę. Ir tik jai vystantis žmogus pajunta „tą" pasaulį. Tik tada tampa aišku, jog vaizduotė nepadės jo suvokti.

Savo potyrių žmogus negali perduoti kitiems, neturintiems šio jutimo organo. O turintiems žmogus gali perduoti tiek, kiek juose išvystytas šis jutimo organas.

Tad, viena vertus, kabala yra mokslas, nes vystome jutimo organą supančiai erdvei pajusti ir tiriame ją, pasitelkdami mokslinius metodus. Kita vertus, kabala skiriasi nuo visų kitų gamtos mokslų, nes neįmanoma tirti dvasinio pasaulio prieš tai neįgijus tam skirto specialaus jutimo organo. Priklausomai nuo to, kiek žmogus jaučia dvasinį pasaulį, pradeda viską skirtingai jausti ir suvokti.

Kas to nejaučia, nepajėgs įsivaizduoti. „Kabalos platinimo" prasmė ir tikslas – padėti žmogui pajusti būtinybę vystyti savo sielą.

„Kabalos platinimas" suteikia mums metodą vystyti sielą ir moko, kaip naudoti naująjį jutimo organą. Todėl kabala yra ypatingas mokslas, o ne religija.

BLOGIO JĖGA – KŪRĖJO JĖGA

Nustebau perskaitęs, jog faraonas[3] priartino prie Kūrėjo. Kaip neigiama jėga gali dirbti dėl Kūrėjo prieš save pačią?

[3] Turima omenyje Biblijoje aprašyta išėjimo iš Egipto istorija (vert. pastaba).

MALONUMO TROŠKIMAS – ATRASTI IR IŠTAISYTI

Faraonas yra Kūrėjo jėga, geroji jėga, kuri mums atsiskleidžia kaip bloga, kaip sakoma: „Žmogų į tikslą veda du angelai: gerasis ir blogasis."

Kabaloje visas tobulėjimo procesas susijęs su naujų atidavimo jėgų įgijimu. Jeigu žmogaus ketinimai būtų vien geri, jis niekad nesugebėtų eiti į priekį. Todėl faraonas, blogoji jėga ir blogasis žmogaus pradas, suteikiantis žmogui vis didesnius norus mėgautis, ištaiso juos ir pakelia dar aukščiau.

Todėl svarbu žiūrėti į faraoną kaip į Kūrėjo jėgą, kuri skirta mums padėti. Faraonas padeda mums žadindamas mūsų egoizme norą vystytis materialiai. Prabudus šiam norui suvokiame, jog materialus vystymasis mums nieko neduoda ir kad tikrasis tobulėjimas – dvasinis.

Veikiami faraono imame dvasiškai augti, dvasiniame pasaulyje ieškome indo, kurį būtų galima užpildyti malonumu. Todėl mūsų pačių egoizmas, faraonas, yra mūsų varomoji jėga. Taip yra dėl to, kad neįmanoma suvokti Šviesos mūsų nore gauti, neįmanoma pajausti Kūrėjo, begalinio malonumo.

Taigi tegalime mėgautis mažais šio pasaulio malonumais, kurie praėję palieka mus dar tuštesnius ir labiau nepatenkintus negu prieš tai.

Faraonas privalo motyvuoti mus siekti dvasingumo, kad po to, mums gavus dvasinį malonumą, pasigrobtų jį sau. Mūsų pasaulyje faraonas skatina mus gauti malonumą per mūsų įprastus troškimus pasitenkinti.

Jis vadinamas „senuoju faraonu". Paskui sakoma, kad Egipte užaugo naujasis karalius, ir tai yra faraonas, kuris veda mus dvasingumo link ir paskui pasiima jį sau.

Priešingai nei šio pasaulio malonumus, dvasinius malonumus galima suvokti tik inde, vadinamame „tikėjimu aukščiau žinojimo", t. y. su ketinimu mėgautis norint suteikti malonumą Kūrėjui. Faraonas skatina žmogų priimti malonumą dėl savęs. Tačiau žmogus negali tokio malonumo patirti tiesiogiai, taigi faraonas veda jį į dvasinius pasaulius, skatina studijuoti, dirbti.

Kai žmogus pagaliau pajaučia Aukštesniąją pakopą, faraonas ateina ir pasisavina žmogaus pasiekimus siųsdamas šiam svetimas mintis.

Kaip tai vyksta?

Dvasiškai ūgtelėjus, staiga ateina mintis panaudoti tai dėl savęs, tarkime, mėgautis „išminčiaus" ar kabalisto statusu, pritraukti žmones ar juos atstumti, įgyti pagarbą, daryti įtaką ir pan. Taip darydamas faraonas pasiglemžia sau visą dvasinį pasiekimą, kuriam įgyti žmogus tiek daug dirbo „tikėjimo aukščiau žinojimo" indu, paversdamas jį savo paties mėgavimosi indu.

Kokia tada mums iš to nauda? *Per faraoną Kūrėjas skatina žmogų vėl dėti pastangas.* Tačiau žmogus, patyręs naują dvasinį pojūtį, iškart jo netenka, nes faraonas vietoj troškimo atiduoti įdeda naują norą mėgautis dėl savęs. Taip žmogus mėgaujasi savo pasiektais dvasiniais malonumais.

Kodėl faraonas laimi?

Kūrėjo sukurtas noras gauti yra faraono rankose; jis visada gali prikelti naujus norus gauti, didesnius nei tie maži, ankstesnėje pakopoje įgyti norai atiduoti.

Taip faraonas suteikia žmogui papildomą, didesnį nei jau ištaisytasis norą gauti. Faraonas, naudodamasis žmogaus norais, pasėja jame troškimą mėgautis kita pakopa, kad šis ją taip pat galėtų ištaisyti. Taip faraonas leidžia žmogui tęsti taisymosi procesą.

Žmogus tegali matyti, jog jo darbas bergždžias. Negana to, žmogus jaučia, jog kiekvienąsyk pasiekęs daugiau, nukrinta ir paskęsta vis didesniuose egoistiniuose noruose, kur atskleidžia dar didesnį norą mėgautis nei anksčiau.

Šis procesas nuolatos kartojasi ir kiekvienąsyk faraonas atveda žmogų į tokią beviltišką būseną, kad šis šaukiasi Kūrėjo išgelbėti jį iš faraono rankų. Tada faraono darbas atliktas ir jis atsiskleidžia prieš žmogų kaip angelas, Kūrėjo pasiuntinys.

AR IŠ EGIPTO IŠEITA PER ANKSTI?

Kabalistinėse knygose tvirtinama, kad išėjimas iš Egipto buvo priešlaikinis ir kad tai turi ilgalaikius istorinius padarinius. Ar ankstyvas išsilaisvinimas panaikino galimybę laiku įgyti dvasines savybes? Jeigu taip, tai galima palyginti su vaiku, kuris turi gimti, tam buvo pasiruošta, tačiau viskas žlugo, nes vaikas gimė per anksti ir mirė.

Teoriškai, tokia būsena egzistuoja, kuriant pasaulius iš viršaus į apačią. Baal Sulamas apibūdina tai kaip „mirusį kūdikį", nes išsilaisvinimas (gimimas) vyko ne laiku, per anksti.

Tai reiškia, kad žmogus dar nėra subrendęs priimti dvasines atidavimo savybes. Nors ir gavęs atidavimo galias iš Aukščiau, „kūdikis" nebuvo tokios būsenos, kad galėtų jas priimti. „Miręs kūdikis" negalėjo įgyti dvasinių savybių, nors jam viskas buvo paruošta.

EGOIZMAS KAIP DVASINIS NORAS

Susidūriau su vidiniu prieštaravimu. Viena vertus, dvasingumas – tai meilė artimui, altruizmas, atidavimas. Kita vertus, kad dvasiškai augtum, turi įgyti didesnius norus mėgautis dėl savęs, nei kad turi dabar.

Šiame pasaulyje mūsų malonumo troškimas ribojamas akimirkos malonumais, o Kūrėjo, dvasinio pasaulio jautimas yra milžiniškas malonumas. Todėl žmonių, siekiančių dvasingumo, troškimai privalo būti milžiniški.

Tačiau šie norai privalo atitikti malonumus, išeinančius iš Kūrėjo, kitaip tariant, turime norėti ne mėgautis dėl savęs, o suteikti malonumą. Žmogaus ir Kūrėjo troškimai turi sutapti.

Jeigu trokšime atiduoti tiek, kiek Kūrėjas, tokiu mastu jausime Kūrėją ir suteiksime Jam malonumą.

Pirmame etape – *katnut* (kūdikystė), žmogus savyje atranda tiktai mažus norus duoti. Jis ištaiso ir pripildo juos. Po to, kitame etape – *gadlut* (pilnametystė), jis prisijungia didesnius norus gauti.

MALONUMO TROŠKIMAS – SU EKRANU

Ar galima sakyti, kad žmogus labiausiai nutolęs nuo Kūrėjo, nes jo noras gauti yra didesnis nei akmens, medžio ar katės?

MALONUMO TROŠKIMAS – ATRASTI IR IŠTAISYTI

Iš prigimties yra taip: kuo didesnis malonumų troškimas, tuo toliau žmogus nuo Kūrėjo. Kuo mažesnis noras – tuo arčiau Kūrėjo. Bet jeigu žmogus taiso save, jis pradeda nuo visiško savo noro mėgautis anuliavimo ir naudoja jį priklausomai nuo įgyto ekrano dydžio.

Todėl išsitaisius, kuo didesnis noras mėgautis, tuo panašesnis žmogus į Kūrėją, ir atitinkamai, kuo mažesnis noras gauti, kuris naudojamas su ekranu, tuo tolimesnis žmogus Kūrėjui. Studijuojant kabalą, augant mūsų norui gauti, ekrano (ketinimo suteikti malonumą Kūrėjui, o ne sau) dydis irgi auga.

Todėl didžio žmogaus, kabalisto, noras patirti malonumą didžiulis, tačiau jis ištaisytas.

PRAEITIES KANČIOS

Kodėl patiriame malonumą galvodami apie kančias praeityje? Tiesą sakant, rodosi, kad jos teikia didesnį pasitenkinimą nei praeities malonumai, ypač jeigu buvo su kuo nors pasidalytos.

Kadangi praeities įvykiai yra ištaisyti (sušvelninti), jaučiame praeities kančių saldumą. Tai kiek primena mūsų kelią: jis nėra rožėmis klotas, nes turime norus ir kenčiame. Bet pasiekę savo tikslus, mėgaujamės meile Kūrėjui ir savo susitikimais su Juo, o praeityje kentėjome ir buvome nusivylę.

Tai tarsi įsimylėjėlis, kuris trokšta ir pagaliau išvysta savo meilę. Malonumo stiprumas priklauso nuo troškimo intensyvumo, gebėjimo nukreipti jį į meilės objektą ir nuo jo trukmės.

Apskritai jeigu žmogus pasidalija savo jausmais su kuo nors kitu, jie abu sukuria bendrą indą, didesnį indą pojūčiams patirti. Šiame inde yra papildomas – kito žmogaus – jausmas. Dėl to išlieti širdį kitam visada maloniau nei patirti kažką vienam.

NUO MATERIALIŲ MALONUMŲ PRIE DVASINIŲ

Jaučiu, kad yra daugybė malonumų ir kad mane supantys žmonės neblogai leidžia laiką. Palyginti su dvasiniais malonumais, šie malonumai laikomi dideliais ar mažais?

Žmogus ateina į šį pasaulį su labai mažais norais, kurie laipsniškai auga: nuo noro turėti šeimą, iki norų turėti valdžią, pagarbą, žinojimą. Tačiau tai ne tik šio pasaulio išgyvenimai. Norai reikalauja tam tikro smegenų išsivystymo. Kitaip tariant, protas išsivysto tiek, kiek būtina žmogaus norams patenkinti.

Bet jeigu imame trokšti dvasingumo, jeigu netikėtai panorstame ko nors, ko šiame pasaulyje nėra, pradedame to ieškoti.

Į kabalą mus atveda iš Aukščiau. (Gana dažnai esame nukreipiami kitur, į kitas „dvasines metodikas", tai reiškia, kad turime pereiti kitas vystymosi stadijas. Tai gali užtrukti keletą gyvenimų, kol galiausiai ateisime iki kabalos.)

Pagaliau pradėjus studijuoti kabalą, visi mūsų troškimai ima didėti. Tampame egoistiškesni, todėl sumanesni. Išauga kūniškieji troškimai, ypač seksualiniai.

Kaip sakė Talmudo išminčiai: „Sugriovus Šventyklą, tikrasis mėgavimasis lytiniais santykiais liko tik tiems, kurie dirba Kūrėjui." Tai reiškia, kad tikrąjį seksualinių malonumų skonį jaučia vien tobulėjantys dvasiškai.

Žmogui, neišmanančiam pasaulėdaros ir nežinančiam Aukštesniojo valdymo, tai skamba visiškai priešingai, bet studijuojantiems kabalą aišku, kad mūsų pasaulyje malonumai ir norai yra mažyčiai. Iš esmės kuo aukščiau kylame Kūrėjo link, tuo didesni tampa mūsų norai ir troškimai.

TROŠKIMAS

Jeigu žmogus labai trokšta meilės iš Kūrėjo, ar tai yra egoistinis noras?

Žinoma, bet kodėl tai blogai? Pažvelk į save realiai, vertink save pagal pakopą, kurioje esi, nereikalauk iš savęs per daug ir nesiimk neįgyvendinamų ar tavo galimybių ribas pranokstančių užduočių. Jeigu negali jų atlikti, tai ženklas, kad vis dar nežinai tikrosios jų prasmės.

Pirmajame sielos vystymosi periode, žemiau barjero, žmogus pažįsta savo egoistines savybes. Suvokia, kad yra nutolęs nuo Kūrėjo, ir augina norą būti su Juo dėl savo paties malonumo, kaip pasakyta: „...nes aš sergu meile" (Giesmių giesmė 2, 5).

Kai ši pakopa užbaigta, ji veda per barjerą į dvasinį pasaulį. Barjero perėjimas yra atsakas į didžiulį, žmoguje užaugusį egoistinį norą mėgautis Kūrėju.

NORO GIMIMAS

Kartą pasakėte: „Kilimas dvasinėmis pakopomis – tai ilgas ir duobėtas kelias. Kiekvienoje pakopoje reikia gimti iš naujo, kol prilygsi Kūrėjui visomis savo savybėmis."

Kaip suprantu, gimti – tai pajusti naują Kūrėjo savybę. Jeigu siela jaučia naują savybę, patiria naują būseną, ar senesnioji vis dar svarbi?

Kiekviena nauja pakopa gimsta senosios pagrindu. Gali sakyti, kad naujos būsenos poreikis atsiranda neigiant ankstesniąją, nes pastaroji išsenka.

Pereinama nuo žemesniojo *parcufo Keter* (noras duoti) į aukštesniojo *parcufo Malchut* (norą gauti). Šis perėjimas – gimimas: naujos, vėl įgytos gavimo savybės atsiradimas. Todėl gimimas, apie kurį kalbame, – tai naujo noro atsiradimas.

Šio noro gyvavimo trukmė yra laikas, kurio reikia jam ištaisyti. Iškart po to gimsta nauja (aukštesnė) būsena (noras).

BAIGTINIS NORAS

Bandžiau įsivaizduoti situaciją, jog viską prarandu: darbą, namus, sveikatą ir t. t. Tačiau priėmiau tai kaip kažką gera, būtina mano vystymuisi ir staiga pajutau didžiulį palengvėjimą. Ar gali tokia savitaiga padėti ir ar reikia tą nuolat daryti sąmoningai? Ar kabalos požiūriu tai teisinga? Šiaip ar taip, noras pagerinti savo sveikatą – egoistinis.

Daugybė žmonių taip jaučia ir mąsto. Bet tiems, kurie ieško kelio pas Kūrėją, tokių pojūčių tyčia duodama kur kas daugiau, kad jiems kiltų būtinybė pajausti Kūrėją ir jie trokštų Jo atsiskleidimo. Tai galioja netgi tada, kai vystymąsi skatina noras išgelbėti savo kailį, kaip sakykime, pavojaus gyvybei, finansinio bankroto ir viešo pasmerkimo vengimas.

Pradžioje Kūrėjas pasitelkia paprastus būdus, kuriuos sukūrė, kad priartintų žmogų. Viso, ką patiriame, tikslas – priartinti mus prie Kūrėjo. Išsilaisvinimas ateis tik kai pajausime Kūrėją, ir lauksime, kad Jis atsiskleis mums. Tačiau žmogaus noras nėra linkęs sutikti, jog jis nebėra „šeimininkas", kaip nesutinka ir liautis kontroliuoti žmogų.

Kūrėjas ir šitai sukūrė tam, kad žmogus imtų nekęsti savo gaunančiosios prigimties. Kodėl? Nes ji taip smarkiai prieštarauja atiduodančiajai Kūrėjo prigimčiai, kad žmogus norės ją išrauti su šaknimis.

Tik pripažinę, jog visa, kas priešinga Kūrėjui, yra neigiama, pasiduodame ir prašome Kūrėjo padėti. Kūrėjas taip padarė tam, kad mūsų noras Jam būtų baigtinis.

KETINIMO KEITIMAS

Rašėte apie nereikalingų norų sunaikinimą, tačiau sakote, kad nėra nereikalingų troškimų, kad nereikia naikinti nė vieno noro, tereikia ištaisyti žmogaus egoistinę prigimtį prilyginant ją Kūrėjo prigimčiai (altruistinei).

Žodis „sunaikinimas" reiškia ketinimo *lo lišma* (dėl savęs) pakeitimą į *lišma* (dėl Kūrėjo). Keičiant ketinimą, noras gauti įgyja visiškai kitokį išorinį pavidalą. Jeigu, pavyzdžiui, žmogus nori žudyti, šį norą galima išnaudoti teigiamai, tarkime, dirbant skerdykloje.

Kai kuriems savo siekiams negaliu priskirti dvasinio ketinimo. Ar teisinga sunaikinti žemišką norą, kurio neįmanoma susieti su dvasiniu ketinimu „dėl Kūrėjo"?

Niekada nereikia kapstytis po savo neištaisytus troškimus. „Žmogus ten, kur jo mintys." Galvok apie Kūrėją, Jo Sumanymą, Jo didingumą. Tik supanti Šviesa, kuri ateina studijuojant, gali ištaisyti tave; pats to padaryti nepajėgsi. Tad net nesistenk, nes toks požiūris klaidingas.

Deja, ne visi žmonės žino apie kabalą, todėl klysta manydami, kad blogos mintys ir norai gali būtų panaikinti. Kabala moko, kad tik prašant Kūrėjo ir sulaukus atsakymo iš Jo gausi jėgų atsikratyti visų savo trūkumų.

ŽEMIŠKŲJŲ NORŲ KAITA

Po tiek metų vargu ar galėsiu pakeisti savo žemiškąją prigimtį į dvasinę. Kaip tai vyksta?

Žmogus savo kelionę pas Kūrėją pradeda vedamas asmeninių paskatų; ši būsena vadinama *lo lišma*. Paskui, veikiant Šviesai, žmogus staiga įgyja naują ketinimą „dėl Kūrėjo" (*lišma*). Žmogaus ketinimą galima pakeisti tik veikiant Šviesai. Šviesos poveikį galima pažadinti tik sistemingai stengiantis studijuoti kabalą grupėje.

Pabaigoje žmogus iš tikrųjų gauna galimybę užpildyti save neribotu malonumu, kurio taip troško, bet negalėjo gauti dėl savo ribotos prigimties. Tik išsiveržęs iš savęs, įgyja galimybę neribotai gauti. Todėl kabala – tai mokslas apie tai, kaip gauti iš Kūrėjo. Pokyčiai vyksta pagal principą: „Sunkiai dirbo ir rado, tikėk."

Dėjau pastangas ir radau būdus; stengiausi grupėje, susijungdamas su ja turėjau savanaudiškus tikslus, bet galų gale atėjo Šviesa ir ištaisė mane. Ir tai laikau atradimu, nes anksčiau, būdamas užvaldytas savo prigimties, negalėjau iš jos išsiveržti.

RAUDONOSIOS JŪROS PERĖJIMAS

Labai sunku atlikti pirmąjį apribojimą visiems savo norams, tad knieti paklausti, ar įmanoma dirbti su norais atskirai, vienu po kito, neapribojant visų iš karto?

Gimstame turėdami tam tikrą kiekį žemiškų norų: norų mėgautis dėl savęs. Šiuos norus galima patenkinti didesniu arba mažesniu kiekiu kūniškų malonumų, apribojant troškimą. Tačiau tai niekaip nesusiję su noru gauti, kurio reikia įeiti į dvasinį pasaulį. Įėjus į jį, mūsų noras mėgautis auga kokybiškai; trokštame mėgautis Kūrėju, o ne šio pasaulio malonumais, kurie tėra malonumo, išeinančio iš Kūrėjo, apvalkalas.

Kiekvienoje dvasinėje pakopoje gauname didesnę noro mėgautis dalį, su kuria turime susidoroti. Kiekvienas papildomas noras turi pasitarnauti ieškant ryšio su Kūrėju. Kadangi mums laipsniškai duodami nauji, didesni norai, pirmiausia turime įgyti jėgų, idant atsispirtume naudoti šiuos norus dėl savęs. Tai vadinama „atlikti tam tikro noro „pirmąjį apribojimą". Todėl įgyjame ekraną ir jau galime naudoti šį norą dėl Kūrėjo, o ne dėl savęs.

Iš to matome, kad kiekvienoje pakopoje patys turime sutelkti jėgas ir atlikti tos pakopos noro pirmąjį apribojimą.

Žmogus tik vieną kartą gauna ekraną virš savo žemiško noro mėgautis, kai pirmąsyk išeina iš šio pasaulio pojūčių ir įžengia į dvasinį pasaulį. Kitaip tariant, kai pirmą kartą kertame barjerą tarp fizinio ir dvasinio pasaulių, įgyjame ketinimą nenaudoti kūno troškimų dėl savęs. Tai ypatinga akimirka, vadinama „perėjimu per Raudonąją jūrą", kuri ateina iškart po išėjimo iš Egipto, t. y. po to, kai žmogus buvo išlaisvintas iš savo egoistinės prigimties. Ją perėjęs žmogus įeina į dvasinę sritį, kur pajaučia Kūrėją. Kūrėjo jautimas – tai Aukštesniojo pasaulio suvokimas.

CHARAKTERIS, SAVYBĖS IR ĮPROČIAI

Ar norint atsipalaiduoti rizikinga žiūrėti filmus ir skaityti knygas, kurie neturi nė menkiausio ryšio su dvasingumu? Ir kaip dėl mano mažiau teigiamų įpročių, kaip elgtis su jais?

Su savimi nieko nepadarysi. Tavo reakcijos ir tai, kas esi šiandien, nesikeis ir vėliau. Tu imsi keistis vidumi vis giliau studijuodamas kabalą, bet tavo charakteris liks toks pat.

Knygoje *Zohar* pasakyta, kad žmogaus charakteris neturi nieko bendra su prigimtiniu noru mėgautis. Tavo charakteris yra atsako į dirgiklius išraiška. Pakeitęs tikslą kitaip suvoksi tikrovę. Taigi išeik iš jos ir pradėk į viską žiūrėti kitaip.

Nūnai tegali pasakyti, jog viskas ateina iš Kūrėjo. Vėliau labai aiškiai tą pajusi. Tada nebereikės sau nieko sakyti, šitai nulems tavo naujosios savybės.

Turi galvoti tik apie tai, kaip pakilti į Kūrėjo pakopą. Galvodamas apie savo neigiamas savybes, kaltini Kūrėją, nes neištaisyto žmogaus mintys irgi neištaisytos, mat „žmogus ten, kur jo mintys".

Todėl geriausia galvoti ne apie save, bet apie Kūrėją. Tokiu būdu jau esi su Juo.

PAVYDAS IR GEISMAS

Ką daryti su pavydu, aistra? Ar kabala taiso šias savybes ir santykius tarp žmonių?

Studijuojant kabalą tave pamažu veikia ir keičia supančioji Šviesa. Iš pradžių Ji veikia mažomis porcijomis, o vėliau tampa nuolatiniu procesu. Laikui bėgant tu gali atrodyti egoistiškesnis, nes kitaip imi reaguoti į išorinius stimulus, santykius, kančias, o žmonės šitai interpretuoja kaip nerūpestingumą jų atžvilgiu. Tiesą sakant, tu tik ėmei suprasti, kas vyksta. Jau neverki kaip kiti ir nebepanikuoji. Priešingai, nori kaskart vis daugiau atiduoti kitiems, bet darai tai specialiu būdu, taisydamas pasaulį savimi.

Ši meilė žmonijai, didžiausia, kokia tik įmanoma, gali atrodyti kaip grynų gryniausiais egoizmas. Nors į aplinkinius žmones žvelgi kaip mylintis tėvas, kuris savo vaikui neduos peilio žaisti, kiti tavęs nesupras. Apskritai kabalą galima suprasti tik iš asmeninės patirties. Deja, tik dvasinius pasaulius suvokę žmonės gali džiaugtis tokia patirtimi.

MELUOTI GAUNANČIAJAI PRIGIMČIAI

Ką daryti, jeigu mano noras gauti neleidžia man daryti, ką ketinau? Ar galima jam pameluoti ar kažkaip apgauti?

Jeigu stengiesi priversti savo norą gauti (savo prigimtį mėgautis, siekti pasitenkinimo, tiesiog gyventi) sutikti su tavo požiūriu, vadinasi, radai kažkokį „jauką", kuriuo žadi jam malonumą. Tai leis tau atlikti, ką esi sumanęs.

Tarsi šitai vyktų ne viename žmoguje, o tarp dviejų vienas kitam meluojančių asmenų, apie tai Biblijoje ir kitose šventose knygose kalbama kaip apie daugybę žmonių, nors iš tikrųjų tai nurodo įvairias to paties asmens savybes ir ryšius tarp jų.

Ten sprendžiami klausimai, panašūs į tavuosius: ką daryti, ar gali žmogus meluoti savo prigimčiai ir apskritai, kuris kelias geriausias? Dėl to patariama daug skaityti. Prisimink: „Visa, ką tik tavo ranka imasi daryti, daryk visomis jėgomis" (Koheleto knyga 9, 10).

Žmogus privalo išbandyti viską, kol gaunančioji prigimtis nepastebėjo, kad ji iš to negauna jokio malonumo, ir tik tada ji sutiks prašyti Kūrėjo...

Ar svarbu, kas padeda liautis būti egoistu?

Iš pradžių ketinimas yra dėl savęs, *lo lišma*. Žmogus painioja darbą dėl Kūrėjo su darbu dėl savęs. Bet būtent tai jam leidžia dėti pastangas. Kadangi stengiamasi, ateina Šviesa, taisanti iš Aukščiau, ir žmogus ima suprasti, ką reiškia „savo išorėje, dirbti ne dėl savęs, o dėl Kūrėjo".

Reikia kelti šiuos klausimus. Bet atsakymai – tai jausmai, kurie ateina kartu su ištaisytais indais. Klausimas yra indas, atsakymas – Šviesa. Kol kas atsakymai tik nuramina tave, skatindami stengtis.

Apskritai žmogus auga kaip kūdikis, kuris nesąmoningai mėgdžioja suaugusiuosius. Aktoriai mokosi lygiai taip pat. Tiesą sakant, bet koks mokymasis grindžiamas kartojimu; mokaisi to, ko dar nežinai, sieki pakopos, kurioje dar nesi. Šis procesas vadinamas iš *lo lišma* į *lišma*, iš „dėl savęs" į „dėl Kūrėjo" – iš šio pasaulio jautimo į dvasinio pasaulio jautimą.

„GERI" IR „BLOGI" NORAI

Kaip sužinoti, kas lemia kiekvieną pakilimą ir ar tai turi kokią reikšmę dvasiniam darbui?

Du angelai veda žmogų už rankos į kūrimo tikslą: iš dešinės pusės – „geri norai", troškimas atiduoti Kūrėjui; iš kairės – „blogi norai", žmogaus noras gauti. Jie abu ateina iš Kūrėjo, visa ko Šaltinio, skirtumas tik tas, kaip Jo atidavimas nusileidžia mums: tiesiogiai ir atvirai ar netiesiogiai ir paslapčia.

Ar priežastis tokia jau svarbi? Ar žmogus visada gali tą suprasti? Tikriausiai geriau nuspręsti, kad nuo šios akimirkos „lėksime pirmyn", nebesigilinsime taip į praeitį, ieškodami dabartinės būsenos priežasčių. Tokie ieškojimai rodo, jog gyvename savo ankstesnių suvokimų sąskaita, skolose, baiminamės užduoties, kurią turime atlikti, bijome pasilikti patys su savimi.

TIKROJO „AŠ" SURADIMAS

Ar kiti žmonės gali pamatyti, kad tapau egoistiškesnis, net jeigu pokyčiai vyksta manyje?

Visi gimsta tobuli, t. y. nuo pat pradžių turime viską, ko reikia mūsų išsitaisymui ir tobulėjimui. Mes tarsi kviečio grūdas, kuriame jau yra visa vystymosi informacija. Mums telieka puoselėti šį grūdą, kad jis atskleistų savo potencialą. Šis principas apibrėžia žmogaus charakterį, jo fizinius ir dvasinius bruožus. Žmogaus siela iš pradžių atsiskleidžia kaip mažytis „taškas širdyje". Studijuojant kabalą, jis išbrinksta tiek, kiek iš anksto buvo numatyta, tapdamas pilnu *parcufu*.

Visas blogis, kuris dabar išryškėja žmoguje, egzistavo jame ir anksčiau, bet buvo paslėptas, nes žmogus dar nebuvo tinkamai pasirengęs, neturėjo jėgų ir noro taisytis. Todėl blogis atsiskleidžia studijuojant kabalą.

Kiekviename iš mūsų slypi šis blogis, tačiau mes esame tokie akli, jog jo ne tik nejaučiame, bet dar ir laikome save teisuoliais. Atėjus taisymosi metui, visi atskleisime savo tikrąją prigimtį ir tik išsitaisę galėsime suvokti Kūrėją.

Atskleidę savo blogąsias savybes, susierziname ir būname nepatenkinti, nes nenorime taip jaustis. Tačiau kiti žmonės nesupranta, kas vyksta su mumis, ir niekada nesusies to su blogio atskleidimu, kadangi patys nėra išgyvenę šio proceso.

PASLĖPTA NUO KITŲ

Visa, kas buvo manyje anksčiau, dabar iškyla į paviršių.
Ar kiti tai irgi pastebi?

Mumyse, taške širdyje, mūsų sielos gelmėse slypi mūsų neištaisyta prigimtis. Iš pradžių ji atsiskleidžia pamažu, o paskui vis labiau ir smarkiau. Tačiau savo bruožus turime ištaisyti pamažu. Todėl studijuojantys stropiau atskleidžia savo prigimtį, greičiau ir didesnėmis porcijomis. Savo prigimtį įsisąmoniname kaip blogį ir mums koktu nuo jos buvimo.

Kabala – tai praktinis, eksperimentinis mokslas. Visas žinias apie dvasinį pasaulį ir Kūrėją gavome iš kabalistų, žmonių, kurie įeina į dvasinį pasaulį ištaisę save ir jaučia jį savyje, kaip kad mes jaučiame šį pasaulį. Apie savo atradimus jie pasakoja knygose, kuriose galime paskaityti apie dvasinį pasaulį.

Kabala, kaip jau minėta, – praktinis mokslas. Jeigu nesimokome iš savo patirties ir nedirbame, kad ištaisytume save, neįstengiame suvokti, apie ką skaitome kabalistinėse knygose. Todėl neturėsime jokio supratimo apie kabalą, nes šios knygos kalba apie tai, kas nepasireiškia šiame pasaulyje.

Dėl šios priežasties kabala vadinama „Slaptąja išmintimi", kadangi negalime pamatyti to, kas paslėpta, ir matome vien tai, kas atskleista. Būti mokslininku kabalistu – tai ne perskaityti daugybę knygų, o atskleisti aukštesniąsias pakopas. Kūrėjo atskleidimo laipsnis rodo kabalisto lygį.

Nors noras gauti atskleidžiamas kaskart vis labiau, kol pabaigoje pasiekia tikrąjį, neribotą mastą, jis nėra matomas kitiems. Žmogaus elgesyje neįmanoma pastebėti įvairialypės vidinės įtampos, nekantrumo tuštiems, beprasmiams dalykams, eilinių, vaikiškų malonumų atmetimo ir t. t.

Visi šie pokyčiai išoriškai labiausiai pasireiškia žmogaus nepakantumu, kadangi kabala netoleruoja tuščių filosofavimų, teorinių, nesuvokiamų koncepcijų aptarinėjimo.

EGOIZMAS VISUOMENĖJE

Pradėję studijuoti kabalą ir eidami dvasingumo link, atrandame savyje paslėptas egoistines savybes, kurių anksčiau nematėme. Ar šios savybės paveiks visą mūsų elgesį, padidins mūsų savanaudiškumą kitų atžvilgiu?

Jeigu tai tiesa, kaip gali egzistuoti grupės žmonių, kurie kartu tobulėja? Kaip žmonės gali palaikyti santykius, jeigu studijuodami jie tampa tokie „nepakenčiami"?

Esi teisus. Kai mokinys tobulėja, noras gauti dėl savęs auga, priešingu atveju apie kokį vystymąsi galėtume kalbėti? Su kiekviena pakopa atskleidžiamas kitas neištaisytų norų su ketinimu „dėl savęs" sluoksnis ir žmogus kyla taisydamas savo ketinimą iš „dėl savęs" į ketinimą „dėl Kūrėjo". Ištaisyti norai susideda iš naujos pakopos, į kurią dabar žmogus pakilo.

Bet tada kabalistai, palyginti su kitais žmonėmis, turėtų visąlaik jaustis „blogai". Ir šitai būtų tiesa, jeigu tai būtų papildomi norai mėgautis materialiais daiktais. Iš tikrųjų žmogus atranda ir tokius norus, tačiau jie nėra nei svarbiausia, nei didžiausia žmogaus problema; tai ne tie norai, su kuriais jis turi kovoti.

Jeigu nori daugiau valgyti, miegoti ar gerti, nesirūpink dėl to: tai yra laikinas reiškinys dvasinio kritimo būsenoje, kai nebėra jokių kitų malonumų.

Tai būsena, kai žmogus gauna egoistiškesnius norus mėgautis dvasiniu pasauliu ir turi kovoti su tuo, kas maištauja prieš Kūrėją, arba kaip kad sakė Faraonas: „Kas gi tas Viešpats, kad turėčiau jam paklusti?" (Išėjimo knyga 5, 2).

Svarbiausia, priešintis mintims, kai netikima ir abejojama Aukštesniuoju valdymu ar tuo, kad yra tik Jis.

Tiesa, jog auga ir fiziniai norai, tačiau tai daroma tyčia, kad atitrauktų mus nuo tikrosios kovos su tuo, kas iš tiesų tolina mus nuo Kūrėjo.

Svarbiausia, nepakeisti objekto, su kuriuo kovojame. Turime grumtis ne su šio pasaulio, gyvūninės prigimties norais, o su kliūtimis, kurios atitolina mus nuo Kūrėjo.

Apvalkalas – tai netyra mintis, netyras ketinimas Kūrėjo atžvilgiu. Tai egzistuoja tik dvasiniame pasaulyje kartu su ir prieš tyrumą (šventumą), o ne fizinių geismų atžvilgiu. Todėl studijuojant grupėje, net ir augant egoizmui, tai pasireiškia kaip asmeninės kliūtys kelyje siekiant Kūrėjo, o ne, kaip pavyzdžiui, ambicijos tapti vadovu. Paprasčiausiai dėl savo troškimo siekti Kūrėjo žmogus stengiasi investuoti į grupę kuo daugiau.

Kabalistas Jehudis Ašlagas rašo, kad grupė turi suformuoti pagrindą ateities visuomenei. Šiandien tokios visuomenės gali būti sukurtos nedideliu mastu ir Kūrėjas padeda tokiai visuomenei, asmeniškai ją globoja.

„ŽMOGUS TEN, KUR JO MINTYS"

Barucho Ašlago straipsnyje skaičiau, jog vienintelis būdas išeiti iš dvasinio kritimo būsenos ir nesąmoningumo – ištirti savo būseną dar esant pakilimui ir suprasti, kad nėra nieko žemesnio ir labiau tolinančio nuo Kūrėjo negu egzistuoti it **gyvuliui, kada negalime įvertinti savo būsenos, esame valdomi žemiškųjų norų. Ką reiškia tirti žemesniąją būseną, sąmoningai nusileisti iki jos?**

Niekad nereikia siekti žemesnės būsenos, nes „žmogus yra ten, kur jo mintys". Kuo labiau smunkame, tuo labiau atitolstame nuo Kūrėjo. Stenkis nuolatos jausti ryšį su Kūrėju, o visa kita palik Jam.

Jeigu tam, kad tobulėtume, turime būti nuleisti į žemesnę būseną, tada pats Kūrėjas, o ne žmogus sukurs ją; žmogus, kad ir kur jis būtų, turi norėti būti artimas Kūrėjui.

Tik „kita pusė" verčia žmogų kentėti ir kankinti save iš vidaus. Į tai reikėtų greitai reaguoti: dvasiniuose ieškojimuose visada stengtis būti džiugiam, pasiekti susiliejimą, pakylėtą nuotaiką, entuziazmą.

Žmogų veikiančios mintys, būsenos (tiek teigiamos, tiek neigiamos) yra duodamos iš Aukščiau. Tai dvasinės jėgos, kurios kabaloje vadinamos „angelais". Dvasinio pasaulio atžvilgiu mūsų kūnai laikomi negyvais.

Būdamas transporto priemone, kūnas tegali reaguoti į dvasines jėgas. Angelai gali nukreipti kūną (žmogaus norą gauti) „klaidinga" linkme, nuo tikslo, vedančio Kūrėjo link, nutraukti mūsų ryšį su Kūrėju siųsdami kūnui beviltiškas mintis, atimdami tikslo svarbą, sukeldami tuštumą ar nuovargį.

Šventoje knygoje *Zohar* rašoma, kad kontroliuojantys mus angelai neturi sielų ir gali būti apgauti. Mūsų tikslas ir pareiga – palaikyti ryšį su Kūrėju, nepaisant visų kliūčių; dėl to angelai, atnešantys mums „blogas" mintis, gali būti apgauti. Kadangi kūnas reaguoja tik į mechaninius veiksmus, imk šokti, net pats vienas (kaip kad darydavo Mokytojas Baruchas Ašlagas pilnomis ašarų akimis). Pamatysi, kaip lengvai kūnas atsikratys neigiamos būsenos.

SAVĘS SUVOKIMAS

Susidūrus su kokia nors situacija, manasis „aš" nori reaguoti. Jeigu manau, jog mano reakcija nėra tikra, ar galiu ją pakeisti?

Nepaisant visų išskaičiavimų dabar ir bet kurioje situacijoje, tu visada elgsiesi taip, kaip elgiesi, nes esi, kas esi, ir negali elgtis kitaip. Tik kitoje vystymosi pakopoje suprasi, kodėl taip elgeisi. Todėl tokiose situacijoje patarčiau skaityti kuo daugiau rekomenduojamų tekstų, kurie nukreips tave, sąmoningai ar nesąmoningai, kad suprastum, kas vyksta. Tiesą pasakius, žmonės negalvoja: „Kas iš tikrųjų mane veda?", jie rūpinasi tik: „Kaip gauti tai, ko noriu?" Vis dėlto esi savęs pažinimo, supratimo proceso pradžioje.

DVASINĖ DIAGNOZĖ

Rašėte, jog žmogus nepajėgus įvertinti savo psichinės būsenos. Sakėte, jog norint teisingai ją nustatyti reikia išeiti iš dabartinės būsenos, pakeisti ją ir tik tada bus galima išvysti, kokia buvo žmogaus nuotaika.

Manau, čia glūdi dvi problemos: pirma, kad būdamas naujos būsenos jis turės sugrįžti į praeitį, t. y. negalės gyventi dabartimi; antra, jeigu jis negali įvertinti savo būsenos, yra jos užvaldytas, tampa savo būsenos vergu.

Akivaizdu, kad žmogus negali objektyviai diagnozuoti savo dabartinės dvasinės būsenos, nes visada daro tai remdamasis noru, veikiančiu jį tuo metu. Tad kaip jis gali įvertinti savo būseną? Negalime teisingai įvertinti savo pačių būsenų, taip pat negalime tikėti ir kitais žmonėmis, nes jie irgi yra valdomi savųjų norų.

Praktiškai žmogus turėtų žinoti, ką privalo daryti kiekvieną akimirką. Tačiau kartais jis nežino, kaip reaguoti į tai, kas su juo vyksta. Ar jam derėtų likti pasyviam ir laukti, kol būsena praeis, ar jis bet kokia kaina turi stengtis reaguoti, pakeisti ją?

Tą žino tik Kūrėjas ir tik Jis gali atsakyti. Turime atsigręžti į Jį reikalaudami atsakymo. Kabaloje tai vadinama veikimu „aukščiau žinojimo", t. y. virš mūsų žinojimo ir supratimo.

Kiekvienas mūsų žengiamas žingsnis, jeigu tik jis nuoširdus, turėtų pakelti mus į kitą pakopą. Tačiau mintys ir norai kitoje pakopoje yra ne tik priešingi dabartinei pakopai, jie absoliučiai kitokie!

Bet vis dėlto kaip žmogus pasiekia kitą dvasinę pakopą?

Tai nutinka tada, kai siekiame gauti atsakymą iš Kūrėjo: dvasiniame pasaulyje yra tam tikras veiksmas, kai žemesnioji aukštesniojo *parcufo* dalis nusileidžia į viršutinę žemesniojo *parcufo* dalį. Aukštesnysis *parcufas* vadinamas „Kūrėju", o žemesnysis – „kūriniu", dabartine žmogaus būsena.

Kitaip tariant, žmogus iš visų jėgų turi stengtis pajausti tą aukštesniojo *parcufo* dalį, kuri yra jame, įsikibti į ją. Žmogus turėtų nepaisyti visų kitų minčių arba priešintis joms ir priimti Aukštesniojo mintis bei norus. Tada Aukštesnioji pakopa pakelia žmogų į savo lygmenį.

Iš to matome, kad mūsų vidinė esmė, mūsų mintys ir norai yra duoti mums, kad per jas pakiltume aukščiau.

TIESOS SIEKIMAS

Kartais kokia nors situacija mane taip supykdo, kad kelias dienas siuntu. Stengiuosi analizuoti situaciją neva objektyviai, suprasti, jog tai mano primityvaus egoizmo pasireiškimas, o ne tiesos, dvasingumo siekimas.

Kaip turėčiau aiškinti tokius potyrius? Juk tam, kad atsigręžčiau į Kūrėją ir paprašyčiau pagalbos taisantis, privalau suprasti, jog kaltas vien tik mano egoizmas.

Skaitydami kabalistines knygas, kabalos išmintį suvokiame tik teoriškai. Manome, jog taip kaupiame žinias ir patirtį. Šiaip ar taip, tai tinka bet kokiam mokymuisi mūsų gyvenime: yra studijavimas ir yra pratimai, eksperimentai, praktikavimas.

Tačiau šie dalykai dvasiniame pasaulyje neegzistuoja. Jeigu žmogus fiziškai ir emociškai nepatirs būsenų, jokios žinios, pasirengimas ar pratimai nepadės.

Netgi tie, kurie nestudijuoja kabalos ir nėra nieko girdėję apie kūrimo tikslą, eina šio tikslo link. Tačiau jie eina lėtai, tūkstantmečiais, neįsisąmonindami proceso. Studijuodami kabalą, viską, ką jaučiame, patiriame savo juslėmis, kaip kad jaučiame materialius daiktus.

Aukštesnieji potyriai įgyja įprastų, kūniškųjų pojūčių formą; yra patiriami ne vien sieloje, bet ir visame kūne. Taigi žvelgiant iš šalies galime atrodyti geros ar blogos nuotaikos, susinervinę ar ramūs.

Anksčiau, nestudijuodamas kabalos, savo mintimis ir jausmais galėjai dalytis su kitais, tačiau dabar draudžiama kam nors pasakoti apie savo vidines būsenas, nes jos visos kyla iš tavo asmeninės dvasinės kelionės. Apie jas kai kuriais ypatingais atvejais galima klausti savo mokytojo, kai tam tikra būsena gali sukelti tokių problemų kaip, tarkime, noras palikti kabalą, išeiti iš grupės, išsiskirti su sutuoktiniu ir pan.

Kiekviena tau siunčiama būsena tęsiasi tol, kol suvoki ją kaip tokią. Negali nuspręsti, kiek laiko ji truks. Ji praeina ir ją keičia kita reikalinga būsena, kurią tau siunčia iš Aukščiau. Netgi man atsakant į tavo klausimą viskas tavyje keičiasi...

Tavo judėjimo dvasingumo link galia, ritmas, greitis priklauso nuo tavęs, tačiau jo negali išmatuoti. Pamenu, sykį pasakiau savo mokytojui: „Taip stengiuosi, o niekas nesikeičia!"

Tada nesupratau jo atsakymo, kad mumyse vyksta daugybė greitų pokyčių, kurie paprastiems, nestudijuojantiems kabalos žmonėms užtruktų metų metus, o gal net ir šimtus gyvenimo metų. Tad būk kantresnis ir pasistenk daugiau mėgautis.

POŽIŪRIS IŠ ŠALIES

Ką man daryti, jeigu mano egoizmas neleidžia dirbti dėl Kūrėjo? Labai gailiuosi, tačiau ničnieko negaliu padaryti.

MALONUMO TROŠKIMAS – ATRASTI IR IŠTAISYTI

Ar tai reiškia, kad dvasiniame darbe man belieka stebėti tai iš šalies?

Dvasinio vystymosi procese Kūrėjas parodo mums mūsų esmę, prigimtį, skirtumą bei atstumą tarp Jo ir mūsų. Tobulėdami vis intensyviau jaučiame savo menkumą.

Savo savybes matome kaip neigiamas ir žvelgiame į jas kitaip nei kiti žmonės (jeigu apskritai jie tą daro). Tiriame, lyginame save Kūrėjo atžvilgiu. Šviesa pasiekia mus, tačiau dar nestipriai, neatvirai. Ji atsiskleidžia tiek, kad leistų mums pajusti skirtumą tarp savęs ir mūsų.

Daugiau skaityk sau artimų tekstų ir tai pagelbės šioje situacijoje. Ateityje dar susidursi su įvairiausiomis būsenomis, apie tai išminčiai yra pasakę: „Didis žinojimas didina kančias."

PERGALĖ PRIEŠ EGOIZMĄ

Per nesibaigiančius dvasinius ieškojimus sukūriau naują kabalistinę teoriją (Formų teoriją). Ji daro didžiulį dvasinį poveikį, kupina mistikos ir paslapčių, ir ja remdamasis žmogus gali nugalėti savo egoizmą.

Žmogus negali nugalėti savo egoizmo ar savo noro mėgautis dėl savęs, nes šis troškimas yra palikęs savo atspaudą jame. Ketinimas „dėl savęs" persmelkia kiekvieną žmogaus ląstelę, pradedant nuo ją sudarančios negyvosios iki augalinės, gyvūninės dalies ir net „kalbančiosios", t. y. mąstančios žmogaus dalies, sielos (noro). Pats žmogus negali tiesiog imti ir ištaisyti ketinimo iš „dėl savęs" į ketinimą „dėl Kūrėjo".

Tik suvokę, kad patys neįstengsime ištaisyti savo ketinimo, ir stipriai trokšdami išsitaisyti, galime paprašyti Kūrėjo atlikti šį stebuklą. Kai Jis pamato, jog vienintelis mūsų troškimas – atsikratyti ketinimo „dėl savęs", tada atsiskleidžia mums.

Išvydus amžiną aukščiausio visagalio Kūrėjo galią, mus užlieja noras ir jėgos pakeisti savo ketinimą iš „dėl savęs" į „dėl Kūrėjo". Šis veiksmas vadinamas „Šviesa joje (kabaloje) keičia". Šviesa – tai išsitaisymo jėga, kuri iš Kūrėjo nusileidžia žmogui. Troškimą ištaisyti savąją prigimtį, pažinti save, suvokti savąjį „aš" galima patenkinti tik pasitelkiant kabalą.

Visais kitais metodais stengsiesi pakeisti ką nors savo viduje, tačiau tai nebus tikrasis noras pakeisti savo prigimtį (mėgavimąsi dėl savęs), nors gali manyti, kad būtent tai ir sieki ištaisyti.

Nėra jokios kitos teorijos, jokio praktinio metodo! Bet jeigu nori savo teoriją paaiškinti man, esu pasirengęs paskaityti ir kartu ją išnagrinėti. Jeigu žmogus įdėjo daug pastangų kurdamas netgi neteisingą teoriją, kad atsikratytų savo egoizmo, jis nusipelno dėmesio. Galbūt aš tau galėsiu atskleisti tikrąjį kelią.

ATLYGIS IR BAUSMĖ

Turiu keletą klausimų. Ar tiesa, kad žmogus nėra nei baudžiamas, nei sulaukia atlygio už savo veiksmus šiame pasaulyje, atsižvelgiant į tai, kad neturi jokios pasirinkimo laisvės? Ar žmogaus norai turi įtakos Kūrėjo sprendimams ir veiksmams dvasiniame pasaulyje? Ar mūsų pasaulį veikia vien mūsų norai? Ar žmogaus norai – jo esmė?

Žmogaus esmė – jo noras.

MALONUMO TROŠKIMAS – ATRASTI IR IŠTAISYTI

1. Žmogaus norai neveikia Kūrėjo.
2. Tiktai Kūrėjas nusprendžia, kaip elgtis su žmogumi.
   a) Žmogus nei baudžiamas, nei apdovanojamas už savo veiksmus šiame pasaulyje, nes negali rinktis, atlikti juos ar ne.
   b) Visa, kas vyksta šiame pasaulyje, vyksta pagal Kūrėjo valią.

Iš pradžių žmogus turi veikti tarytum Kūrėjas neegzistuotų, tartum viskas priklausytų nuo jo vieno, t. y. jis pats, o ne Kūrėjas, nulemia pasekmes. Tačiau po to, kai veiksmas buvo atliktas ir paaiškėjo jo rezultatas, žmogus viską turi priskirti Kūrėjui, kaip kad sakoma: „Nėra nieko kito, tik Jis."

POVEIKIS KŪRĖJUI

Ar mūsų sprendimai turi įtakos Kūrėjui?

Ne.

Ar tik Kūrėjas nusprendžia, ką mums daryti?

Taip. Paprasti žmonės neveikia Kūrėjo, nes neturi tam priemonių. Jie neturi ekrano. Bet tas, kuris tampa „žmogumi" kabalistine šio žodžio prasme (t. y. žmogus, turintis ekraną), daro poveikį Kūrėjui ir visai kūrinijai. Kūrimo procese jis atsistoja į Kūrėjo vietą, tampa lygiaverčiu Kūrėjo partneriu.

Netapęs žmogumi, nepasiekęs dvasinės pakopos, vis dar esi valdomas kūniškosios prigimties, nepajėgi priimti jokių sprendimų, nes matai tik šį pasaulį.

Tai, ką regi prieš save, galėtų tau padėti nuspręsti, ką daryti? Šiame pasaulyje tau duota laisvės iliuzija, esi išmokytas rinktis tartum aklas kačiukas. Kai ši tiesa tau bus atskleista, pamatysi, kaip klydai.

Kūrėjas – visagalis būtent todėl, kad Jis žmogui duoda viską: valios laisvę ir jėgų veikti, leidžia pasiekti, suvokti tikrovės dėsnius. Pasirinkdamas dvasingumą, žmogus nori susijungti su Kūrėju. Šis noras pranoksta žmogaus troškimą siekti naudos sau, nes priskiriamas „dėl Kūrėjo" savybei.

Kitaip tariant, žmogus regi Kūrėją kaip absoliučiai gerą ir trokšta Jam tarnauti.

VALIOS LAISVĖ

Kur ir kaip pasireiškia valios laisvė? Kada savo gyvenime žmogus renkasi ir ką turėtų pasirinkti?

Gyvenime mūsų pasirinkimai apsiriboja priežasčių, kurios paragins mus mokytis kabalos, atskleidimu. Visi mūsų užsiėmimai, išskyrus kabalos studijavimą, laikomi gyvūniniais, nes jie laikini ir išnyksta mirus fiziniam kūnui. Mes, kaip žmogiškosios būtybės, laisvai renkamės tik apsispręsdami studijuoti kabalą. Trys priežastys skatina mus mokytis kabalos:

1. Atlygis ir bausmė šiame pasaulyje.
2. Atlygis ir bausmė kitame pasaulyje.
3. Dėl Kūrėjo – kai mus veda noras prilygti Kūrėjui ir Jo savybei atiduoti (įgyti davimo savybę). Dėl šio tikslo studijuojame

kabalą norėdami pasiekti altruistinį tikslą: trokštame, siekiame duoti Kūrėjui.

Dvasinis pasaulis yra aukščiau mūsų, jis peržengia laiko ir erdvės ribas. Negalime įtikinti savo kūnų duoti Kūrėjui, nes šie tuoj pat paklaus: „O ką aš už tai gausiu?" Prigimtis neleidžia pasielgti kitaip.

Todėl neturime kito pasirinkimo kaip tik prašyti Kūrėjo suteikti mums norą duoti, veikti ir galvoti nepaisant savanaudiškų išskaičiavimų. Jeigu visas savo mintis ir norus sutelkiame šiai savybei įgyti, Kūrėjas mūsų kūniškąją prigimtį pakeis dvasine.

Kaip anksčiau neįstengėme suprasti, jog galime dirbti dėl kitų, taip tada nesuvoksime, kaip galima *nedirbti* dėl Kūrėjo.

GAMTOS DĖSNIAI

Kaip 613 norų taisymas susijęs su nekintamais gamtos dėsniais?

Visa, kas vyksta aplink mus, tėra mūsų jutimo organų reakcija į Kūrėjo Šviesą, tiksliau, į Jo savybes. Mes galime jausti ne pačią aplinką, bet vien savo reakciją į mūsų išorėje esančius daiktus. Esantis išorėje „kažkas", Šviesa ar Kūrėjas, nekinta. Tai mes be perstojo keičiamės, keičiasi ir mūsų reakciją į išorinę Šviesą. Tai mums leidžia manyti, jog aplink mus kažkas vyksta.

Iš esmės keičiamės tik norėdami numalšinti trūkumo jausmą. Tačiau įgijus Kūrėjo savybes nebelieka kliūčių tarp mūsų ir Šviesos; dar daugiau, tampame kaip nekintantis, visiškoje ramybėje esantis Kūrėjas.

Žinoma, fiziniai ir dvasiniai gamtos dėsniai nesikeičia, jie vystosi, papildo vieną bendrą dėsnį – Kūrėjo Savybę – gerumą. Visi kiti dėsniai išreiškia fizinius, dvasinius, biologinius ir cheminius siekius, būdingus materijai ir norui pasitenkinti dėl savęs.

Šie nekintantys dėsniai taisymosi pabaigoje bus pajausti visiškai kitaip, priklausomai nuo kiekvieno iš mūsų lygio, kaip kad šiandien kiekvienas skirtingai vertiname situacijas.

RENGIMASIS ŠVIESESNIAM RYTOJUI

O jeigu žmogus pavydi kam nors, nes manoma, jog tas kažkas yra aukštesniame dvasiniame lygmenyje?

Ne veltui sakoma: „Kai rašytojai varžosi, išmintis žydi."

Pavydas – viena svarbiausių dvasinio tobulėjimo priemonių. Apie tai Baal Sulamas rašo įvade į knygą *Panim meirot u masbirot*. Svarbiausia teisingai jį išnaudoti, t. y. trokšti ne kad kiti nieko neturėtų, bet kad pats turėtum, ką turi kiti.

Malonumas patiriamas pažįstant save, suvokiant visą pasaulėdarą savyje. Netgi šiandien savo išorinę aplinką suvoki savo dabartiniuose induose. Tačiau kol kas dar nepajėgi aprėpti viso mūsų pasaulio didumo ir jėgos, negali atskleisti milžiniško nuo mūsų paslėpto pasaulio: pojūčių, žmonių bendravimo dvasiniame lygmenyje, gamtos dėsnių, bendrosios jėgos, kuri kabaloje vadinama „Kūrėju".

Jeigu galėtume šitai jausti, reikštų, jog esame galutinio išsitaisymo (*Gmar tikun*) būsenos. Tai reikštų, kad esame dvasiškai pasirengę, mūsų ketinimai ištaisyti ir galime bei norime atskleisti ir suvokti Kūrėjo Šviesą. Taisymosi pabaiga reiškia, jog kiekvienas

MALONUMO TROŠKIMAS – ATRASTI IR IŠTAISYTI

žmogus ištaisė savo instrumentus, savo pojūčius, turi ekraną ir dabar yra pasirengęs gyventi.

Tai suprantame kaip taisymosi pabaigą, nes daugiau nebėra nieko siektino, nebėra, dėl ko būtų verta gyventi. Ar dabartinę savo būseną galime vadinti gyvenimu? Ne. Tai nėra gyvenimas tikrąja to žodžio prasme. Tai tėra taisymosi procesas, pasirengimas laukiančiam darbui. Kabalos išmintis atskleidžia mums tikrąjį gyvenimą.

GERIAUSIA BŪSENA

Koks Baal Sulamo požiūris į žmogaus gyvenimą?

Yra kalinių, kurie turi maisto bei vandens ir yra patenkinti savo gyvenimu. Jiems daugiau nieko nereikia. Jie net netrokšta išeiti iš savo kalėjimo. Tačiau yra ir tokių, kurie vaikšto laisvėje, tačiau jaučiasi tarsi gyventų įkalinti. Jie atiduotų bet ką, kad tik išsilaisvintų.

Skirtumas tarp šių dviejų požiūrių į gyvenimą kyla iš mūsų dvasinio vystymosi, mūsų sielų išsivystymo nevienodumo.

Baal Sulamas rašo, kad yra žmonių, galvojančių vien apie save ar savo šeimos, netgi miesto gerovę. Kiti jaudinasi dėl tautos ir net viso pasaulio gerovės.

Bet kaip žmogus gali įsivaizduoti, jog visas pasaulis yra įkalintas, pats galėdamas daryti, ką širdis geidžia; nejausdamas, kad iš esmės nėra jokios pasirinkimo laisvės, nejausdamas esąs visapusiškai ribojamas, kaip ir visas pasaulis?

Mano, kaip studijuojančiojo kabalą, svarbiausias tikslas – suvokti, jog esu įkalintas, kad narvas varžo mano laisvę, jog turiu daryti viską, kad tik iš jo ištrūkčiau. Pirmiausia pamatau, kad už narvo yra kitas gyvenimas – pilnesnis ir gražesnis nei kad būčiau galėjęs įsivaizduoti. Suprantu, kad be to grožio mano gyvenimas buvo bauginamai tuščias. Tokiame pasaulyje siela negali tobulėti.

Jeigu mėginsi įsivaizduoti save gyvenantį už to narvo, pasistenk pajusti dvasinę laisvę: taip lengviau suprasi, kaip išsilaisvinti iš dabartinės būsenos.

Kabala nėra opiumas masėms, nes opiumas – apgaulė. Kodėl visame pasaulyje buvo draudžiama vartoti narkotikus? Nes jie sukuria laisvės iliuziją ir tai turi sunkių padarinių. Žmogus jaučiasi esąs visai kitokios būsenos, jis sąmoningai klaidina savo jusles. Kabala pasiekia visiškai priešingą rezultatą. Pirmasis studijavimo etapas – atmerkti akis ir išvysti, koks pasaulis yra iš tiesų.

Tiesą sakant, žmogus nuolat yra pačios geriausios būsenos, nors jaučiasi visiškai priešingai, nes įstengia suprasti vien savo reakcijas, savo žemiškas, nukreiptas į save, ribotos apimties ir gebėjimų savybes. Šios savybės dar nebuvo ištaisytos kabalos metodika. Kabalos moksle išdėstyta sistema – tai laipsniško dvasinio vystymosi procesas, Kūrėjo atskleidimas naudojant ekraną.

Šeštas skyrius

SIELA, KŪNAS IR REINKARNACIJA

PANAŠU Į HOLOGRAMĄ

Norėčiau, kad pakomentuotumėte kai kurias idėjas. Parašyta: "Siela – Kūrėjo dalis. Kūrėjas – visuma, o siela – dalis. Tarsi nuo uolos atkirstas akmuo: uola – visuma, o akmuo – dalis..." Remiantis šiuo palyginimu, ar nebūtų lengviau suprasti ryšį tarp sielos ir Kūrėjo pasitelkiant hologramą.

Holograma – tai trimačio objekto fotografinis atvaizdas, kuris užfiksuoja ne tik išspinduliuotos bangos intensyvumą konkrečiame taške, bet ir jos fazę. Įdomu tai, kad holograma ne tik užfiksuoja trimatį vaizdą ant dvimatės medžiagos, bet ir suskaldžius ją į daugybę dalių, netgi mažiausiosios dalelės turės visą vaizdą su visais jo ypatumais (nors atitinkamai sumažintais).

Ar ši analogija teisinga? Ar galima ją naudoti, kad paaiškintume šitai techniškai mąstantiems žmonėms?

„Siela – Kūrėjo dalis. Kūrėjas – visuma, o siela – dalis. Tarsi nuo uolos atkirstas akmuo: uola – visuma, akmuo – dalis..."

Tai reiškia, kad noras išskaido visą Šviesą į dalis, nes ji iš jų sudaryta. Tai primena, kaip vaikai žaislinėmis figūrėlėmis kepa smėlio pyragėlius. „Smėlis" mūsų pavyzdyje yra Šviesa, „figūrėlės" – egoistiniai norai, kurie priklausomai nuo savo egoistiškumo suskirsto Šviesą į dalis „figūrėlėse".

Holograma kartais gali puikiai iliustruoti faktą, jog kiekviena atskira dvasinio pasaulio dalis susideda iš visų kitų dalių, tačiau miniatiūrinėmis proporcijomis ir priklauso nuo atskiros dalies lygmens. Tavo palyginimas puikus!

SIELA IR FIZINIS KŪNAS

Kur kūne rasti sielą?

Neįmanoma apibūdinti, kas yra siela ir kur ji yra kūne, kai ją suvokiame vien savo protais. Taip yra todėl, kad mumyse yra tik „gyvūninė siela", jėga, kuri mus palaiko. Mūsų kūne nėra organo, galinčio jausti sielą.

Filosofas Dekartas įrodinėjo, kad siela yra „trečioji akis", Jogananda tvirtino, kad ji smegenyse.

Bandai mane įtikinti, kad siela kuo nors susijusi su kūnu ir kad ji, pavyzdžiui, yra trečiosios akies vietoje. Gal tu pritari Joganandai, jog siela yra smegenyse, ir taip proto veiklą priskiri sielai, nes dar nesuvoki, kas yra siela. Siela – tai noras, kuriame jaučiamas Kūrėjas, tai troškimas, kuris patiria malonumą su ketinimu „dėl Kūrėjo".

SIELA, KŪNAS IR REINKARNACIJA

Ar ateityje bus įmanoma išardyti kūną į dalis ir vėl „surinkti" į vieną kūną? Ar tai reiškia, kad galėsime sukurti biologinį robotą, kuris pasieks dvasinį pasaulį ir įgis sielą?

Fiziniame kūne gali pakeisti ką tik nori, tačiau tai neturi jokios įtakos dvasingumui. Dvasingumas – tai vienybė su Kūrėju. Tai ne mūsų kūnai iš mėsos ir kraujo. Senovėje tikėta, kad jeigu karys nukaus savo didžiausią priešą ir suvalgys jo kepenis, įgis priešo drąsą ir galią.

Gali nuskambėti absurdiškai, bet teko skaityti, jog Rytuose mirus šventam žmogui jo mokiniai prašydavo leidimo suvalgyti dalį mokytojo kūno. Ar tai turi kokią dvasinę reikšmę?

Pats atsakei į savo klausimą, nes iš tavo žodžių matyti, kad Rytų tikėjimuose tvirtinama, jog siela yra materijoje. Tai kyla dėl visiško dvasinių jėgų šaknų neišmanymo.

Nūnai žmonija linksta į visokias aiškiaregystes, rytietiškas šamanų teorijas, tiki šarlatanais. Tai vyksta dėl to, kad juos išbandytume ir suprastume jų klaidingumą – taip žmonija atvedama prie kabalos.

GYVYBINĖ SIELA

Mokslui jau pavyko klonuoti biologinį kūną, o kaip dėl sielos?

Siela niekaip nesusijusi su mūsų fiziniu kūnu. Mūsų kūnas gali egzistuoti kaip biologinis, „gyvūninis" kūnas, kai jį išjudina jėga, vadinama „gyvybine siela". Bet ji niekaip nesusijusi su aukštesniąja siela.

Neklausiame savęs, kodėl egzistuoja karvės, vištos ar katės ir kokia siela įsikūrusi juose. Nors ir jie turi sielas, bet jos tėra gyvastį palaikanti jėga, tokia pat, kaip ir mūsų kūnuose.

Todėl kūną galima klonuoti, nėra jokių problemų. Ateityje bus galima klonuoti bet kurį organą, vėliau visą kūną. Tačiau siela nepriklauso nuo kūno, nes žmogus ją gauna pagal tiksliai apibrėžtus dvasinius dėsnius, kuriems mūsų gamtos mokslai nedaro jokios įtakos.

Mūsų pasaulyje yra daugybė žmonių, kuriuose nėra aukštesniosios sielos. Ta siela vadinama „tašku širdyje". Vieni jį jau turi, kiti dar ne. Beje, negalime žinoti, kas turi, o kas ne.

MŪSŲ KŪNAS IR KABALA

Kaip suprasti teiginį, jog tarp kabalos ir mūsų kūno šiame pasaulyje nėra nieko bendra?

Tiesa, jie neturi nieko bendra. Žmogaus kūnas nesiskiria nuo kito gyvūno kūno, o siela yra noras būti užlipdytam Kūrėju, t. y. mėgautis „dėl Jo".

Noras keičia savo ketinimą iš mėgautis „dėl savęs" į mėgautis „dėl Kūrėjo". Kūrinys iš gaunančiojo virsta duodančiuoju, nors jo veiksmas ir toks pat: malonumo gavimas. Šiuo atveju Kūrėjo norai ir kūrinys vienodi – abu atiduoda.

SIELA, KŪNAS IR REINKARNACIJA

Taip yra todėl, kad siela užpildyta Kūrėju, t. y. gauna iš Jo, ji vadinama „Kūrėjo dalimi iš aukščiau". Tik toks troškimas gali būti užpildytas Šviesa, t. y. Kūrėjo pojūčiu.

Kūrėjas sukūrė tik norą mėgautis. Šis noras padalytas į keletą dalių:

1. Pasaulio *Ein Sof* (Begalybės pasaulio) norai – patys didžiausi.
2. Pasaulio *Adam Kadmon* norai.
3. Pasaulio *Acilut* norai.
4. Pasaulio *Brija* norai.
5. Pasaulio *Jecira* norai.
6. Pasaulio *Asija* norai.
7. „Šio pasaulio" norai – patys mažiausi, veikiantys su ketinimu „dėl savęs".

Mus nusako mažas malonumo troškimas. Siela skleidžiasi mumyse pamažu. Savo žemiausius troškimus vystome norėdami valgyti, mylėtis, turėti šeimą. Po to ateina turto, garbės, valdžios, galios troškimais, dar vėliau – žinių troškimas. Jeigu nugyvenę tūkstančius gyvenimų šiame pasaulyje išvystėme šiuos norus, iš Aukščiau gauname norą dvasingumui.

Atsižvelgiant į tai, kaip teisingai ugdome šį norą, gauname leidimą įeiti į Aukštesnįjį dvasinį pasaulį, įgyjame naujus norus veikti „dėl Kūrėjo". Realizuodami šiuos norus gauname Šviesą – pajaučiame Kūrėją.

DIEVIŠKOSios SIELOS APSIVILKIMAS

Kas po mūsų mirties nutinka su gyvūnine sielos dalimi?

RAKTAS Į KABALĄ

„Įvade į kabalos mokslą" Baal Sulamas rašo, kad viskas, kas egzistuoja, išskyrus Kūrėją, – tai noras gauti malonumą; o visos sukurtos būtybės skiriasi tik noro gauti malonumą lygiu. Kūrėjas įdėjo jį į kiekvieną būtybę; ir kadangi yra keturi noro lygmenys, tai yra ir keturios kūrinių grupės: negyvoji, augalinė, gyvūninė ir kalbančioji (žmogus).

Tik ketvirtosios stadijos noras savarankiškas. Visos kitos yra pagalbinės, „mechaninės". Taigi visuose pasauliuose, įtraukiant ir mūsų, yra negyvoji, augalinė, gyvūninė ir kalbančioji dalis. Tik žmogus turi laisvą valią ir dėl to privalo ištaisyti save naudodamas ekraną, pakeisti savo ketinimą iš „dėl savęs" į „dėl Kūrėjo". Jeigu norima, žmogus ištaiso ankstesnes tris stadijas, t. y. negyvąją, augalinę ir gyvūninę.

Žmogus sudarytas iš gyvūninės ir žmogiškosios dalies; pastaroji yra jo siela, besivystanti iš „taško širdyje" iki pilnos apimties taisymosi pabaigoje. Žmogaus biologinis kūnas ir gyvūninė siela panašūs į gyvūnų; jų likimas toks pat: priklausomai nuo sąveikos su Dieviškąja siela laipsnio, gyvūninė siela kyla taisytis ir, kaip mokomės, jos apsivelka viena kita, susilieja į viena.

VISKAS APIE SIELĄ

Kur yra siela ir kokie procesai joje vyksta tarp nusileidimų į šį pasaulį?

Kabala, atskleidžianti Kūrėją kūriniams šiame pasaulyje, nesprendžia tokių klausimų. Ji tik paaiškina, ką turime patirti šiame žemiškame gyvenime. Studijuodami kabalą patys suvokiame, kas vyksta už mūsų gyvenimų ribų. Tačiau knygose apie tai nerašoma, nes mums privalu žinoti, ko reikia taisymuisi, o ne smalsumui patenkinti. Mokykis ir pats išvysi.

Ar klausimai apie sielos pakeitimą ir jos gavimą svarbūs tik kirtus barjerą?

Siela keičiasi savo viduje; būsenų keitimas vadinamas „sielos įsikūnijimu". Apskritai kalbant, pats indas nesikeičia (nors ir ne visai tikslu, tačiau taip paaiškinti paprasčiau).

Kaip siela atsiskiria nuo kūno?

Niekas neatsiskiria, nes siela nesusijusi su kūnu. Žmogus jaučia tai kaip judėjimą iš vieno lygmens į kitą. Šis pojūtis vadinamas „atsiskyrimu (tam tikra dalimi) nuo egoistinio noro" arba kūno „mirtimi".

Kaip siela persikelia į bendrąją sielą **Adam?**

Iš tikrųjų siela niekada nepaliko bendrosios sielos, ji tik liovėsi ją jautusi, nes įgydama egoistinį norą sugadino savo dvasinius pojūčius. Bet trokšdama taisytis, siela ištaiso savo jausmus ir gali pajausti savo tikrąją būseną bendrojoje sieloje.

Šio pojūčio susigrąžinimas vadinamas „kilimu dvasinėmis pakopomis" iš mūsų pasaulio į pasaulį *Acilut*.

Kaip individuali siela atsiskyrė nuo bendrosios sielos?

Siela, įgydama papildomus neištaisytus egoistinius norus, pradeda nebejausti dvasinio pasaulio, o tai vadinama sielos atsiskyrimu nuo bendrosios sielos. Dėl to siela pajunta savyje vis grubesnį norą, vadinamą „kūnu". Tai siela jaučia kaip gimimą biologiniame kūne.

Kaip siela patenka į kūną?

Jeigu klausi, kaip siela patenka į biologinį kūną, tai siela su juo neturi nieko bendra. Bet jeigu kalbi apie kūną kaip apie norą, tada, jeigu noras egoistinis, jis vadinamas „šio pasaulio kūnu", o jeigu noras altruistinis, tada – „dvasiniu kūnu". Visi šie klausimai paaiškinti „Įvade į knygą *Zohar*".

Kaip bendroji siela gali būti Adam, jeigu ji buvo sudaužyta? Iš suskilusio ąsočio išteka vanduo... Ar įmanoma ką nors išlaikyti sudužusiose dalyse?

Niekas nepradingsta: visos būsenos išsaugotos ir turi vienodas teises egzistuoti. Taigi yra būsena, vadinama *Adam* iki sudužimo. Sudužus *Adam*, dalys, t. y. atskiros sielos, nusileidžia į mūsų pasaulį ir kyla į savo šaknį, „pirminį *Adam*".

Prieš pereidamas barjerą žmogus turi sielą ar tik jos dalį?

Iki kirsdamas barjerą žmogus turi tik tašką, kuris ilgisi Kūrėjo (taškas širdyje), šalia visų kitų norų (širdis) mėgautis šiame pasaulyje, kurį jaučiame per savo penkias jusles. Perėjus barjerą, taškas ima augti, kildamas 125 dvasinėmis pakopomis per penkis pasaulius. Pasiekęs savo šaknį, žmogus suranda savo ankstesniąją vietą, tik dabar ji 620 kartų didesnė nei anksčiau.

SIELA, KŪNAS IR REINKARNACIJA

Ar galima užginčyti tiesiogiai iš Kūrėjo gautas žinias?

Jeigu jos iš tikrųjų gautos kaip Aukštesniojo Atsiskleidimo rezultatas, jos teisingos tam žmogui ir negali būti užginčytos. Tačiau žinojimas keičiasi žmogui dvasiškai kylant. Nieko absoliutaus nėra!

ATNAUJINTA SIELA

Siela kūne yra pastovi ar kinta?

Paaiškinsiu paprastai, sakydamas, jog siela yra pastovi ir niekada nesikeičia, antraip žmogus neįstengs suprasti, kas vyksta su siela, neįstengs palyginti jos besikeičiančių būsenų.

Iš to kyla dar vienas svarbus klausimas: jeigu siela vis dėlto keičiasi, tai reikštų, jog viena siela dirba, o atlygį gauna kita. Pradedantiesiems tai itin sunku priimti, nes jie mano, kad tai neteisinga. Tačiau kalbant apskritai, sielos nuolat keičiasi. Kas akimirksnį siela nauja.

Siela – tai kažkas neapibrėžta, tai nuolat besikeičiantis ištaisytas noras, kuris nuolat jungiasi su kitomis savo dalimis, kitomis sielos dalimis. Pabaigoje visos sielos išsitaisiusios susijungs į vieną ir bus užpildytos Kūrėju.

Todėl skirtumai tarp sielų jaučiami tik neištaisytose sielose, t. y. taisantis ir tik tada, kai jos jaučia per savo prigimtines savybes, kurios reikalauja „dėl savęs" ir atlieka išskaičiavimą „Kas dirba ir kas gauna atlygį".

ĮSIVILKTI Į KŪNĄ

Perskaičiau daugybę paaiškinimų apie kūną ir sielą. Ar kabala pripažįsta, jog siela apsivelka kūnu, ir jeigu taip, kaip ji tą aiškina?

„Siela apsivelka kūnu" reiškia, kad žmogus staiga pajunta potraukį kažkam pakylėtam. Tas potraukis suprantamas klaidingai. Žmogus kažkiek jaučia supančios Šviesos, kuri rodo, jog žmogus besąs kažko didelio viduje ir yra ten pasimetęs.

Visi patiria šį pirminį pojūtį, bet išgyventas keletą kartų šis pojūtis sumažėja, nes žmogus teisingai mokosi, teisingai studijuoja kabalą ir ima kurti viduje indus, padėsiančius patirti dvasinius pojūčius.

Žmogus liaujasi būti it embrionas gimdoje (pradedančiųjų būsena) ir vis labiau bręsta. Jausmai apibrėžiami ir analizuojami iš naujo, taip žmogus tolsta nuo tos pirminės būsenos.

Užuot kaip embrionas norėjęs būti apsuptas kažko aukštesnio, žmogus trokšta pats pasiekti Aukštesnįjį, sąmoningai būti Jame, stengtis savarankiškai eiti pirmyn. Tai įmanoma tik žmogui įgijus dvasinį indą tobulėjimui – ekraną. Būtent to moko kabala.

Kada siela apsivelka į žmogų?

Iš pat pradžių siela neįsivelka į žmogų. Paskutiniuose žmogaus įsikūnijimo etapuose atsiranda noras vis didesniems malonumams: garbei, sėkmei, žinojimui. Paskui prabunda noras siekti Aukštesniosios jėgos, Kūrėjo, kažko, esančio žmogaus išorėje.

SIELA, KŪNAS IR REINKARNACIJA

Tada visi materialūs malonumai nublanksta. Šis reiškinys rodo sielos atsiradimą. Šioje stadijoje žmogus ima ieškoti šaltinio, kuris jį patenkintų, o tą galima rasti tik kabaloje.

Kada mums tai nutinka? Tai priklauso nuo mūsų brandos ir yra susiję ne su amžiumi, o su įsikūnijimų skaičiumi ir šaknimi, iš kurios kilo siela.

Mes visi esame individualios, vienos bendrosios sielos *Adam* dalys. Siela apsivelka kūnu. Kiekvienas turi unikalią, ypatingą sielą. Kitaip tariant, kad pasiektų dvasinius pojūčius, vienam žmogui prireiks penkiolikos gyvenimo ciklų, kitam užtruks vos penkis. Vienam gali tekti patirti siaubingas kančias, o kitam viskas praeis sklandžiai. Viskas priklauso nuo sielos tikslo ir jos pradinės būsenos.

Kai kyla noras Aukštesniajai jėgai, žmogus turi stengtis iš visų jėgų, kad jį išpildytų ir teisingai vystytų, priešingu atveju jis gali būti atimtas galbūt net keletui gyvenimų.

Ar norite pasakyti, kad šiame pasaulyje yra žmonių, neturinčių sielos?

Kiekvienas biologinis kūnas turi gyvastį jam suteikiančią jėgą, „gyvūninę sielą". Tačiau, kai kabalistai sako „siela", omenyje turi indą, ekraną, kuris leidžia susisiekti su Aukštesniąja jėga, Kūrėju. Kai žmogus pirmąsyk panorsta užmegzti ryšį su Aukštesniąja jėga, tai vadinama „sielos apvaisinimu". Jeigu žmogus nesiekia Aukštesniosios Dvasinės jėgos, tai neturi aukštesniosios sielos.

Iš šitai neturi nieko bendra su žmogaus fizinėmis savybėmis, o tik su žmogaus pasirengimu susijungti su Aukštesniuoju.

Taigi yra besielių žmonių?

Kiekviename mūsų slypi sielos „embrionas", bet klausimas, ar jis pasiekė būseną, reikalaujančią augti dvasiškai. Jeigu embrionas dar nepasiekė šios būsenos, žmogus nejaus jokio troškimo dvasingumui, Kūrėjui. Bet jeigu pasiekė, žmogus jaučia poreikį žinoti savo gyvenimo prasmę. Neatsakęs į šį klausimą, tiesiog nebeįstengia toliau gyventi.

Nuo šio taško tobulėjimas priklauso tik nuo žmogaus. Kai kurie žmonės vysto savo sielas, t. y. pajaučia Aukštesnįjį pasaulį per keletą gyvenimų, o kiti privalo įsikūnyti šimtus kartų. Tai priklauso nuo aplinkos, kurioje žmogus pasirenka tobulėti.

KABALISTO PASAULIS

Ar fiziniu kūnu apsivilkusi siela egzistuoja tik šiame pasaulyje?

Nebūtinai. Tarkime, fizinis kabalisto kūnas. Savo jausmuose (sieloje) jis gali būti pasaulyje *Acilut*, tačiau jo fizinis kūnas pasilieka mūsų pasaulyje su visomis ligomis, norais, įpročiais, savybėmis.

KIEK SIELŲ TURI KABALISTAS?

Baal Sulamas (Jehudis Ašlagas) rašė, kad jis nebūtų galėjęs pasiekti savo pakopos, jeigu Kūrėjas nebūtų jam davęs Šimono Bar Johajaus sielos. Iš pradžių jis turėjo savo sielą, o paskui kabalisto Šimono siela įėjo į jį. Ar jis sujungė savo pirminę sielą, ar buvo su dviem sielomis viename kūne?

SIELA, KŪNAS IR REINKARNACIJA

Kūnai šiame pasaulyje gimsta, gyvena ir miršta. Egzistuoja kūnus ir jų ypatingus bruožus, charakterį bei įgūdžius palaikanti jėga. Kartu šios savybės suformuoja būtybę šiame pasaulyje, kuri niekuo nesiskiria nuo gyvūnų. Gyvūnai irgi gyvena tarp savų, atskirai, tačiau, būdami mažiau išsivystę nei žmonės, nėra taip atsiskyrę vienas nuo kito kaip žmonės. Vystymosi lygį nulemia įvairovės laipsnis kūrinyje.

Pavyzdžiui, tos pačios rūšies akmenys niekuo nesiskiria vienas nuo kito. Tarp tos pačios rūšies augalų yra menkas skirtumas. Išskirtinius gyvūnų bruožus žmogus jau gali atpažinti, o ką jau kalbėti apie žmogų, besiskiriantį visais aspektais. Tačiau visa tai galima priskirti tai pačiai palaikančiajai jėgai – gyvūninei sielai.

Kas vyko su žmogumi praeityje, kas vyksta dabar ir kas bus, – viskas priklauso šiam pasauliui. Yra žmonių, galinčių nuspėti ateitį, matyti praeitį, pajusti ligas ir t. t., tačiau visa tai siejama su mūsų pasauliu, su gyvūnine siela.

Dvasingumas yra aukščiau kūno, aukščiau noro mėgautis materialiais dalykais, dėl to jis nesusijęs su kūnu. „Kūnas" kabaloje reiškia „norą". Jeigu žmogus įgijo ekraną, viduje jaučia, kaip įsivelka Dvasinė Šviesa.

Šviesos, Kūrėjo jautimas tokiame nore vadinamas „siela". Šviesa keičiasi priklausomai nuo ekrano, o kiekvienas ekrano pokytis vadinamas „sielos persikūnijimu".

Mūsų pasaulyje žmogus turi tik gyvūninę sielą, kaip ir visi gyvūnai. Jeigu žmogus gauna norą mėgautis Kūrėju, Aukštesniojo troškimą, studijuodamas kabalą (kitų būdų nėra) gali įgyti ekraną, tada žmogus greta gyvūninės sielos gaus ir dvasinę sielą. Gyvūninė siela nekinta, o dvasinė nuolatos keičiasi. Kabalistas turi dvi sielas: gyvūninę ir dvasinę.

RAKTAS Į KABALĄ

Savaime suprantama, jog kabalistas gimsta su gyvūnine siela, o aukštesniąją, dvasinę sielą įgyja vėliau. Pasakyta, kad visi turi ateiti į visiško susiliejimo su Kūrėju būseną ir susijungti su dvasine šaknimi *Adam ha Rišon* (Pirmojo Žmogaus) *parcufe*, kuriame yra visos sielos.

ŽMOGAUS IR SIELOS VAIDMUO

Ar gimdami atsinešame užduotį, kurią norime nenorime turime įgyvendinti, ar, kaip aiškina Ari, galime įgyti sielą darbu, pastangomis ir malda?

Ne mes nusprendžiame, su kokia siela gimstame, kokias savybes turime ir su kokia užduotimi ar vaidmeniu ateiname į šį pasaulį. Nuo vaikystės per savo aplinką ir mums duotas situacijas nesąmoningai pradedame artėti savo užduoties link.

Jeigu mūsų užduotis – užmegzti ryšį su Kūrėju, tada tam tikru metu, jeigu jau subrendome per ankstesniuosius gyvenimus, pradėsime ieškoti kažko aukštesnio nei mūsų pasaulis. Tokia visų kabalistų pradžia, lygiai taip bus ir tau.

O kas po to? Tai priklausys nuo tavo pastangų. Pabaigoje pasieksi aukščiausiąją pakopą, bet kada tai nutiks – šiame gyvenime ar po dešimties, šimto gyvenimų – priklauso nuo tavo pastangų kiekybės, o dar labiau nuo jų kokybės.

SIELOS LYTIS

Ar siela turi lytį?

SIELA, KŪNAS IR REINKARNACIJA

Siela turi konkrečią lytį: vyriškąją arba moteriškąją. Ši savybė išeina iš kūrinio šaknies, iš pradžių pradžios. Pasaulio *Acilut Zeir Anpin* (vyr.) ir *Malchut* (mot.) – tai lyčių mūsų pasaulyje prototipai; ir nėra didesnių priešybių nei šie du.

Visoje iš viršaus į apačią sukurtoje kūrimo sistemoje yra aiškiai padalytos, atskirtos vyriškoji ir moteriškoji dalys. Kuo žemesnė kūrinio pakopa, tuo grubesnis bei paprastesnis jis tampa ir tuo labiau sutampa vyriškoji ir moteriškoji dalys.

Pavyzdžiui, augalai praktiškai neskirstomi pagal lytį. Tačiau kuo labiau vystosi kūrinys, t. y. kuo aukštesnė jo vystymosi pakopa, tuo didesni skirtumai.

Dvasiniame pasaulyje šis skirtumas tiesiog akivaizdus. Dalys nepanaikina viena kitos, o papildo. Be moteriškosios dalies kūrimo sistema nesuvokiama. Vyriškoji dalis priklauso nuo moteriškosios dalies ir laukia jos.

Ar skiriasi vyrų ir moterų sielos?

Taip, tiesa, jog vyrai ir moterys turi skirtingo tipo sielas. Tačiau vyriškos sielos nėra nei geresnės, nei blogesnės už moteriškas. Tai tiesiog kitokio tipo sielos, todėl jos ir taisosi skirtingai.

Kuo skiriasi vyriškos ir moteriškos sielos?

Nepaisant fizinių kūnų šiame pasaulyje, vyriškos ir moteriškos sielos – tai du sielos dalių tipai, kurie sudaro dvasinį *parcufą*, dar vadinamos *parcufo* „dešinė" ir „kairė". Dvasiniais laiptais kopiantis kabalistas naudoja tai vyrišką, tai moterišką indo dalį. Atitinkamai kabalistas vienu metu turi vyrišką, o kitu – moterišką sielą.

To pavyzdys – Pirmojo Žmogaus siela. Ji sudužo į 600 000 dalių, o paskui suskilo į dar didesnę daugybę. Tačiau pirminio *parcufo* turinys išlaikomas kiekvienoje iš jų, kiekvieną dalelę paverčiant miniatiūriniu *parcufu*. Visos kūrinijos visos savybės ir jėgos, buvusios pirmajame dvasiniame *parcufe*, dabar egzistuoja kiekvienoje iš šių mažyčių jo dalelių.

Šios kibirkštys vadinamos žmonių „sielomis". Kiekvienas žmogus turi savo ištakas Pirmajame Žmoguje ir kiekvienas kyla iš kitokios *sfiros* ar sub-*sfiros* dešimtyje Pirmojo Žmogaus *sfirot*. Šios sielos padalytos į vyriškas ir moteriškas sielas ir pagal savo lytį apsivelka atitinkamus kūnus.

Gimstame turėdami tam tikrą užduotį. Mūsų žemiškieji gyvūniniai bruožai nekinta, o mūsų vidinės-dvasinės savybės keičiasi mums taisantis. Todėl moteris gali patirti vyriškas dvasines būsenas, tačiau iš išorės jos kūnas, vilkintis šio pasaulio apdarus, liks moteriškas.

Tačiau dvasiniame pasaulyje siela taisymus atlieka ir vyriškoje, ir moteriškoje dalyje. Mūsų pasaulyje niekas nesikeičia ir kūnas išlaiko savo lytį – vyriškąją ar moteriškąją.

PASAULIO LYDERIŲ SIELOS

Ar žiaurūs vadovai ir diktatoriai mūsų pasaulyje neturi dvasinių sielų, nes jų užduotis buvo nubausti žmoniją?

Visos sielos yra Pirmojo Žmogaus sielos dalys. Siela – tai Kūrėjo dalis iš Aukščiau, nes ji užpildoma Kūrėjo Šviesa priklausomai nuo jos išsitaisymo lygio.

SIELA, KŪNAS IR REINKARNACIJA

Negalime aiškiai matyti, kas vyksta su siela, o juolab su sielomis, apsivilkusiomis šio pasaulio lyderių kūnus. Visi šie žmonės, geri ar blogi, – tiesiog marionetės Kūrėjo rankose, vykdančios Jo sumanymus šiame pasaulyje.

Pasakyta, kad jų širdžių likimai Kūrėjo rankose („Ministrų ir karalių širdys – Dievo rankose"). Todėl visa, kas vyksta, turi būti priskiriama vien Kūrėjui.

Koks jų ryšys su „tamsiosiomis jėgomis", netyrumu?

Šventumo ir netyrumo sistemos egzistuoja tiktai tam, kad vykdytų kūrimo tikslą. Apie šventumo ir netyrumo sistemas gali kalbėti tik tobulėjančių pagal kabalos metodiką atžvilgiu. Priešingu atveju galima pamanyti, kad, be Kūrėjo valdžios, yra dar ir kita. Šios dvi sistemos egzistuoja tik tam, kad palaikytų vieną programą – kūrimo sumanymą.

TAŠKAS ŠIRDYJE

Ar siela ir taškas širdyje skirtingai įvardija tą patį?

Kūrėjo sukurtas noras mėgautis Juo (Šviesa) vadinamas „siela". Noras lieka tobulas, visiškai susiliejęs su Kūrėju, koks ir buvo sukurtas. Kad siela galėtų pasiekti tą būseną pati ir savarankiškai prilygtų Kūrėjui, tapdama kaip Jis, Kūrėjas atskiria ją nuo Savęs suteikdamas jai priešingas Savosioms savybes.

Pabaigoje siela liaujasi jautusi Kūrėją, amžinybę, tobulumą ir apsivelka materialiu kūnu, turinčiu norą mėgautis dėl savęs. Per šį norą sielą jaučia tai, ką vadiname „mūsų pasauliu". Norėdama vėl pajusti savo tikrąją, pirminę, tobulą būseną, siela turi išugdyti savyje Kūrėjo savybes, tarsi suteiktų joms gyvybę, sukurtų jas.

Pirminėje ir tobuloje pakopoje sielos apimtis tokia pat kaip Šviesos, kuri nusileidžia iš Kūrėjo ir ją užpildo. Kuo labiau siela tolsta nuo Kūrėjo, tuo mažesnis tampa jos noras. Labiausiai nutolus nuo Kūrėjo, iš sielos telieka taškas (savo dydžiu ir galia), o mes tejaučiame norą patenkinti savo gyvūninius kūnus. Tačiau šis taškas, esantis kiekviename iš mūsų, gali „prakalbėti".

Pirminė siela padalyta į 600 000 dalių, kurių kiekviena laipsniškai vystosi iš taško į didžiulį dvasinį indą (620 kartų didesnį) per 6000 nuoseklių ištaisymų procesą, kuris vadinamas „metais" arba „pakopomis".

Pirmąsyk pasirodžiusi siela jaučiama kaip taškas širdyje, visų norų centre, žmogaus egoizme. Bet kokia siela? Kokiame lygyje? Tai sužinoti privalome visi.

Kodėl šiame pasaulyje tiek daug kūnų, o sielų tik 600 000?

Dauguma žmonių mūsų pasaulyje neturi dvasinės sielos, tik gyvūninę, tokią, kaip ir kitų gyvūnų, kurios užtenka gyvybei palaikyti. Tačiau žmonės taip pat turi būsimos dvasinės sielos užuomazgą, vadinamą „tašku širdyje". Širdis – noras mėgautis viskuo, kas mus supa.

Per visą istoriją, kiekvieno iš jų daugybėje gyvenimų vystosi norai fiziniams malonumams, paskui turtui, galiai, valdžiai, ir žinioms. Po šių materialių malonumo troškimų, kurie dar vadinami „širdimi", ateina noras dvasingumui.

Dvasingumo troškimas pasirodo tarp kitų gyvūninių troškimų, todėl sakoma – „taškas širdyje". Be abejonės, šie norai neturi nieko

SIELA, KŪNAS IR REINKARNACIJA

bendra su širdimi mūsų kūne. Jeigu transplantuotume širdį ar net smegenis, nepasikeistų nė vienas žmogaus bruožas. Dvasinė sfera nesusijusi su biologiniu kūnu. Tačiau taškas širdyje (dar) nėra siela. Tai tarsi lašelis sėklos, iš kurios vystosi vaisius ir gimsta kūdikis. Taškas mūsų širdyje – tarsi noro lašelis, Kūrėjo, aukštesniojo suvokimo ilgėjimasis. Jeigu žmogus ima jį ugdyti, šis taškas vystosi panašiai kaip virstanti embrionu sėkla. Kai jis tampa savarankiškas, vadinamas „siela".

Ką reiškia gauti sielą?

Siela gimsta iš dvasinės sėklos, kurią vysto Šviesa, nusileidžianti ant žmogaus jam studijuojant kabalą. Tada veikiant Šviesai taškas širdyje ima pūstis, plėstis ir galų gale išsivysto į pilnas dešimt *sfirų*, pilnutinę struktūrą – *parcufą* ar sielos *guf* (kūną). Šviesa pritraukiama į tas dešimt *sfirot*. Taip žmogus pajaučia dvasinį pasaulį, Aukštesnįjį, Kūrėją.

600 000 SIELŲ

Per paskaitas minėjote, kad tik 600 000 sielų nusileidžia į šį pasaulį. Kaip paaiškinti, jog fizinių kūnų skaičius viršija septynis milijardus? Kaip 600 000 sielų padalijamos visiems žmonėms žemėje?

Pasaulyje tėra tik viena siela, vadinama *Adam ha Rišon*. Ji susideda iš 600 000 atskirų dalių. Kiekviena dalis – tai atskira siela, kuri taisoma, jai susijungiant su kitomis dalimis, kitomis sielomis. Kad siela susijungtų su kitomis sielomis, reikia panaikinti ketinimą

„dėl savęs", nes dvasinis ryšys ir visiškas susitapatinimas – vienas ir tas pats.

Kiekviena dalis, kiekviena siela, atšaukdama šį ketinimą ir susijungdama su kitomis dalimis, kitomis sielomis įgyja pirminės sielos, *Adam ha Rišon*, savybes. Siela susijungia su Kūrėju tiek, kiek ji gali susijungti su kitomis sielomis. Tai užpildo *Adam ha Rišon* sielą, nes Kūrėjo savybės ir sielos ištaisytos savybės susilygina.

600 000 yra simbolinis skaičius. Po pirmojo sudužimo kūrinio, *Adam*, siela sudužo į 600 000 dalių. Po to per daugybę kartų jos ir toliau skaldėsi į šias mažesnes dalis:

- Kainas ir Abelis
- Babelio bokštas
- Likusios kartos

Be to, sielos nuolatos eina iš vieno kūno į kitą, dalijasi ir jungiasi, nes iš esmės jos yra viena siela, kurią atskiria mūsų asmeniniai jausmai. Noras mėgautis dėl savęs įspaustas jose. Galima sakyti, kad yra viena, Šviesa užpildyta siela, tačiau dėl savo neišsitaisymo jaučiamės esą atskiros jos dalys.

Taisymosi pabaigoje visos viena nuo kitos atitolusios sielos susijungs vienu noru ir viena mintimi, vienu malonumu ir vienu Kūrėju.

SIELA, VADINAMA *ADAM*

Kaip taip gali būti, jog mūsų pasaulyje yra 600 000 sielų, nors tuo pačiu metu mokomės, kad, be kūrinio ir Kūrėjo, daugiau nieko nėra?

SIELA, KŪNAS IR REINKARNACIJA

Siela – tai noras mėgautis Kūrėju. Kitaip tariant, iš Jo išeinančia Šviesa. Noras gauti vadinamas indu. Kūrėjo tikslas – patenkinti tą norą malonumui Savimi, su sąlyga, jog pati siela to nori. Kai tai atsitiks, siela jaus malonumą. Kūrėjas šią problemą išsprendė atitolindamas sielą nuo Savęs. Siela, toldama nuo Kūrėjo, pati panorsta priartėti prie Jo. Tai pamažu sukuria joje norą Kūrėjui. Sukurtoji siela vadinama *Adam*. Iš esmės tai vienas ir tas pats kūrinys. Visatoje, be Kūrėjo ir *Adam*, kūrinio, daugiau nieko nėra. *Adam* buvo padalytas į 600 000 dalių, kurios apsivilko šio pasaulio žmonių kūnais.

Šiame pasaulyje dvasinio kelio pradžioje keičiasi žmogaus norai: troškimas mėgautis šio pasaulio malonumais virsta troškimu mėgautis Kūrėju. Tai pats didžiausias egoistinis noras.

Anapus barjero, dvasiniame pasaulyje kiekviena dalis taiso ketinimą „dėl savęs" į ketinimą „dėl Kūrėjo". Išsitaisymo laipsnis apibrėžia sielos pripildymą Kūrėjo Šviesa, kol galų gale siela tampa visiškai pilna. Šio pojūčio neišreikši žodžiais; tai yra tobulybės, amžinybės, formos tapatumo su Kūrėju jautimas. Toks kūrimo tikslas.

KABALA IR CHRONOLOGIJA

Kada pagal kalendorių sudužo Adam? *Ar tikslinga stengtis užglaistyti prieštaravimą tarp archeologų atradimų ir Kūrėjo žodžių? O gal prieštaros nėra?*

Pagal hebrajų kalendorių sudužusių indo (sielos, *Adam*) dalių nusileidimas ir įsikūnijimas į mūsų pasaulį prasidėjo nuliniais metais. Iki tol sielos nenusileisdavo, nes indas nebuvo sudaužytas.

Aiškinu šitai mūsų pasaulio žodžiais, tačiau nesuvoksi to, kol pats neapčiuopsi.

Archeologai nurodo, jog kūnai egzistavo iki nulinių metų, tačiau tada į tuos fizinius kūnus nenusileisdavo sudužusio *Adam* dalys. Straipsnyje „Sprendimas" (kuriame pateikiamas sprendimas ateities visuomenei) Baal Sulamas rašo, jog Žemė susiformavo iš dujų, kurios milijonus metų kondensavosi, kol sukūrė tvirtą medžiagą. Tada žemėje pasirodė gyvybė: augalija, gyvūnija, žmogus. Tik vėliau siela, tiksliau, sudužusios *Adam* sielos dalys, pradėjo leistis į žmogų. Mūsų užduotis – ištaisyti šias dalis savyje ir suderinti jas į vieną konstrukciją.

PIRMOJO ŽMOGAUS SIELOS TAISYMAS

Bendroji siela, Pirmasis Žmogus, yra užbaigta, tiksli, nekintanti konstrukcija. Tačiau ją sudarančios sielos lengvai prisitaikančios, jungiamos ir maišomos su kitomis. Kaip tą paaiškinsite?

Konstrukcija išties griežta, tačiau vidiniai saitai lankstūs, nes visa visata ir Pirmojo Žmogaus (*Adam ha Rišon*) siela sukurtos pagal Kūrėjo vardą *J-H-V-H* (*Jud, Hey, Vav, Hey*).

1. Raidės *Jud* taškelis – *Keter*.
2. Pati raidė *Jud* – *Chochma*.
3. Raidė *Hey* – *Bina*.
4. Raidė *Vav* – *Zeir Anpin*.
5. Raidė *Hey* – *Malchut*.

SIELA, KŪNAS IR REINKARNACIJA

Pirmasis Žmogus – tai dvasinis *parcufas*, sudužęs į 600 000 dalių. Kai jo ekranas sudužo, nebeliko ketinimo „dėl Kūrėjo", jungusio visas dalis (norus) vienam tikslui. Neturinčios ekrano dalys nori gauti dėl savęs, užuot kartu davusios Kūrėjui ir taip judėjusios pirmyn. Dabar jos neturi tam supratimo, noro ar ketinimo. Abipusio noro nebeliko, tačiau konstrukcija vis dar yra. Buvo panaikintas ekranas, tvirtai telkęs dalis vienam veiksmui, tarsi darniai dirbusi ir paskui išardyta grupė.

Kodėl Pirmojo Žmogaus dalys taisosi atskirai, o ne kaip viena siela?

Egoistinį norą (*rešimo*, įrašą) įveikti galima tik po vieną, o ne visus *rešimot* iš karto. Svarbu tai, jog sudaužymas buvo atliktas tyčia, idant kūrinys, siela suskiltų į dalis. Tokiu būdu siela pradeda jausti tas būsenas, kurių nepatirtų, jeigu dalys nebūtų sumaišytos su Kūrėjo savybėmis.

Mūsų darbas prasideda žemiausiame visatos taške, kūrinio vystymosi pabaigoje, ir yra nukreiptas į viršų. Tai, kas atsitiko iki to, buvo pasirengimas. Pirmojo Žmogaus sudužimas į dalis būtinas, kad pasiektume sielą. Sudaužymą būtina ištaisyti, jog gimtų indas ir būtų užpildytas Šviesa.

SIELOS YPATINGUMAS

Kaip faktas, jog kiekviena siela unikali ir gauna Šviesą pagal savo charakteristikas, atitinka tai, ką rašote: neva kabalistai visus pasaulius jaučia vienodai?

Mes visi turime tuos pačius penkis jutimo organus. Dėl to mūsų gebėjimai jausti ir suprasti išorinį pasaulį yra tapatūs. Tai, ką jaučiame savo penkiomis juslėmis, iš esmės yra mūsų troškimas mėgautis. Šio noro nėra kažkurioje vienoje juslėje, jis susideda iš penkių malonumo norų:

1. Gyvūniniai malonumai – seksas, šeima, maistas.
2. Malonumas, patiriamas dėl turtų, socialinės padėties.
3. Malonumas, patiriamas dėl valdžios, garbės.
4. Malonumas iš žinojimo.
5. Malonumas iš Kūrėjo.

Kiekviename iš mūsų egzistuoja skirtingi visų penkių norų deriniai ir kartu jie sudaro bendrą žmogaus norą patirti malonumą. Iš to kyla žmogaus unikalumas.

Visa visata sudaryta iš dešimt *sfirų*, kurių kiekviena sudarytasiš dešimt vidinių *sfirot* ir taip iki begalybės. Dėl to kiekviena dalis visatoje, kad ir kurią paimtume, bus sudaryta iš dešimties dalių ar *sfirų*. Tačiau kiekvieno objekto dalių santykis visada unikalus.

PARCUFŲ IR KŪNŲ GAUSA

Sudaužius Pirmąjį Žmogų (bendrąją sielą) buvo sukurta 600 000 dalių. Kodėl tada mes tokie skirtingi, jeigu kiekvienas iš mūsų – tai panaši, kažko vieno, vientiso dalis?

Indas, arba Pirmojo Žmogaus kūnas, sudarytas ir dešimties *sfirot*. Visas Pirmojo Žmogaus „kūnas" yra arba apsivelka trisdešimt

SIELA, KŪNAS IR REINKARNACIJA

pasaulių *BEJA* (*Brija, Jecira, Asija*) *sfirų*: jo „galva" (*roš*) – pasaulyje *Brija*, „gerklė" (*garon*) – šešiose pirmose pasaulio *Jecira sfirose*; jo kūnas prasideda nuo pasaulio *Jecira chaze* („krūtinė") ir eina žemyn į pasaulio *Asija chaze*; jo „kojos" (*reglaim*) prasideda nuo pasaulio *Asija chaze* ir tęsiasi iki pat *Asija* pasaulio galo.

Sfirų savybės skiriasi, jas jungia tik ketinimas „dėl Kūrėjo". Jeigu ketinimas sudūžta ar išnyksta, tada ryšio tarp kūno dalių irgi nebelieka ir kiekviena savybė jaučia save atskirai.

Visos kūno dalys, norai panašūs todėl, kad mes sudaryti iš tų pačių norų, bet kiekvienas iš jų skirtingos rūšies, charakterio, atspalvio. Pagrindinės kūrinių savybės tos pačios, bet šios devynios savybės (*sfiros* nuo *Keter* iki *Jesod*) skirtingais deriniais susimaišo kiekvieno iš mūsų *Malchut* (dešimtoje *sfiroje*, žmogaus egoizme) pagal tam tikrus požymius, grupes. Taip nulemiamas rasių, tautų ir pan. atsiradimas.

SIELOS VYSTYMASIS

Kaip galiu žinoti, kokioje dvasinio tobulėjimo pakopoje yra mano siela?

Jeigu dirbsi su savimi, pamažu pajusi savo dvasinę būseną. Vėliau pradėsi jausti, kur esi, kurioje dvasinėje pakopoje yra siela, kokia tavo dvasinė būsena. Tai įmanoma, nes pats kuri savo būseną, apibrėži savo veiksmus ir dvasinio augimo laipsnį.

Kad galėtum žengti kitą žingsnį, turi tiksliai žinoti, kas vyksta dabar, antraip negalėsi dvasiniame pasaulyje eiti pirmyn nedarydamas sau žalos.

KELIO PASIRINKIMAS

Ar, be kabalos, yra kokių kitų TIKRŲ kelių? Jeigu taip, kokie jie ir kiek jų? Rodosi, kad per ilgai blaškausi nuo vieno kelio prie kito. Ieškau kažko, kur galėčiau apsistoti, bet iki šiol nepavyko.

Tik pats gali suprasti save ir pasirinkti kelią bei tikslą gyvenime. Visi tą daro savarankiškai, rinkdamiesi priklausomai nuo savo sielos išsivystymo pasirinkimo akimirką.

Kai paklausiau savo mokytojo, ar buvimas su juo ir yra mano vieta, jis patarė pačiam tai patikrinti. Jis niekad neįtikinėjo manęs, kaip daroma visose religinėse srovėse, niekad netraukė pas save, nes šitai man tik pakenktų. Tad pats išsiaiškink. Galiu tik palinkėti, kad tikrintum aktyviai, širdyje nuolat lygindamas, išbandydamas visus galimus vystymosi kelius.

Svarbiausia, nemeluok sau. Pasitark su širdimi ir daryk, ką ji tau sako – tai bus teisingas sprendimas. Eik šiuo keliu, kol pasikeisi, patobulėsi ir išaugsi iš savo nežinojimo. Tai nuolatinis procesas iki pat taisymosi pabaigos. Sėkmės tau!

KAS RIBOJA SIELĄ

Pirmiausia žmogus ribojamas savo prigimties, egoizmo. Dvasiniame pasaulyje žmogų riboja jo sielos šaknis – Malchut de Acilut. O gal ši šaknis nevaržo sielos galimybių?

Ekrano įgijimas išlaisvina mus iš egoizmo vergijos ir leidžia suvokti, jog ketinimas „dėl savęs" yra svetimas, dirbtinai sukurtas mumyse iš Aukščiau, idant leistų atsikratyti jo ir atrasti, kokie laisvi, amžini ir tobuli jaučiamės ketinime „dėl Kūrėjo".

IŠ KUR ATĖJOME, KUR EINAME?

Kas vėliau vyko su Pirmuoju Žmogumi? Ar jis nugyveno 930 metų ir tada mirė? Ir jeigu taip nutiks ir mums, kam skubėti? Išnykti visada spėsime...

Mes neišnykstame ir niekur kitur neiname. Viskas čia, šioje vietoje, bet kitoje dimensijoje, todėl nejaučiama. Nėra tokio dalyko kaip gimti iš nieko. Pradžioje Kūrėjas sukūrė pasaulius. Ir tik po to buvo sukurtas žmogus. Viskas buvo numatyta iš anksto: kad žmogus nusidės, praras savo dvasinę pakopą, nukrisdamas į šio pasaulio lygmenį.

Visų mūsų sielos – tai bendrosios sielos, *Adam*, dalys. Kiekvienas iš mūsų privalo ištaisyti savo *Adam* dalį. Turime ją ištaisyti patys, savo laisva valia, eidami „Kabalos keliu". Priešingu atveju mus privers taisytis „kančių kelyje".

Niekam nebus leista šiaip sau egzistuoti, nes tikslas aiškus, net jeigu kelias bus ilgesnis ar trumpesnis, daugiau ar mažiau mielas. Priklausomai nuo mūsų, ėjimas į tikslą gali virsti kančių ir žudynių šimtmečiais, o ne malonumu. Verta pasiskubinti ir pajausti tikrąjį kelią. Šis kelias geriausias jums abiem: tau ir Kūrėjui. Tai teisingumo kelias, kurį lydi malonumas ir pilnatvė.

NAUJOS SIELOS

Ar mes naujos sielos?

Baal Sulamas straipsnyje „Laivė" rašo, kad kiekviena karta susideda iš ankstesnės kartos sielų naujuose kūnuose. Taip evoliucionuoja žmonija. Sielos iš kartos į kartą kaupia patirtį, taigi visi mūsų studijuojami šios kartos moksliniai atradimai, visas įgytas patyrimas, žinios kitoje kartoje virsta akivaizdžiais, neabejotinais faktais. Dėl to vaikai sumanesni už tėvus.

Žinoma, yra ir reinkarnacija, tačiau ne kūnams. Grįžta tik sielos ir tik į žmogaus kūną. Persikūnijimo procesą galima suvokti vien pasiekus Aukštesnįjį pasaulį, studijuojant kabalą. Aukštesniajame pasaulyje kūnų neturinčios sielos yra susietos su kabalistais, kurių neapsunkina kūnas ir kurios gali egzistuoti vienu metu ir mūsų, ir dvasiniame pasaulyje. Todėl tik kabalistai gali suvokti reinkarnaciją, tiktai jiems atverti jos dėsniai.

GYVENIMO CIKLAI

Kiek gyvenimų turi nugyventi žmogus?

Tai priklauso nuo žmogaus. Gali paskaičiuoti, kiek žmogui prireiks gyvenimų, jeigu jis kovoja prieš savo norą, varomas jį verčiančios jėgos. Tačiau žmogus negali numatyti, kiek gyvenimų sutaupys, ėjimą tobulėjimo keliu paspartindamas savo laisvu pasirinkimu, laisva valia.

Mūsų sielos ir toliau grįžta ir apsivelka naujais kūnais, kol įstengiame visiškai save kontroliuoti.

Kabaloje yra sritis, vadinama „sielų persikūnijimu". Ji nagrinėja kiekvienos individualios sielos persikūnijimus: kiek ciklų ji turi pereiti, kad pasiektų savo viršūnę, kada siela gali visiškai save kontroliuoti ir visavertiškai dalyvauti pasaulio kūrime. Tarkime, tavo sielai, kad pasiektų tobulumą, dar trūksta septyniolikos gyvenimo ciklų. Iš esmės gali juos pereiti per vieną gyvenimą, viskas priklauso nuo tavo tobulėjimo spartos. Niekas negali pasakyti, kiek gyvenimo ciklų prireiks sielai. Tai mūsų pačių pasirinkimas. Todėl kiekvienas iš mūsų per savo gyvenimą galime pereiti keletą papildomų ciklų ir gerokai sutrumpinti taisymosi kelią, patirti absoliučiai kitokį nei šiandien egzistavimo lygmenį, kuriame nejausime perėjimo tarp gyvenimo ir mirties.

Kada siela įsivelka į kūną: jam gimstant ar kitu laiku?

Sielos apsivilkimas biologiniu kūnu nesusijęs su kūno fiziniu amžiumi. Kai žmogus pajunta norą siekti Aukštesniojo pasaulio (noras – tai tikrasis Aukštesniojo pasaulio siekimas), tai reiškia, jog siela juo apsivilko.

REINKARNACIJA

Ar reinkarnacija yra naujos sielos pasirodymas, sukeliantis žmogaus gimimą?

Niekas neskaičiuoja žmonių taip, kaip skaičiuojami viščiukai; tai ne fiziniai vienetai, o dvasiniai, t. y. norai ir ketinimai. Jeigu šie norai ir ketinimai pakito kokybiškai, prieš mus – naujas žmogus!

Bet keliose vietose jūsų knygose skaičiau, kad reinkarnacija – tai daugybė sielos pasireiškimų kūnuose mūsų pasaulyje ir kad taip vyksta tol, kol jos nepasiekia savo asmeninio išsitaisymo.

Tai teisinga, kai kalbi apie sielos ir kūno susijungimą, kada kūnas yra tarsi apdangalas sielai, jos marškiniai.

ANKSTESNI GYVENIMAI

Ar mirus kur nors išsaugoma ankstesnių gyvenimų patirtis?

Straipsnyje „Laisvė" pasakyta, kad tai, ką žmogus įgijo šiame gyvenime, kitame tampa jo savybėmis. Tačiau informacija taip pat gali būti perduota priešinga nei kad buvo ankstesniame gyvenime forma, nes tarp dviejų gyvenimo ciklų pati medžiaga supūva ir išnyksta.

Jeigu žmogus ankstesniuose gyvenimuose nieko neįgijo, kur to žmogaus sielos šaknis?

Žmogaus gyvenime kiekviena akimirka, net jeigu žmogus tiesiog egzistuoja, jau yra taisymas. Taip yra todėl, kad esame gamtos rankose ir nuo to kenčiame, netgi nesąmoningai; su mumis kenčia ir visa kūrinija: negyvoji gamta, augalija, gyvūnija, žmogus. Sakoma, kad kai žmogus iš kišenės nori išsitraukti tam tikros vertės monetą, bet išsitraukia kitokios – tai jau yra kančios, nes jaučia, jog jo noras neišsipildė. Tad kančių kiekis yra tiksliai apibrėžtas nepriklausomai nuo to, kaip jaučiamės.

Bet mes turime galimybę rinktis, dėti pastangas idant paspartintume taisymąsi. Kai taip atsitiks, kančias patirsime sąmoningai, surasime jų šaltinį ir tada padarysime išvadą, jog protingiau pakeisti savo ketinimus, kad atsikratytume skausmo.

Todėl artėdami prie kūrimo tikslo nuolat keičiamės. Tad kiekvienas gyvenimo ciklas atrodo kitaip. Be to, reikia nuolat atnaujinti ryšius tarp sielų. Priešingu atveju ryšys nebus ištaisytas, kaip nebus ištaisyta ir bendroji siela, t. y. sielos nesusivienys.

SUBRENDUSIOS SIELOS

Papasakojau savo giminėms apie kabalą, bet jie nenori klausytis. Kaip atverti jų širdis?

Yra dviejų rūšių žmonių, t. y. sielų:

1. Tie, kurie yra parengiamajame etape ir vis dar nejaučia būtinybės kilti dvasiškai. Jie vadinami „negyvuoju" lygmeniu dvasine šio žodžio prasme, kadangi netaiso savęs, nejuda dvasingumo link, jie tarsi negyvosios gamtos lygmuo mūsų pasaulyje. Iš tikrųjų šis terminas tiksliai apibūdina visų žmonių sielas šiame pasaulyje, išskyrus keletą šimtų kabalistų ir jų mokinių.
2. Tie žmonės (ar sielos), kurie gavo iš Aukščiau norą dvasingumui, nes atėjo jų eilė pradėti artėti prie Kūrėjo. Jie suranda kabalą, pradeda studijuoti, taisyti savo savybes. Naujose, ištaisytose savybėse jie pajaučia Kūrėją, dvasinį pasaulį. Juos skatina klausimas: „Kokia mano gyvenimo prasmė?" ir būtent jis ragina augti dvasiškai. Priklausomai nuo dedamų pastangų tokie žmonės suvokia Aukštesniuosius pasaulius (didėjančia tvarka) – *Asija, Jecira, Brija, Acilut.*

Pasiekęs *Acilut* pasaulio pakopą vadinamas „žmogumi", o kol ši pakopa pasiekiama, žmogaus dvasinis vystymasis toks: *Asija* – negyvasis lygmuo, *Jecira* – augalinis, *Brija* – gyvūninis.

Nė vieno žmogaus nereikia įtikinėti ir apskritai venk apie tai kalbėti su tais, kurie priešinasi ar nenori girdėti apie kabalą – vis tiek neįtikinsi. Į kabalą žmogus ateina, kai yra tam pasirengęs. Gali pasiūlyti paskaityti knygų, bet ne daugiau. Jeigu jie sureaguos, tada sėkla (taškas širdyje) jau yra jų sieloje. Jeigu nesulauki atsako, tada galbūt po keleto gyvenimų tas žmogus panors to, ko mes norime šiandien.

GIMIMAS IR TAISYMASIS

Mūsų pasaulyje žmogus gimsta susijungus fiziniam kūnui ir dvasiai, kuri jau gali būti kokiame nors dvasiniame lygmenyje, t. y. pagal apibrėžimą jau turi ekraną. Kodėl tada vėl reikia fiziniame pasaulyje pradėti nuo pradžių?

Kiekvienas gimimas mūsų pasaulyje reiškia norų ištaisymą materialiame lygmenyje. Net jeigu žmogus anksčiau studijavo kabalą ir pasiekė tam tikrą lygmenį, tačiau ne paskutinę pakopą, jis vėl turi gimti kūdikiu, kentėti, mokytis ir nuo pradžių pradėti studijuoti kabalą. Tačiau mokinys labai greitai sugrįš į ankstesniame gyvenime pasiektą lygmenį ir tęs iš ten. Niekas nesikartoja, tik atliekami nauji taisymai ir papildomas ankstesnis gyvenimas.

FIZINIS IR DVASINIS KŪNAS

Koks ryšys tarp mūsų kūno ir dvasinių kūnų?

Viskas, kas vyksta su fiziniais kūnais šiame pasaulyje, atitinka tai, kas vyksta su dvasiniais kūnais dvasiniuose pasauliuose ar dvasiniuose troškimuose. Už materialaus pasaulio yra tik norai, kurie vadinami jėgomis, kūnais, sielomis, *parcufais* ir t. t. Dvasinis kūnas – noras su ketinimu „dėl Kūrėjo". Taigi matyti, jog šiame pasaulyje paprasti žmonės, turintys materialų kūną, neturi dvasinio. Tačiau dvasinis kūnas, ketinimas, gali būti įgyjamas studijuojant kabalos išmintį, kuri moko, kaip gauti ekraną, ketinimą „dėl Kūrėjo".

Dvasinis kūnas vystosi laipsniškai, priklausomai nuo išsitaisymo tokiais etapais:

- Apvaisinimas – kai žmogus pasirengęs visiškai anuliuoti save prieš Kūrėją, priklausyti nuo Jo, beatodairiškai priimti Jo valdymą.
- Gimimas – gebėjimas atlikti veiksmus pačiam, o ne per Kūrėją.
- Kūdikystė – periodas, kada žmogus pradeda pamažu atlikti tam tikrus veiksmus, nors kitus atlieka Aukštesnysis *parcufas* – Kūrėjas.
- Branda – visiško formos tapatumo Kūrėjui būsena konkrečioje pakopoje.

SIELA, PROTAS IR CHARAKTERIS

Kas būna su siela, kai ji įsivelka į sumanų žmogų ir kaip ją paveikia toks protas, charakteris?

Kūnas ir protinių gebėjimų ugdymas niekaip neveikia sielos ir jos augimo, t. y. išsitaisymo ir užpildymo Kūrėjo Šviesa. O tai, jog siela ir kūnas „susieti" viename asmenyje, nereiškia, kad kūnas veikia sielą, nes siela – tai noras duoti, kažkas, kas neegzistuoja kūno prigimtyje. Iš esmės siela turi pasikeisti žmoguje, ji turi būti ištaisyta. Todėl ji siunčiama į patį žemiausią kūrinijos lygmenį – šį pasaulį.

Kūnas suteikia sielai kažką „papildoma", o tai leidžia jai egzistuoti, kol žmogus ima save tapatinti su ja, o ne su žemiškuoju kūnu: protu ir charakteriu. Kiekvienas šio pasaulio įprotis ir savybė, egzistuojantis visuose žmonėse, nereikalauja ištaisymo.

Žmogus neturėtų kankintis dėl savo bruožų, jų keisti, veikiau turėtų bandyti užmegzti kontaktą su Kūrėju, su mūsų tikslu. Charakteris neturi jokios įtakos.

Patarčiau kiekvienam tyrinėti Kūrėją, Jo veiksmus, Jo Galią, dvasinius dėsnius, užuot knaisiojusis po save. „Žmogus ten, kur jo mintys." Todėl tas, kuris susilieja su Aukštesniuoju *yra* Aukštesniajame, o tas, kuris nužemina save iki žemesniųjų savybių, kenčia nuo jų, „valgydamas savo kūną".

Išgelbėjimas ir ištaisymas ateina iš Aukščiau. Žmogus tiesiog turi išplėsti Šviesos poveikį sau ir ši Šviesa ištaisys viską, ką reikia taisyti.

Charakteris nesikeičia. Žmogaus būdas lieka toks pat, nes mumyse egzistuoja noras gauti. Noro gauti forma kiekviename iš mūsų kitokia: kitoks charakteris, gyvenimo, norų suvokimas. Noro gauti forma nesikeičia, keičiasi tik ketinimas ir noro panaudojimas: iš gavimo „dėl savęs" į ketinimą „dėl Kūrėjo".

Apvaisinimas, žmogaus gimimas ir tai, ką jis daro šiame pasaulyje, nesulaukia jokio atsako dvasiniuose pasauliuose.

Neveikia jie ir sielos, nes viskas mūsų materialiame pasaulyje gimsta ir atsiskleidžia prieš mus dėl Aukštesniųjų jėgų judėjimo iš viršaus į apačią, kaip pasakyta: „Apačioje nėra nė šapelio, kuris viršuje neturėtų angelo, mušančio jį ir liepiančio augti." Tik mūsų norai priartėti prie Kūrėjo veikia tai, kas yra Aukščiau. Noras priartėti prie Kūrėjo – tai noras prilygti Jam, Jo norui teikti malonumą. Šie norai vadinami „*MAN* pakėlimu". Jeigu norėsime viską daryti dėl Kūrėjo, kaip kad Jis nori daryti mums, ir jeigu paprašysime Jo suteikti mums tokią galimybę, tada Jis pajus maldą ir atsakys į ją.

PAKEISTI MARŠKINIUS

Ar kabaloje yra fizinė mirtis?

Mirties nėra. Tiesiog įsivaizduok, jog, be šio gyvenimo, jauti kitą gyvenimą, kuriame taip pat dalyvauji. Anksčiau tas kitas gyvenimas buvo paslėptas nuo tavęs. Dabar staiga pasijunti gyvenąs kitoje vietoje, turįs kitokį santykį. Pastarasis tau tampa toks svarbus, toks gyvybingas, aiškus, tvirtas, kad pagaliau šis gyvenimas netenka prasmės ir nustumiamas į šalį.

Kai žmogus kirsdamas barjerą įeina į dvasinį pasaulį, šis tampa jo gyvenimo centru. Žmogus pervertina savo gyvenimą, ima sąveikauti su juo visai kitokiame lygmenyje. Tokios būsenos kaip fizinis gyvenimas ir mirtis prilygsta marškinių pasikeitimui. Būtent taip mano mokytojas (Baruchas Ašlagas) visada apibūdindavo.

Ar po mirties kas nors yra?

Tikriausiai klausi, kas po mirties nutinka su žmogumi, kuris nėra kabalistas. Nes jeigu jis būtų kabalistas, t. y. būtų pasiekęs tam tikrą dvasinį lygį, tada dar šiame gyvenime žinotų, kaip kontaktuoti su visais kūrinijos lygmenimis.

Kokią pakopą jaučia žmogus, kuris niekad nestudijavo kabalos ir mirė? Jis jaučia pačią žemiausią pakopą, panašiai kaip žmonės, patyrę klinikinę mirtį. Tai menkutis išsilaisvinimo iš materialaus kūno pojūtis, ne daugiau. Kabalistai būdami gyvi šią laisvę patiria milijardus kartų stipriau negu paprasti žmonės po mirties!

MIEGAS IR SAPNAI

Ar miegant ir sapnuojant patenkama į dvasinį pasaulį?

Kabalos mokslas studijuoja pasaulėdaros dėsnius, sielos struktūrą, pasaulių valdymą. Tavo klausimas apie sapnus priklauso materialiai, gyvūninei žmogaus būsenai. Sapnų ir dvasinių jėgų niekas nesieja. Sapnai rodo, kas vyksta kūne, o ne sieloje.

Todėl tam, kad dvasiškai pakiltum ir pasiektum dvasinius pasaulius, neverta nagrinėti sapnų; neturi reikšmės ir kaip miegi. Mūsų miegas – grynai fiziologinis reiškinys, kaip ir visų gyvūnų.

FARAONO SIELA

Iš jūsų žodžių suprantu, jog visos dvasiniame pasaulyje sielos patiriamos būsenos vėliau materializuojasi mūsų pasaulyje. Jeigu siela jau patyrė dvasinę būseną, vadinamą „faraonu", kodėl po to šis faraonas materializuojasi mūsų pasaulyje? Ir ar tai įvyks su kūnu, turinčiu faraono būsenos

SIELA, KŪNAS IR REINKARNACIJA

sielą, ar kūne, kuris savo žemiškomis savybėmis atitinka faraoną?

Esi susipainiojęs, nes objektus studijuoji iš išorės, o ne iš vidaus. Biblija pasakoja mums, kaip pasiekti aukščiausią dvasinę būseną. Ji niekad nekalba apie istoriją. Dvasiniame pasaulyje istorija dar neparašyta. Ją rašo kiekviena siela, kuri patiria „faraono" ar kitų personažų būsenas kiekviename žmoguje. Biblija parašyta kiekvienam ir žmogus turi į ją žiūrėti kaip į asmenines instrukcijas. Siela gali keistis tik būdama fiziniame kūne ir būtent tokia jos nusileidimo į šią būseną priežastis. Visos bendros sielos dalys turi išsitaisyti nuo pačios žemiausios būsenos iki aukščiausios, būdamos apsirengusios šio pasaulio kūną.

Kitaip tariant, mūsų pasaulyje gyvenantis žmogus turi patirti visas 613 pakilimo pakopų būsenas iki pačios paskutinės – formos su Kūrėju tapatumo.

Kai siela išgyvena tam tikras būsenas mūsų pasaulyje, ar dvasiniame pasaulyje ji jau patiria kitą savo būseną? Ir ar gali būti taip, kad šiame pasaulyje žmogus yra vienokios būsenos, o Aukštesniajame pasaulyje – kitokios?

Žmogaus siela tuo pačiu metu negali būti kelių būsenų. Visos mūsų būsimos dvasinės būsenos (iki pačios paskutinės ir tobuliausios) yra būsimos sielos būsenos, kurias ji pasieks kildama į kiekvieną iš 613 pakopų.

Iš apačios į viršų: mūsų pasaulis panašus į pasaulį *Asija*, kuris panašus į pasaulį *Jecira*, šis savo ruožtu prilygsta pasauliui *Brija*, o pastarasis – pasauliui *Acilut*. Ir iš viršaus žemyn: pagal *Acilut* pasaulio panašumą nuosekliai „kopijuojant" sukurti pasauliai *BEJA* ir mūsų pasaulis.

Biblija kalba apie tai, kas vyksta pasaulyje *Acilut*, tas pats yra ir visuose dvasiniuose pasauliuose *BEJA*, kurie išsidėstę po *Acilut* pasauliu (žemesnėje pakopoje), bet tik mažesniu dvasiniu mastu. Taip ir mūsų pasaulyje: viskas, kas atsitinka čia, atsitinka ir pasaulyje *Acilut*.

Tačiau čia viskas vyksta kitokioje medžiagoje, ne dvasinėje, o materialioje: nore mėgautis tik dėl savęs, kuris yra mūsų pasaulio medžiaga. Todėl negalime neklysdami pasakyti, kas vyksta.

Neįmanoma suprasti, kas sieja mūsų ir kitus pasaulius, nes mes nesuvokiame dvasinių pasaulių. Tik kabalistas vienu metu jaučia abu pasaulius, tačiau negali paaiškinti tam, kas nejaučia dvasinės medžiagos. Išmintis, kaip pasiekti Aukštesniuosius pasaulius – asmeniška ir todėl vadinama „slaptąja išmintimi". Tik tas, kuris suvokia, gali matyti rezultatus, ir niekas daugiau.

Acilut pasaulio faraonas – tai bendras, neištaisytas, sukurtas Kūrėjo noras gauti. Jis visada yra viename su Kūrėju lygmenyje, tačiau priešingas Jam. Todėl faraono ištaisymas pasaulyje *Acilut* reiškia visišką *Malchut*, visos kūrinijos, ištaisymą.

Faraonas pasaulyje *Brija*, kuris yra žemiau *Acilut*, simbolizuoja parengiamąjį faraono ištaisymą, viena pakopa žemiau nei galutinė.

Faraonas pasaulyje *Jecira* ištaisytas dviem pakopomis mažiau, yra dviem būsenomis žemiau nei galutinė.

Atitinkamai faraonas pasaulyje *Asija* žemesnis trimis pakopomis – trimis laipteliais žemiau nei galutinė pakopa.

Mūsų pasaulyje, t. y. fiziniame faraono kūne, nėra nė lašelio dvasinės būsenos, nes mūsų pasaulis susideda tik iš materijos:

mūsų kūnų ir to, kas juos supa – negyvoji gamta, augalija ir gyvūnija.

Tačiau, jeigu žmogaus siela lydi kūną šiame pasaulyje, tas žmogus vadinamas kabalistu. Jeigu neturi sielos, tada toks žmogus vis dar yra pasirengimo dvasiniam vystymuisi etape, dar negavęs sielos. Tada žmogus neturi jokio ryšio su Aukštesniaisiais pasauliais, ar tai būtų *Asija, Jecira, Brija* ar *Acilut*.

Fiziniame pasaulyje, šio pasaulio materijoje sielą lydi vaizdas, išoriškai atitinkantis pasaulio *Acilut* paveikslą. Pavyzdžiui, faraonas (egoizmas, apvalkalai) išoriškai atitinka pasaulio valdovą. Mozė – siekianti Kūrėjo, priešinga faraonui jėga. Kai Mozė su Kūrėju savo sieloje eina pas faraoną, tada faraonas ir Kūrėjas lygūs žmoguje. Tuomet atsiranda valios laisvė.

Todėl mūsų pasaulyje, mūsų pasaulio materijoje viskas turi vykti pagal tikslią formos tapatumo su Aukštesniaisiais pasauliais formulę.

Tačiau tai vyksta be žmogaus įsikišimo: viskas tiesiog nusileidžia iš Aukščiau ir sukelia šio pasaulio istorinius įvykius.

Mūsų pasaulyje, jo istorijoje, vieną kartą tam tikru metu turi atsitikti tai, ką vėliau kiekviena siela patirs dvasiniuose pasauliuose, kildama iš mūsų pasaulio į pasaulį *Acilut*.

Faraonas – tai tokia būsena, kai studijuojantis kabalą žmogus visiškai įsisąmonina savo prigimtį tokią, kokia ji buvo sukurta, ir jaučia jos priešingumą Kūrėjui. Tai pati stipriausia negatyvi pakopa, priešinga galutiniam išsitaisymui, ateinanti kaip tik prieš pakilimą į paskutinę ištaisytą pakopą – taisymosi pabaigą. Jeigu žmogus savyje ištaiso tą faraono būseną, pasiekia visišką išsitaisymą.

Taigi viskas mūsų pasaulyje, jo istorijoje yra materialūs dvasinių būsenų, kurias viduje turi patirti kiekvienas žmogus, pavyzdžiai, juk „Žmogus – tai mažas pasaulis." Būtent to link per visą istoriją žengia žmonija. Kiekvienos kartos atsinaujinusios sielos nusileidžia į kūnus, skatindamos juos materialiai vystytis, ragindamos žmogų dvasiškai tobulėti.

Kai sielos egoistinė prigimtis, būtina jos progresui, visiškai išsivysto, joje kyla troškimas dvasiškai vystytis. Žmogus pradeda studijuoti kabalą, pamažu kyla pakopomis: nuo nulinės (dvasinio embriono būsena) iki taisymosi pabaigos. Kiekvienoje pakopoje gauna naujus norus, taiso juos ir taip naudodamas ištaisytus norus suvokia tai pakopai priklausančią Šviesą.

Skirtingos pakopos turi skirtingus žmogaus išgyvenamų gerų ir blogų būsenų vardus. Į kitą pakopą kylama tik einant nuo „kairiosios linijos" (neištaisytų) būsenų į „dešiniosios linijos" (Kūrėjo jėgos) būsenas ir paskui į būseną „vidurio linija" (kairės ištaisymas naudojant dešiniosios jėgą).

Nėra ėjimo atgal, tik į priekį, net kai žmogus jaučia, kad yra priešingai, kaip kad atrodo nukritus į savo norus mėgautis dėl savęs (neištaisyta kairė linija), kurie jau užaugo, kad atitiktų kitą pakopą.

Septintas skyrius

TIKĖJIMAI, MISTIKA, ANTGAMTIŠKUMAS

PASLĖPTAS VYSTYMASIS

Ar tiesa, jog kabalistai žmogaus gyvenime gali viską pakeisti?

Tiesa, tačiau jie šito nedaro. Kabalistai neprivalo veikti už mus. Žmogus savo gyvenime susiduria su įvairiais sunkumais: skurdu, ligomis, netektimis, ir viskas tik tam, kad augtų ir pasitelkdamas juos užmegztų ryšį su dvasiniu pasauliu. Jeigu kabalistas pašalina žmogui duotą kliūtį, jis sutrukdo žmogui vystytis ir pasiekti dvasinį pasaulį.

Neverta daryti žmogui gera, prieš tai neišsiaiškinus, kas jam yra gerai. Tai tas pats, kaip be jokių įpareigojimų duoti vaikui viską, ko tik jis užsigeidžia: taip jis tik gadinamas.

Tokia mūsų prigimtis: dėl mūsų riboto matymo tam tikri dalykai atrodo mums kaip „gėris", tačiau jie retai kada yra absoliutus gėris.

Kas yra absoliutus gėris?

Trokštame tik vieno – gerai jaustis, ir nesvarbu, tą jausmą suteikia geras darbas, naujas automobilis, sutuoktinis ar vaikų sėkmė.

Už visų šių pokyčių slypi siekis patirti malonumą. Stengiamės pasiekti tai, kas neva atneša mums pasitenkinimą, ir vertiname bet ką, kas padeda pasijusti gerai, maloniai.

Pajutus dvasinį pasaulį, mūsų vertybių skalė pasikeičia. Pamatome, kas svarbu, o kas ne taip reikšminga. Savo gyvenimą imame vertinti ne tik pagal tai, ką matome ir žinome šiame gyvenime, t. y. tai, ką suvokia mūsų fiziniai kūnai, bet pajaučiame ir ankstesniuosius bei būsimus gyvenimus. Taigi išvystame, kas mums teikia naudą, o kas – ne.

Tada savaime pradedame kitaip vertinti savo aplinką; nebetrokštame to, ko anksčiau: kito darbo, naujo automobilio, sutuoktinio, bet siekiame visai ko kito.

Keičiamės kildami į dvasinį pasaulį, imame suprasti, kas mums tinkama. Visai kaip mūsų pasaulyje: būdami vaikai norime žaislinės mašinėlės, užaugę – tikros.

Dvasiškai tobulėjant keičiasi mūsų norai; užsinorime kažko kito nei norėjome tik atėję į šį pasaulį. Anksčiau trokšti dalykai dabar atrodo kaip žaislai, palyginti su tais tikraisiais, kurių imame siekti. Būtent šis ieškojimas atveda mus į absoliutų gėrį.

NORO AUGINIMAS

Išeitų, kad negaliu prašyti, ko trokštu, arba naudodamasis kabalistine knyga gauti, ko noriu? Tarkime, jeigu norėsiu būti sveikas, sveikatos man neduos. Dar daugiau, mano protas sakys, kad sirgti – gerai.

Ne, tai netiesa. Žmogus gali prašyti vien to, ko tikrai trokšta. Berniukas nori žaisliuko ir tėvas pažada, kad jeigu gerai mokysis, nupirks jam žaislą. Berniukas mokosi, tikėdamasis gauti tą žaisliuką, bet mokslams baigiantis jis jau nori dviračio. Ką perka tėvas – žaisliuką ar dviratį? Žmogus be perstojo keičiasi ir gauna tai, ko tuo metu trokšta. Tačiau pradėjęs studijuoti kabalą ir sąveikaudamas su tikrove, žmogus įneša į ją savo esamus troškimus. Žmogui reikia tik vidinio širdies noro nepakeliamai tikrovei pakeisti, nieko daugiau.

DIDESNĖ ATSAKOMYBĖ

Ar tai reiškia, kad kabalistai puikiai jaučiasi?

Ne. Kuo aukščiau dvasiškai pakyla žmogus, tuo daugiau visos žmonijos kančių apima savyje. Kuo aukščiau užkopia kabalistas, tuo didesnę atsakomybę jaučia, tuo labiau užimtos jo mintys. Visos sielos yra susietos. Kol jos nebus aukščiausiame lygmenyje laimingos, tol kabalistas neturės poilsio.

METAS VALDYTI

Kokią įtaką daro dabarties kabalistai, jeigu tokių yra?

Yra daugybė kabalistų. Jie užsislaptinę ir neketina tapti žinomi ar mokyti kitus. Jie gyvena, kad išlaikytų pusiausvyrą šiame pasaulyje, kad čia atliktų savo ypatingas užduotis.

Kad pasaulis egzistuotų, žmonės turi ištaisyti jį iš apačios į viršų, būdami būtent mūsų pasaulyje. Todėl kiekvienoje kartoje yra kabalistų, kurie atlieka tokius ištaisymus ir dirba iš mūsų pasaulio derindami Aukštesniojo valdymo sistemą. Kadangi kartos niekada nesiliauja dvasiškai tobulėjusios, šiuo metu yra daugybė žmonių, galinčių ir turinčių pakilti, kad imtųsi vadovauti vietoj kelių atsiskyrusių kabalistų.

Ar yra žmonių, pasiekusių taisymosi pabaigą?

Dabar, kaip ir anksčiau, yra didžių kabalistų, dirbančių, kad ištaisytų pasaulį. Jų tikslas – įgyvendinti Kūrėjo nurodymus mūsų materialiame lygmenyje, todėl jie turi kūną ir sielą. Jų niekas nežino ir taip turi likti.

VISI TURI MANE PAŽINTI

Ką kabala turi bendra ir kuo skiriasi nuo religijų ir mistinių metodikų?

Kabala neturi nieko bendra su religijomis ar tikėjimais. Joje nėra meditacijų, pranašysčių, religinių klausimų. Kabala – tai mokslas apie pasaulėdarą ir jos valdymą.

Kabala moko, kaip kiekvienas žmogus gali atskleisti tikrąjį pasaulio vaizdą. Pasakyta: „Visi, maži ir dideli, pažins mane" (Jeremijo knyga 31, 34). Tai reiškia, jog kiekviena siela, kiekvienas žmogus galų gale turi pilnai pajausti visą pasaulėdarą ir ne vien tą mažą jos dalį, kurią suvokiame penkiais jutimo organais.

LAIPSNIŠKAS VYSTYMASIS

Kaip kabalą susieti su kitomis kultūromis, tarp jų ir su senosiomis civilizacijomis?

TIKĖJIMAI, MISTIKA, ANTGAMTIŠKUMAS

Kabala moko apie Aukštesnįjį pasaulį, visa ko šiame pasaulyje šaltinį. Mūsų pasaulio medžiaga gimsta iš žemiausiosios Aukštesniojo pasaulio pakopos. Ji sutvarkyta pagal keturias Aukštesniojo pasaulio pakopas ir padalyta į keturis lygmenis: negyvoji gamta, augalija, gyvūnija ir žmogus.

Negyvoji gamta savo ruožtu dalijama į keturis lygius: tvirti, skysti, dujiniai ir plazminiai kūnai. Tas pats ir su kitais lygiais. Apie tai kalbu, nes noriu parodyti, jog mūsų pasaulyje, kaip ir dvasiniame, viskas sukurta keturių Šviesos sklidimo pakopų.

Žmonija laipsniškai vystosi veikiama teigiamos kuriančiosios ir neigiamos griaunančiosios jėgos. Kiekvienas etapas ar pakopa – tai ankstesniosios neigimo rezultatas. Kiekviena valdymo forma užsilaiko tiek, kiek to reikia trūkumams atskleisti ir pakeisti ją kita pakankamai stipria pakopa.

Kuo daugiau įsisąmoninamas esamos būsenos negatyvumas, tuo arčiau naujoji būsena, neturinti dabartinės būsenos trūkumų. Šie kiekvienoje pakopoje atsiskleidžiantys trūkumai, pabaigoje sunaikinantys tą pakopą, skatino žmonijos raidą.

Laipsniško vystymosi dėsnis – tai dėsnis, galiojantis visai gamtai ir kiekvienai jos dalelei atskirai. Sakykime, žemė. Iš pradžių tai tebuvo dujų kamuolys. Veikiant gravitacijos jėgai, jis tankėjo ir atomai įkaito taip, jog ėmė degti. Po to, veikiant kuriančioms ir griaunančioms jėgoms, karštis sumažėjo ir žemė pasidengė plonu, kietu sluoksniu.

Tačiau kova tarp jėgų tuo nesibaigė. Skystos dujos įkaito iki švytėjimo, darsyk išsiveržė, sulaužydamos plutą. Viskas grįžo į pirminę būseną, kol po jėgų kovos teigiama jėga įveikė neigiamą.

Tada karštis atslūgo, iš naujo formavosi pluta, šįkart jau storesnė, kad ilgesnį laiką galėtų atlaikyti stipresnį spaudimą iš vidaus. Šis procesas pasikartojo kelis kartus.

Taip kas trisdešimt milijonų metų keitėsi laikmečiai, kiekvienąkart stiprėjant pozityviai jėgai pluta tapdavo tvirtesnė, kol galų gale sistema pasiekė pusiausvyrą. Skysčiams užpildžius žemės vidų, o plutai tapus pakankamai tankiai, susidarė palankios sąlygos organinei gyvybei atsirasti.

Tačiau, priešingai nei kiti gamtos lygmenys (negyvasis, augalinis, gyvūninis), kurie vystosi automatiškai, žmogus veikiant vidinėms materialioms jėgoms turi tobulėti visuomenėje, palaikydamas ryšius su ja.

Taigi visame Žemės rutulyje atsirasdavo ir išnykdavo kultūros. Kabala neneigia jų egzistavimo, kaip ir daugybės kitų prielaidų, pavyzdžiui, jog kitose planetose egzistuoja gyvybė. Mes netgi galime diskutuoti apie tokios gyvybės formas...

Kabala apima savyje daugiau žinių nei visi kiti mokslai. Bet šios žinios nėra susijusios su žmogaus vaidmeniu šiame pasaulyje, todėl kabala paprasčiausiai jų neišskiria ir neplėtoja.

Kai žmogaus siela nusileidžia iš Aukštesniojo pasaulio, ji įsivelka į šio pasaulio kūną turėdama aiškų tikslą. Siela turi pereiti tam tikras vystymosi pakopas šiame materialiame gyvenime. Todėl nėra ko gaišti laiko bergždiems ieškojimams, pranokstantiems žmogaus galimybių ribas, tam kabalistai nenori eikvoti savo laiko.

Tenoriu pasakyti, jog studijuodamas kabalą suprasi viską. Ne tik tai, kas vyksta Žemėje, bet ir visoje visatoje. Nes kabala moko apie dvasines šaknis, kurios nusileidžia ir sukuria viską, kas vyksta mūsų pasaulyje. Tačiau šis žinojimas bus atskleistas tau tik tada, jeigu naudosi jį dvasiškai pakilti, o ne stengsiesi patenkinti savo smalsumą.

KABALA YRA AUKŠČIAU MŪSŲ PASAULIO

Ar kabala pripažįsta karmą?

Bet kuri kita sistema, tikėjimas ar religija, išskyrus kabalą, visada pasiliks mūsų pasaulio lygmenyje, įsprausta į jo rėmus. Šios metodikos neturi nieko bendra su dvasingumu, nes susijusios tik su psichologiniais procesais mūsų kūne.

Kad įeitume į Aukštesnįjį pasaulį, turime įgyti ekraną ir sulaužyti barjerą tarp dviejų pasaulių. Šią kliūtį galima įveikti tik pasitelkiant kabalos metodiką.

Tai, ką žmonės vadina karma, auromis ir pan., tėra psichologinis procesas, nors ir itin subtilus, vykstantis aplink žmogaus kūną. Šitas procesas nėra neįprastas ar antgamtiškas. Ateityje mokslas išsiaiškins, kaip su tuo dirbti.

RYTIETIŠKI MOKYMAI

Kartą kalbėdamas esate pasakęs, jog kabala – vienintelis metodas, leidžiantis mums išeiti į dvasinį pasaulį ir patiems ištaisyti pasaulį. Bet yra kitų metodikų, tokių kaip budizmas, joga, sufizmas, kurie kalba apie įvairiausius būdus nušvitimui, nirvanai ar samadhi pasiekti, kosminei sąmonei ugdyti.

Perskaičiau daugelį jūsų knygų ir man atrodo, kad daugelyje rytietiškų mokymų šnekama apie tą patį, tik kita kalba, kurią lemia kultūriniai, psichologiniai skirtumai. Dauguma Indijos ir Kinijos išminčių, tokių kaip Buda, Ošo ir kiti, pakilo labai aukštai dvasiškai tobulėdami. Kaip jūs žiūrite į šiuos faktus? Ar galėtumėte detaliai aptarti, kas sieja bei skiria kabalą ir rytietiškus mokymus?

Be kabalos, nežinau nė vieno kito mokymo. Skirtumas tarp visų kitų mokymų ir kabalos yra tas (kaip tą matau žvelgdamas iš kabalos perspektyvos), jog visi jie stengiasi anuliuoti norus ar bent jau visiškai juos užgniaužti, o kabala tvirtina, kad Kūrėją galima pasiekti būtent išreiškiant trokšimą siekti Jo (ir visai ne jį naikinant), tereikia pakeisti noro ketinimą.

Galbūt iš išorės viskas atrodo labai panašu, tačiau, be kabalos, nėra jokių kitų metodų dvasiniam pasauliui pasiekti. Kitų metodikų pojūčiai grįsti noro mėgautis slopinimu. Savąjį egoizmą užgniaužęs žmogus savo pasyvią būseną išgyvena kaip kažką dvasiško.

Todėl gali atrodyti, jog mokymų metodai panašūs, bet iš tiesų yra didžiulis skirtumas, kaip jie išreiškia egoizmą ir elgiasi su juo. Dvasiniame pasaulyje esančiam kabalistui įvairių tikėjimų ir religijų šaknys bei skirtumai akivaizdūs. Todėl patarčiau stengtis įeiti į dvasinį pasaulį ir pačiam pamatyti. Iki to visi mokymai bus panašūs.

Kurį kelią savo tobulėjimui turėtų rinktis žmogus? Tai kiekvieno pasirinkimas. Kabala nieko iš anksto neparodo, o kiti mokymai gali patraukti savo magiškais viliojančiais triukais.

Galutinis pasirinkimas priklausys nuo kiekvieno žmogaus sielos išsivystymo laipsnio. Jeigu ji jau pasiekė tašką, kai reikia iš tikrųjų taisytis, žmogus pasirinks kabalą.

Siūlyčiau paskaityti Eriko Judlavo parašytą knygą „Dao ir Gyvybės medis". Joje autorius analizuoja visus rytietiškus mokymus ir jų sąsajas su kabala.

Kad galėtum lyginti du dalykus, reikia juos abu išmanyti. Galbūt autorius susipažinęs su Dao mokymu, o su kabala – ne, ir kaip, beje, ir kitų mokymų tyrinėtojai daro nepagrįstas prielaidas. Tačiau tai nėra Kūrėjo Šviesos suvokimo rezultatas, nes suvokimas – tai Šviesos gavimas „vidurio linijoje". Tai įmanoma tik su kabalos metodika.

Ar kiti mokymai kenkia?

Kabalistai nieko nedraudžia. Jie nedegina ir nedraudžia knygų. Kuo greičiau žmonės pereis kitus kelius, tuo greičiau įsisąmonins, kad kabala – vienintelis kelias. Todėl kuo daugiau žmonių atsiveria įvairiems mokymams ir lygina juos su kabala, tuo geriau.

KABALA – NE MISTIKA

Kaip kabala siejasi su visokiais dvasiniais ieškojimais, tokiais kaip mistika, rytietiški mokymai ir kitos dvasinės sistemos?

Kabala su tuo niekaip nesusijusi. Visa tai tėra žmogaus paieškos, nieko bendra neturinčios su kabala.

Kas sieja kabalą, ateities spėjimą ir magiją?

Nėra jokio ryšio tarp kabalos išminties ir magijos, burtų, amuletų ar bet ko, ką tik žmonės duoda vieni kitiems, norėdami susikurti tariamą apsaugą nuo Lemties. Kabala tuo neužsiima. Kabala – tai mokslas, kuris vysto žmogaus gebėjimą valdyti savo paties likimą ir leidžia nepriklausyti nuo kažkokio ypatingo popieriaus gabalėlio ar magiško amuleto. Kabalistas šventasis Ari savo knygose uždraudė burti, nes burtai – ne daugiau nei psichologinė parama.

Jeigu matau, jog kažkoks objektas galėtų padėti į mane pagalbos besikreipiančiam žmogui, sakau, kad tikėtų juo, nes jame slypi magiška galia. Iš tikrųjų visa magija tėra psichologinė galia, kurią tas objektas suteikia žmogui. Gydytojai ir psichologai pasitelkia psichologinės apsaugos jėgą, tačiau meluotume sakydami, kad ši jėga turi kažką bendra su Aukštesniosiomis dvasinėmis jėgomis.

Jeigu psichologinė apsauga padeda tau, naudokis ja, bet žinok, jog ji tavęs neištaisys. Dėl to kabala nepasitelkia jokių „magiškų" psichologinių jėgų. Dėl tos pačios priežasties uždrausta burti.

ATEITIES SPĖJIKAI – SOCIALINĖ PAGALBA

Biblijoje pasakyta: „Tenebūna rasta tarp jūsų nė vieno, kuris (...) ar yra žynys, ar burtininkas, ar raganius" (Pakartoto Įstatymo knyga 18, 10). O kas, jeigu nepaisydamas visų prašymų vienas iš tėvų ir toliau naudojasi ateities spėjikų paslaugomis? Ar tai reiškia, kad Kūrėjas nubaus tokį žmogų? Ar žmogus kentės, kad išdrįso suabejoti Karalių Karaliaus visagališkumu ir atsigręžė į tamsiąsias Jo sukurtas jėgas? Ir ar šio žmogaus vaikai bus nubausti, kad nepavyko įtikinti savo tėvo ar motinos?

Draudimas pranašauti ar spėti ateitį taikomas dvasinei stabmeldystei, kurios mūsų pasaulyje nėra, nes mūsų laikais ateities spėjimas – gryna psichologija. Iš tiesų visi kreipiasi į vadinamuosius „kabalistus" ar „būrėjus", kad nuspėtų jų ateitį. Šis draudimas, kaip ir dauguma kitų esančių Biblijoje, parodo mums, kad čia kalbama apie žmogaus vidinę būseną. Taip pat matome, kad religinės masės dar sykį patiria nesėkmę laikydamosi draudimų šiame pasaulyje.

Ar kerai ir magija veikia akimirksniu?

Taip, tačiau ilgainiui jie pablogina žmogaus būseną. Pradėję studijuoti kabalą iš karto pastebime, jog esame asmeniškai vedami Kūrėjo, ir tada jokie būrėjai ar magai nieko mums negali padaryti, nes esame visiškai kitame kelyje. Mes pereiname į kitokį vystymosi lygmenį.

Nė vienas iš jų nenuspės, kas su mumis atsitiks, nes mes nebesame valdomi bendrojo gamtos dėsnio. Dvasinė jėga ir gamta dirba su mumis skirtingai. Todėl rekomenduoju kabalos studijas kaip vienintelius tikrus vaistus. Dėl to ji vadinama „gyvybės eleksyru".

Jeigu nujaučiu, kad kažkas bloga man nutiks, kaip turėčiau elgtis?

Kai baiminiesi ir nežinai savo ateities, tai skatina tave ieškoti ryšio su Aukštesniąja jėga, savo šaknimis. Tik šis kontaktas gali tave išvaduoti iš kančių ir joks būrėjas tau nepadės. Pasiimk vieną iš autentiškų kabalistinių šaltinių – knygą *Zohar*, Ari kūrinius, pradėk skaityti ir pamatysi, kaip tavyje prabunda taškas širdyje. Per šį tašką suprasi ir pajusi, kaip judėti toliau.

O jeigu nestudijuoji kabalos, siūlyčiau pasiimti bet kurią kabalistinę knygą, tarkime, Psalmes, ir imti ieškoti šio ryšio. Įsisąmoninęs, kad esi priklausomas nuo nepažįstamos Aukštesniosios jėgos, pajusi poreikį užmegzti ryšį su Ja.

Kaip tik dėl to iš Aukščiau ir gauname visas tas situacijas. Jeigu mėginsime patys užmegzti šį ryšį, išvysime, kaip tai pakeis mūsų būseną. Todėl geriausias sprendimas – panaudok savo mirtiną baimę kreipimuisi į tą Jėgą, Kūrėją, ir Jis atsivers tau.

KLAIDINGOS SĄSAJOS SU AUKŠTESNIAISIAIS PASAULIAIS

Ar yra ryšys tarp sapnų ir kabalos?

Jokio ryšio nėra. Sapnai – tai dieną žmogaus patirtų psichologinių įspūdžių rezultatas.

Kaip žiūrite į meditaciją?

Kabaloje nemedituojama. Yra ketinimai ir tikslios minties jėgos, vedančios pasaulį (tiesą sakant, vesti pasaulį ir daryti poveikį jam galima tik mintimis).

Ar kabala draudžia amuletus?

Taip, ji draudžia naudoti amuletus. Ari taip pat draudė juos naudoti, nes tai klaidina žmones, nors ir padeda psichologiškai.

Jais tikintys žmonės suteikia jiems didžiulę jėgą ir taip paveikia patys save. Bet turėtume atskirti, kas veikia vien psichologiškai ir kas daro tikrą įtaką gyvenimui.

Ką manote apie tokius metodus kaip Reiki?

Nesu susijęs su jokiais kitais metodais ir nė vieno iš jų nematau kabaloje. Tačiau neneigiu, kad jie gali padėti žmonėms pagerinti savo gyvenimą fiziškai ir psichologiškai. Neprieštarauju nei jogai, nei Reiki – jeigu jie padeda, kodėl gi ne? Tačiau ten nėra nieko dvasiška.

Dvasingumas nėra psichologinių reiškinių rinkinys. Nėra nieko bloga, jog vienas žmogus mato daugiau už kitus. Beduinų genties žmonės, gyvenantys dykumose, gali matyti daug toliau negu paprasti žmonės. Pažiūrėję į debesį jie gali žinoti, kas vyksta už daugybės mylių, taip kaip gyvūnai gali nujausti savo poros mirtį prieš keletą dienų.

Šie reiškiniai nėra dvasiniai, tai savaime suprantami psichologiniai reiškiniai, apie kuriuos nuo gamtos nutolę žmonės paprasčiausiai neišmano. Kabaloje kalbama apie dvasinį kūną, apie tai, kas vyksta su siela.

O kaip dėl Tibeto mokymų?

Žinau, jog žmogui palypėjus kiek aukščiau negu šis pasaulis visa Tibeto filosofija išnyksta be pėdsakų. Todėl manęs šis mokymas niekada nedomino. Jeigu savo studijose būčiau susidūręs su juo, neabejotinai studijuočiau.

Šis mokymas grindžiamas egoizmo sunaikinimu. Tačiau egoizmo (noro malonumui) negalima sunaikinti, nes jis yra mūsų prigimtis.

Tibetietiški mokymai nuleidžia žmogų iki augalinio ar net negyvojo lygmens. Iš to galime suprasti, kaip tokie mokymai naikina žmogaus egoizmą. Studijuojantys šiuos metodus žmonės jaučiasi gerai, nes pati patogiausia būsena – nejudančio akmens. Pagaliau ko dar trokšti žmogui, jeigu ne ramybės? Tačiau tokiu būdu žmogus niekada nepasieks kūrimo tikslo. Jeigu turime gyventi kaip augalai ar uolos, jau geriau visai negimti. Kabala tvirtina, jog turime naudoti visą egoizmą, visą savo prigimtį ir teisingai su ja elgtis. Tada pasieksime aukščiausiąją būseną, o ne žemiausiąją.

Todėl kildami į dvasinį pasaulį matome, kaip greitai kiti metodai netenka pagrindo, nes jų paskirtis – mažinti norus ir kančias. Netgi šių mokymų žinovai pripažįsta kabalą kaip unikalią sistemą, nepanašią į kitus mokymus metodiką.

TAPTI DIDELIU EGOISTU

Kodėl studijuojant pagal kabalos metodiką reikia, kad augtų norai?

Kabalos išmintis – tai mokslas apie pasaulėdarą ir ją valdančią sistemą; kabala paaiškina, kaip viskas vyksta. Joks kitas mokymas nesuteikia mums galimybės vesti, valdyti ir tvarkyti pasaulio, nes yra grindžiamas egoizmo, noro gauti mažinimu.

Kad valdytum, reikia didžiulio noro gauti, nes valdyti žmogus gali tik tada, kai turi milžiniškus norus, ištaisytus, teisingus norus, nes mūsų troškimai yra jėgos, kuriomis veikiame bendrąją kūrinijos sistemą.

Visų kitų mokymų pagrindas – žmogaus nuleidimas į žemesnę pakopą, netgi tokią žemą kaip augalų. Mums liepia mažiau valgyti, mažiau kvėpuoti, mažiau judėti, apriboti save, užsidaryti vienuolynuose.

O kabalos išmintis teigia, kad reikia būti didžiuliu egoistu, trokšti praryti visą pasaulį ir paskui dirbti su šiuo noru, ištaisyti jį. Todėl kabala išugdo tavyje gebėjimą valdyti, vesti, vadovauti. Kitos metodikos remiasi norų slopinimu, todėl slopina tavo gebėjimą vesti kūriniją.

RAGANYSTĖS IR KABALA

Teko sutikti moterį, kuri laiko save kabalos gerbėja, tačiau tuo pačiu metu užsiima raganavimu. Ji spėja iš Taro kortų, bendrauja su dvasiomis, gydo aliejais ir žolėmis, parduoda amuletus. Kaip šitai dera su kabala? Ar savo galias ji gauna iš Kūrėjo?

Kabala kalba tik apie tai, kaip pasiekti kūrimo tikslą. Kūrimo tikslas – susilieti su Kūrėju. Susilieti galima tik suvienodinant savybes, o tai vadinama „formos tapatumu".

Kabala tiria Kūrėjo savybę, vadinamą „gerumu". Ji atsiskleidžia aukščiau barjero, t. y. ribos, skiriančios mūsų ir Aukštesnįjį pasaulį. Tai psichologinis barjeras, kuris riboja tam tikrą žmogaus dvasinį vystymąsi. Pasiekęs tą vystymosi lygį žmogus pajunta Aukštesnįjį pasaulį. Šį lygį galima įgyti tiktai studijuojant kabalą.

Kabaloje nėra jokių ritualų. Kabalos studijų užduotis – nuvesti žmogų anapus barjero. Ji nekalba apie tai, kas žemiau barjero, kas yra mūsų pasaulio lygmenyje. Šiame pasaulyje egzistuoja fizinės jėgos, dvasios, tarp jų gerosios ir blogosios jėgos, kaip kad nužiūrėjimas, gebėjimas nuspėti ateitį ir pan. Tačiau visa tai susiję tik su likimu šiame pasaulyje. Apie sielą pradedame šnekėti tik aukščiau barjero.

Kabala draudžia burti ar mėginti išsiaiškinti ką nors apie fizinio kūno ateitį. Kūnas laikinas, menkas ir todėl nereikšmingas. Jis vertas dėmesio tiek, kiek tarnauja sielai.

Tikėtina, jog būrėjas sako tiesą, tačiau draudimo esmė ta, kad žmogus turėtų pakilti virš visko ir pasikliauti Kūrėju, neieškodamas kitų jėgų, galinčių pakeisti Kūrėjo jau suplanuotų situacijų eiliškumą.

Galų gale bet kurios iš Kūrėjo išeinančios jėgos paskirtis – priartinti mus prie Jo. Pagrindinis dėsnis kabaloje vadinamas „Nėra nieko kito, išskyrus Jį". Tai prieštarauja raganysčių, stabmeldysčių egzistavimui, nes pabaigoje „žemė bus kupina Viešpaties pažinimo" (Izaijo knyga 11, 9), „Visi, maži ir dideli, pažins mane" (Jeremijo knyga 31, 33).

MEDITACIJA

Ar malda – tai meditacija?

Tokie veiksmai kaip malda nepriklauso nuo minčių, tačiau tai susiję su savo vidaus taisymu. Kabalisto malda yra apskaičiuotas, tikslus kontaktas tarp žmogaus ir Aukštesnės dvasinės pakopos (Kūrėjo). Malda – tai taisymų seka, kurie atliekami per dvasinę sueiti tarp žmogaus ekrano ir iš Aukštesniųjų pakopų išeinančios Šviesos.

TARO KORTOS

Kas sieja kabalą ir Taro kortas?

Žmonės dažnai klaidingai mano, jog kabala yra ateities pranašavimas, praeities atskleidimas ir dabarties aiškinimas. Pagal apibrėžimą kabala – tai Kūrėjo atskleidimas žmonėms šiame pasaulyje, šiandien, o ne po mirties!

Savaime suprantama, Kūrėjui atsiskleidus, žmogus suvokia visą pasaulėdarą ir jos valdymą, visko, kas atsitinka, priežastis ir pasekmes. Tačiau tai tėra tiesioginis Kūrėjo suvokimo rezultatas. Kabala niekada neužsiiminėjo jokiais pranašavimais; ir kabalistai neatskleidžia to, ką žino apie ateitį, nes tai griežtai draudžiama.

Jeigu mums būtų naudinga žinoti daugiau nei jau žinome, Kūrėjas mums tai atskleistų. Tačiau žinoti daugiau negu reikia, kenkia mums, nes panaikina mūsų valios laisvę ir galimybę taisytis. Todėl nedviprasmiškai pasakyta: „Neužsiimkite būrimu ar kerėjimu" (Kunigų knyga 19, 26) ir „Nepaliksi gyvos kerėtojos" (Išėjimo knyga 22, 17).

Pats matei, kiek nereikalingo triukšmo dėl Nostradamo pranašysčių buvo prieš naujojo tūkstantmečio pradžią. Iš tiesų nieko neįvyko, metai praėjo ramiai, kaip ir ankstesnieji.

Žmogus nori tikėti tuo, ką žino. Jis nori žinoti ateitį dėl asmeninės naudos. Tačiau Kūrėjas viską (praeitį, dabartį ir ateitį) atskleidžia tik tiek ir tik tada, kai žmogui šios žinios nerūpi, kai jis eina „tikėjimu aukščiau žinojimo". Kitaip tariant, žmogus turi atsisakyti savo asmeninių tikslų ir pasirinkti paklusti Aukštesniojo, Kūrėjo, protui.

MALONUMŲ VAIKYMASIS

Japonai turi arbatos gėrimo ceremoniją, kuri kruopščiai tyrinėjama įvairių religinių mokyklų ir itin primena Baal Sulamo pasakojimą apie svečią ir šeimininką. Kaip jūs į tai žiūrite?

Aš asmeniškai nežinau arbatos gėrimo ceremonijos. Kūrėjas sukūrė norą mėgautis. Maža Šviesos kibirkštis patenka į šį norą ir jį atgaivina. Ši kibirkštis taip pat pažadina troškimą visiškai užsipildyti Šviesa, o ne vien maža jos dalimi.

Todėl visi ir visuose lygiuose atliekami kūrinio veiksmai, pradedant nuo negyvojo, augalinio, gyvūninio ir baigiant kalbančiuoju lygmeniu; pradedant atomais bei organinių molekulių deriniais ir baigiant kūno bei minties judesiais, yra ne daugiau nei malonumo ieškojimas.

Tirdami ryšį tarp svečio ir šeimininko galime aptikti daugybę „noro gauti" sluoksnių savo pačių vidinėje struktūroje. Be šių santykių, per kuriuos kūrinys visais lygiais suvokia duodantįjį Kūrėją, visatoje joks kitas ryšys neegzistuoja. Tai – polių, elektrinių bei magnetinių laukų tarpusavio sąveika, visų pasaulėdaros elementų susijungimo pagrindas tiek materialiame, tiek dvasiniame pasaulyje. Šis ryšys taip pat yra materialios ir dvasinės medžiagos egzistavimo pagrindas.

TIKĖJIMAI, MISTIKA, ANTGAMTIŠKUMAS

KULTAI IR APEIGOS

Pasaulyje yra daugybė dvasinių grupių, praktikuojančių įvairias apeigas, kurios tariamai susijusios su kabala. Ar tokie papročiai kaip nors veikia pasaulį?

Jie niekaip nesusiję su kabala. Nėra prasmės ieškoti sąsajų tarp kabalos ir įvairių mokymų, kurie naudojasi kabalistiniais simboliais. Jokio ryšio nėra! Sunku įsivaizduoti, kiek daug prietarų, religijų, kultų ir pan. egzistuoja pasaulyje. Neįtikėtina, kiek daug įvairių krypčių gali prigalvoti žmogus, tiksliau – žmogaus noras gauti, kuris nuolat ieško priežasties savo būsenai paaiškinti!

Žmogui gali atrodyti, jog jis arčiau tiesos, Šaltinio, amžinybės, bet tai tėra iliuzija. Pats matai, kiek žmonių vyksta į Indiją ieškodami nušvitimo, ir viskas, kad tik įgytų tam tikrą greitą psichologinį vidinės laisvės pojūtį.

Kai įeisime į dvasinį pasaulį, pamatysime, jog tik kabala buvo duota iš Aukščiau, o visi kiti papročiai ir ritualai tėra žmogaus proto, tarnaujančio jo vaizduotei ir norui mėgautis, produktas. Tačiau neįmanoma ko nors tuo įtikinti, nes kabala moko to, ko akimis negali pamatyti.

EZOTERINIAI MOKYMAI

Ar kas nors ezoteriniuose mokymuose galėtų mums padėti suprasti kabalą?

Priešingai. Kai pas mane ateina mokinys, nestudijavęs kitų mokymų, jam lengviau pradėti studijuoti kabalą.

NUŽIŪRĖJIMAS

Bendrauju su daug žmonių ir iš jų klausimų kartais jaučiu, kad jie mane „nužiūri". Ką patartumėte?

Zohar pasakyta, jog dauguma fizinių negalavimų kyla dėl blogos akies. Mūsų pasaulyje bloga akis – tai vieno žmogaus blogas bioenergetinis poveikis kitam.

Tačiau dvasiniame pasaulyje sąvoka „bloga akis" nurodo žmogaus jausmus Kūrėjui, nes yra tik dvi jėgos: Kūrėjas ir kūrinys. Žmogus mato, jog viskas yra blogai, t. y. į viską, kas ateina mums iš Kūrėjo, žiūrime „bloga akimi", nes nuvertiname kūrimo dėsnį, Jo Vadovavimą ir taip sulaukiame atsako, kurį laikome „blogu".

Bet iš esmės viskas, kas su mumis atsitinka, yra taisymas. Tikrieji taisymosi tikslai yra pozityvūs, nors iš išorės mums gali atrodyti kaip negatyvūs. Trokštame, kad taisymas mums būtų pozityvus, kaip kažkas gera. Tačiau kai prašome pajausti Kūrėjo valdymą tik kaip gerą, toks prašymas yra egoistinis, „dėl savęs".

Priešingai, turėtume melstis ir prašyti, kad mūsų savybės būtų ištaisytos, idant galėtume teigiamai jausti Kūrėjo veiksmus, kaip jie ir buvo mums siųsti – kaip „malonė". Taip būsime ištaisyti dar iki tol, kol Kūrėjas atsiųs mums nemalonią taisymosi formą.

PRAKEIKSMAS

Kas yra prakeikimas?

Kabala – tai metodas, kuriuo žmogus asmeniškai suvokia Kūrėją. Todėl nėra nieko blogiau už tą būseną, kai žmogus jaučia atsiskyrimą nuo Kūrėjo. Tad būsena, kai trūksta minčių apie Kūrėją, vadinama prakeikimu.

Tačiau blogos mintys (mintys, kurios priešinasi Kūrėjui) nėra laikomos prakeiksmu, nes jos vis dar turi ryšį su Kūrėju ir tai geresnė būsena nei visiškai neturėti ryšio su Juo.

Kabalos (hebr. „gavimas") tikslas – davimas; jis priešingas tiems, kurie galvoja vien apie save. Todėl visos kabalistinės sąvokos turi priešingą reikšmę nei tie patys žodžiai mūsų pasaulyje. Esame linkę sumaterializuoti dvasines sąvokas ir susieti jas su savimi. Todėl aiškiname prakeikimą kaip kažką nukreiptą prieš mus, o ne prieš Kūrėją.

Ar materialiame pasaulyje egzistuoja prakeikimas?

Tikriausiai klausi apie nužiūrėjimą ir atsakymas yra „taip". Fiziniame pasaulyje galima pakenkti žmogui ir ne vien žvilgsniu. Žmogų galima paveikti visuose šio pasaulio lygmenyse (kūną, sąmonę, pasąmonę, vidines kūno struktūras) magnetiniu ir bioelektriniu laukais, karščiu.

Vieno žmogaus laukams gali daryti įtaką kitas žmogus, pavyzdžiui, nuo akių atspindimais spinduliais. Įmanoma viską perduoti iš vieno žmogaus kitam. Tai tėra technikos klausimas, kaip ir dvasiniame pasaulyje.

Kabalistas gali perduoti dvasinę informaciją, paveikti kitą asmenį. Tačiau, kitaip nei šiame pasaulyje, neįmanoma žmogui pakenkti ar net apie tai pagalvoti.

VELNIAS VIDUJE

Ar velnias egzistuoja?

Egzistuoja tik viena jėga, vadinama „Kūrėju". Ši jėga siekia atvesti žmogų į geriausią galimą būseną. Tačiau ši jėga veikia žmogų kaip dvi priešingos jėgos, nes Kūrėjo ir kūrinio savybės yra priešingos.

Priklausomai nuo mūsų neišsitaisymo lygio, mus veikiančią pozityvią jėgą jaučiame kaip negatyvią. Tačiau išsitaisę ją jaučiame kaip pozityvią. Priklausomai nuo savo išsitaisymo, dvasingumo, mes patys nusprendžiame, ta jėga pozityvi ar negatyvi.

Negatyviąją jėgą vadiname „velniu", tačiau kad ir kaip vadintume jėgas, jos yra mūsų viduje, o ne išorėje.

APIE ANTGAMTIŠKUMĄ

Pažįstame žmonių, kurie tvirtina galį matyti ateitį, gydyti prisilietimu, palikti savo astralinius kūnus. Kaip jūs į tai žiūrite? Ką vietoj to man siūlo kabala?

Tai, ką paminėjai, tėra emocijos, psichologiniai pojūčiai, kurie priklauso šiam pasauliui. Iš to, ką išvardijai, niekas nepriklauso Aukštesniajam pasauliui. Patarčiau skaityti ir pasistengti suvokti kabalistines knygas, nes dabar šiek tiek priešiniesi šiai informacijai.

Nesibaimink, kad prarasi savo gebėjimą kritiškai žvelgti į pasaulį. Priešingai, tik supratęs įstengsi kritikuoti.

Gydymas prisilietimu ir kiti panašūs „stebuklai" neturi nieko bendra su dvasiniu pasauliu ir kabala. Tokie reiškiniai egzistuoja pasaulyje kaip vieno objekto poveikis kitam, o tai iš dalies yra

TIKĖJIMAI, MISTIKA, ANTGAMTIŠKUMAS

pasąmonėje. Vis dėlto tai yra žemiau barjero, mūsų pasaulyje, kurį veikia mūsų materiali egoistinė prigimtis.

Kabala tau siūlo gyventi dvasiniame pasaulyje, tuo pačiu metu būnant šiame, kai jauti, matai ir suvoki savo bei visos žmonijos tobulėjimo kryptį. Po to teisingiau žvelgsi į savo gyvenimą – praeitį, dabartį, ateitį – ir gyvensi išmintingiau.

ŠAMBALA

Teko skaityti vienoje knygoje, kad 1924 metais Elena Blavackaja įėjo į dvasinį pasaulį rumunų jaunuolio kūne.

„Įeiti į dvasinį pasaulį" reiškia vidinių savybių ir norų suderinimą, kai išoriniu apvalkalu gali būti bet kas arba niekas. Kabaloje „kūnas" reiškia troškimus. Vienintelis būdas įeiti į dvasinį pasaulį – įgyti ekraną, kuris suteikia galimybę prilygti Aukštesniosioms jėgoms. Būti dvasinėje vietoje su dvasinėmis jėgomis, forma prilygti joms ir turėti ryšį su jomis, valdyti ir duoti įmanoma tik su ekranu.

FIZINIO KŪNO NEREIKŠMINGUMAS

Skaičiau, kad E. Blavackaja įsivilkusi į jauno rumuno kūną pasiekė „šambalą". Šambala iš mokslinių pozicijų (E. Muldaševas) laikoma žmonijos genofondu. Jame – dvasinio pasaulio atstovai, tarp jų ir bibliniai tėvai.

Kabala – tai mokslas apie absoliučiai kitokį pasaulį, visiškai atsietą nuo mūsiškio. Dvasinis pasaulis nėra tiesiogiai susijęs su mūsų pasauliu, nėra bendrų bruožų, o tu stengiesi surasti šį ryšį, kad atskleistum, kas sieja šiuos du pasaulius.

Pats suvokdamas Aukštesnįjį pasaulį žinau, kad yra tik vienas būdas: pačiam pakilti ir pajausti („pamatyti").

Tau atrodo, kad kažkur šiame pasaulyje yra ertmė, pro kurią gali patekti į dvasinį pasaulį nepakeitęs savo savybių. Iš kabalos pozicijų tai puikiai pavaizduoja, ką žmogaus vaizduotė gali prikurti apie Aukštesnįjį pasaulį, jeigu jis negavo žinių iš Aukščiau.

Kalbi apie itin aukšto intelekto žmones, tačiau jie didūs tik intelektualiai ir nėra pasiekę jokių dvasinių aukštumų. Turi įsisąmoninti, jog dvasinis pasaulis yra aukščiau mūsų protų ir prigimties.

Dvasinės savybės duodamos tik iš Aukščiau ir tik tada, jeigu bus naudojamos tinkamu būdu, perduotu prieš tūkstančius metų – kabalos metodu. Kad dvasiškai suvoktų, žmoguje turi būti tuštuma, vadinama „sielos indu", kuriame, pasitelkdamas kabalistines žinias, žmogus gali pajausti Kūrėją ir tik Jį. Pamėgink!

ŽMOGAUS TIKSLAS IŠSKIRTINIS

Kaip kabala žiūri į ateivius?

Galiu pasakyti tik tiek, jog visoje kūrinijoje nėra nieko panašaus į žmogų ir tik žmogus gali pakelti save į aukščiausią galimą ryšio su Kūrėju pakopą, prilygti Jam. Visa kita žemėje ir už jos egzistuojanti kūrinija neturi jokio dieviško tikslo. Visos kalbos apie būtybes iš kitų planetų yra bereikšmės, mes ir mūsų tikslas – unikalus.

NSO

Koks kabalos požiūris į neatpažintus skraidančius objektus?

Dėl NSO – kabala nekalba apie kitokias gyvybės formas kitose vietose. Nėra jokios kitokios gyvybės, mes esame vieni! Žmogus norėtų visatoje ką nors surasti, nes jam reikia paramos. Tačiau, be mūsų, yra tik Kūrėjas!

Aš tyrinėju NSO, turiu tūkstančius faktinių aprašymų, tačiau niekur neminimas Kūrėjas. Kodėl ne?

Tokiems žmonėms kaip tu stengiuosi paaiškinti, kad aplink mus yra kažkas, ko mums reikia, bet mes nejaučiame. Gali turėti daugybę faktų, tačiau žmogus nori paliesti! Pasakyčiau, jog mudu susidūrėme su paslaptingu mokslu. Kabalos metodas kažką mistiško ir neapčiuopiamo gali paversti realiu, akivaizdžiu.

Kabalistas turi ryšį su Kūrėju ir yra pasirengęs to išmokyti bet kurį žmogų, kuris tikrai trokšta pajausti Kūrėją. Tai tarsi skambinimas telefonu: tau tereikia žinoti, kaip surinkti numerį. Kabala nieko neneigia, nes kitų kultūrų egzistavimas netrukdo studijuojančiam kabalą žmogui įžvelgti Kūrėjo buvimo.

Aš tiriu Aukštesnįjį pasaulį, o ne tai, kas egzistuoja mūsų visatoje. Tačiau dėl tam tikrų priežasčių Aukštesnysis pasaulis paslėptas nuo mūsų. Studijuodamas kabalą sužinau, kad nėra kitų tokių būtybių kaip mes, – kūrinių, kuriems Kūrėjas skyrė ypatingą tikslą.

Koks skirtumas, yra dar kas nors žemėje, kitose planetose ar ne? Juk Kūrėjas nori užmegzti ryšį su tavimi, o ne su jais.

SAULĖS IR MĖNULIO UŽTEMIMAI

Kaip turėčiau žiūrėti, pasirengti Saulės ir Mėnulio užtemimams?

Nenoriu tavęs nuvilti, bet geriausia, ką gali daryti, tai tiesiog nekreipti dėmesio. Tokie įvykiai psichologiškai veikia žmones, kurie ilgisi pozityvių pokyčių. Niekas nepasikeis. Nieko neatsitiks, nes žmogus dirbtinai sugalvojo kalendorių, atsižvelgdamas į Žemės judėjimą aplink Saulę. Žmogaus likimą galima pakeisti tik per dvasinį pasaulį! Studijuok tuos dėsnius ir atrasi išminties ir jėgų viskam.

PARAPSICHOLOGIJA

Kas sieja kabalą ir parapsichologiją?

Niekas nesieja. Visi žmogaus eksperimentai su savo protu neperžengia įprastos psichologijos ribų. Apie žmogaus kūną daugiau nežinomų nei žinomų dalykų. Gali šitai vadinti „paslaptimi", tik dėl to, kad mums tai dar neatskleista.

Kaip XIX amžiuje mokslas ir technologijos nesugebėjo atskleisti gamtos jėgų ir dėsnių (kurie anksčiau nebuvo žinomi, vėliau buvo atkleisti), taip ateityje mokslas atskleis daugiau šiandienos paslapčių ir jie nebebus paslėpti.

Kabala vadinama „slaptąja išmintimi", nes ji visada išliks paslėpta nuo visų, išskyrus kabalistus. Tai mokslas apie Aukštesnįjį pasaulį, kurio neįmanoma atskleisti tradicinių mokslų metodais ar techniniais įrengimais; Aukštesnįjį pasaulį galima atskleisti tik įgijus jo savybes. Pasaulį jaučiame savo savybėmis. Jeigu turėtume kitokias savybes, jaustume kitaip. Kol neturime savybių, jutimo organų Aukštesniajam pasauliui jausti, tol nepajėgsime jo pajausti. Mokslas, šio pasaulio prietaisai tik išplečia mūsų jutimo organų ribas, tačiau neatskleidžia jokių naujų savybių. Kad ir kokią įrangą ir protinius samprotavimus turėtume, liekame kaip buvę, su tomis pačiomis penkiomis juslėmis.

Todėl nė vienas mūsų mokslas nepadės mums įkopti į Aukštesnįjį pasaulį; jis tik išplės mūsų penkių jutimo organų galimybių ribas šiame pasaulyje.

ASTROLOGIJA

Kas sieja kabalą ir astrologiją?

Kabalos moksle yra kabalistinė astrologija, kabalistinė geografija, kabalistinė medicina. Šios dalys nagrinėja ryšį tarp mūsų visatos ir visos pasaulėdaros, kurioje yra ir Aukštesnysis pasaulis, sistemų.

Jeigu nori sužinoti, kodėl mūsų pasaulis (įtraukiant Žemę ir žvaigždes, planetas, jų tarpusavio ryšius) yra sukurtas toks, koks yra, turėk omenyje, jog viskas atitinka Aukštesniajame pasaulyje veikiančias jėgas. Visi kūnai ir jėgos mūsų pasaulyje yra ne kas kita, o tų Aukštesniųjų jėgų materializacijos rezultatas.

Dvasinio pasaulio atspindys sukuria mūsų pasaulyje įvairius laukus, vadinamus astronomija, astrologija, psichologija, medicina ir pan. Todėl mokslas mūsų pasaulyje tam tikru laipsniu yra kabalos mokslo atspindys materialioje mūsų pasaulio bazėje.

Kodėl mūsų laikais populiarėja tokie mokslai kaip astrologija?

Žmonės visada ieškojo įvairiausių būdų žmonijos, visuomenės kančioms pašalinti. Žmonija pamažu įgijo patirties ir įsitikino, jog mokslo bei technologijos progresas (medicinos taip pat) neišlaisvina mūsų nuo skausmo, kančių.

Žmones mažiau domina žinios ir progresas, jie labiau rūpinasi savo pačių likimu. Žmogaus egoizmas, noras patirti malonumą dėl savęs, auga sulig kiekviena karta ir ieško pripildymo. Mūsų laikais tai itin akivaizdu ir todėl greta technologijų, visur, net universitetuose, pilna kursų apie astrologiją, antgamtiškumą. Mistinėmis knygomis nukrautos knygynų lentynos, žiniasklaidoje apstu horoskopų, pranašysčių, aiškiaregysčių.

Savo pirmąją knygą išspausdinau 1984 metais. Tuo metu visuomenė buvo itin tvirtai įsikibusi žemės ir negalėjo nuo jos atsiplėšti; tikėta, jog progresas, racionalus požiūris išspręs gyvenimo klausimus. Atrodė, kad knygos tema prieštaravo sveikam protui.

Tačiau žvelgiant atgal, prieš dešimt ar penkiolika metų, akivaizdu, kad viskas iš pagrindų pasikeitė, netgi tarp mano amžiaus žmonių. Šiandien žmonės tiki tuo, ką prieš penkiolika metų dar vadino nesąmone: dvasiniu pasauliu, sielomis, pranašystėmis, likimo keitimu – visa tai dabar jaudina kiekvieną.

TIKĖJIMAI, MISTIKA, ANTGAMTIŠKUMAS

Knygoje *Zohar* numatyta, kad šis laikas – būtinas bendro žmonijos vystymosi etapas. Todėl džiaugiuosi tuo, kas vyksta.

Tačiau, kaip ir visur kitur, dabartinį entuziazmą pakeis nusivylimas, nes magija egzistuoja jau tūkstančius metų ir jeigu tikrai joje būtų kas nors tikra, žmonės seniai būtų sistemiškai, moksliškai naudojęsi šiais metodais asmeninei naudai pasiekti.

Biblijoje pasakyta: „Neužsiimkite būrimu ar kerėjimu" (Kunigų knyga 19, 26), t. y. neužsiimkite raganystėmis, nors tai ir įmanoma. Burtų naudojimas neva pagerina žmogaus situaciją. Apsilankymas pas būrėją tik laikinai kažką pakeičia. Tačiau pokyčiai irgi tėra fiziniame lygmenyje, kad tai atliktum, nereikia būti kabalistu ar remtis dvasinėmis jėgomis.

Mūsų pasaulyje esančių jėgų pakanka nežymiai pakeisti fizinio kūno vidinius pojūčius, nes tai išorinės, o ne dvasinės jėgos.

Gamta sutvarkyta taip, kad padėtų mums pasiekti kūrimo tikslą ir dvasinį pasaulį. Jeigu, užuot patys savo valia judėję šio tikslo link, stengiamės rasti būdų išsisukti nuo gyvenimo suteikiamų kančių, tai tarsi atsiribojame nuo jėgos, keliančios mus į aukštesnę pakopą. Tai nulemia stipresnį, atšiauresnį, skausmingesnį šios jėgos poveikį kitame gyvenime.

Bet nuolat ieškodami būdų, kaip išvengti kančių, mėgindami įveikti jas, įgauname patirties ir nusiviliame šiais metodais. Žmonija galų gale prieis prie vienos gautos iš Aukščiau sistemos, t. y. kabalos.

Savo būseną šiame pasaulyje galime palyginti su maža, stiprios srovės nešama valtele. Nieko negalime pakeisti. Kaip pažaboti srovę, aplenkti uolas ir toliau judėti teisinga kryptimi, kol saugiai pasieksime krantą, neišvengiamą mūsų visų tikslą?

Išvengti nelaimės galime tik į savo valtelę įmontavę variklį, vadinamą „ekranu". Kabala padeda įgyti ekraną. Su juo patys galime valdyti savo gyvenimą be būrėjų ir visokių kitokių patarėjų. Taip kančias (žiaurias spaudžiančias jėgas), kurios stumia mus į kūrimo tikslą, pakeičiame gerąja Jėga, nes pradedame mokytis, kaip tvarkyti savo gyvenimus ir laikytis kurso.

Kiekvienas turės nueiti jam numatytą kelią, tačiau su kabala tą galima atlikti greičiausiai.

Ką siūlo kabala?

Pasiimk tikro kabalisto autentišką knygą arba pasiklausyk kabalistinių pokalbių, pažiūrėk pamokų. Šiandien daugiau negu dvidešimčia kalbų visi, tiek vyrai, tiek moterys, gali pasirinkti iš daugybės galimybių. Jeigu pasinaudosi proga ir pradėsi skaityti autentiškas knygas, supanti Šviesa tučtuojau ims dirbti su tavimi, pradės viską aplink tave keisti: bendrasis valdymas taps asmeniniu valdymu, Šviesos spinduliu, nukreiptu tiesiai į tave. Laipsniškai tai pajusi, įgysi vidinių galių pats keisti savo likimą.

Visa tai įvyks, jeigu skaitysi kabalistų knygas. To pakanka, kad pakeistum savo gyvenimo kryptį.

GEMATRIJA

Kaip kabalistas savo būseną gali perduoti kitiems?

Mokytojas gali paimti savo būsenos „bylą", nukopijuoti ją, išreikšti tikslia matematine formule, t. y. gematrija, ir perduoti mokiniui. Paskui mokinys ima šią formulę, randa ją savyje ir įgyvendina pasitelkdamas savo dvasines jėgas. Taip jis patiria tą patį, ką ir mokytojas. Gematrija – matematinė formulė, kuri parodo mūsų dvasinių patyrimų visumą.

TEISUOLIŲ KAPAVIETĖS

Noriu pateikti keletą klausimų, susijusių su teisuolių kapais. Ar kabala jų kapavietėms suteikia kokią nors reikšmę? Ko turėčiau prašyti prie teisuolio kapo? Jeigu noriu prie Rašbi ar kito kabalisto kapo studijuoti kabalą, ką geriau skaityti?

Melstis – tai savo širdimi, o ne lūpomis norėti Kūrėjo su ketinimu dėl Jo. Kiekvienas žmogus su Kūrėju kalba savo širdyje. Tokia maldos prasmė.

Atlikdamas vidinį darbą, kad priartėtų prie Kūrėjo, žmogus suvokia, jog pasiekti Kūrėją galima tik kreipiantis į Jį su tokiu prašymu, tik įsisąmoninus, jog, be Kūrėjo, nėra nieko kito, kas galėtų priartinti ar nutolinti nuo Jo. Šis prašymas ir yra malda, nesvarbu, kur buvo melstasi.

Tačiau jeigu kokia nors konkreti vieta traukia tave, tada eik ten. Patarčiau tokių akimirkų ieškoti studijuojant. (Neneigiu „ypatingų vietų" reikšmės, bet apie tai pakalbėsime kitą kartą su tais, kurie jaučia „vietos ypatingumą".)

MIRIAM ŠULINYS

Daug žmonių klausinėja, kur rasti Miriam šulinį ir ar galima iš jo atsigerti. Šis šulinys realus ar tai tik legenda?

Bet kuris dvasinis šaltinis eina per visus dvasinius pasaulius ir turi materializuotis (pasirodyti mūsų materialiame pasaulyje). Yra tam tikra jėga, vadinama *Bina*, „aukštesnioji motina", ir fiziniame pasaulyje ji atsiskleidžia šaltiniuose.

Tačiau draudžiama sudvasinti vandenį. Žmogus, geriantis šaltinio vandenį, iš jo negauna nieko dvasinio. Svarbiausia – kas davė tą vandenį žmogui? Vanduo, kaip ir bet kas kita, gali būti susietas su jo dvasine šaknimi, dvasinės jėgos pernešėju (kabalistu), ir tokiu būdu žmogui perduoti dvasinę energiją.

Mano mokytojas darė tą daugybę kartų. Jis duodavo žmogui gabaliuką duonos ar gurkšnį vyno ir taip su tuo materialiu objektu perduodavo dvasinę energiją. Pagaliau ir nėra kito būdo perduoti tai žmogui, dar neturinčiam dvasinių indų.

Ari darė tą patį su savo mokiniu Chaimu Vitaliu, kai leisdavo gerti vandens. Tai kabalistui įprasta. Jeigu tas mokinys būtų nuvykęs prie Galilėjos ežero ir atsigėręs vandens, jis nebūtų gavęs jokios dvasinės jėgos. Vanduo šiuo atveju tebuvo priemonė dvasinėms savybėms perduoti ir neturi reikšmės, iš kur jis buvo paimtas.

Jėga, kurią Ari perdavė savo mokiniui, buvo pavadinta „Miriam šuliniu"; tai nėra pats vanduo, tai yra jėga. Iš savo mokytojo irgi esu gavęs įvairių užkandžių, gėrimų. Kabalistas dvasinę jėgą gali perduoti per materialius objektus.

RAUDŲ SIENA IR KITI STEBUKLAI

Turiu Raudų sienos nuotrauką, nufotografuotą iš priešais esančio pastato. Ši nuotrauka turi gydomųjų galių. Kai nuotrauka pridedama prie skaudamos vietos, žmogus

TIKĖJIMAI, MISTIKA, ANTGAMTIŠKUMAS

pasijunta geriau. Neseniai išgydžiau didelę žaizdą šuniui. Ar galėtumėte tai pakomentuoti iš kabalos pozicijų?

Kabala dirba tik su žmogaus siekiu pajausti Kūrėją. Pakopos, etapai, žingsniai Kūrėjo link patiriami kaip kažkas visiškai nauja, kaip nauji pasauliai. Iš viso yra 125 pakopos. Jos padalytos į penkias dalis, „pasaulius".

Kabalos esmė – kilti tarpinėmis pakopomis ir pasauliais, kol nebus pasiekta visiška vienybė su Kūrėju. Žmogus pajunta Kūrėją nuo pat pirmojo žingsnio Jo link. Tai vadinama „Aukštesniojo pasaulio pojūčiu".

O iki to žmogus jaučia tik save, ne Kūrėją. Toks pojūtis vadinamas „mūsų pasauliu". Pirmasis žingsnis į Kūrėją rodo, jog žmogus pasiekė Aukštesnįjį pasaulį.

Kiekvienas žingsnis pirmyn – tai vis aiškesnis Kūrėjo jautimas. Jis patiriamas ypatingame jutimo organe, vadinamame „siela". Dar jį galime pavadinti „šeštuoju jutimo organu", kadangi žmogus gimdamas jo neturėjo ir tai nėra prigimtinė kūno juslė kaip kad kitos penkios, duotos mums šiame pasaulyje.

Sielą kiekvienam iš mūsų asmeniškai duoda Kūrėjas iš Aukščiau. Ją gavusieji nuskuba pas Kūrėją, o negavusieji (todėl, kad neturi šeštojo jutimo organo, sielos) net nepajėgia suvokti, ką mes darome; religiškai auklėti žmonės net nusiteikę prieš kabalą.

Tavo paminėti dalykai nėra kabalos tyrimų sritis. Atsakymą į savo klausimą greičiausiai rasi psichologijoje ar paranormaliuose mokymuose. Tame lygyje mūsų pasaulyje egzistuoja stebuklai! Dvasinis pasaulis kupinas stebuklų, bet jie akivaizdūs tik kabalistams, kurie juos sąmoningai suvokia ir kontroliuoja, įvaldę kabalistines žinias.

STEBUKLAI

Kaip kabaloje suprantamas žodis „stebuklai"?

Jeigu koks nors reiškinys egzistuoja kūrinijoje, šiame pasaulyje ar dvasiniame, kabala jį pripažįsta kaip egzistuojantį. Jeigu ne – jo nėra. Kabalistinės knygos neprašo visko, kas egzistuoja tikrovėje, bet tai reiškia, jog mums nebūtina visko žinoti! Mums tereikia žinoti tai, kas būtina taisymuisi, artėjimui prie dvasinio pasaulio. Visos pakopos kelyje atskleidžiamos judant į tikslą.

Pasekmė, kuri nebuvo ir negali būti numatyta, remiantis dabartinėmis aplinkybėmis, vadinama „stebuklu". Tai kažkas, kas pagal įprastus dėsnius neturėtų vykti.

Stebuklo pavyzdys – Išėjimas iš Egipto. Stengiamės pasiekti dvasinį pasaulį, nesuvokdami, ką iš tiesų darome. Iš esmės nė nenutuokiame, kas tas dvasingumas, nes dar nepasiekėme jo. Siekiame kažko, ko patys iš tikrųjų nežinome.

Tiesa ta, kad nesiekiame dvasingumo, nes dvasingumas – tai noras duoti, o mes iš prigimties negalime norėti vien tik duoti. Tačiau ypatingo dvasinio proceso metu studijuodami kabalą, iš „ne dėl Kūrėjo" pasiekiame „dėl Kūrėjo". Tada mūsų ketinimas iš „gauti dėl savęs" pasikeičia į „duoti Kūrėjui".

Bet kokia pagalba iš Aukščiau, bet koks dvasinis pakilimas, naujos dvasinės savybės įgijimas, žmogaus prilygimas Kūrėjui yra stebuklas. Tai ir jaučiama kiekvienoje pakopoje.

TIESOS ŠALTINIO ATRADIMAS

TIKĖJIMAI, MISTIKA, ANTGAMTIŠKUMAS

Knygynuose mačiau daugybę knygų apie kabalą. Jų autoriai žada atskleisti kabalos paslaptis. Pažiūrinėjau ir pastebėjau, kad dažnai jie remiasi jūsų dėstoma medžiaga.

Veikimas per plačiuosius visuomenės sluoksnius ir atskleidimas kaip vidinių kančių rezultatas – Kūrėjo keliai šiame pasaulyje. Tavo klausimas tik patvirtina faktą, jog gyvename laiku, kai pasaulyje turi būti platinama kabala.

Neturi reikšmės, ar tose knygose rašoma tiesa, ar ne: kitas etapas parodys tai, informacijos gausybėje bus atskleisti autentiški šaltiniai. Visi aiškiai supras, ką reiškia tikroji kabala, t. y. Kūrėjo atskleidimas žmogui šiame pasaulyje, kai žmogus savo savybėmis prilygsta Kūrėjui. Tada tie, kurie dar nebus pasirengę to priimti, pasitrauks į šalį ir atsiras daugybė norinčių eiti teisingu keliu.

Aštuntas skyrius

MALDA, PRAŠYMAS, KETINIMAS

MALDOS REIKŠMĖ

Ką kabaloje ir jums asmeniškai reiškia malda?

Kabala atsako į gyvenimo prasmės klausimą, o ne aiškina maldų reikšmę. Malda – tai noras, kurį žmogus jaučia savo širdyje; malda – tai, ko žmogus trokšta.

Gal žmogus svajoja apie atostogas ar prašo lietaus, tada tai yra malda, tai, ko žmogus prašo Aukštesniosios jėgos. Kabala moko, kaip priderinti žmogaus širdį ištaisytiems norams, nes tokios maldos leis pajausti dvasinį pasaulį, Kūrėją.

Taigi pasakyk man, kas kitas, be kabalistų, iš tikrųjų nuoširdžiai meldžiasi?

BŪDAS RINKTIS

Sakote, jog yra dėsnis, kuris negailestingai valdo žmogų ir gamtą, ir kad šio dėsnio Šaltinis – visagalė Jėga, vadinama Kūrėju. Sunkiu metu kreipiuosi į Jį, tačiau jaučiu, kad norėdamas savo gyvenime ką nors pakeisti, nesutinku su Jo Veiksmais, esu nedėkingas. Koks yra tikrasis sielos šauksmas, kurį girdi ir į kurį atsako Kūrėjas?

MALDA, PRAŠYMAS, KETINIMAS

Esi teisus, kūrimo dėsnį vadiname „Kūrėju" ir jis yra vienas. Kitaip nei paprasti mokslininkai, kabalistai jaučia tai, ko mes negalime justi, ir išsiugdę papildomą jutimo organą tyrinėja pasaulėdarą. Dėl to kabalistai taip pat gali pasakyti, kad viską vedanti Jėga kupina jausmų ir gamta nėra abejinga, kaip kad mums kartais atrodo.

Tačiau šios jėgos tikslas nesikeičia: atvesti visą kūriniją į tobulybę. Todėl Jis daro poveikį viskam, kas nėra tobulumo būsenos, ir stumia tai tobulumo link. Šis procesas vienodai veikia visas kūrinijos dalis, o mes šitai jaučiame kaip kančias, skausmą. Tai galima palyginti su tėvų spaudimu savo vaikams, kurie nuoširdžiai nori, kad vaikai būtų laimingi. Bet augdamas ir tobulėdamas vaikas jų spaudimą patiria kaip kančią. Vos vaikas įgyja tinkamas savybes, spaudimas išnyksta ir jis pasijunta laimingas bei dėkingas.

Žvelgiant iš Kūrėjo pozicijų, tikrovėje viskas maksimaliai tobula. Tačiau, kol patys nesame tobuli, Jo poveikio irgi nejaučiame kaip tobulo. Kūrėjas sąmoningai sukūrė pirminę mūsų neištaisytą būseną, kad suteiktų mums galimybę pasirinkti tobulumą kaip kažką trokštamo ir patiems jį pasiekti. Kaip? Pasitelkiant metodą, vadinamą „kabala".

Iš prigimties mes neturime jėgų save pakeisti. Todėl mums reikia prašyti Jo ne pakeisti Savo poveikį, bet pakeisti mus pačius, kad galėtume jausti Jo tobulą valdymą. Vienintelis galimas būdas eiti pirmyn – prašyti Aukštesniosios jėgos pagalbos. Kreipdamiesi į šią Jėgą, nenusižengiame Jo įstatymui. Priešingai – atliekame vienintelį galimą veiksmą.

Tačiau prašymas turi ateiti iš aiškaus supratimo, dėl ko prašome – „dėl savęs", kad patenkinčiau savo troškimus šiame pasaulyje, ar tam, kad dvasiškai pakilčiau? Dabar vedami egoistinių paskatų Jam meldžiamės, nes jaučiamės blogai, ir norime jaustis gerai.

O dėl tavo klausimo, ar maldoje niekini tobulą Kūrėjo valdymą, aišku, jog niekini! Bet esmė – ką jauti savo širdyje. Nesvarbu, tu verki, šauki ar esi tylus. Kūrėjas jaučia, kas yra mūsų širdyse daug anksčiau nei tą pajuntame mes. Kai prašome pakeisti mus ne tam, kad nesijaustume blogai, o tam, kad kenčiame dėl to, jog savo širdyse keikiame Kūrėją, tai šis prašymas jau nebėra nukreiptas į save, „dėl savęs", bet yra nuoširdi malda Jam. Į tokį prašymą Kūrėjas atsako akimirksniu! Ir jau po to gali atsiversti maldaknygę...

KAIP ATRASTI KŪRĖJĄ?

Negaliu prašyti net dėl savęs, o kur jau ten dėl Kūrėjo! Rodos, kad net mano kančių nepakanka. Kaip man atrasti Kūrėją? Laukiant daugiau kančių?

Žmogus tikrai niekada nepaprašys Kūrėjo jį ištaisyti, jeigu nejaus tam poreikio. Matome, kaip žmonės meldžiasi Dievui prašydami įvairiausių dalykų. Bet tai nėra prašymas ištaisyti, apie kurį kalbame, ne malda, kaip ją suprantame. Malda – tai konkretus noras, kad būtų ištaisytos tavo savybės, kad pasiektum Kūrėją dėl Jo paties.

Prie tokios maldos einame pamažu, metų metus. Pirmiausia turime ją išauginti savyje. Žmogus iš pradžių trokšta šio pasaulio, paskui Aukštesniojo, Kūrėjo, ir taip kaskart vis tiksliau nukreipia norus į tikslą. Pats žmogus nuolat keičia Kūrėjo, tikslo, išsitaisymo apibrėžimus.

TROŠKIMAI BŪTI KAIP KŪRĖJAS

Kas yra malda?

Kai žmogus kalba iš širdies, tada kiekvienas šauksmas Kūrėjui yra naujas, net jeigu žodžiai ir lieka tie patys. Širdžiai pasikeitus, malda tampa nauja, kad kartais net pačiam prašytojui tie patys žodžiai atrodo keisti.

Šnekame ne apie Kūrėją, o apie tai, kaip mes suvokiame Jo Savybes. Taigi mūsų supratimas nuolatos keičiasi. Sakydamas „mūsų supratimas" turiu omenyje tuos žmones, kurie dirba, kad viduje išsitaisytų, ir siekia prilygti Kūrėjui.

Pojūčiai mūsų širdyje ir yra malda. Tačiau pati stipriausia malda, kaip rašo Baal Sulamas, – tai pojūčiai žmogaus širdyje studijų metu, troškimas suprasti tekstą, t. y. priderinti jį prie savo paties savybių.

KO PRAŠYTI?

Žmogus dvasiniame darbe susiduria su kliūtimis. Ko jis turėtų pašyti tokiose situacijose?

Prašyk bet ko, ko gali prašyti, ko sąmoningai sieki – ir Kūrėjas tau duos viską, t. y. viską, kas būtina, kad pasiektum tai, ko prašai. Svarbiausia, prašymas turi būti įsisąmonintas. Žmogus niekada nežino, kaip elgtis ieškant dvasinės tiesos, bet jeigu nori tobulėti, Kūrėjas jam duoda viską, kas reikalinga.

DĖKINGUMAS ŠIRDYJE

Kaip dėkoti Kūrėjui?

Širdis jaučia dėkingumą kaip atsaką į patenkintą norą mėgautis, – kūrinio esmę, jo giliausią savybę. Dėkingumas ateina natūraliai, dar prieš suvokiant jį protu, dar neišanalizavus sąmoningai to, kas įvyko.

Todėl klausti: „Kaip dėkoti Kūrėjui?", yra beprasmiška. Jeigu toks klausimas kyla, tada jis pats yra dėkingumo išraiška. Kūrėjas jį gauna ir priima tiesiai iš širdies gelmių, pačiam žmogui dar nesuvokus.

Derėtų klausti: „Kaip man pasiekti būseną, kai būsiu dėkingas Kūrėjui?" Pirmiausia ši būsena ateina po nemalonių situacijų: tikėjimo trūkumo, pasitikėjimo nebuvimo ar susipainiojimo Kūrėjo atžvilgiu. Šie pojūčiai itin nemieli ir dažniausiai lydimi stiprių nuopuolių.

Vėliau visus šiuos pojūčius užgožia Kūrėjo jautimas, vienumo ir tikrumo kūrinijos tikslu pojūtis. Visi tobuli ir teigiami potyriai suvokiami ir įvertinami iš prieš tai patirtų neigiamų. Kas eina, tas nugali!

ŠIRDIES KETINIMAS

Koks ketinimo vaidmuo kūrinijoje?

MALDA, PRAŠYMAS, KETINIMAS

Be noro mėgautis Kūrėju, kūrinys įgyja tik ketinimą. Kūrėjas sukūrė kūrinį su prigimtiniu noru mėgautis Juo, Jo Šviesa. Kūrinys tejaučia viena: šio malonumo buvimą ar nebuvimą. Jis net nejaučia savęs, tik malonumą bei jo dydį ir kokybę. Esmė ta, jog save galima jausti tik lyginant su kuo nors sau priešingu. Todėl kūrinys negali vystytis jausdamas vien malonumą. Tai galioja negyvajai, augalinei ir gyvūninei (įtraukiant ir žmogų) gamtai. Žmogus nuo kitų gyvybės formų skiriasi tuo, kad gali pajausti Kūrėją. Todėl teisingiau sakyti, jog tas, kuris jaučia Kūrėją, yra „Žmogus". Kabaloje „žmogus" yra indas, kuris jaučia ne tik malonumą, bet ir jo šaltinį. Tam reikia išugdyti atitinkamo stiprumo norą, nes negyvoji, augalinė ir gyvūninė gamtos dalys skiriasi tik noro gauti dydžiu.

Troškimo dydis keičia jo kokybę. Noras gauti (virš negyvosios gamtos lygmens) neša savyje gyvastį. Dar didesnis noras gauti sukuria gyvūniją ir verčia ją judėti ieškant malonumo.

Malonumą patiriame tik susidūrus dviem priešingiems pojūčiams. Kūrinio ir Kūrėjo priešingumo jautimas sukuria žmoguje ketinimą. Kūrinys – tai noras mėgautis. Ir tik ketinimas apibrėžia dvi būsenas: ketinimas „dėl savęs" – materiali būsena, ir ketinimas „dėl Kūrėjo" – dvasinė būsena, nes tada žmogus prilygsta Kūrėjui.

Būtent ketinimą „dėl Kūrėjo" mums ir reikia įgyti iš Kūrėjo, Šviesos. Ketinimas veda mus į kūrimo tikslą, padaro lygius su Juo. Dėl to kabala yra „išmintis apie ketinimą".

RAKTAS Į KABALĄ

KETINIMAS – DVASINIS VEIKSMAS

Ar fizinis veiksmas šiame pasaulyje ką nors keičia dvasiniame pasaulyje?

Pats fizinis veiksmas neturi jokio poveikio Aukštesniajam pasauliui! Sakoma, kad veiksmas be ketinimo – tai tarsi kūnas be sielos, todėl laikomas „negyvu" veiksmu, t. y. neturinčiu dvasinio ketinimo „dėl Kūrėjo". Tačiau ketinimas įgyjamas pamažu, priklausomai nuo žmogaus pažangos studijuojant kabalą.

Kabala kalba apie ketinimus, apie tai, kaip atverti savo širdį Aukštesniajam pasauliui. Jeigu žmogus pradeda studijuoti ir neturi teisingo ketinimo „dėl Kūrėjo", tai vadinama *lo lišma*, ne dėl Kūrėjo, t. y. visi mokinio veiksmai yra dėl savęs.

Jeigu žmogus nieko nedaro savo ketinimams išugdyti, tada jis net nedirba *lo lišma*, o tiesiog atlieka negyvą veiksmą. Tačiau žmogus neturėtų liautis, nes tam tikru metu ateis ketinimas „dėl savęs", o paskui – „dėl Kūrėjo". Fiziniai veiksmai visada pateisinami, bet turi siekti, jog jie tavęs neribotų.

DARBAS ŠIRDIMI

Ar kiekvienas ištartas palaiminimas yra it suformuotas indas, kuris pakyla aukštyn ir priima tam tikrą Šviesos kiekį? Ar tai atsitinka ir su malda, kylančia iš širdies gelmių?

Žmogus negali jausti savo širdies ar tikrosios savo būsenos. Tai iš pat pradžių paslėpta nuo mūsų ir atskleidžiama pamažu,

MALDA, PRAŠYMAS, KETINIMAS

atsižvelgiant į mūsų gebėjimą ištaisyti savuosius norus. Labai paprasta atsiversti maldaknygę ir iš jos paskaityti, bet pasiekti būseną, kai pojūčiai širdyje sutaps su parašytais žodžiais, kai širdis laikys juos gryniausia tiesa, gyvens jais, – itin sudėtinga.

Studijuodami kabalą išplečiame Aukštesniosios Šviesos švytėjimą. Dėl to pasijuntame blogai, mūsų nuotaika subjūra. Tačiau turime suprasti, kad tai yra taisymosi būsena, antraip iš Aukščiau nebūtų atskleidę mūsų blogio. Mes vis dar nejaučiame blogio savyje ir nesame „blogio įsisąmoninimo" būsenos.

Kaip tik dėl to tebemanome, kad kalbėdami maldas siunčiame Kūrėjui šimtus palaiminimų. Bet reikėtų įsidėmėti, kad dabar tai visiškai priimtina, priešingu atveju visai nesimelstume.

Bet jeigu imsime studijuoti kabalą, išvysime tikrąją savo būseną, kuri vadinama „malda – tai širdies darbas". Tai reiškia, kad malda apima darbą su širdies norais bei jų taisymą. Tada suvokiame tikrąją ištariamų žodžių prasmę ir žinome, ką turime daryti.

Taps aišku, kad malda yra darbas su ekranu prieš savo prigimtį. Tik ištaisyta širdis, kuri jaučia dvi priešingas būsenas – pirminę būseną, kai buvo nutolusi nuo Kūrėjo, ir dabartinę, kai yra užpildyta Kūrėjo, – gali jausti Kūrėjo palaimą ir šlovinti Jį.

Jeigu malda yra vidinis potyris, kam tada žodžiai?

Tavo pojūčiai apie save ir Kūrėją studijų metu ir yra pati nuoširdžiausia malda! Todėl tau nereikalingi maldų tekstai. Teisingiausia yra tai, jog pats jauti Kūrėją.

Tekstų reikia tam, kad galėtume pasitikrinti, kiek trūksta iki visiško išsitaisymo. Maldaknygės skaitymas – ryšio, siejančio žmogų ir Kūrėją, studijavimas. Malda – tai darbas širdyje!

Tobulėdamas galėsi atskirti, kaip stipriai žodžiai skiriasi nuo maldų. Nauji tavyje gimstantys jausmai leis geriau suprasti kabalistinių sąvokų aiškinimą. Pavyzdžiui, pamatysi, jog „faraonas" – tai neištaisytos žmogaus savybės; „tremtis" – žmogaus nutolimas nuo dvasinio pasaulio; „laisvė" – išsilaisvinimas iš savo paties prigimties gniaužtų, ir t. t.

Išvysi, kad visos maldos ir psalmės buvo parašytos žmonių, kurie jau patyrė šias būsenas, kitaip tariant, jas parašė aukštose dvasinėse pakopose esantys kabalistai. Dėl to mes savo dvasinėje pakopoje taip pat galime naudotis šiomis maldomis kaip parankiomis savo mintims ir norams reikšti.

DARBAS PROTU

Koks proto atsakas į maldą?

Malda – tai darbas širdimi, tačiau protas ne visada linkęs sutikti su tuo, ką jaučiame. Tarkime, žmogus turi išlaikyti itin svarbų ir sudėtingą egzaminą, kuris jį baugina. Jis visa savo esybe gali šaukti: „Aš nenoriu to egzamino!" Tačiau protas padeda jam suprasti, kaip svarbu išlaikyti. Tad jis kreipiasi į Kūrėją sąmoningai prašydamas, kad išlaikytų egzaminą.

Ar galime protu pakeisti savo jausmus?

Protas gali padėti apsispręsti, dėti pastangas ar ne. Galime jį paveikti, įtikinti paklusti mums. Pagaliau mes stengsimės ir iš Aukščiau gausime naujus norus bei išgyvenimus.

MALDA, PRAŠYMAS, KETINIMAS

Jausmus patiriu savo nore. Protas papildo, taiso ir įvertina jausmus, todėl gali pakeisti žmogaus požiūrį į juos. Tad viskas, kas veikia protą (draugai, grupė, mokytojas), nulemia žmogaus ateitį. Paskaityk Barucho Ašlago straipsnius apie grupę.

Kabala moko, kaip pakeisti santykį su savo jausmais taip, kad vietoj kriterijų „saldu" ir „kartu" vadovautumės kriterijais „tiesa" ir „melas".

PRAŠYMAS IŠTAISYTI

Kokį dvasinį darbą atliekame melsdamiesi?

Malda – žemesniojo prašymas ištaisyti, tai noro būti ištaisytam pakilimas iš žemesniojo į Aukštesnįjį *Parcufą* (*MAN* pakėlimas). Jeigu žemesnysis žino, ko prašyti, jeigu tiksliai žino, ko trokšta, žino, kuo nori būti (t. y. viduje yra pakankamai prisikentėjęs noras ir vien tik jis), tada Aukštesnysis atsako ir žemesnysis pakyla.

Šis procesas apima visus pasaulius, *parcufus* ir *sfirot* nuo mūsų pasaulio (būsena, kurioje esame dabar) iki pasaulio *Ein Sof* (begalybė; būsena, kurios negali jausti), nors jame esi taip pat, kaip dabar esi mūsų pasaulyje. Tai tobulybė, absoliutus pažinimas, malonumas.

PRIEŠTARINGAS PRAŠYMAS

Viena vertus, norime išsilaisvinti iš savo prigimties ir atrasti save. Kita vertus, prašome Kūrėjo priartinti mus prie Savęs – šis veiksmas didžiulė mūsų noro mėgautis išraiška. Ar tai ne veidmainiavimas?

Kūrėjo atsakymas į prašymą – tai žmogaus atsakymas sau pačiam. Kiti negali to matyti, dėl to kabala vadinama „slaptąja išmintimi".

Patikrinti ir įrodyti, jog Kūrėjas žmogui atsakė, kad žmogus savybėmis prilygo Jam ir įėjo į dvasinį pasaulį, galima tik aiškiai jaučiant Kūrėją, Šviesą, lygybę, vienybę. Šis pojūtis visada slaptas, asmeniškas ir neįmanoma jo perduoti to nejaučiančiam žmogui. Todėl sakoma: „Paragauk ir pamatysi, koks geras Kūrėjas."

Kol neįgijo ekrano ir nepajuto vidinės *parcufo* Šviesos, vadinamos *taamim* (skoniai), žmogus mano negalįs pabėgti nuo savo prigimties ir dar giliau klimpstąs.

Kadangi Kūrėjo Šviesa vis labiau veikia žmogų, šis savo likusias (dar neištaisytas) savybes laiko blogomis. Todėl žmogus mano, jog taip atsitinka ne dėl sustiprėjusios Šviesos, o dėl to, kad jis pats keičiasi į blogąją pusę. Ir nors kiekvienas žingsnis kelyje tariamai byloja apie blogėjančią žmogaus būseną, einantis išvys kelio pabaigą.

PRAŠYMŲ GAUSA

Į kokį prašymą Kūrėjas atsako atvesdamas žmogų į dvasinį pasaulį: kai prašoma Šviesos ar kai prašoma tapti panašiam į Jį?

Turi išmėginti visus tavyje esančius prašymus ir tik paskui suprasi, kuris kyla iš tavęs, kuris laikomas malda žvelgiant Kūrėjo akimis ir kuris gali vystytis bei tapti bendru jums abiem. Maldos supratimas – tai pasaulio prasmės ieškojimas ir analizavimas.

Pagaliau juk pasaulėdara sudaryta iš vienos vienintelės minties, vienintelio tikslo ir vienintelio prašymo. Nieko daugiau tau negaliu pasakyti, nes tai yra jausmų kalba. Šią kalbą turi išmokti pats.

ŠIRDIES PARENGIMAS

Jeigu pastebiu neigiamą savo savybę ir dėl to kenčiu, ar turiu visa esybe prašyti Kūrėjo padėti ją ištaisyti, ar geriau stengtis ją ignoruoti, nes „žmogus ten, kur jo mintys", ir galvoti vien apie Kūrėjo didybę, apie tai, kad visa ateina iš Jo, netgi ta neigiama savybė, ir mėginti įžvelgti Jo Valdymą visame kame?

„Jis sukūrė mane tokį, kodėl turėčiau taisytis?" Kūrėjas sukūrė žmogų priešingą Sau, idant žmogus būtent iš šios priešingos būsenos panortų tapti panašus į Jį. Tai visų prašymų tikslas. Todėl turėtume garbinti Kūrėją, savo širdyse žinodami, jog Kūrėjo savybė pati aukščiausia, tobuliausia.

Bet jeigu tik verkšlename dėl savo nesėkmių, aiškiai nenuspręsdami, kad turime nors kuo prilygti Kūrėjui, mūsų prašymai yra dėl savęs, visiškai neatsižvelgiant į kūrimo tikslą.

Tačiau žmogus negali savarankiškai nulemti savo prašymų Kūrėjui, ar garbini Jį, nes prašymai eina tiesiogiai iš vidaus, iš širdies, netgi žmogui dar nesupratus jų prasmės. Todėl melstis – tai ruoštis pateisinti bet kokius pojūčius, nes tik tokiu pasirengimu galima nulemti būsimą reakciją.

Žmogui reikia dėti pastangas tam, kad jame sąmoningai ir tikslingai susiformuotų teisingas požiūris į Kūrėjo savybes tam, kad jis panortų susilieti su Kūrėju. Žmogus – ne Kūrėjas ir negali nieko pakeisti savyje. Žmogus tegali parengti save pokyčiams. Ir tai – malda.

MALDA – PAKILIMAS Į AUKŠTESNĮJĮ PASAULĮ

Kas mūsų pasaulyje gali turėti įtakos Aukštesniajam pasauliui ir ten pakelti žmogų?

Viskas prasideda Aukštesniajame pasaulyje ir paskui nusileidžia į mūsų pasaulį. Mūsų mechaniniai veiksmai, kaip ir visa, kas vyksta gamtoje, neturi jokio poveikio Aukštesniajam pasauliui, nes mūsų pasaulis – tik jo pasekmė, t. y. mūsų pasaulis vykdo valdymo iš Aukščiau nurodymus.

Visi įvykiai šiame pasaulyje tėra iš Aukščiau nusileidžiančių jėgų, nurodymų ir poveikių rezultatas.

Iš šio pasaulio į Aukštesnįjį pasaulį kyla vien žmogaus norai, ateinantys iš pačių širdies gelmių. Tik jie sulaukia atsako Aukštesniajame pasaulyje. Būtent taip jį galima veikti.

Todėl šie norai taip pat daro įtaką tam, kas nusileidžia mums. Žmogaus norai, kylantys iš širdies gelmių, vadinami „malda".

Visi be išimties žmogaus troškimai padalyti pagal ketinimą į norus „dėl savęs" ir norus „dėl Kūrėjo". Kūrėjas nulemia žmogaus norus ir mes jų negalime pakeisti, nes Jis trokšta, kad juos ištaisytume. Kalbant apie norų ištaisymą, žinotina, jog esmė – ne pakeisti pačius norus ar juos užgniaužti, bet pakeisti jų ketinimą iš pirminio „dėl savęs" į trokštamą – „dėl Kūrėjo".

Aukštesniojo valdymo tikslas vienas: be perstojo tiekti mums norus, kad pamažu juos suvirškintume ir suvoktume, jog juos

MALDA, PRAŠYMAS, KETINIMAS

reikia taisyti. Visi dvasiniai veiksmai iš esmės yra mūsų norų ketinimo taisymas. Kad mėgautumės Kūrėju, Jo Šviesa, privalome pakeisi savo ketinimą „dėl savęs" (kad gaučiau) į ketinimą „dėl Kūrėjo" (kad duočiau).

MINTIES INTENSYVUMAS

Itin nelengva nuolatos išlaikyti mintį apie Kūrėją. Taip gali bandyti šimtus metų...

Tau gali atrodyti, tartum niekas nevyktų, jog tavo būsena nekinta. Bet iš tikrųjų, laikui bėgant, tu kai ką pereini, nes kiekvieną akimirką keitiesi.

Kai tavo tikslas yra nugalėti tam tikrą savo pirminių norų mėgautis dėl savęs dalį ir ištaisyti jų realizavimą, galvojimas apie Kūrėją tau tik pravers.

Parašyta: „Žinok dabar, priešais Ką stovi." Tačiau prisimenama nevalingai. Ar yra koks praktinis būdas, padedantis prisiminti, prieš Ką stoviu?

Kūrėjas tau primenamas tiek, kiek stebi save iš vidaus, nors tai dar nevyksta tavo sąmonėje. Procesą paspartinti gali tik minties intensyvumu, skaitydamas Barucho Ašlago straipsnius ir Baal Sulamo raštus.

Tačiau, turiu pabrėžti, jog klausimai jau liudija apie tavo pažangą.

Ką reiškia „minties intensyvumas" ir kaip tą pasiekti?

Minties intensyvumą ir galią faktiškai nulemia laikas, kai mintyse esi susijęs su apmąstomu objektu. Tai pasiekiama praktikuojantis, stengiantis išlaikyti mintis, kad ir kokios kliūtys būtų. Šitai turi patirti pats, nes nėra išmintingesnio už patyrusį. Kabala – praktinis metodas, kurį žmogui privalu patirti pačiam.

Devintas skyrius

MOKYTOJAS, MOKINYS IR GRUPĖ

TIKRASIS MOKYTOJAS

Kokį mokytoją galima vadinti tikruoju?

Tikras mokytojas yra tas, kuris stumia mokinį nuo savęs ir kreipia jį į tikslą – Kūrėją. Jis nukreipia ir veda nepretenduodamas būti „šventuoju".

Mokytojas turėtų būti ypatingas žmogus, kuris veda mokinius be naudos sau, būtent dėl to, kad jaučia Kūrėją ir viską palieka dėl Jo.

MOKINIO KLAUSIMAI

Ar būna blogų, nereikalingų klausimų?

Nebūna. Bet kuris troškimas rodo poreikį, kuris siekia būti patenkintas. Tačiau susiduriame su tam tikrais sunkumais atsakydami. Mokytojas negali duoti atsakymo, kai nesutampa klausiančio mokinio ir atsakančio mokytojo pojūčiai. Apskritai kalbant, atsakymų kaip tokių nėra – patys turime atsakyti į savo klausimus.

Jeigu atsakymo nėra, ar klausimas yra egoistinio troškimo išraiška?

Atsakymas kabaloje – tai Šviesa, patenkinanti norą. Inde Ji sukuria pojūtį, sutampantį su noru, ir šitai vadinama „atsakymu". Dėl to atsakymas gali įsivilkti tik į nore esantį pojūtį. Taigi atsakyti galima tiktai tada, kai prieš tai yra klausiama, norima.

Todėl kiekvienas jaučia klausimą viduje kaip indą, o atsakymą – kaip Šviesą. Atsakymą galima perduoti kitam žmogui, bet tik kad padėtum jam pereiti vidinio poreikio, klausimo ir vidinio atsakymo kūrimo pakopas. Todėl kabala vadinama „slaptąja išmintimi": tik tas, kuris jau pasirengęs pajusti, žino, apie ką ji. O nepasiruošusiam ji lieka paslaptimi.

MOKYTOJO VAIDMUO

Jaučiuosi menkas prieš mokytojo didumą. Bet taip aš turėčiau jaustis Kūrėjo atžvilgiu, nors Jo visai nejaučiu. Ką daryti?

Mokytojas reikalingas tik tam, kad nukreiptų tavo dėmesį į Kūrėją. Nieko keista, kad dar neturi ryšio su Kūrėju ir tavo dėmesys sutelktas į mokytoją. Bet tokia būsena pamažu praeis.

Netrukus atrasi savyje naują, augantį egoizmą. Tada imsi kritikuoti savo mokytoją, pastebėsi vis daugiau jo ydų. Aš pats nuėjau panašų kelią su savo mokytoju.

Šis procesas kontroliuojamas iš Aukščiau, kad galėtum patyrinėti savo veiksmų motyvus: veiki iš egoizmo ar nori vien duoti. Tačiau, susidūrus su dvasiniais pojūčiais, mokytojo reikės vis labiau. Tik tada jūs imsite darbuotis kartu, kaip kad vaikas ir suaugęs mūsų pasaulyje. Iš tiesų viskas, ką išgyvename taisydamiesi, yra nepaprastai svarbu, ypač baigiant taisytis. Bet koks jausmas, geras ar blogas, gali būti suvokiamas skirtingai, bet turime visada suprasti, jog bet kuris jausmas – neišvengiama mūsų kelio pasekmė.

Turime jausti, ką jaučiame, ir prisiminti tai (nesikapstydami jausmuose daugiau negu reikia juos suprasti) ir po to eiti pirmyn.

Prieš kiekvieną veiksmą ir mintį reikia pamąstyti apie tikslą: „Yra kūrimo tikslas ir aš trokštu jį pasiekti, nes tai reiškia turėti ryšį su Kūrėju, Jam prilygti." Būtent dėl to aš darau, ką darąs (miegu, valgau, geriu, dirbu ir t. t.). Mokytojas nepakeis Kūrėjo, bet bus tavo vedliu.

Ar nesutikimas su mokytoju rodo pagarbos trūkumą?

Tikrai ne! Visada gali prieštarauti. Tačiau negaliu toleruoti prieštaravimų, kylančių iš tekstų neskaitančio mokinio žemiškos logikos. Skaityk ir prieštarauk, pamesk galvą ir surask!

MOKINIO POŽIŪRIS Į MOKYTOJĄ

Vienoje iš jūsų kasečių teko girdėti, kad kartais mokinys gali nekęsti savo mokytojo. Kaip tai nutinka? Šiuo metu jaučiu jūsų geranoriškumą ir norą pagelbėti. Kodėl tai turėtų pasikeisti?

Kalbant apskritai, mokinio požiūris į mokytoją atspindi mokinio santykį su Kūrėju. Kai mokinys visiškai nejaučia Kūrėjo ir Jo valdymo, iš Aukščiau ateinantys išbandymai (sunkūs išgyvenimai, nemalonūs jausmai, kliūtys, prieštaravimai dėl kelio ir nuolatinis nusivylimas) skatina prieštarauti mokytojui.

Iš tiesų žmogus mano, jog mokytojas yra visos šios netvarkos sukėlėjas. Maža to, žmogus taip supyksta ant mokytojo, kad ima manyti, jog su mokytojo mirtimi baigsis visi blogi pojūčiai, užsipildys tuštuma, išnyks kliūtys kelyje pas Kūrėją. Visa kita patirsi pats eidamas pirmyn.

Rašėte, kad greitai atrasiu augantį savyje egoizmą, imsiu kritikuoti mokytoją ir matysiu vis daugiau jo trūkumų. Kaip tada mokiniui reikia dirbti su savo egoizmu, norint kuo greičiau šitai pereiti?

Viskas iš anksto nulemta. Mumyse yra visi *rešimot* (atsiminimai), instrukcijos mūsų laipsniškam kilimui iš šio pasaulio į kūrimo tikslą. Šie *rešimot* – tarsi esanti mūsų viduje suspausta spiralė, kuri tolygiai išsiskleidžia. Kas akimirką jaučiame tam tikrą norą, kuris išreiškia iškylantį *rešimo*.

Būdami teisingoje grupėje, teisingoje aplinkoje ir skaitydami teisingas knygas sustipriname Šviesos poveikį sau. Ši Šviesa nušviečia *rešimot* spiralę ir taip pagreitina jų išsiskleidimą mumyse. Mes visada atrandame silpniausią *rešimo* iš tų, kuriuos galime realizuoti.

Laisvai renkamės tiktai aplinką. Mes tegalime pagreitinti procesą, o tai įmanoma veikiant tinkamai aplinkai. Kitais žodžiais tariant, laisvai renkamės, paspartinti procesą ar ne.

Klausydamas žmonių, kurie prieštarauja kabalai ir ragina jos nestudijuoti, vis tiek pasieksi tikslą, tik daug vėliau. Baal Sulamas

(Jehudis Ašlagas) straipsnyje „Laisvė" rašo, kad tik rinkdamiesi savo aplinką (knygos, draugai, mokytojai) realizuojame savo valios laisvę rinktis kelią. Kuo tiksliau pasirenkamas aplinkos veiksnys, tuo labiau pagreitinamas procesas. Dar daugiau, mūsų kelionė, užuot trukusi šimtus metų, gali tęstis vos keletą metų. Aš neperdedu.

O dėl savęs anuliavimo mokytojo atžvilgiu, tai, Baal Sulamui pasakius, jog kitaip nei kitų didžių mokytojų, jo mokiniai nė kiek jo nesibaimina, jis atsakė: „Jie verčiau bijos Kūrėjo, o ne manęs."

Kai Baal Sulamui pasakė, kad po kelių dešimčių darbavimosi metų jis teturi penkis ar šešis mokinius, jis atsakė: „Kūrėjas nė tiek neturi."

Tu pats negali nukreipti savo minčių ir norų, kaip tau atrodo tinkama. Jų kryptį nulemia tavo vidinė būsena ir tuo metu suaktyvintas *rešimo*.

Pažvelk į save iš šalies – verta save patyrinėti ir prisiminti, koks buvai prieš mėnesį ar penkerius metus, ir pabendrauti su savo ankstesniais ir dabartiniu „aš". Tai padės geriau suprasti tavyje įvykusius pokyčius. Tai padės laikyti save besikeičiančių emocijų veiksniu, o ne savarankiškai mąstančiu ir jaučiančiu individu.

Privalai patyrinėti save iš šalies, kad pamatytum, ką Kūrėjas su tavimi išdarinėja. Sek Jo darbą – juk tai ir vadinama „Kūrėjo darbu", Jo darbu su tavimi.

VALIOS LAISVĖ

Ar kabalistu tapęs asmuo turi bent jau pasirinkimo laisvę?

Mes turime tik dvi galimybes:

1. Paklusti savo prigimčiai. Gali atrodyti, kad tokiu atveju įgyjame ramybę su pačiais savimi. Bet vos pajutę Aukštesnįjį pasaulį, t. y. kažką dvasinio ne mumyse, pastebime, jog egoizmas – ne mes, o svetimkūnis, prasiskverbęs į mus ir verčiantis jam tarnauti. Tada suprasime, kad tokioje situacijoje neturime jokios pasirikimo laisvės.

2. Paklusti Kūrėjo prigimčiai. Gali atrodyti, kad ši būsena prilygsta laisvės praradimui, bet iš tikrųjų kabalistas išeina iš savo paties prigimties ir tampa neutralus vieno ir vienintelio, paprastai be perstojo ir visiškai jį kontroliuojančio veiksnio atžvilgiu. Tik tada jis gali perimti Kūrėjo savybes ir pradėti aisvai rinktis.

Jeigu viskas nulemta iš Aukščiau, kur tada mūsų valios laisvė?

Žmogus gali laisvai pasirinkti tik savo aplinką, visuomenę, kuri jį veikia. Apie tai gali paskaityti Jehudžio Ašlago straipsnyje „Laisvė". Kiekvieno būsena nulemta nuo pradžios iki galo. Vienintelis kelias – eiti pirmyn. Patys sąmoningai to turime siekti, tačiau, jeigu nenorime, gamta privers mus tobulėti. Neįstengsime pasiekti galutinės būsenos, jeigu neišmoksime valdyti kūrinijos.

MOKYTOJAS IR MOKINYS DVASINIAME PASAULYJE

Ką mokinys reiškia mokytojui ir ką mokiniui reiškia mokytojas?

Mums atrodo, kad mokytojas ir jo mokinys – tai tiesiog du žmonės, kurių vienas moko kitą, kitaip tariant, dėstytojas ir studentas. Bet iš tiesų mokytojas ir mokinys – tai dvi pakopos: mokinys yra žemesniajame suvokimo lygmenyje, mokytojas – aukštesniajame. Mokinį su mokytoju sieja ypatingas ryšys, kuris jam leidžia pamažu prilygti savo mokytojui ir galų gale pačiam tapti mokytoju.

Mokinys – tai asmuo, galintis mokytis iš aukštesniosios pakopos ar mokytojo, ir būti panašus į jį. Sakykime, norėdamas tapti statybininku, kreipiesi į statybininką, kad tave mokytų. Jeigu žmogaus pagrindinis noras yra kam nors prilygti, gali vadinti jį mokiniu, o asmenį, pas kurį jis mokosi, – mokytoju.

Tai gali keistis, nes dvasiškai bręsdamas žmogus studijų metu patiria dvasinius pakilimus ir kritimus. Kartais mokinys laiko save mokiniu, kartais draugu, o kartais net mokytoju, iš kurio turėtų mokytis kiti.

Būti mokiniu sunkiau nei būti mokytoju, nes mokinys yra žemesniame lygmenyje. Mokinys turi susivokti, kas yra mokytojas ir ko reikėtų iš jo mokytis. Jeigu žinios jau perimtos, mokinys pasiekė aukštesniąją pakopą ir nebeturi ko mokytis. Jeigu mokinys mato, kad jo mokytojas turi tai, ko jam trūksta, tada viskas gerai, po kurio laiko mokinys tai įgis taip pat.

Būti mokiniu – tai matyti išorinius mokytojo turimus indus, įsisąmoninti, kad pats jų neturi, ir prieiti prie išvados, kad tokias savybes galima įgyti tik „prilimpant" prie tos aukštesnės pakopos.

Žodis „prilipti" nurodo, kad fiziškai reikia būti tarsi kūno dalimi, pagalbiniu organu, o dvasiškai – stengtis galvoti, jausti ir siekti gyventi tuo, kuo gyvena mokytojas.

Jeigu mokinys šitaip susijungęs su mokytoju, tada per bendrus norus, mintis jis galės perimti vidinį mokytojo suvokimą.

Jeigu „mokytojas" ir „mokinys" – tai dvi dvasinės pakopos, kaip mokinio sfirot *susijungia su mokytojo?*

Kai mokinio davimo indas (*GE – Galgalta ve Einaim*) paruoštas, mokytojas nuleidžia jam savo gaunantįjį indą (*ACHAP – Ozen, Chotem, Pe*). Mes visada galime naudoti mokytojo *ACHAP* indus, nes neįmanoma naudoti mokinio gaunančiųjų indų.

Tada mokinys sukuria dešimt pilnų *sfirot* iš savo paties *GE* ir mokytojo *ACHAP* ir pasiekia Aukštesniąją pakopą per mokytojo *ACHAP* su sąlyga, kad jo *GE* atitinka aukštesniojo *ACHAP* savybes.

Šiame procese mokinys pirmiausia anuliuoja savo gaunančiuosius indus tarsi pats nebeegzistuotų. Vos mokytojo *ACHAP* susijungia su mokinio *ACHAP*, šis išvysta, kaip Aukštesniojo *ACHAP* yra susiję su jo paties *GE*, ir tampa mokiniu. Tad būti mokiniu – tai būsena, kuri pasiekiama po tam tikro susijungimo.

Kas nutinka, kai studijuojantis tampa mokiniu?

Mokinys, pripratęs dirbti su savo *GE*, ima naudoti savo *ACHAP*. Jo *ACHAP* turėtų prilygti mokytojo, t. y. jis turėtų duoti mokytojui kaip kad šis duoda jam. Po to mokinys pakils į aukštesniąją pakopą per mokytojo *ACHAP*, prašys jo jėgų pakelti savąjį *ACHAP* į tą pakopą ir taps toks pats didis, kaip ir mokytojas.

Vos pakilęs į mokytojo pakopą, mokinys išvysta, jog mokytojas yra aukščiau. Kodėl jis to nepastebėjo anksčiau? Nes jis nepajėgė matyti mokytojo aukščiau nei savo paties *GE*. Tik ištaisęs savo *ACHAP* į aukštesnįjį lygmenį, jis gali pamatyti ir įvertinti mokytoją. Taip vyksta procesas, kylant vis aukščiau ir aukščiau. Tau reikia tikėti, kad mokytojas egzistuoja ir kad jo *ACHAP* visada tavo *GE*. Ištaisęs *GE*, pajusi, kaip jis pakelia tave ir kaip jo *ACHAP* tarnauja mokiniams tarsi liftas. Kiekvienas sujungiamas su Aukštesniuoju savarankiškai. Tau tereikia puoselėti norą pakilti.

MOKYTOJAS IR MOKINYS – DVASIŠKAI IR FIZIŠKAI

Kai mokinys fiziniais veiksmais padeda ir tarnauja mokytojui, ar taip jis gali įgyti dvasines savybes greičiau nei studijuodamas? Jeigu taip, kaip tai gali būti, juk mokomės, kad fiziniai veiksmai neturi įtakos dvasiniams rezultatams?

Tai išties įmanoma, nes ir mokytojas, ir mokinys yra tame pačiame pasaulyje. Mokinys yra tik mūsų pasaulyje ir turi vien noro gauti dėl savęs savybes, o mokytojas egzistuoja abiejuose pasauliuose, savo kūnu palaikydamas ryšį su mokinio noru gauti.

Kai mokinys susijęs su mokytoju fiziniame lygmenyje ir atiduoda jam tik šiame lygmenyje, tada jis ima kontaktuoti su mokytoju ir dvasiniame lygmenyje (jeigu mokinys tikrai trokšta šio kontakto) pats to nė nepastebėdamas. Jis nesąmoningai iš savo mokytojo pradeda gauti dvasines mintis, jos tarsi „teka" jam.

Kaip taip gali būti? Juk mokinys tam neturi indo, jis nepatiria meilės kitiems, neturi ketinimo dėl Kūrėjo, kuriuo galėtų priimti šias mintis. Apie tai žiūrėk Jehudžio Ašlago „Kalbą knygos *Zohar* baigimo proga".

Beje, šį būdą išmėginau pats. Gavau daugybę minčių apie dvasinį pasaulį kaip vaikas, kuris susidaro mūsų pasaulio vaizdą, nesuprasdamas reiškinių priežasčių ar įvykių prasmės, todėl jo įžvalgos yra dirbtinės, išorinės. Tai įmanoma ir taip žmogus suvokia šį pasaulį.

Kalbant apskritai, dvasinį pasaulį galima suvokti tik priklausomai nuo jo įsisąmoninimo ir įgytų žinių lygio bei ekrano stiprumo. Bet tai yra įprastas dvasinis suvokimas. O jeigu žmogus turi galimybę priartėti prie kabalisto jam padėdamas ir patarnaudamas, tai suvokia ir dalį jo dvasinių pojūčių.

Tiesą pasakius, savo mokiniams nesuteikiu tokios galimybės, nes grupė didelė ir aš neturėčiau iškelti kurio nors vieno mokinio virš kitų. Aš noriu pakelti ne vieną mokinį, o daug mokinių. Be to, yra kitų būdų ir priemonių perimti mokytojo dvasinį supratimą. Kai kuriuos jų naudojo kabalistas Šimonas Bar Johajus, pavyzdžiui, bendri pietūs, sportiniai užsiėmimai, išvykos, vestuvės ir pan.

Kai mokytojas pasiekia taisymosi pabaigą, ar mokiniui reikės pasilikti žemėje, gyventi ir taisytis?

Jeigu mokinys susijęs su mokytoju, jų būsena neturi reikšmės. Nesvarbu ir tai, kad vienas iš jų vilki šio pasaulio rūbais, o kitas jau nebe, nes vidinis, dvasinis ryšys yra užmegztas.

MOKYTOJAS, MOKINYS IR GRUPĖ

Todėl nepanikuok, nes dvasiniame pasaulyje nėra erdvės, viskas arti, jeigu tik tu iš tikrųjų esi „arti" dvasingumo. Atstumą nusprendžia savybių, norų, siekių atitikimas, – ekrano atitikimas. Štai ką tau reikia įgyti, kai prieš tave dar stūkso viršūnė.

Ar įgijus sielą, kuri ves mane per barjerą, man daugiau nebereikės mokytojo?

Priešingai, tik įėjęs į dvasinį pasaulį, tu, kaip mokinys, iš tikrųjų pradėsi suvokti, kas yra tavo mokytojas, ir stengsiesi kuo geriau išnaudoti ryšį su juo. Būtent tada suvoksi, koks tau reikalingas mokytojas.

Mokytojas bendradarbiauja su mumis mūsų dvasiniame darbe ir susijungia lygyje „iš burnos į burną", tačiau apie tai pakalbėsime kiek vėliau, kai pereisi barjerą.

DARBAS SU MOKYTOJU

Yra tokia sąvoka kaip „darbas su mokytoju". Kaip grupė gali pasiekti tokią būseną, kai jos santykis su mokytoju virs „darbu" ir ką iš tikrųjų reiškia ši sąvoka?

Baal Sulamas apie tokį darbą rašė straipsnyje „Kalba knygos *Zohar* baigimo proga". Ten jis rašo apie mokinį ir mokytoją, tačiau santykis tarp grupės ir mokytojo toks pat. Jeigu grupė tikra – tai ji kaip vienas mokinys. Iš pradžių santykiuose ir studijose taikoma „iš burnos ausin" sąlyga, o vėliau, jeigu grupė to nusipelno, – ir „iš burnos į burną".

PRANOKTI MOKYTOJĄ

Skaitydamas tekstus internete, stabtelėjau ties kai kuo, kas patraukė mano dėmesį. Ten buvo klausiama, ar mokinys gali pralenkti mokytoją savo dvasiniame kelyje, ir atsakymas buvo „gali". Bet kaip tai įmanoma? Mokytojas visada yra aukštesniame lygmenyje, o tai, ką mokinys „įsivaizduoja", kyla iš jo egoizmo, panašiai kaip vaikas, kuris jaučiasi protingesnis už savo tėvus. Ar tai ne saviapgaulė?

Mokinys gali pranokti mokytoją. Baal Sulamas išvydo, jog jis „praaugo" savo mokytojo (Mokytojas iš Pursovo) dvasinį lygį. Todėl išvyko į Izraelį.

Jeigu mokytojas ir mokinys dirba petys į petį, jie gali būti arba mokytoju ir mokiniu, arba dviem draugais. Jie gali keistis vietomis. Skirtumas gana nedidelis.

Sakykime, kabalistas, su kuriuo Baal Sulamas pradėjo studijuoti kabalą – Mokytojas iš Pursovo (miestelis netoli Varšuvos). Kartą mano mokytojas pasakė man, kad Baal Sulamui atėjus atsisveikinti su savo mokytoju, prieš išvažiuojant į Izraelį, jis aiškiai pamatė, kad pakilo į aukštesnę suvokimo pakopą nei jo mokytojas. Apie tai jis kalbėjo su savo vyriausiuoju sūnumi, kuriam tada buvo penkiolika.

Tad neturi reikšmės, esi mokytojas ar mokinys. Tačiau mokytojas, lygiai kaip mokykloje, veda mokinius, parodo, kaip įeiti į dvasinį pasaulį, suteikia dvasiniam darbui būtinus įgūdžius. Puikus mokinys gali pranokti mokytoją, tačiau mokytojas vis tiek liks mokytoju.

Dėl bendrų savybių ir indų tarp mokinio ir mokytojo išlieka dvasinis ryšys. Tad dvasiniame pasaulyje du žmonės nėra suvokiami kaip du atskiri kūnai, bet kaip vienas bendras indas.

Todėl, kai kažką duodu savo mokiniui, kuris remdamasis tuo, ką jam suteikiau, pakyla aukščiau manęs, tai mokinys tebeturi, ką jam esu davęs, ir tas kažkas mane su juo sieja.

Vyksta bendras darbas, net jeigu jį atlieka mano mokinys, o ne aš. Taisymosi pabaigoje visos mūsų bendros pastangos susilies į viena.

KELIO PAS ŽMONES IEŠKOJIMAS

Kodėl tiek daug laiko skiriate mano, NULINIO lygio žmonėms? Ar tai netrukdo jūsų dvasinei misijai? Kodėl tada visi kabalistai neatsiskleidė masėms?

Pirma, kabalistai viešai neatsiskleidė dėl to, kad masės neleido jiems to padaryti, kaip nutiko su Baal Sulamo kabalistiniu laikraščiu (tekstai iš knygos „Dieviškumo atsiskleidimas"). Tuo metu didžioji dalis žmonių nenorėjo žinoti savo egzistencijos priežasties.

Antra, aplinkoje, kurioje gyveno kabalistai, dažnai jiems būdavo grasinama (tarkime, Ramchalis XVI amžiuje).

Galų gale aš daug laiko skiriu skleisdamas žinias apie kabalą, nes mano didis mokytojas (paskutinis kabalistas, gavęs dvasinį suvokimą iš Aukščiau) taip man liepė. Šiandien masių egoizmas išsivystė ir gyvenimo įvykiai priverčia žmogų pajusti tokio gyvenimo tuštumą.

Mes savo kartoje esame pirmieji, siekiantys Aukštesniojo pasaulio iš apačios, pirmieji, kam buvo duota kabala.

Atsiprašau, kad patarinėju srityje, kurios neišmanau. Tačiau jeigu kasmet pritraukiate dešimtis naujų mokinių, ir dar keletą tūkstančių palaikančių visame pasaulyje, ar nebūtų geriau sutelkti pastangas ir laiką skirti tik geriausiems mokiniams? Jeigu jie gali pakeisti pasaulio būseną ir pritraukti Šviesą, tada galbūt po kurio laiko visiems bus atlyginta?

Praeityje kabalistai ramiai sėdėdavo ir puoselėjo savo ryšį su Kūrėju, tačiau pagal Baal Sulamo mokymą ir atsižvelgiant į kartos poreikius, jeigu nepasiseks paskleisti šių idėjų, įsivelsime į trečiąjį pasaulinį karą.

Mes rūpinamės vien tuo, kaip išvengti savo menkų bėdų, tačiau ne už kalnų globalinės problemos. Baal Sulamas rašo apie tai kaip apie labai realią galimybę. Aš apie tai rašau, nes jis taip darė.

Be to, kitaip nei ankstesnėse kartose, kai kabalistai ant savo pečių nešė pasaulio taisymo naštą, šiandien mes visi turime pasiekti Aukštesnįjį pasaulį ir tam tikslui steigti mokyklas.

Nėra lengva, kadangi naudojame metodą, skirtą tiems keletui, kuriuose jau prabudo noras dvasingumui, o ne nieko nežinančioms masėms. Todėl ieškome būdo, kaip prieiti prie žmonių. Mėginamos skleisti idėjos gana priešingos šio pasaulio idėjoms, nors jos pačios vertingiausios. Prašau patarimo, tačiau turime tęsti, ką pradėję.

MOKYTOJAS IR GRUPĖ

Kas sieja mokytoją ir jo mokinių grupę?

MOKYTOJAS, MOKINYS IR GRUPĖ

Grupė – tai dvasinė sąvoka, visada susijusi su mokytoju. Mes visi tam tikru laipsniu nusprendėme norį susilieti su Kūrėju. Šis kiekvieno iš mūsų mažas noras tampa bendras ir tai vadinama „grupe". Ir nesvarbu, ar vienas iš mūsų persmelktas šios idėjos kaip tik šią minutę, o kitas ne, nes mes nuolatos keičiamės iš vidaus. Jeigu sprendimas buvo priimtas kartą, jis galioja amžinai, nes dvasiniame pasaulyje niekas nedingsta. Galime kilti ar kristi šio sprendimo atžvilgiu, tačiau pats sprendimas lieka nepaliestas. Grupė – tai tarsi partnerystė. Gali nukristi ir prarasti ankstesnę būseną, tačiau grupė ir toliau egzistuos, ir tu taip pat joje dalyvausi, kad ir kokia būtų tavo dabartinė būsena.

Jeigu grupės nariai remia ir įkvepia vienas kitą, tai grupė egzistuoja dvasinėje srityje. Tu sudėjai savo siekius, savo jėgas ir tikslą į grupę, bet kaip sulauksi pagalbos iš jos, kai tau to reikės?

Pagalbos gali tikėtis tik anuliavęs savo egoizmą ir paklusdamas grupės nuomonei visur, kai kalbama apie tikslą, idėją, būdus, kaip pasiekti tikslą, vertybes ir prioritetus. Tik tada į grupę įneši savo indėlį, tapsi kaip ji, t. y. kaip grupė, kurią pats sukūrei.

Jehudis Ašlagas rašo apie tai straipsnyje „Kalba knygos *Zohar* baigimo proga". Jis sako:

„Iš tikrųjų suvokti Kūrėjo didybę, kad užtektų davimą paversti gavimu (tą jau minėjome anksčiau, kalbėdami apie svarbų asmenį), nėra sunku, nes visi žino, koks didis Kūrėjas, kuris pradeda ir baigia viską be pradžios ir galo, ir kad Jo aukštumas beribis.

Sunkumas tas, kad Kūrėjo didingumo vertinimas priklauso ne nuo individo, o nuo aplinkos. Pavyzdžiui, net jeigu mums būdingos geros savybės, tačiau aplinkiniai jų nelaiko geromis, visada būsime prislėgti ir neįstengsime didžiuotis savo savybėmis, nors žinosime jas turį.

Ir priešingai: jeigu mums nebus būdinga nė viena dorybė, bet aplinkiniai mus vertins kaip turinčius daugybę puikių savybių, mus užlies pasididžiavimas, nes sureikšminti ir pagirti žmogų gali tik jo aplinka.

Ir matydami, jog mūsų aplinka niekina Jo darbą, nevertina Jo didingumo, kaip kad turėtų, negalime jai pasipriešinti. Atitinkamai mes irgi nepajėgsime pasiekti Jo didybės ir, taip kaip aplinka, abejingai žiūrėsime į Jo aukštinimą.

O neturėdami būdų Jo didumui pajausti, akivaizdu, neįstengsime dirbti, kad suteiktume malonumą ne sau, o savo Kūrėjui. Todėl neturėsime jėgų stengtis ir kaip pasakyta: „Dirbo ir nerado – netikėk."

Todėl neturime kito pasirinkimo: arba dirbti dėl savęs, arba nedirbti visai, nes dirbti, kad pamalonintume savo Kūrėją, neteiks mums tokiomis aplinkybėmis jėgų.

Dabar galime suprasti pasakymą: „Žmonių gausybėje valdovo šlovė", nes šlovės vertybę gauname iš aplinkos, jeigu patenkinamos dvi sąlygos:

1. Aplinka tai vertina.
2. Aplinkos dydis. Todėl „žmonių gausybėje valdovo šlovė".

Atsižvelgdami į šį sunkumą, mūsų išminčiai patarė: „Pasidaryk mokytoją ir nusipirk draugą." Tai reiškia, kad turėtum pasirinkti sau svarbų bei žinomą žmogų ir laikyti jį savo mokytoju, kuris padės mokytis, kad suteiktum malonumą Kūrėjui. Ir čia yra du palengvinimai mokiniui:

MOKYTOJAS, MOKINYS IR GRUPĖ

1. Kadangi savo mokytoją laikome svarbiu žmogumi, galime suteikti jam malonumą, remdamiesi jo svarbumu. Taip yra todėl, kad davimas virto gavimu, o tai savaime suteikia energijos tolesniems atidavimo veiksmams atlikti. Ir kai įprantame duoti savo mokytojui, galima nuo šio davimo pereiti prie davimo Kūrėjui, nes įprotis tapo antrąja prigimtimi.

2. Formos panašumas su Kūrėju neduoda mums nieko gera, jeigu tai netrunka nuolat, t. y. kol Kūrėjas nepatvirtins, kad žmogus nebegrįš prie egoizmo. Tačiau, kol mūsų mokytojas yra šiame laiko ribojamame pasaulyje, formos tapatumas su juo padeda, net jeigu tai laikina, ir paskui vėl sugrįšime prie egoizmo. Todėl kiekvienąkart savo forma prilygę mokytojui, kurį laiką esame susijungę su juo. Todėl perimame jo žinias, mintis, priklausomai nuo mokytojo suvokimo, kaip kad kalbėjome pavyzdyje apie organą, kuris buvo išplėstas iš kūno ir vėl į jį įdėtas.

Taigi mokinys gali naudotis mokytojo suvokiamu Kūrėjo didingumu, kuris davimą paverčia gavimu ir suteikia pakankamai jėgų atsidėti darbui. Tada mokinys taip pat galės veikti dėl Kūrėjo iš visos širdies ir sielos, nes tai būdas amžinam susiliejimui su Kūrėju pasiekti.

Išminčiai yra sakę: „Patarnavimas Mokytojui svarbiau nei mokymasis pas jį". Tai trikdo, juk kaip paprasti veiksmai gali būti svarbesni už išminties mokymąsi ar žinių įgijimą?

Tačiau iš to, kas pasakyta anksčiau, matyti, kad fiziškai padėdami mokytojui, su didžiuliu atsidavimu siekdami suteikti jam malonumą, galime susijungti su juo, tai ir yra formos panašumas. Ir todėl gauname mokytojo mintis, žinias „iš burnos į burną", t. y. viena siela susilieja su kita.

Taigi suvokiamo Kūrėjo didingumo pakanka, kad davimas virstų gavimu, tai suteikia užtektinai jėgų visiškai atsiduoti, kol bus susilieta su Kūrėju.

Tačiau mokymasis iš mokytojo visada būna dėl savęs, jis neskatina susiliejimo ir vadinamas „iš burnos ausin". Taigi pagalba mokytojui leidžia mokiniui perimti mokytojo mintis, o studijavimas tėra mokytojo žodžiai. Padėti geriau negu studijuoti, kadangi mokytojo mintis svarbesnė už jo žodžius ir iš „burnos į burną" pranoksta „iš burnos ausin".

Tačiau tai galioja tik tada, jeigu mokytojui padedama siekiant suteikti jam malonumą. Jeigu padedama dėl savęs paties, tai neleis susijungti su mokytoju ir tada mokymasis su mokytoju svarbiau už pagalbą jam.

Bet ką kalbėjome apie Kūrėjo didingumo suvokimą (kad Kūrėjo nevertinanti aplinka susilpnina mus ir neleidžia jausti Jo didybės), tą patį galime pritaikyti ir mokytojui: mokytojo nevertinanti aplinka neleidžia mokiniui suvokti mokytojo svarbos, kaip kad turėtų.

Todėl išminčiai patarė pasidaryti mokytoją ir nusipirkti draugą. Tai reiškia, jog turime susikurti naują aplinką, kuri padėtų suvokti mokytojo svarbą, mylėdami mokytoją vertinančius draugus. Taip yra todėl, kad gerbiančių mokytoją draugų žodžiai suteikia mokytojo svarbos pojūtį. Taigi davimas mokytojui tampa gavimu ir suteikia jėgų, kurių pakanka, kad pradėtume mokytis „dėl Kūrėjo".

Apie šitai pasakyta, jog Tiesa įgyjama 48 dorybėmis ir su draugų pagalba bei tikslumu. Be pagalbos mokytojui, reikia ir draugų tikslumo, t. y. jie turi daryti mums įtaką, kad suvoktume mokytojo svarbą, nes ši priklauso vien nuo aplinkos. Individas negali to pakeisti, kaip jau aiškinta anksčiau.

Todėl yra dvi sąlygos didingumui suvokti:

1. Visada klausyti ir priimti mus supančios aplinkos nuomonę, kai jie aukština Kūrėją.
2. Aplinką turi sudaryti daug žmonių, kaip parašyta: „Žmonių gausybėje valdovo šlovė."

Kad priimtų pirmąją sąlygą, kiekvienas mokinys tarp savo draugų turi jaustis mažiausias. Tada jį veiks visų kitų supratimas, jog Kūrėjas didis, nes didelis negali gauti iš mažo, o juolab susižavėti jo žodžiais. Tik mažesniajam įspūdį daro didesniojo nuomonė.

O dėl antrosios sąlygos, tai kiekvienas mokinys turi aukštinti kiekvieno savo draugo gerąsias savybes, kiekvieną draugą vertinti, tarsi jis būtų didžiausias visos kartos žmogus. Tada aplinka veiks taip, kaip turėtų veikti didelis žmonių skaičius, nes kokybė svarbiau už kiekybę."

VIDINIS RYŠYS – TIK UŽ BARJERO

Daug kalbame apie darbą grupėse, apie ryšį tarp grupės narių, apie susijungimo būdus. Ar grupės narius turėtų sieti vidinis ryšys? Ir jeigu įmanoma, kaip tą pasiekti iki kertant barjerą? Ar žmogus gali pasikliauti mokytojo pagalba užmezgant šį vidinį ryšį?

Susivienyti galima tik įgijus reikiamas savybes, vidiniame (dvasiniame) pasaulyje nieko nepasieksi per jėgą, dirbtinai. Vadinasi, kai įžengiame į Aukštesnįjį pasaulį ir įgyjame Kūrėjo savybes, turime susijungti su savo draugais (ir mokytoju).

O kol kas viską turėtume atlikti dirbtinai, žinodami, kad mūsų „geri" santykiai nėra tikri ir egzistuoja tik tam, kad, įėję į Aukštesnįjį pasaulį, pasiektume tikrąją jų formą.

TRUKDŽIAI

Kaip turėčiau reaguoti į kliūtis?

Paprastai kalbame tik apie žmogų, kuriame atsiskleidžia Aukštesniojo pasaulio *rešimot* (prisiminimai). Žmogus ima jausti tašką širdyje – norą kažkam dar nesuprantamam, kažkam ne iš šio pasaulio, kažkam iš Aukščiau. Atsiranda troškimas pasiekti kūrimo tikslą, atskleisti Kūrėją gyvenant šiame pasaulyje. Mes geidžiame, kad priešais mus atsivertų visi pasauliai, tarp jų ir paslėptasis, Aukštesnysis pasaulis. Kai pajėgsime išvysti amžiną dvasinę pakopą ir su ja susijungti, tada nebeliks skirtumo tarp gėrio ir blogio, gyvenimo ir mirties. Visa susilies beribėje vienybėje.

Šį tikslą turi pasiekti visa žmonija, kaip pasakyta: „Jis yra Vienas ir Jo vardas yra Vienas."

„Jis" – Kūrėjas, „Jo vardas" – kūrinija. Kūrinys suteikia vardus pagal tai, kaip jaučia Kūrėją; kai kūrinys visiškai išsitaiso, jis susijungia su Kūrėju. Šis susiliejimas ir yra tikslas, galutinė pasaulio būsena. Ir šį tikslą galime pasiekti šiandien.

Bet kuris reiškinys, prieštaraujantis mūsų ketinimui pasiekti tikslą, laikomas kliūtimi, trukdžiu. Tikėdami, kad nėra jokios kitos jėgos, išskyrus Kūrėją, ir kad einame į tikslą vykdydami Jo Planą, į kliūtis, ateinančias iš Šaltinio, Kūrėjo, ir stumiančias mus į tikslą, turime žvelgti išradingai.

Privalome suprasti, jog bet kokie sunkumai iš tikrųjų nekliudo mums eiti tikslo link, tačiau mes suvokiame juos kaip trukdžius, nes mūsų savybės nesutampa su Kūrėjo savybėmis. Kitaip tariant, kliūčių jautimas rodo vidinius trukdžius, neišsitaisymą. Kūrėjas visos kūrinijos atžvilgiu yra geranoriškas ir besąlygiškas. Jeigu Kūrėjo valdymo nejaučiame kaip gero ir priešinamės jam, tai dėl to, kad susiduriame su vidiniu barjeru, o ne išorine kliūtimi.

Tad, be mūsų neištaisytų savybių, daugiau nėra jokių kliūčių. Už mūsų sielų yra tik Kūrėjas, traukiantis mus pas Save, į pačią tobuliausią būseną. Todėl į visus patiriamus sunkumus turime žiūrėti kaip į ženklą iš Aukščiau, rodantį, kurią kitą savybę reikia taisyti. Ir jeigu ištaisysime, žengsime dar vieną žingsnį tikslo link.

Tiesą pasakius, mūsų valios laisvė pasireiškia mūsų gebėjimu sudėtingoje situacijoje įžvelgti galimybę drąsiai sutikti kliūtis, kreiptis į Kūrėją, prašyti pagalbos, išsiaiškinti, ką ir kaip reikia taisyti.

Sunkumų jautimas vadinamas „Kūrėjo paslėptimi". Natūralu, kad ką tik susidūrę su sunkumais nepajėgiame teisingai įvertinti situacijos. Matome tiktai barjerą, o šaltinis ir trukdžių atsiradimo priežastis – mums neaiški. Mintimis šias kliūtis turime susieti su Kūrėjo buvimu, suvokti, kad būtent Kūrėjas siunčia jas, norėdamas mums padėti ir tiksliai parodyti, kur nukreipti jėgas, kad Jį surastume.

Siųsdamas sunkumus, Kūrėjas leidžia aiškiai suprasti, kur turime sutelkti savo dėmesį dėdami dvasines pastangas, idant Jį rastume. Iš tiesų kliūtys skirtos tam, kad mums pagelbėtų, nes tik po dvasinių mėginimų su jomis susidoroti galime atskleisti Kūrėją.

Kad įveiktume sunkumus (ir toliau vadinsime taip, nors iš esmės sunkumai yra pagalba), turime būti dvasiškai pasirengę.

Jeigu mums aišku, kad visos kliūtys skirtos ištaisyti mūsų dvasinę būseną ir priartinti prie Kūrėjo, jeigu mūsų požiūris į jas teigiamas, tada susidūrę su kliūtimis žinosime, kaip jas nugalėti.

Kaip pavyzdį paimkime dažną situaciją grupėje: aš (mokinys) sužinojau, kad kažkas blogai apie mane kalbėjo. Savaime suprantama, aš sutrikęs; imu teisintis, gintis ir laikau blogai kalbėjusįjį savo priešu. Netgi noriu jam atkeršyti. Taigi užuot teigiamai žvelgęs ir ėmęs dirbti su šia kliūtimi, trokštu ją pašalinti kartu su neva ją sukėlusiu asmeniu.

Ir nesvarbu, apie mane buvo pasakyta tiesa ar melas. Turiu išmokti, kaip suprasti ne įvykių *reikšmę*, o *būdą*, kaip reaguoti į per kitus asmenis man siunčiamus Kūrėjo ženklus. Privalau tą daryti, jog išvysčiau ir ištaisyčiau savo trūkumą ir drauge dirbdamas dvasinį darbą atskleisčiau Kūrėją.

Kūrėjas davė man tą kliūtį, kad padėtų dvasiškai tobulėti. Tokios galimybės gali ateiti ir pačiu nemaloniausiu būdu, kaip, tarkime, jaučiant kaltę, ir sužinant kažką gera, kas tiesiog apakina mano protą. Bet kuriuo atveju svarbiausia ne tai, kas vyksta, o iš ko tai kyla ir kas visa tai siunčia (Kūrėjas). Po to, siekdamas Kūrėjo, galiu imti stebėtis, kodėl Jis man pasiuntė būtent taip, o ne kitaip?

Jeigu visus įvykius iš anksto priimčiau kaip ateinančius iš Kūrėjo, bet kokią kritiką priimčiau su meile ir supratimu, nes žinočiau, iš kur tai ateina ir kad šitaip Kūrėjas artina mane prie savęs.

Kiekvienąkart išgirdęs ką nors bloga, imu svarstyti: ar šios žinios ateina iš Kūrėjo, ar tai tiesiog žmogus man jas perdavė? Pamažu prisiverčiu šią dvasinę kliūtį laikyti kažkuo, ką galiu panaudoti, kad priartėčiau prie Kūrėjo, kad geriau Jį pajausčiau.

MOKYTOJAS, MOKINYS IR GRUPĖ

Nėra geresnio pojūčio už tą, kai kirtę barjerą patiriame visišką suvokimą, susijungimą su Kūrėju. Priešinimasis kliūčiai reiškia darbą su ja, suvokiant, jog taip Kūrėjas praneša, kad taisytume kurią nors savo savybę.

Vienintelis teisingas sprendimas, kad ir kaip man būtų siunčiama žinia (maloniai ar nelabai), – priimti ją nesiginčijant kaip kažką duota, kaip Kūrėjo Valią. Todėl tai laikau raginimu artėti prie Kūrėjo. Tai Kūrėjo nurodymai man, nes Jis parodo vietas, kurios neleidžia man prie Jo priartėti.

DARBAS GRUPĖJE

Kaip turėčiau žvelgti į grupėje kylančius sunkumus?

Priimti kitų nuomonę – taip gyventi, laikyti kitų idėjas aukščiau savų ir sutikti, jog visa, kas atsitinka, yra tavo paties naudai, nes draugas taip pataria.

O dabar atsakyk: jeigu draugas kritikuoja tave, ar jis turėtų paisyti galimų padarinių, tavo reakcijos į jo kritiką? Kodėl negali jo kritikuoti taip, kaip jis kritikuoja tave? Kodėl negali jam atsikirsti? Kodėl į draugo nuomonę turi žiūrėti kaip į "balsą iš dangaus"? Juk tada jis liaujasi buvęs draugu ir tampa Kūrėjo atstovu?

Kalbame apie kabalos mokymą, vienintelę sistemą, leidžiančią pajausti Kūrėją, įeiti į dvasinį pasaulį. Į grupę susibūrėme tam, kad kaip galėdami labiau sutrumpintume kelią. Viską, kas vyksta grupėje, turėtume laikyti Kūrėjo ženklais, nurodymais. Neturime teisės manyti, jog tai, kas vyksta tarp mūsų, tėra rutina, kasdienės problemos.

Neskaičiuojame, kas mums naudingiau: vaidytis dėl mažmožių ar kartu eiti aukščiausio tikslo link. Tiesą sakant, jeigu grupės sukūrimo priežastis bei tikslas – suvokti ir atskleisti Kūrėją, tada viską, ką gauname šiandien, turėtume laikyti kaip žinutes iš Kūrėjo, kad prie Jo priartėtume.

Tai rodo, jog turime draugus, kurie eina kartu su mumis dvasiniu keliu, o jeigu jie blogai su mumis elgiasi, neturėtume į tai pernelyg kreipti dėmesio. Priešingai, turėtume stengtis sukurti šiltus, draugiškus santykius ir ištaisyti save pagal tai, kokie sunkumai kyla. Tokiu veiksmu einame „aukščiau žinojimo", todėl pasiekiame tikslą.

Remiantis grupės tikslu, visi joje kylantys sunkumai, trintis iš esmės yra varomoji jėga, o ne trukdžiai. Taip Kūrėjas ragina grupę dvasiškai tobulėti Jo link. Tai Jo ženklai, kur grupė turėtų sutelkti savo pastangas.

Būtent problemos grupėje ir yra pačios svarbiausios. Ir tik dėl visų grupės narių teisingo dvasinio atsako, pagalbos ir tarpusavio supratimo grupė gali dvasiškai tobulėti daug greičiau nei vienas žmogus.

Grupei tobulėjant, nusivylimo ir vaidų padaugės, bet su jais reikia susidoroti vadovaujantis šūkiu – „tikslas svarbiau". Žinome, jog viską gauname iš Kūrėjo, ir turime nuolatos dėti kuo daugiau dvasinių pastangų, kad sustiprintume savo tikėjimą šiuo žinojimu. Turime tikėti, kad Jis siunčia mums kančių tiek, kiek kiekvienas grupės narys ir grupė kaip visuma gali susidoroti su tuo, ką gauna.

Maža to, nepatartina džiūgauti, kad sunkumų nekyla. Tai irgi gali būti ženklas, kad grupė nedaro dvasinės pažangos ir nepajėgs susidoroti su problemomis. Rūpintis ar džiaugtis reikia ne problemų buvimu ar nebuvimu, o judėjimu tikslo link.

Apskritai turėtume džiaugtis gavę sunkumų, nes jie parodo reikiamas taisyti mūsų savybes. Kūrėjui esant paslėptyje, kol neįžengiame į Aukštesnįjį pasaulį ir nepajaučiame Kūrėjo, šios problemos rodo mums kelią.

Jis veda mus per dvasinę tamsą, per Savo siunčiamus sunkumus ir naudoja juos, kad atskleistų, kur turėtume dėti pastangas savo dvasinėje kelionėje. Jeigu mums pasiseks ištaisyti šias savybes, įstengsime pajusti Kūrėją.

Kiekvienas iš mūsų susiduria su sunkumais kasdieniame gyvenime. Skirtumas tik tas, kaip į tai žiūrime. Ar žinome, jog Kūrėjas yra viso to šaltinis, ar kaltiname aplinkinius? Į savo problemas žiūrime kaip paprasti žmonės ar kaip kabalistai, t. y. kaip į kažką, kuo galime pasinaudoti, kad priartėtume prie Jo.

Vos pradėję ginčytis, neturime atsisakyti savo pozicijų ir nedvejodami sutikti su draugų nuomone. Priešingai, turime išanalizuoti visus „už" ir „prieš". Ir svarbiausia – turime sutelkti savo dėmesį ir įsisąmoninti, kad atliekame dvasinį darbą, ir nenusileisti į lygmenį „kas laimės" besivaržydami su draugais.

Dešimtas skyrius

MESIJAS IR PASAULIO PABAIGA

MESIJO ŠVIESA

Ar tikite, jog ateis Mesijas?

Mesijas – tai Šviesa, traukianti žmogų į centrą, į Kūrėją, į Šaltinį, kur žmogus turi sugrįžti. Kiekvienas žmogus turi savo asmeninį Išgelbėtoją, t. y. asmeninę ištaisančią Šviesą. Bet taip pat yra bendroji taisanti Šviesa, kuri pakels visą žmoniją į naują, aukštesnį egzistavimo lygmenį.

Kai ši Šviesa ateis, mūsų pasaulyje iš išorės ničniekas nepasikeis. Visa bus kaip buvę, tačiau patirsime vidinį sklendimą, visa žmonija pakils ir žmonės pajus esą bendroje, tikroje realybėje. Nebejausime gyvenimo, mirties, laiko.

Materialus kūnas taps bereikšmis, mes nejausime jokio ryšio su juo. Žmonės sies save su siela. Tai iš esmės ir atsitinka su kabalistais. Kas jaučia Aukštesniąją Tikrovę, tam šis žemesnysis pasaulis tampa bevertis.

Mesijas – tai Šviesa iš Kūrėjo, kuri pakels žmoniją į dvasingumą. Tai nėra žmogus, nors bus žmonių, kurie ves žmoniją į dvasinį pasaulį ir mokys juos dvasinės sistemos, bet jie tebus Mesijo atstovai.

MESIJAS IR PASAULIO PABAIGA

Kas yra „Mesijo atėjimas" ir kada tai nutiks?

Mesijas – tai Šviesa iš Aukščiau, kuri veikia ir taiso mus, kai studijuojame kabalą. Ši bendroji jėga vadinama „Mesiju". Tai nėra asmuo, tai dvasinė jėga, kuri ištraukia mus iš šio pasaulio į dvasinį. Ji leidžia žmogui vienu metu jausti šį ir Aukštesnįjį pasaulį.

Kas yra Mesijas: žmogus ar jėga?

Žmonija yra tokiame lygmenyje, kai negali suvokti Mesijo kaip Šviesos, o vien kaip lyderį iš kūno ir kraujo. Bet kabalistai, kalbėdami apie Mesiją, omenyje turi dvasinę taisančią jėgą, Šviesą, suteikiančią žmogui galimybę ištaisyti savo savybes.

Mesijas yra jėga, kuri ištrauks, išlaisvins mus iš mūsų norų mėgautis dėl savęs gniaužtų. Šviesa, prasiskverbdama į mus (gaunančiąją prigimtį), ištaisys ir pavers mus iš gaunančiųjų duodančiaisiais – tokiais kaip Kūrėjas.

Tačiau visos dvasinės jėgos atskleidžiamos materialiu pavidalu. Pavyzdžiui, Šimonas Bar Johajus, Ari, Jehudis Ašlagas – visi trys atstovauja vienai aukštai sielai, kuri spinduliuoja didžiulę taisančią Šviesą. Bet mūsų pasaulyje ji pasirodo kaip asmuo, kabalistas, mokytojas, žmogus, rašantis knygas.

Taip būna ne tik su aukščiausio lygio kabalistais, bet ir su gelbėjančiu Mesiju. Tai turės būti žmogus, lyderis, kuris, vedamas Kūrėjo, padedamas Jo jėgos, įstengs nukreipti visą pasaulį į kūrimo tikslą.

Žmonija neturės jokios kitos išeities išsilaisvinti iš blogio ir kančių, kurias patirs kiekvienas individas, kaip tik pripažinti jį dvasiniu vadovu ir eiti jo nurodytu keliu.

KABALA IR MESIJAS

Kaip kabalos platinimas susijęs su Mesijo atėjimu?

Iš tikrųjų sėkmė platinant kabalą akivaizdi visame pasaulyje. Biblijoje pasakyta, kad Pasaulio pabaigoje visi žmonės trokš dvasingumo: „Visi, maži ir dideli, pažins mane" (Jeremijo knyga 31, 34). Nūdien augantis susidomėjimas dvasingumu, kartu su didėjančiu komerciškumu, liudija apie Mesijo atėjimą. Greitai išauš diena, kai Dvasinė jėga nusileis į pasaulį ir atmerks akis žmonijai, leisdama jai išvysti visą pasaulio vaizdą.

Ko reikia tikėtis ateinant Mesijui ir kaip tą reikėtų suprasti iš kabalos pozicijų?

Žmogus veikia pagal tai, ką jaučia, kas kyla iš jo vidinių reikmių. Kitaip ir būti negali. Nauji *rešimot*, nauja informacija, nauji nurodymai, kuriuos privalu įgyvendinti, iškyla mumyse kas akimirką. Taip einame į savo ištaisytą būseną – amžiną ir pačią geriausią.

Šie nurodymai yra kiekvieno iš mūsų viduje, lygiai taip kaip genuose įrašyti visi duomenys apie mūsų kūno mechanizmus. Visos mūsų būsimos būsenos užrašytos mumyse ir turi būti patiriamos viena po kitos iš anksto nustatyta tvarka.

Tai reiškia, jog visas mūsų kelias jau seniai nutiestas. Taip yra dėl to, kad mes jau esame tobuloje būsenoje, toje, kurią Kūrėjas sukūrė pačioje pradžioje. Tačiau po to nusileidome iš jos į visiškai priešingą, į visiško netobulumo būseną. Mūsų užduotis – tuo pačiu keliu, kuriuo nusileidome iš Viršaus, iš tobulybės į netobulybę, pakilti į pirminę būseną.

MESIJAS IR PASAULIO PABAIGA

Dalį šio kelio žmogus nueina nesąmoningai, tai vyksta su mumis šiandien. Ši dalis vadinama „šis pasaulis" arba „mūsų pasaulis". Sąmoningai einama kelio dalis yra už barjero, t. y. ribos tarp šio ir Aukštesniojo arba dvasinio pasaulio. Žmogus gali įsivaizduoti tik tai, ką jaučia, ne daugiau. Jis niekada nepajėgs pajausti aukštesniosios pakopos, pakopos, aukštesnės už dabartinę. Štai todėl žmogus ir gali siekti galutinio kūrimo tikslo. Kiekvienoje pakopoje žmogus įsivaizduoja galutinį tikslą kaip geriausią būseną, palyginti su jo dabartine būsena.

Visi žino, jog skirtingos tautos ir religijos piešia kitokį būsimo pasaulio vaizdą. Panašiai ir Mesijas įsivaizduojamas kaip jėga, kuri išvaduos mus iš dabartinės būsenos ir padės pakilti į geriausią galimą. Tą būseną galime įsivaizduoti priklausomai nuo savo suvokimo lygmens. „Kitą pasaulį" ir „Mesiją" kiekvienas supranta savaip ir tai keisis kylant iš vienos pakopos į kitą. Tačiau visiškai juos suvoksime tik užkopę ant dvasinių laiptų paskutinio laiptelio.

Kabalos metodika pagreitina mumyse paslėptų būsenų atsiskleidimą ir gerokai sutrumpina visą procesą. Tai primena cheminę reakciją. Procesą galima sutrumpinti milijonus kartų. Virtinę gyvenimų gali nugyventi viename gyvenimo cikle ir išlošti milijonus kartų daugiau nei bet kas kitas.

Tai ne tik kiekybinė, bet ir kokybinė nauda. Tarkime, tau dantis skaudės ne daugybę kartų, o tik kartą. Todėl neverta ignoruoti kabalos.

KAIP PAGREITINTI MESIJO ATĖJIMĄ

Zohar *pasakyta, kad prieš ateinant Mesijui visi studijuos kabalą. Kita vertus, išminčiai sakė, kad „kartos veidas bus kaip šuns snukis", t. y. kiekvienas rūpinsis tik savimi. Kaip galima tą suderinti? Ar tam, kad ateitų Mesijas, visi turi studijuoti kabalą?*

Baal Sulamas „Įvade į *Gyvybės medį*" rašo, kad dienų pabaigoje visi atsisakys kabalos, nes nebelikus pirkėjų daugiau nebeįstengs ja prekiauti it turguje. Žmonės supras, kad kabala netenkina egoistinių poreikių: negali užpildyti malonumu, negali užtikrinti pagarbos kitų akyse, nesuteikia valdžios. Todėl nebebus jokių draudimų žmogui, norinčiam ateiti ir studijuoti kabalą. Studijuojančių kabalą pastangos paskatins Mesijo atėjimą.

LAIKO POJŪTIS

Pasaulio pabaiga neatėjo 2000 metais ir jūs neigiate bet kokias sąsajas su „žmoniškuoju laiku". Kas tada yra laiko pojūtis ir iš kur jis kyla?

Egzistuoja dvasinis laikas – būsenų kaita (apie tai gali paskaityti pirmoje „Mokymo apie dešimt *sfirot*" dalyje „Vidiniai apmąstymai"). Mūsų pasaulyje laiko pojūtis kiek primena štai ką: jaučiame, jog „laikas stovi" arba kad valandos bėga ir „laikas skrieja". Tačiau, kaip dabar žinome, tai irgi reliatyvu.

Iš tikrųjų laikas ir erdvė neegzistuoja. Bet mes išties jaučiame „laiką" – Šviesą savo noruose mėgautis dėl savęs. Šį paveikslą sukuria Šviesa, eidama per vidinius mūsų troškimo patirti malonumą sluoksnius.

Keisdami aplinkos jautimo „metodą" iš gavimo į atidavimą, išmokstame erdvę ir laiką vertinti visiškai kitaip, imame suvokti, jog jie tėra mūsų blogojo prado, apvalkalų ar priešingų dvasiniam pasauliui jėgų veikimo rezultatas. Išvystame, kad laiko ir erdvės jautimas yra mūsų trūkumų padarinys.

Pamatę Aukštesniųjų jėgų struktūrą ir jų sandarą, formuojame visai kitokius santykius su išoriniu pasauliu, gyvename visiškai kitokiuose laiko ir erdvės matmenyse. Tada išeina, jog mūsų laimės ir skausmo akimirkos – tai mūsų dvasinių būsenų išraiškos, dvasinės pakopos, kurioje esame, rezultatas, o ne lapelis popieriaus kalendoriuje.

Dvasiniame pasaulyje pakopos vadinamos „metais", tačiau jie nesusieti su mūsų kalendoriumi. Tad dutūkstantaisiais, be datos pasikeitimo, daugiau nieko ir neįvyko.

NEIŠSIPILDŽIUSIOS PRANAŠYSTĖS

Kitaip nei spėta, nei 1984 metais, nei tūkstantmečio pabaigoje nieko neatsitiko. Ar yra panašių įvykių, laukiančių mūsų ateityje?

Tiek 1984, tiek 2000 metais dauguma pranašavo pasaulio pabaigą. Žinoma, tai tebuvo pagrindimo neturintys išvedžiojimai, žmogaus įsitikinimas. Dvasiniame pasaulyje nėra ypatingos šaknies 1984 ar 2000 metams, nes šias datas sugalvojo žmogus. Bet žmonėms reikia pokyčių ir kai kurie netgi mato neblogas pasipelnymo galimybes.

Žmonės sugalvojo ir kalendorių, ir metus. Tūkstantmetis – tai žmonijos sutartinė data. Jis praėjo, kaip ir visi kiti metai. Žmonės trokšta pasikeitimų, nes yra nelaimingi, o jų poreikis keistis kyla iš noro mėgautis.

Žmonija pamažu atsimerks ir suvoks, kad jos problemų sprendimas, kelias į tobulumą, turtą, sveikatą, tikrumą ir amžinybę, – tai ne noras mėgautis, bet tai, kas yra už jo. Pasak knygos *Zohar*, bus didžiuliai karai, tačiau jie bus vidiniai – kiekviename iš mūsų.

Su šiuo procesu tūkstantmetis neturi nieko bendra, štai dėl ko jis praėjo ramiai, o ne taip, kaip buvo tikėtasi. Linkiu jums pasiekti savo pačių kalendorius ir juose matyti visas datas – dvasines pakopas.

KARAS IR IŠSIGELBĖJIMAS

Sakoma, kad Mesijas pasirodys po Gogo ir Magogo. Ką tai reiškia? Ar iš tikrųjų turime laukti jo ateisiančio, jeigu – taip, kaip pasiruošti jo atėjimui?

Mesijas yra Aukštesnioji jėga, atskleidžianti žmogui pasaulį aplink jį. Pasiruošimas jo atėjimui – tai noras gyventi abiejuose pasauliuose (mūsų ir Aukštesniajame), ugdyti sąmoningumą, pažinti, norėti išsitaisyti ir prilygti Kūrėjui.

Populiariai Mesijas suprantamas kaip žmogus išganytojas, kuris ateis ir leis mums asmeniškai pasipelnyti: suteiks pinigų, sveikatos, galios, valdžios. Nėra nė vieno, kuriam Mesijo reikėtų tikruoju jo pavidalu, kaip žmogaus taisytojo. Mesijas – tai jėga, kuri ištraukia mus iš mūsų pasaulio į dvasinį, ši jėga atveda mus į dvasingumą.

Kas yra Gogo ir Magogo karas?

Gogo ir Magogo karas – tai dvasinė sąvoka, susijusi su kabala. Apie jį kalbama tik kabaloje. Gogas ir Magogas vyksta dvasinėje pakopoje, o ne pasireiškia mūsų pasaulyje kaip karai, kančios.

TREČIOJI ŠVENTYKLA – IŠ PRADŽIŲ ŠIRDYSE, PASKUI AKMENYJE

Ar verta ieškoti Nojaus laivo, jį atstatyti? Kaip galima gyventi be Šventyklos. Laikas atėjo.

Kas pasikeis, jeigu rasi Nojaus laivą ar pastatysi naują? Ir ką pastatęs Šventyklą veiksi su ja, joje? Rodysi turistams? Tai galėtų būti neblogas verslas, bet ne daugiau.

Pirmiau turime pasiekti dvasinį Šventyklos lygmenį. Pirmoji Šventykla – *chochma* (išminties) Šviesoje, antroji – *hassadim* (gailestingumo) Šviesoje, o trečioji turi būti Šviesoje *jechida*, aukščiausioje iš visų.

Šventykla pastatoma ar sugriaunama priklausomai nuo to, kaip joje žmonės atitinka dvasinį lygmenį. Tad prieš statydami Šventyklą pirmiau turime pasiekti galutinio išsitaisymo būseną. Štai dėl to verta nerimauti – tiek dėl savęs, tiek dėl kitų.

„KABALOS PASLAPČIŲ" ERA

Anksčiau ar vėliau prabėgs šeši tūkstančiai metų, prieštaravimai išnyks, ateis Mesijo laikas ir visi susijungsime su Kūrėju. Kas bus po to? Ką kursime? Ar turėsime į aukštesnį lygmenį pakelti gyvūnus, augalus, akmenis?

RAKTAS Į KABALĄ

Įdomu stebėti, kiek daug žmogus nori žinoti apie tai, kas jo laukia už pačios aukščiausios pakopos, kai dar nė trupučio nenusimano apie pačią žemiausiąją! Skirtumas tarp pakopų, kaip ir tarp pasaulių – milžiniškas. Iš viso yra 125 pakopos. Kildamas aukštyn kūrinys taiso tik save, savo paties indą. Išsitaisęs jis gali atlikti tikrąją užduotį – susilieti su Kūrėju.

Tačiau apie tai, kas vyksta su siela dvasinėje viršūnėje, negalime nė pasvajoti – tai „Kabalos paslaptys". Paslaptys vadinamos *maase merkava* ir *maase berešit*. Šių paslapčių neįmanoma atskleisti, nes žmonės žemesnėse pakopose (to negalima net kai žmogus yra viena pakopa žemiau viršūnės) neįstengs suvokti, kas ten vyksta... Tad iš pradžių palypėkime ant pirmųjų!

Vienuoliktas skyrius

KABALISTINĖS SĄVOKOS

KAS YRA DIEVAS?

Pasakykite, ar Dievas – tai asmenybė? (Prisipažįstu, jog nežinau asmenybės apibrėžimo.)

Sakydami „Dievas" turime omenyje aukštesniąją jėgą apskritai, kūrimo sumanymą, pasireiškiantį bet kokiu lygmeniu. Reikia pažymėti, jog bet ko aukštesnio už tave apibrėžimas (Kūrėjo, Dievo ir pan.) susijęs su vidiniais kūrinio pojūčiais, nes už savęs jis nieko negali jausti.

Todėl šitie apibrėžimai visada subjektyvūs.

PAGRINDINĖS SĄVOKOS

Kiekvienas gyvenimą, mirtį, Šviesą, sielą ir t. t. supranta savaip. Kaip tą aiškina kabala?

Paaiškinsiu keletą sąvokų:
Laikas: dvasiniame pasaulyje laikas neegzistuoja! Kūrinys amžinas. Kūrėjas – tai noras suteikti malonumą kūriniui.

Kūrinys, siela – tai noras mėgautis Kūrėju, Jo jautimu, Šviesa.

Gyvenimas – tai sielos užpildymas Šviesa, Kūrėjo jautimas.

Mirtis – Šviesos išėjimas, Kūrėjo nebejautimas sieloje (dingus ketinimui „dėl Kūrėjo").

Sielos įgijimas – noro (mėgautis „dėl Kūrėjo"), kuriuo galima pajausti Kūrėją, įgijimas.

Ekranas – noras mėgautis su ketinimu „dėl Kūrėjo"; šventas indas, dvasinis indas, ištaisytas indas; sielos indas, galintis jausti Kūrėją.

Kabala (hebr. „gavimas") – mokslas, aiškinantis, kaip laipsniškai įgyti sielą, t. y. visiškai susilieti su Kūrėju.

Mūsų pasaulis – būsena žemesnė nei dvasinė mirtis, žemiau Kūrėjo pajautos – joje nejaučiamas Kūrėjas. Išsidėstęs kairėje netyrų pasaulių *ABEJA* (*Acilut, Brija, Jecira, Asija*) pusėje.

Sielos gimimas, gyvenimo įgijimas – perėjimas iš mūsų pasaulio jautimo į Kūrėjo jautimą.

Persikūnijimas, gyvenimo ciklai, mirtis – nuolatinis Šviesos įėjimas ir išėjimas iš sielos indo, kuris tęsiasi ir taisantis pasauliuose *BEJA*.

KAS YRA ŠVIESA?

Ar Kūrėjo Šviesa (apie kurią kalbama kabaloje) ir Šviesa, kuri turima omenyje šnekant apie pirmąją pasaulio kūrimo dieną, yra vienas ir tas pats?

Yra vienintelė Šviesa ir ji nesikeičia. Tačiau ji suvokiama įvairiomis formomis dėl skirtingų indo (kūrinio, sielos) būsenų – priklauso nuo indo gebėjimo gauti. Iš to matyti, jog mes nenutuokiame apie Šviesą, esančią už indo, nes nepajėgiame nustatyti ko nors, esančio už mūsų pojūčių.

Šviesa – tai kūrinio jaučiamas Kūrėjas, ji kyla iš Kūrėjo; ją jaučiame kaip kažką „gera", o jos nebuvimą – kaip kažką „bloga". Šviesa, minima pirmąją pasaulio kūrimo dieną, yra pati aukščiausia, apimanti viską. Likusios Šviesos – jos išvestinės, apraiškos.

KAS YRA DVASINGUMAS?

Kaip atskirti dvasinius ir materialius dalykus?

Dvasingumas – tai, kas aukščiau mūsų pasaulio; kas visiškai ne „dėl savęs", vien „dėl Kūrėjo", kai veiksmo rezultatas visai nesusijęs su jį atliekančiuoju, netgi netiesiogiai.

Siela turi ryšį su Kūrėju, jaučia Jį, yra Jo užpildoma, bent jau menkiausiu laipsniu. Dvasingumas – visa, kas viršija laiko, erdvės ir judėjimo ribas, kas nesusiję su pojūčiais gyvūniniame kūne, tačiau kas patiriama vidinėje žmogaus pojūčių erdvėje su ketinimu tik dėl Kūrėjo ir kas atskleidžiama žmogui kontroliuojant „dvasinį" nešėją.

Skaičiau, kad dvasingumas – tai „duodančiojo prigimtis" ir jo mūsų pasaulyje nėra. Kodėl negalime sakyti, kad dvasingumas – mūsų pasaulio dalis?

Kaip dvasingumas gali būti mūsų pasaulio dalis? Dvasingumas yra „jame", tačiau pasireiškia ne tiesiogiai, o tik „įsivilkdamas" į šio pasaulio apvalkalus.

Mūsų pasaulis – tai būsena, kai noras gauti mėgaujasi tik menku Šviesos kiekiu, vadinamu „mažyčiu švytėjimu", ir mes galime juo mėgautis netgi kai mūsų noro ketinimas yra „dėl savęs".

Kūrėjas taip daro tyčia. Galime mėgautis ta menkute Šviesa, nors dar neįgijome dvasinio ketinimo duoti Kūrėjui ir neturime ekrano.

Noras patirti malonumą, esantis mumyse, yra pats mažiausias iš sukurtų norų. Jis atskirtas nuo visų kitų sielos norų, kad galėtume su juo praktikuotis: tai „dėl savęs", tai „dėl Kūrėjo" ir galų gale įeiti į dvasinį pasaulį.

Mano mokytojas Baruchas Ašlagas tai palygino su tuo, kaip senais laikais vaikai buvo mokomi rašyti: rašiklis ir popierius buvo pernelyg brangūs, tad vaikui duodavo gabaliuką kreidos ir lentelę, kad nešvaistytų brangaus popieriaus, kol neišmoks rašyti.

Ar yra dvasinis blogis, kaip, tarkime, apvalkalai ar blogasis pradas?

Apvalkalai ir blogasis pradas – tai netyros jėgos, esančios virš mūsų pasaulio. Paprastame žmoguje to nėra; jie atsiranda žmogui iš tikrųjų panorus Kūrėjo. Šiam norui sustiprinti pažadinamos neigiamos jėgos. Atsispirdamas joms, žmogus auga ir didina savo norą siekti Kūrėjo. Tam šios jėgos ir buvo sukurtos – kad kliudytų ir žadintų abejones.

Nors apvalkalai ir blogasis pradas mūsų pasaulyje neegzistuoja, vis tiek nevadiname jų „dvasinėmis". Jos slypi žmogaus viduje, o ne išorėje ir žmogaus kelyje pas Kūrėją yra priemonė bei pagalba – „pagalba prieš jį".

KABALISTINĖS SĄVOKOS

KAS YRA *GEMATRIJA*?

Kas yra **gematrija** *ir kaip ji veikia?*

Įvairioms sielos būsenoms apibūdinti pasitelkiame vardus, kurie specialiai pritaikyti jų dvasiniam lygiui, užuot naudoję daugybę techninių detalių. Visi indai (sielos) susideda ir dešimties *sfirot*, taip kaip žmogaus kūnas sudarytas iš vienodo skaičiaus dalių – 613.

Sielos skiriasi jas užpildančia Šviesa. Vardo paskirtis – atskleisti sielos, užpildytos Šviesa, savybes. Šviesų suma, tiksliau, dešimt Šviesų, pripildančių sielos dešimt *sfirot*, vadinama *gematrija*. Todėl tai ne kas kita, o sielos dvasinės būsenos ir jos pripildymo Kūrėjo Šviesa užrašymas.

Šviesa priklauso nuo ekrano: sielos savybės duoti prieš jos norą gauti. Ekraną galima įgyti tik taisymosi metodu, vadinamu kabala.

KAS YRA ATGAILA?

Baal Sulamas rašo, kad žmogus įgyja norus duoti atgailaudamas ir paskui tampa tinkamas priimti malonumą iš Kūrėjo. Kas tada yra atgaila kabalistams?

Gailėtis – tai sugrįžti į ankstesnę būseną, bet pasikeitus pačiam. Priešingu atveju, jeigu pirminė būsena nepakito ir jeigu nepasikeitėme mes, tai bus ta pati būsena.

Atgaila – tai sielos sugrįžimas pas Kūrėją į tą vietą, iš kurios ji atėjo į šį pasaulį. Pačioje pradžioje Kūrėjas sukūrė norą gauti. Šis noras buvo sukurtas be ketinimo ir dėl to vadinamas „embrionu".

Laipsniškai stiprindamas ketinimą „dėl savęs", noras gauti vis labiau tolsta nuo Kūrėjo, kol tampa visiškai priešingas Jam. Būsena, kai visų norų ketinimas yra „dėl savęs", vadinasi „mūsų pasauliu" arba „šiuo pasauliu".

Būdamas tokios būsenos noras jaučia vien save ir šis pojūtis vadinamas „kūnu" (asmuo šiame pasaulyje).

Jeigu noras keičia savo ketinimą iš „dėl savęs" į „dėl Kūrėjo", tada ketinimo pasikeitimas sugrąžina norą į jo pirminę būseną ir šis tampa tarsi embrionu Kūrėjuje. Dvasiniame pasaulyje kiekviena būsena matuojama pagal Kūrėją, nusakoma lyginant su Kūrėju.

Kuo daugiau kūrinio savybių prilygsta Kūrėjo savybėms, tuo kūrinys yra arčiau Jo, ir atvirkščiai.

Su ketinimu „dėl Kūrėjo" noras pasikeičia kokybiškai ir iš „gaunančiojo" virsta „duodančiuoju". Tokiu būdu kūrinys prilygsta Kūrėjui. Kūrinys save jaučia nebe kaip tašką ar užuomazgą, bet kaip kažką tobulą ir pilną, lygų Kūrėjui.

Būdamas tapatus Kūrėjui, noras mėgautis patiria viską, ką ir Kūrėjas: beribį malonumą, amžinybę ir tobulumą. Toks yra kūrimo tikslas.

GYVENIMAS IR MIRTIS

Ar iš tikrųjų egzistuoja mirtis?

Gyvenimas ar mirtis pradedami jausti įeinant į dvasinį pasaulį, o ne tada, kai gimsta ar miršta fizinis kūnas. „Mirtis" – tai Šviesos išėjimas, kai inde, sieloje nebejaučiamas Kūrėjas. Dabartinė mūsų būsena laikoma blogesne už mirtį, nes visai nejaučiame Kūrėjo.

Nejaučiame netgi to, jog negauname jokios Šviesos, jokio Kūrėjo pojūčio. Jausti Kūrėją – tai gauti sielą.

Žodis „kabala" kyla iš žodžio *lekabel* („gauti"). Kabala – tai mokslas, mokantis, kaip įgyti sielą ir per ją pasiekti amžiną gyvenimą. „Mirtis" – tai nutolimas nuo Kūrėjo į priešingą pusę (priešingas savybes). Būtina sąlyga sielai gauti – indas, o indas – tai ketinimas „dėl Kūrėjo".

Pirmąją dvasinę pakopą žmogus gali pasiekti tik įsisąmoninęs, jog mirtis – tai atsijungimas nuo Kūrėjo, o gyvenimas – tai susijungimas su Juo. Visa kita – dvasinio mechanizmo rankose. Tačiau norint tą įsisąmoninti, reikia sulaukti iš Kūrėjo pagalbos – išėjimo iš Egipto stebuklo! Kūrėjas gali padėti tik šitaip. Ir kai Jis padės, žmonija bus išgelbėta!

Ką reiškia knygoje Zohar *pasakyti žodžiai: „Tik išrinktieji nusipelnys gyventi būsimame pasaulyje." O kaip su likusia žmonija?*

Kūrinys amžinas. Laikas ir judėjimas neegzistuoja. Mes kalbame vien apie vidinius kūrinio potyrius. Vidinių būsenų kaita sukuria laiko ir judėjimo pojūtį. *Zohar* kalbama apie dvasines pakopas ir amžinos sielos būsenas, apie jos užpildymo Kūrėjo Šviesa dydžius. Tačiau gyvūninį kūną galima jausti kartu su siela, jeigu individas ją įgyja.

Priešingu atveju sakoma: „Žmogus neviršija gyvulio" (Koheleto knyga 3, 19).

Pagaliau kuo žmogus rizikuoja?

Žmogus rizikuoja brangiausiu savo turtu: tuo, ką jaučia, ką turi – savo gyvenimu. Visiškos nebūties nėra! Tačiau visa, ką turi žmogus, išnyksta. Iš tikrųjų jokios rizikos nėra, nes viskas priklauso nuo geranoriško Kūrėjo. Tačiau mums taip atrodo, kol neįgyjame dvasinio tikėjimo: Gailestingumo Šviesos.

KAS YRA MALONUMAS IR PASITENKINIMAS?

Ar žodis „malonumas", vartojamas kabalistinėse knygose, reiškia tą patį, ką reiškia malonumas ir pasitenkinimas mums? Ar ši sąvoka apskritai turi kitą prasmę ir kabalistai ją vartoja tik dėl patogumo?

Kūrimo tikslas – suteikti malonumą kūriniams. Tobulas Kūrėjas gali suteikti kūriniams tiktai tobulą malonumą. Kūrėjas negali sukurti netobulo kūrinio. Sakydami „tobulas" turime omenyje, kad tik Jis užlieja visą realybę, todėl Jis taip pat yra Vienintelis. Todėl egzistuoja noras būti užpildytam Juo. Šis troškimas yra visiškai, neribotai patenkinamas. Dėl to Jo būsena vadinama *Ein Sof* (begaline).

Tačiau šią būseną Kūrėjas sukuria kūriniui, kad pastarasis pats pasijaustų tobulas. Kad taip nutiktų, kūrinys turi patirti dėkingumo jausmą, o tai įmanoma vien išgyvenant formos priešingumą, netobulumą. Su šiuo tikslu kūrinys atitolinamas nuo Kūrėjo į būseną, vadinamą „šis pasaulis", kada, užuot jautęs Kūrėją, kūrinys tenkinasi gyvūniniais malonumais (dabartinė mūsų būsena).

Kuo labiau kūrinys įsisąmonina savo netobulą būseną (tai įmanoma tik studijuojant kabalą), tuo daugiau sužino apie tobulumą, t. y. Kūrėją. Jis pradeda suvokti, kad tobulumas – tai susiliejimas su Kūrėju, susitapatinimas su Jo savybėmis, užpildymas Juo.

Studijuodamas žmogus supranta, jog būti tobulam – tai būti kuo arčiau Kūrėjo, kuo labiau atitikti Jo savybes, prilygti Jo formai. Iš esmės ši būsena jau egzistuoja, tačiau žmogus jos nejaučia ir nesuvokia jos kaip tokios.

Kai žmogus supranta save ir Kūrėją, jis pajunta tobulumą, tarsi ten grįžtų. Tokiose būsenose užpildymo pojūtis vadinamas „malonumu", o noras jausti Kūrėją kaip didžiausią tobulybę – „indu".

KĄ REIŠKIA JAUSTI PILNATVĘ?

Kas yra pilnatvė ir kaip ją pajusti?

Suvokti ir įvertinti pilnatvę galima tik tada, kai žmogus jaučia Kūrėją, nes tik Jis tobulas. Be to, jėgą išsitaisyti taip pat duoda Kūrėjas. Todėl iš pradžių studijų tikslas – pajausti Kūrėją. Tada nebelieka neaiškumų.

O iki to nesuprasime, kas yra tobulumas; Kūrėjas pasirodo žmogui pačiomis netobuliausiomis žmogaus savybėmis.

KOKIUS VEIKSMUS ATLIEKA EKRANAS?

Kaip ekranas sukuria naujus dvasinius objektus?

Dvasiniai objektai – tai, ką kabalistas sukuria virš savo ekrano. Šviesai veikiant ekraną, kabalistas išvysta naują dvasinio pasaulio vaizdą.

Dvasinis pasaulis atsiranda tik po dvasinio susijungimo, kurio stiprumas nulemia dvasinio vaizdo gilumą. Jeigu Šviesa nesusiduria su ekranu, nieko nauja negimsta ir žmogus tejaučia šio pasaulio paveikslą.

Kitais žodžiais tariant, sukurti naują dvasinį objektą – tai iš mūsų medžiagos (noro) per ekraną sukurti Kūrėjo vaizdą. Tiesą sakant, ekranas – tai formuojantis įrankis kabalisto rankose. Kabalistas juo atskiria norus, kurie negali prilygti Kūrėjui („akmeninę širdį").

Žmogus savo troškimus, kuriais gali būti panašus į Kūrėją, prilygina Kūrėjo savybių formai priklausomai nuo savo ekrano stiprumo. Tad kuo aukštesnė žmogaus pakopa, tuo jis panašesnis į Kūrėją. Žmogus tiria Kūrėjo savybes (devynios aukštesniosios *sfirot*) ir jas perima.

NUO KŪRĖJO IKI KŪRINIO

Kiek pasaulių skiria sielą nuo Šviesos?

Štai kas vyksta iš viršaus į apačią:
1. Keturios tiesioginės Šviesos stadijos.
2. Pasaulio *Ein Sof* (begalybė) gimimas.
3. Pirmasis *Malchut* apribojimas.
4. Pasaulio *Adam Kadmon* (*AK*) gimimas.
5. Antrasis apribojimas.
6. *Malchut* ekrano sudaužymas.
7. Pasaulių *Acilut, Brija, Jecira, Asija* sukūrimas.
8. Pirmojo Žmogaus (*Adam ha Rišon*) sielos sukūrimas.
9. Sielos sudaužymas į daleles.

KABALISTINĖS SĄVOKOS

10. Dalelių nusileidimas į mūsų pasaulį.
11. Sielų vystymasis leidžiantis į mūsų pasaulį, dabartinę mūsų būseną.

Kaip matai, kelias žemyn labai ilgas, tačiau jau galime padaryti tam tikras išvadas apie kūrinio prigimtį, Šviesos ir indo savybes.

MALCHUT IR PASAULIS *EIN SOF*

Kas ir kur yra pasaulis Ein Sof?

Neturėtume interpretuoti *Ein Sof* (begalybė) kaip sąvokos, nurodančios laiką ar vietą. *Ein Sof* – tai kažkas beribis, kažkas, ko nevaržo judesiai ar savybės, iš to kyla pavadinimas *Ein Sof* (be pabaigos, be galo).

Dvasiniame pasaulyje nėra nei laiko, nei erdvės. Todėl šie du mūsų pasaulio apribojimai negalioja dvasiniam pasauliui. Dėl to neįstengiame įsivaizduoti, kas yra dvasinis pasaulis. Nepajėgiame įsivaizduoti sklidino puodelio, kurį vis dar galima pildyti. (Paprastai viso ko matas – pats puodukas, nes mes viską matuojame gaunančiojo atžvilgiu.)

Malchut, siela, taiso save per pasaulius. Pasauliai – tai Šviesos paslėpties ir pasireiškimo pakopos. Iš pakopų siela be perstojo gauna norus (kurie yra indai) ir Šviesą (jėga norui ištaisyti).

Naudodama šį norą ir taisančią Šviesą, siela taisydamasi tariamai pakyla į tą pačią pakopą, iš kurios gavo jėgų ir taisytiną norą. Iš viso yra penki pasauliai, kuriuose yra penki *parcufim* su penkiomis vidinėmis *sfirot*. Jie sudaro 125 pakopas. Tačiau yra begalė pereinamųjų būsenų.

Taip pat rašote, jog „pasaulis" yra ir kiekviena Malchut, *sielų, bendrojo indo stadija.* Malchut – tai sfira *ar pasaulis?*

Malchut – tai dešimtoji *sfira*, paskutinė po devynių tiesioginės Šviesos, išeinančios iš Kūrėjo, *sfirot*. Malchut gauna Šviesą iš visų kitų devynių *sfirot* ir dalijasi į dešimt dalių. Šios dešimt *Malchut* dalių ir sudaro pasaulius bei visa, kas juose yra.

Ar kūrinys – tai Malchut? *Ir kas tos likusios aukštesniosios* sfirot?

Likusios devynios *sfirot*, esančios prieš *Malchut* (dar vadinamos „devynios pirmosios"), – tai Šviesos savybės. *Malchut* privalo tapti panaši į šias devynias *sfirot*. *Malchut* ir devynių *sfirot* (Kūrėjo savybių) panašumas priklauso nuo *Malchut* ekrano stiprumo. Tačiau *Malchut* panaši į devynias *sfirot* netgi turėdama patį mažiausią ekraną.

Tad net mažiausias ekranas turi prilyginti *Malchut* kitoms devynioms *sfirot*. Todėl kiekvienas dvasinis suvokimas susideda iš viso paveikslo (apimančio visas *sfirot*). Turint minimalų ekraną, vaizdas gali susidėti iš nedidelio skaičiaus atspalvių ar detalių, tačiau jis vis tiek piešia reliatyvų devynių *sfirot* paveikslą.

Kaip nuo gimimo pasaulį suvokiame per penkis jutimo organus, nesvarbu, esame suaugę ar vaikai, taip suvokimo galia (gylis) priklauso nuo ekrano stiprumo.

MALCHUT VYSTYMASIS

Pats pasaulis riboja, varžo. Kaip tada begalinė Malchut *vystosi per sielas?*

KABALISTINĖS SĄVOKOS

Sąvoka „pasaulis" reiškia paslėptį, slėpimąsi, Šviesos plėtimosi apribojimą. Kita vertus, kiekviena *Malchut*, bendrosios sielos būsena, irgi vadinama „pasauliu".

Ein Sof pasaulis – tai begalinio malonumo, užliejančio bendrąją sielą, o ne atskiras sielas, būsena. Viskas, kas užpildo bendrąją sielą, vadinama „Šviesa" arba „Kūrėju". Tačiau, norėdama būti užpildyta su ketinimu „dėl Kūrėjo" ir taip prilygti Jam, *Malchut*, siela, laipsniškai taiso savo ketinimą iš „dėl savęs" į „dėl Kūrėjo".

Ji tampa tuščia po pirmojo apribojimo, pasislepia po penkiais dangalais, pasauliais ir laipsniškai, priklausomai nuo įgyto ekrano (ketinimo „dėl Kūrėjo"), pasirodo priešais Šviesą, Kūrėją, kaip nuotaka jaunikiui. Jos išsitaisymo laipsnis, jos atsiskleidimas, užpildymas Šviesa – tai penki pasauliai po penkis *parcufim*, kuriuose dar penkios pakopos, iš viso 125 pakopos.

Dvasinį kelią taip pat galima padalyti į 613 arba į 6000 pakopų, į tris grupes, kurių kiekvienoje yra po 2000. Tačiau pats kelias, *Malchut* taisymosi laipsnis lieka nepakitęs. Taip tik patogiau apibūdinti pakopas (taisymosi laipsnius).

MALCHUT ŠVIESOS

Kiek Šviesų užpildo Malchut: *viena Šviesa ar penkios?*

Malchut, siela, padalyta į penkias dalis (nuo subtiliausios iki grubiausios) pagal noro gauti stiprumą (nuo mažiausio iki didžiausio): *Keter, Chochma, Bina, Zeir Anpin* ir *Malchut*. Stipriausias noras pačioje pabaigoje – *Malchut de Malchut*. Šie norai gauna penkis malonumus – Šviesas, kurios juos užpildo, atitinkamai: *Jechida, Chaja, Nešama, Ruach* ir *Nefeš*.

Malchut dalijama į penkias dalis atvirkščia tvarka nuo grubiausios iki subtiliausios: negyvoji, augalinė, gyvūninė, kalbančioji ir dieviškoji. Taigi stipriausias noras gauti (*Malchut de Malchut*) vadinamas negyvuoju. Jį užpildo blankiausia Šviesa – negyvajame lygmenyje Šviesa *Nefeš* (*Nefeš de Nefeš*).

Dvasiniuose pasauliuose galioja „Šviesų ir indų atvirkščios tvarkos" dėsnis: kuo grubesnis noras, siekiantis gauti didesnį malonumą, tuo daugiau Šviesos jis pritraukia. Tačiau Šviesa įeina ne į grubųjį norą, o į subtiliausiąjį, į tą, kuris trokšta duoti be jokio atlygio, nes Šviesa ir subtiliausias noras duoti sutampa savo forma. Dar sakoma, jog „Šviesos įeina į *parcufą* laipsniškai." Bet kiekvienas Šviesos pokytis rodo indo, todėl ir viso *parcufo* keitimąsi. Kaskart viskas nauja: visos penkios *Sfirot* ir visos penkios Šviesos.

SFIROT – KAS TAI?

Ką kabalistinėse knygose aprašo sfirot?

Sfirot – tai kūriniui, žemesniajam suteiktos savybės, kuriomis galima pajausti Aukštesnįjį, Kūrėją. Dėl to *sfirot* apibūdina pranašumą, Kūrėjo savybes. Kūrėjas nori, jog įgytume šias savybes, idant galėtume Jį jausti.

Kaip žmogų suvokiame pagal protą, kuris sudaro jo esmę (o kūnas tėra išorinis apvalkalas), taip ir dvasinį pasaulį suvokiame per jo išorinius apvalkalus, kadangi esmė glūdi vidinėse savybėse už apvalkalų. Išoriškumas reikalingas tik susipažinti, o ne pats savaime.

Žmogus pasiekia Kūrėją per *sfirot*, t. y. per Jo išorinius pavidalus. Panašiai ir mes iš tikrųjų pažįstame žmogų tik sužinoję

KABALISTINĖS SĄVOKOS

visus jo bruožus, reakcijas įvairiose situacijose. Per *sfirot* galų gale pažinsime tikrovę, kuri yra Kūrėjo apvalkalas, kaip kad kūnas – sielos drabužiai.

Kūrėjas dirba žmogaus sieloje. Todėl tas, kuris mokosi, kad pasiektų Kūrėją, pažįsta Jį iš Jo veiksmų savo sieloje, kitaip tariant, iš Šviesos poveikio į jo *Malchut* tašką. Šis taškas anaiptol ne tuščias, nors ir jaučiamas taip; veikiau jis užpildytas gerumu. Tačiau, kad tą pajustume, mums reikia patirti kiekvieną emociją, tik tada išmoksime pajausti Šviesą, kai ji įeina į tam tikrą sielos dalį.

Pilnatvė – tai malonumas, kurį patiriame tik pajutę kažko alkį ir trūkumą; pilnatvė jaučiama tiek, kiek prieš gaudami malonumą jautėme trūkumą.

Šiame pasaulyje neįmanoma patirti nesibaigiančio malonumo, nes taip jau gamtos sutvarkyta, jog alkis ir pasitenkinimas nejaučiami drauge. Ši savybė duota sielai būtent tam, kad trokštų, kad siektų malonumo, idant žmogus įsitikintų, jog nors jis įstengia patenkinti savo norą, tačiau niekados pats nepasitenkina.

Tačiau Kūrėjas nori mums suteikti malonumą, todėl atsiunčia mums ypatingą užpildymą. Siela stengiasi nesugadinti šio malonumo neperžengdama ribos. Ir tik taip pasiekiamas tobulumas. Alkis, troškimas niekur nedingsta – priešingai. Todėl sielos pritraukia daugiau malonumo iš neblėstančios, amžinos visumos.

Mums aišku, jog valgiu mėgaujamės, nes prieš tai buvome alkani, jautėme trūkumą. Trūkumui išnykus, išnyksta ir malonumas. Kūrėjas dovanojo sieloms nuostabią „gudrybę", apsaugančią jas nuo persisotinimo, nepaisant to, kad patiria malonumą. Kuo labiau užpildytos jos jaučiasi, tuo labiau auga jų alkis. Tai Kūrėjo veiksmo tobulumas.

RAKTAS Į KABALĄ

VYSTYMOSI KRYPTYS

Jums pasakius, kad viskas juda iš viršaus į apačią, iš šaknies į **Malchut,** *aš supratau, jog būtent* **Malchut** *būdingos visos kitos savybės, o visas judėjimas nukreiptas aukštyn. Bet iš to, ką skaitau, atrodo, kad judėjimas turėtų būti nukreiptas į vidurį, į vidų, į šaknį, esančią žmoguje. Ar „viršuje" reiškia „viduje"?*

Dvasiniame pasaulyje nėra nei masės, nei vietos. Tai tarsi mūsų jausmų aprašymas: sakome „gilus jausmas", „pakili melodija", „beribis džiaugsmas" ir pan. Kūrinį galima apibūdinti kaip sklidimą nuo Kūrėjo iš viršaus žemyn, iš Aukštesniojo, iš gerųjų savybių į žemesnįjį, žemas savybes.

Tačiau į kūrinijos vystymąsi galime žiūrėti ir iš vidaus, iš Kūrėjo į išorę, į tašką, atitolinantį nuo Jo, tarsi judėtume nuo kažko giliausio, intymiausio, slapčiausio į kažką esantį išorėje, mažiau svarbų.

Taip pat galime sakyti, jog kūriniui vystantis Kūrėjas tarsi apsupa jį, apgaubia Savo tikslu ir visokeriopai valdo. Kūrinys yra viduje, tarsi kiaušinis dedeklėje vištoje.

Tam pačiam kūrinio ir Kūrėjo santykiui nusakyti yra begalė būdų. Žodžiai tėra įrankiai, kuriuos naudojame priklausomai nuo aptariamų savybių, charakteristikų, bruožų ir vidinių sąryšių.

DVASINIS INDAS – KAS TAI?

Jeigu indas sukurtas Šviesai gauti, kaip tada suprasti „duodantįjį indą" ir kaip „noras gauti" gali duoti?

Kūrėjas sukūrė norą mėgautis, t. y. troškimą jausti malonumą. Tikrasis malonumas tęsiasi, kiek ir pats noras – jis nepasotinamas. Tačiau gavęs malonumą noras mėgautis jaučia gėdą. Todėl neįmanoma pasiekti amžino malonumo gaunant, nes gavimas apriboja Šviesą ir netgi užgesina ją, taip anuliuodamas pats save.

Todėl vienintelis būdas priimti malonumą – tai mėgautis ne pačiu malonumu, o ryšiu su tuo, kas tau duoda malonumą. Jeigu duodančiojo malonumas yra tai, ką gauni iš Jo, tada šis malonumas neišnyks ir nesumažins tavo noro patirti malonumą.

Priešingai! Kuo daugiau gauni, tuo daugiau atiduodi ir mėgaujiesi. Šis procesas trunka amžinybę.

Tačiau malonumas, kurį patiriame jausdami duodantįjį, yra nepalyginamai didesnis nei malonumas, gaunamas „dėl savęs". Taip yra dėl to, kad pirmasis gavimo būdas susaisto mus su Tobulu, Amžinu Davėju.

Todėl pats noras gauti dar nelaikomas indu, nes jis netinkamas gauti. Noras mėgautis nusipelno gauti ir gali būti vadinamas „indu" tik turėdamas ekraną (ekranas – tai ketinimas „dėl Kūrėjo", t. y. noras patirti malonumą tiek, kiek tai suteikia malonumo Aukštesniajam).

Iš to galima suprasti, jog mums tereikia įgyti ekraną! Kai noras mėgautis gauna ir jaučia duodantįjį, jis patiria tiek gėdą, tiek malonumą, nes gaudami tampame priešingi Kūrėjui. Duodančiojo buvimas verčia gaunantįjį gėdytis ir ši gėda neleidžia mums mėgautis. Gaudami jaučiame turį savo ruožtu kažką atiduoti duodančiajam, kad taptume lygūs su juo ir nejaustume, jog patys tik gauname.

Gėdos jausmas taip pat vadinamas „pragaro liepsnomis". Nėra nieko blogiau nei jausti gėdą, nes ji tiesiogiai, visiškai sunaikina viena, ką turime – mūsų egoizmą.

Kūrėjas sąmoningai gavimą suporavo su gėda. Jis galėjo to ir nedaryti, tačiau gėda buvo sukurta būtent mums, kad galėtume mokytis, kaip iš Jo gauti, kaip nesigėdijant patirti malonumą.

Todėl mes, kaip kūriniai (noras mėgautis), iš karto pasijutome gaunančiaisiais iš Kūrėjo ir nusprendėme bei atlikome apribojimą Šviesai gauti. Šis veiksmas vadinamas „pirmuoju apribojimu".

Duodantysis indas – tai toks indas, kuris dar negali gauti dėl Kūrėjo, tačiau susilaiko nuo gavimo, nes gavimas būtų dėl savęs.

Kūrinys gali egzistuoti negaudamas šviesos, nes gaunant gėdos jausmas nuslopina malonumą, paversdamas jį kančia.

Tada, jausdami Kūrėjo norą suteikti mums malonumą, nepaisydami gėdos nusprendžiame priimti jį, nes to nori Kūrėjas. Taigi šitai darydami galime suteikti malonumą Kūrėjui dėl Jo paties, o ne dėl savęs. Veiksmas lieka nepakitęs ir mes tebegauname, kaip kad tada, kai jautėme gėdą, bet gavimo ketinimas jau pasikeitęs.

Sprendimą sąlygojo tik noras pamaloninti Kūrėją, nepaisant gėdos jausmo, ir mes, kaip kūriniai, pastebėjome, kad veikdami dėl Kūrėjo jaučiamės ne gaunančiaisiais, o duodančiaisiais, lygiais Kūrėjui; mudu abu duodame vienas kitam, taip parodydami abipusę meilę.

Kaip kūriniai savo forma sutapdami su Kūrėju jaučiamės kaip Kūrėjas: patiriame visišką vienybę, amžinybę, begalinę meilę ir malonumą.

Tačiau sprendimas apriboti Šviesos gavimą (pirmasis apribojimas), gauti Šviesą vien su ketinimu „dėl Kūrėjo", ateis tik jaučiant Kūrėją, duodantįjį, kadangi tik Kūrėjo jautimas gali tai pažadinti mumyse.

Kyla klausimas: „Jeigu tokį pojūtį gali sukelti vien Kūrėjo jautimas, kaip galime sakyti, jog šis sprendimas iš tikrųjų buvo

KABALISTINĖS SĄVOKOS

„dėl Kūrėjo"?" Juk pirmasis apribojimas buvo gėdos rezultatas, o Šviesos gavimas – tariamas duodančiojo spaudimo rezultatas.

Todėl, kad priimtume savarankišką sprendimą gauti „dėl Kūrėjo" ir prilygtume Jam (sukūrusiam kūrinį, kad suteiktų malonumą), Kūrėjas turi būti paslėptyje, kad Jo buvimas tarsi peilio ašmenys įremti į kaklą neverstų mūsų to daryti.

Todėl reikia būsenos, kurioje kūriniai jaučia esą vieni. Tada visi sprendimai bus mūsų pačių.

TAISANTI ŠVIESA IR UŽPILDANTI ŠVIESA

Paskaičiau apie ekraną ir sutrikau. Visada sakėte, kad Šviesa negali įeiti į neištaisytą indą, jog pirmiau turi būti ekranas, t. y. turiu užsiauginti savyje norą gauti Šviesą „dėl Kūrėjo", o ne „dėl savęs". Ir tik tuomet, pasak jūsų, galima gauti Šviesą. Tačiau knygoje pasakyta, kad norint sukurti ekraną iš pradžių indui reikalinga Šviesa, nes pats indas negali pasidaryti ekrano.

Yra norą mėgautis, indą, užpildanti Šviesa ir yra Šviesa, kuri jį taiso. Pastaroji suteikia indui ketinimą „dėl Kūrėjo" ir sukuria norui ekraną. Šios dvi Šviesos veikia indą nevienodai: taisančioji Šviesa vadinama „taisančia kūrinį Šviesa", o jį užpildanti Šviesa vadinama „kūrimo tikslo Šviesa".

Taisančioji Šviesa gali įeiti į indą dar net nesant ekranui, ji ir skirta ekranui sukurti. Ji leidžia kūriniui pajausti, kad Kūrėjas aukščiausias, visagalis, tuo remdamasis kūrinys pažaboja savo prigimtį, kad priartėtų prie Kūrėjo. Tokiu būdu indas įgyja ekraną.

Tada savo jėgomis ir ketinimu „dėl Kūrėjo" atliekamas *zivug de hakaa* (dvasinė sueitis) ir indas užpildomas Šviesa.

DU EKRANAI

Nepaisant visų paaiškinimų, vis dar nesuprantu: indas – tai noras ar ketinimas?

Indas – tai noras, gaunantis Šviesą, atsaką iš Kūrėjo. Tai ketinimas veikti ne „dėl savęs", o už savo interesų ribų. Dėl to vien tik noras nelaikomas indu; indu veikiau vadintinas ekranas, altruistinis ketinimas atiduoti, atspindėtoji Šviesa.

Ar yra kas nors, kas nepraleidžia Šviesos į indo vidų, o tik atveria duris, be kurių Šviesa neįeitų vidun?

Šviesa – tai Kūrėjas. Visada kalbame kūrinio, indo atžvilgiu. Bet koks kitas požiūris, nesiremiantis indo pojūčiais, neturi pagrindo. *Ein Sof* (begalybės) būsenoje, priėmęs Šviesą dėl savęs (tam, kad gautų), indas nusprendžia daugiau to nebedaryti. Jo sprendimas – apriboti Šviesos gavimą į savo paties norą gauti su ketinimu dėl savęs.

Tai vadinama „pirmuoju apribojimu". Nuo šios būsenos žemyn iki šio pasaulio visi indai nenori gauti Šviesos tam, kad gautų. Kitais žodžiais tariant, pirmojo apribojimo sąlyga galioja visose pakoposem. Galia išlaikyti šį apribojimą vadinama „ekranu", nes jis apsaugo troškimą nuo savanaudiško Šviesos panaudojimo. Tačiau yra ir kitas ekranas – ne vien apribojimui išlaikyti, bet ir Šviesai dėl Kūrėjo gauti.

KABALISTINĖS SĄVOKOS

DVASINGUMAS IR MEILĖ ŽMOGUI

Ką reiškia mylėti kitą žmogų dvasine prasme?

Tikroji meilė yra tada, kai aš darau ką nors gero mylimam žmogui tik dėl to, kad noriu suteikti malonumą, net jeigu jis nežino, kas tą padarė, ir net jeigu pats iš to negaunu jokio tiesioginio pasitenkinimo. Meilė būtų mano vienintelis akstinas veikti.

Biblijoje aiškinama, jog tikrasis altruistinis veiksmas (meilė žmogui) yra tada, kai abi pusės nežino, kita pusė duoda ar ne. Antraip iš to būtų gaunamas malonumas.

Jeigu Kūrėjas žino apie žmogaus veiksmą – tai jau yra atlygis. Tačiau tikrasis davimas nereikalauja jokio atlygio. Mes visada kalbame apie žmogų, išgyvenantį realius jausmus, o ne apie kažkokį abstraktų kūrinį. Žmogus pamažu turi pajusti tikrąjį davimą, t. y. turi pasiekti dvasinį davimo lygmenį, kol kas duodamas tik mechaniškai.

Bet visąlaik turime žinoti, jog toks egzistavimas tėra mechaninis, tai šio pasaulio pakopa, mūsų laikina buveinė.

KAS YRA *BINA*?

Žodis **Bina** *kildinamas iš hebrajų kalbos žodžio „supratimas". Ar tai reiškia, kad* **Bina** *– viena iš racionaliųjų savybių?*

Dvasiniame pasaulyje nėra tokių sąvokų kaip racionalumas (protas). Protas – tai nuolatinis malonumo „dėl savęs" vaikymasis pagal susitartas normas. O *Bina* – tai būsena, kai siela nieko netrokšta dėl savęs.

KAS YRA 6000 METŲ?

Ką reiškia 6000 metų, minimų kabalistinėse knygose?

Kabalistinės knygos kalba apie 6000 metų, kurie šakų kalba reiškia, jog yra 6000 pakopų, kurias turi įveikti kiekviena siela. Šis skaičius neturi nieko bendra su ant sienos kabinamu kalendoriumi. Yra teisuolių sielų, kurios pasiekė taisymosi pabaigą (septintąjį tūkstantmetį) prieš daugybę šimtmečių.

Mano mokytojas gimimą ir mirtį mūsų pasaulyje yra palyginęs su drabužių pasikeitimu. Keičiamasi laipsniškai, iš kartos į kartą, kiekvienąsyk vis labiau išvystytuose kūnuose su labiau išvystytu protu ir norais. Nėra nieko bendra tarp dvasinio pasaulio pakopų ir kūnų keitimosi.

Kai kurioms būtybėms net tūkstantmečius trunkančio gyvenimo nepakaks įžengti į dvasinį pasaulį, o kitos išsitaisys per vieną gyvenimą.

DVASINIAI SUSKIRSTYMAI

Kodėl mūsų pasaulyje viskas padalyta į septynis, dešimt ar dvylika?

Kūrinys (noras mėgautis) pasidalijo į devynias savybes, kurias gavo iš Jo: pirmosios devynios *Sfirot*, o *Malchut* – tai dešimtoji *sfira*. Todėl pasaulyje nuo pat pradžių viskas dalijama į dešimt.

Yra ir kitokie skirstymo būdai: *parcufas* dalijamas į tris *roš* (galvos) *sfirot* ir septynias *guf* (kūno) *sfirot*. Taip pat dalijama į dvylika, – tai kyla iš *parcufim* (veidai) skaičiaus *Acilut* pasaulyje. Kabalos moksle rasi visų suskirstymų ir tarpusavio ryšių paaiškinimus.

SFIROT: JESOD IR ZEIR ANPIN

Kodėl Zeir Anpin *padalytas į šešias dalis vietoj įprastų penkių? Kokia šeštosios* Jesod *paskirtis?*

Zeir Anpin turi būti susijęs su *Malchut*, kad jai perduotų Šviesą. Kad tai atsitiktų, jis turi sukurti ypatingą *sfirą*, kuri būtų jungiamoji grandis tarp jo ir *Malchut*, kitaip tariant, kad ji turėtų panašias savybes. Dėl šio tikslo *Zeir Anpin* sudarytas iš:

1. Hesed – Keter
2. Gvura – Chochma
3. Tiferet – Bina
4. Necach – Zeir Anpino Zeir Anpin
5. Chod – Zeir Anpino Malchut
6. Jesod – visų ankstesnių *sfirot* suma (tarsi iš penkių sudėtinių dalių pagamintos salotos, kurias sumaišius gaunama nauja savybė).

Po *Jesod* yra bendroji Malchut, kūrinys, siela, dalis, kuri turi savo forma susivienyti su Kūrėju (*Zeir Anpin*). Malchut – tai kūrinys, o *Zeir Anpin* – tai Kūrėjas. Į *Zeir Anpin* turi būti kreipiamos visos maldos ištaisyti ir jis *Malchut* prašymu (*MAN*) užmezga kontaktą su ja – ryšį ir susiliejimą per savo *sfirą Jesod*.

KAS YRA SIELA?

Kas tas dvasinis objektas, vadinamas „siela"?

Zohar aprašo ryšius tarp penkių *Acilut* pasaulio (pasaulio, valdančio visą tikrovę) *parcufim*. Ten sakoma: „Todėl vyras palieka savo tėvą ir motiną" (Pradžios knyga 2, 24). T. y. siela nebepriklausys nuo savo tėvo ir motinos, pasieks tobulybę ir savarankiškai susilies su *Malchut*, idant susivienytų su Kūrėju ir sukurtų naujus *parcufim* – ištaisytas sielas.

Siela – tai *Acilut* pasaulio *Malchut parcufas*. *Zeir Anpin*, Kūrėjas – jos vyras. *Aba ve Ima parcufas* (*Chochma* ir *Bina*) suteikia sielai viską, ko tik jai reikia.

KĄ REIŠKIA PRABUDIMAS IŠ APAČIOS?

Ką reiškia prabudimas iš apačios? Ar kas nors gali veikti nepriklausomai nuo Kūrėjo?

Kabaloje viskas apibūdinama žvelgiant iš suvokiančiojo kabalisto pojūčių ir to, kaip Kūrėjas atsiskleidžia žmogui. Netgi kai kalbame apie Kūrėją ir neva vien apie Jį, nepaisydami savęs, mes vis tiek remiamės savo pačių supratimu apie Jį.

Mūsų noras kilti dvasiškai ateina arba iš Aukščiau (Kūrėjo), arba iš apačios (mūsų). Savaime suprantama, jog tik Šviesa sukrečia ir pažadina mus kaip indus. Bet tada arba aiškiai jaučiame, jog būtent Kūrėjas mus išjudina, arba nejaučiame Jo poveikio, o tik šalutinį šio poveikio pasireiškimą: savo paties vidinį norą, kitaip tariant, staiga pajuntame troškimą siekti Kūrėjo, nes Jis paslapčiomis jį mumyse pabudino.

DVASINĖ JĖGA, VADINAMA „MESIJU"

Ką reiškia „mesijas" kabaloje?

Žodis „mesijas" kilęs iš hebrajų kalbos žodžio „traukti". Jis rodo žmonių ištraukimą iš gėdingo žemiškumo į aukštesnį lygmenį. Mesijas – tai Dvasinė jėga, Šviesa, kuri nusileidžia į mūsų pasaulį ir ištaiso žmoniją, pakeldama ją į aukštesnę sąmoningumo pakopą. Tikėtina, jog drauge gali būti tam tikri žmonės, lyderiai, kurie mokys kitus, kaip išeiti į dvasinį pasaulį, bet iš esmės tai dvasinė jėga, o ne asmuo iš kūno ir kraujo.

KAS YRA TIKRUMAS?

Kas yra tikrumas ir kaip jį įgyti?

Tikrumas – tai gebėjimas kentėti, nuolat puoselėti tikslą. Tikrumas priklauso tik nuo supančios Šviesos suvokimo. Šviesa yra pasirengusi ir laukia, kada galės užpildyti sielą šiai išsitaisius. Tad dabar, kai Šviesa šviečia sielai, ji suteikia apsaugos, tikrumo pojūtį.

Tik aiškus, tiesioginis Kūrėjo jautimas leidžia žmogui būti užtikrintam ir suteikia gebėjimą ištverti visas taisymosi pakopas. Kūrėjas taip padarė tyčia, kad žmogus net mažiausios dvasinės kliūties negalėtų įveikti pats ir kiekviename žingsnyje prašytų Jo pagalbos.

Mūsų pasaulyje galime egzistuoti nejausdami Kūrėjo. Bet ne dvasiniame. Kūrėjo jautimas – tai tikrumo žmoguje matas ir, netgi pridurčiau, – mūsų gebėjimas atsilaikyti prieš sunkumus.

KAS YRA DRAUGAS?

Ką galiu laikyti savo draugu?

Žodis „draugas" (*chaver*) kildinamas iš žodžio „ryšys" (*chibur*), „susivienijimas". Ryšį galima užmegzti tik esant panašioms savybėms, mintims ir veiksmams. Todėl pagal savybių panašumo dėsnį draugas gali būti artimesnis už tėvą. Tavo „draugas" (*reacha*) padarytas iš šaknies *rea*, kuri reiškia „arti".

KAS YRA KUKLUMAS?

Ką reiškia kuklumas Kūrėjo akyse?

Kuklumas – svarbiausias bruožas. Knygoje *Zohar* tam skirtas visas skyrius „Kuklumo knyga" (*Safra de Cnijuta*). Ši knyga tiems, kurie įgijo ekraną. Naudodami ekraną prilygstame Kūrėjui ir būtent kuklumo, paprastumo savybe! Tai nutinka, nes užgniaužiame savo pačių prigimtį ir išaukštiname Kūrėją.

Kuklumas reikalauja, jog žmogus įsisąmonintų savo prigimties menkumą ir siektų įgyti Kūrėjo prigimtį – davimo savybę. Kuklumas – tai gebėjimas aktyvuoti mūsų prigimtį mėgautis su ketinimu ne „dėl savęs".

TEISUOLIAI IR BLOGIEJI

Ar galėtumėte paaiškinti, kas yra teisuoliai ir kas – nusidėjėliai?

Bet kuri dvasinė pakopa padalyta į dvi dalis: teisiąją ir blogąją. Jeigu žmogus pateisina Kūrėją, tai jis laikomas teisuoliu, o niekinantis Kūrėją vadinamas bloguoju.

Žmogus, esantis pasaulyje *Asija*, laikomas nusidėjėliu, o pasaulyje *Jecira* – ir teisuoliu, ir nusidėjėliu. Pasaulyje *Brija* tas pats asmuo yra teisuolis. Kol neįžengė į dvasinį pasaulį, žmogus nepatenka nė į vieną anksčiau apibūdintą kategoriją, nes dvasinio pasaulio atžvilgiu jis neegzistuoja. Skaityk daug Baal Sulamo ir Barucho Ašlago tekstų ir išmok teisingus apibrėžimus. Taip tavęs neklaidins ankstesnis žinojimas.

KAS YRA TEISUOLIS?

Kas yra teisuolis ir ką reiškia posakis: "Tavoji tauta bus vien iš teisiųjų, – jie amžiams paveldės žemę" (Izaijo knyga 60, 21).

Teisuolis yra tas, kuris pasiekė dvasinę pakopą, vadinamą „teisuolis". Toks žmogus yra įgijęs ekraną, kuris atsispiria ir apsaugo, kad malonumas neįeitų ir neužpildytų noro gauti. Štai kodėl teisuoliai visada gali pateisinti Kūrėją.

O dėl „jie amžiams paveldės žemę", tai kiekvienoje naujoje pakopoje teisuolis paveldi arba „gauna" naujus norus (noras, *racon*, kildinamas iš žodžio žemė, *erec*) ir virš jų pastato naują ekraną, vadinamą „gauti dėl Kūrėjo".

GĖRIS IR BLOGIS

Ar tiesa, jog žmogiškosios bei materialiosios gėrio ir blogio sąvokos atitinka dvasinius dėsnius? Jeigu ne, kas tada gerų veiksmų šiame pasaulyje šaltinis?

Materiali gėrio ir blogio samprata visiškai neatitinka dvasinių dėsnių. Tai nereiškia, kad priešingai: blogis mūsų pasaulyje – tai gėris dvasiniame. Taip nėra! Tačiau tiesa yra tai, jog geri žmogaus darbai šiame pasaulyje nepakelia jo į dvasinį.

Šventykla – tai aukštesniųjų dėsnių rezultatas. Tai gėrio šaltinis šiame pasaulyje. Tačiau tai sąlygiška. Esu tikras, jog girdėjote, kad Kūrėjas laikomas geru ir geranorišku, kad Jis kuria viską ir kuria tik gera.

Tai kurgi tas gėris? Ką matome aplinkui? Atsakymas paprastas: ryšys tarp šio ir dvasinio pasaulių nėra tiesioginis. Antraip visi noriai eitų pas Kūrėją ir nereikėtų jokio taisymo iš Aukščiau.

ŠVIESOS JĖGA

Kokia blogio paskirtis mūsų pasaulyje?

Iš tikrųjų blogis mūsų pasaulyje neegzistuoja. Viskas priklauso nuo Šviesos intensyvumo: vos Šviesa pašviečia stipriau, ją jaučiame kaip gėrį, ramybę. Apie šią Šviesą kalba žmonės, patyrę

KABALISTINĖS SĄVOKOS

klinikinę mirtį. Mažesnę Šviesos porciją jaučiame kaip depresiją, nelaimes, ligas. Viskas priklauso nuo švytėjimo stiprumo kiekvienam asmeniškai. „Blogis" – tai Šviesos trūkumas.

KAS YRA BAUSMĖ?

Ką kabaloje reiškia atlygio ir bausmės sistema?

Dvasiniame pasaulyje nėra bausmių, tik ištaisymai, kurie atneša mums tobulybę. Dabartiniame savo vystymosi lygmenyje atlygį paprastai įsivaizduojame kaip gavimą to, ko trokštame. Todėl atlygis priklauso nuo kiekvieno žmogaus sielos lygmens. Turime pasiekti būseną, kai atlygis bus veikimas dėl Kūrėjo. Tada pastangos pridėti ketinimą „dėl Kūrėjo" laikomos darbu, vertu atlygio. Pats darbas ir yra atlygis. Jo priežastis (noras gauti) ir pasekmė (atlygis) tampa vienu. Laikas ir skausmas pradingsta, juos pakeičia visiškos pilnatvės pojūtis.

KAS YRA NUODĖMĖ?

Pasigerti, ejakuliuoti – nuodėmės. Ar kiekvienas atliktas veiksmas, kad patenkintum save, – nuodėmė?

Pirmiausia noriu pabrėžti, kad tai, kas nutinka mūsų pasaulyje, niekaip neveikia dvasinio pasaulio, nes savo fiziniais judesiais žmogus nepažadina jokių dvasinių veiksmų.

Kai žmogus, įgijęs ekraną, įeina į dvasinį pasaulį, jis atlieka dvasinius veiksmus su ketinimu „dėl Kūrėjo" naudodamas visus

613 savo norų – nuo menkiausio noro pirmoje dvasinio pasaulio pakopoje iki didžiausio, stipriausio dvasinio pasaulio noro. Malonumas būna dviejų rūšių:

1. Išminties Šviesa – jaučiama nore mėgautis.
2. Gailestingumo Šviesa – jaučiama nore suteikti malonumą.

Abu malonumus galima gauti arba su ketinimu „dėl savęs", arba su ketinimu „dėl Kūrėjo".

Yra keturi veiksmai, atliekami priklausomai nuo išsitaisymo masto:

1. Gauti malonumą dėl savęs.
2. Suteikti malonumą dėl savęs.
3. Suteikti malonumą dėl Kūrėjo.
4. Gauti malonumą dėl Kūrėjo.

Ejakuliacija, kabalistine šio žodžio prasme, – tai malonumo gavimo aktas, t. y. Išminties Šviesos gavimas į neištaisytą (neturinčią ekrano) *Malchut* su ketinimu „dėl savęs".

Teisingas Išminties Šviesos panaudojimas galimas tik teisingai poruojantis „vyrui" ir „moteriai", t. y. norui duoti ir norui gauti, *Acilut* pasaulio *Zeir Anpin* ir *Malchut*. Sielos priverčia juos susilieti pakeldamos norą taisytis, vadinamą *MAN*.

Tik taisymosi pabaigoje, kai virš visų norų bus ekranas, bus galima gauti be apribojimų.

Tačiau ejakuliacija ir svaiginimasis itin skiriasi, kol negali atskirti gėrio nuo blogio, kol neturi gebėjimo taisytis.

KABALISTINĖS SĄVOKOS

Svaigindamasis žmogus nusileidžia iš lygmens „žmogus" į lygmenį „gyvulys", tuomet jis nėra laikomas nusidėjėliu. Žmogus tiesiog atsijungia nuo sąmoningos būsenos, nebesitaiso. Tačiau ejakuliuoti be ekrano – nuodėmė. Taip pat gali pasakyti, jog svaiginimasis pats savaime nėra nuodėmė, nuodėmė – apsvaigus nutolti nuo kūrimo tikslo.

Pagal šaknies ir šakos ryšį, sėklos išmetimas, užuot poravusis, dauginusis su ištaisyta „moterimi" – tai veiksmas, tiesiogiai nukreiptas prieš taisymąsi, o svaiginimasis nukreiptas netiesiogiai. Be to, dvasinė ejakuliacija laikoma nuodėme tiek pirmojo, tiek antrojo apribojimo atžvilgiu.

PASAULIO PABAIGA

Kaip kabaloje suprantama pasaulio pabaiga?

Pasaulio pabaiga nurodo mūsų dabartinės, pačios blogiausios, žemiausios būsenos pabaigą. Būsenos pabaiga laikomas perėjimas, po kurio žmogus ima tapatintis su savo siela, įeina į dvasinį pasaulį. Tai išsprendžia klausimą – gyventi šiame kūne ar už jo. Žmogus liaujasi jautęs savo kūno valdžią ir tai vadinama „pasaulio pabaiga". Nuo tada žmogus jaučia vien sielos gyvenimą.

KAS YRA PRAGARAS

Ar esame pragare?

Pragaras – tai gėdos jautimas, tai vienintelis jausmas, kurio mūsų egoizmas negali pakęsti, nes jis žemina ir visiškai anuliuoja egoizmą. Pragaro jautimas nukelia kūrinį į žemesnę padėtį nei „Vienas ir Vienintelis", už jo egzistuojantis Kūrėjas.

Gėdos jausmas parodo, jog esame žemiausi ir menkiausi iš visų būtybių. Egoizmas taip nekenčia šito jausmo, kad yra pasiryžęs atsisakyti savo paties savybių. Dėl šios priežasties pragarą jaučia būtent „blogieji", t. y. tie, kurie vadina save blogais, nes trokšta tapti teisuoliais, trokšta pateisinti Kūrėjo veiksmus savo atžvilgiu.

KAS YRA ROJUS?

Apibūdinkite rojų.

Rojus – tai tobula būsena, kurią žmogus pasiekia baigęs taisyti savo norą gauti ir visiškai susiliejęs su Kūrėju. Susiliejimas reiškia, kad visos žmogaus savybės prilygsta Kūrėjo savybėms, kad jis pasiekė absoliutų pažinimą, jaučia amžinybę ir tobulumą.

Esame įpareigoti šitai pasiekti ir tai galime atlikti per šį gyvenimą. Baigiantis 6000 metų, taisymosi pabaiga privers mus tą pasiekti.

LAIMĖ

Kas yra laimė?

Laimė – tai pojūtis, kai užpildomi žmogaus vidiniai gebėjimai. Tai tampa visiškai aišku tiktai tiksliai įsisąmoninus, ką ir kaip turime užpildyti, koks tikslas, kiek jis amžinas bei nepriklausomas, ar suvokiame jį kaip vienintelį prasmingą dalyką pasaulyje.

Kitaip tariant, laimė – tai artėjimo prie Kūrėjo pojūtis, nes toks kūrimo tikslas – ėjimo į beribę visumą pojūtis.

„GYVYBĖS MEDIS" IR „VIDINIAI APMĄSTYMAI"

Ar galėtumėte paaiškinti dviejų knygų pavadinimus: „Gyvybės medis" ir „Vidiniai apmąstymai"?

Ar „Gyvybės medis" bendrąja prasme reiškia gyvenimą kaip organinę gyvybės formą, jėgą suteikiančią ir palaikančią gyvybę, ar gyvenimą kaip priešpriešą mirčiai, nebūčiai?

Kaip trumpai galima apibūdinti „Vidinęius apmąstymus"? Kas yra šių apmąstymų objektas?

„Gyvybės medis" reiškia altruistinių norų (virš *chaze*) ištaisymą ir darbą su egoistiniais norais (žemiau *chaze*) su ketinimu duoti visam *Adam parcufui*.

„Vidiniai apmąstymai" – tai vidinės Šviesos, užpildančios *parcufą* nuo *roš* iki *tabur*, suvokimas. Tai suteikia žmogui vienybės su Kūrėju pojūtį, leidžia Jį pažinti ir dėl to suprasti visas visatos atsiradimo ištakas ir priežastis.

Dvyliktas skyrius

ĮŽVALGOS IR MINTYS

AR KŪRĖJAS EGZISTUOJA?

Prieš pradėdamas studijuoti kabalą, žmogus turi atsakyti į klausimą: "Ar Kūrėjas egzistuoja?" Antraip kaip galima ieškoti ryšio, vienybės su kažkuo neegzistuojančiu?

Ar Kūrėjas egzistuoja? Kabala tam ir studijuojama, kad išsiaiškintum, t. y. pajaustum, pamatytum Kūrėją. Tu irgi Jį surasi, pastebėsi, išvysi, pajusi. Ir tik tada pasakysi, egzistuoja Jis ar ne. Tai taps įmanoma tiek, kiek savo forma prilygsi Kūrėjui. Jeigu galėtum jausti Kūrėją dabar, būtum kabalistas.

AR KŪRĖJAS TURI KŪNĄ?

Pranašai, galintys susisiekti su Kūrėju, sako, jog Jis neturįs kūno, tūrio ar atvaizdo. Taip jie sugriauna visas įprastas sampratas apie Kūrėją. Tačiau juk sakoma "Kūrėjo ranka", "po Kūrėjo pėda". Kaip tą paaiškinti?

Kūno neturi ne tik Kūrėjas, bet ir mes, kūriniai. Kūrinys – tai ne materialus, fizinis, biologinis kūnas, tai – grynas noras. Troškimas

ĮŽVALGOS IR MINTYS

būti užpildytam Kūrėjo Šviesa egzistuoja kiekviename iš mūsų ir yra vadinamas „siela".

Siela padalyta į dalis, kurios įvardijamos pagal kūno dalis, tačiau nėra jokio ryšio tarp tų sielos dalių ir mūsų materialaus kūno organų, kurių vardais siela vadinama. Kabalistai rado būdą, kaip šio pasaulio žodžiais perduoti dvasinio pasaulio sąvokas. Tai galima padaryti tik vartojant šakų kalbą.

Kabalistai šio pasaulio žodžiais apibūdina dvasines jėgas, kurios yra tų žemiškų objektų šaknys.

KĄ TURĖČIAU PRISIMINTI?

Kokį svarbiausią dalyką žmogus turėtų prisiminti visą savo gyvenimą?

Kad, be Kūrėjo, nieko kito nėra. Paskaityk straipsnį „Nėra nieko kito, tik Jis".

NUODĖMĖS KILMĖ

Tyrinėtojai nustatė, kad žmogaus charakterį nulemia genai. Kaip tada žmogų galima kaltinti už jo nuodėmes? Juk viskas atlikta neturint pasirinkimo laisvės.

Žmogaus charakterį nulemia gamta ir jis neturi jokios reikšmės žmogaus esmei. Taip pat ir su gyvūnais: visi turi unikalius, iš anksto duotus bruožus. Kiekvienas dirbantis su gyvūnais pasakys, jog jų charakteris toks pat sudėtingas kaip žmogaus.

Charakteris duotas ir negali būti pakeičiamas. Priklausomai nuo aplinkybių jis gali būti daugiau ar mažiau akivaizdus, tačiau niekada nesikeičia.

Tačiau nuodėmės šaltinis – ne charakteris, o tiesos nežinojimas. Jeigu žmogus žinotų, jis nenusidėtų! Kalbant apibendrintai, materialia prasme, kurią suteikiame šiai sąvokai, "nuodėmė" neegzistuoja. Žmogus visada dirba atsižvelgdamas į savo būseną: jeigu Kūrėjas paslėptas, žmogus atlieka tik tuos veiksmus, kuriuos diktuoja jo prigimtis – tai jo vienintelis akstinas. Tačiau jeigu jaustume Kūrėją, priklausomai nuo to, kiek matytume Jo ir Jo jėgos, ištaisytume savo veiksmus, t. y. veiktume skatinami kitų motyvų. Todėl Kūrėjo atskleidimas – vienintelis vaistas nuo nuodėmės. Vaistą galima gauti tik kabalos metodu, kuris atskleidžia žmogui Kūrėją, nes tik tada žinosime, kaip teisingai elgtis.

Iki atsiskleidžiant Kūrėjui visi žmogaus veiksmai vadinami nuodėmėmis, o bausmė už juos – veiksmo negatyvumo pajautimas ir įsisąmoninimas. Šie pojūčiai, įsisąmoninimas padeda žmogui išeiti iš tokios būsenos.

Ar gyvūnai turi pasirinkimo laisvę? O žmonės? Jeigu žinotume, iš ko susideda visos žmogaus nuotaikos, charakteris, sveikata, aplinka ir kaip jis veikia kiekvieną asmenį, iš anksto tiksliai nuspėtume žmogaus reakciją kiekvienoje situacijoje. O kur tada mūsų laisvė rinktis? Kodėl ji egzistuoja ir kodėl jos neieškoma tarp gyvūnų?

Laisvai rinktis galima tik tada, kai žmogus įgyja gebėjimą veikti prieš savo prigimtį. Kad taip atsitiktų, turime visiškai išsilaisvinti iš savęs. Turime stebėti save iš šalies ir žvelgdami iš šios perspektyvos nuspręsti ir veikti.

ĮŽVALGOS IR MINTYS

Ką reiškia „už savo pačių prigimties"? Dvasiniame pasaulyje, be žmogaus, yra tik Kūrėjas. Kiek greta savųjų įgyjame Kūrėjo savybių, tiek esame išlaisvinti iš savo pačių prigimties ir iš Kūrėjo. Tada tampame savarankiški, laisvi rinktis: likti, kokie esame dabar, ar būti kaip Kūrėjas. Trečios galimybės nėra. Iš to matyti, jog norint turėti valios laisvę žmogui reikia tapti kabalistu ir įgyti Kūrėjo savybes.

AŠ AR JIS

Kas didesnis nei „aš"?

Niekas, jeigu taip tu jautiesi. Bet jeigu jauti Kūrėją, tavo „aš" išnyksta. Be šitų dviejų, daugiau nieko nėra.

MOKYTIS IŠ KLAIDŲ

Kaip taisytis žmogui, kuris visą gyvenimą buvo nusidėjėlis?

Jeigu nenusidėjai, nėra ko taisyti. Todėl kiekvienas turi pereiti dvasinę nusidėjėlio stadiją, blogį. Tik po to ateis ištaisyta „teisuolio" dvasinė stadija. Bet pirmiausia linkiu tau pasiekti „visiško blogio" stadiją ir paskui pereiti visas taisymosi pakopas.

Ėjimas pirmyn, kilimas į aukštesnę pakopą yra laipsniškas. Krintant kiekvienoje pakopoje kylama: pirmiausia virstama „blogu", paskui nusidėjimas ištaisomas ir tampama „teisuoliu" ir t. t. Tai reiškia, jog neįmanoma tobulėti neklystant.

Priešingai, kiekviena pakopa prasideda nuo naujos nuodėmės, naujo blogio įsisąmoninimo, jo ištaisymo ir paskui vėl nuo nuodėmės, įsisąmoninimo, taisymo. Kito kelio mokytis nėra, nes žmogus mokosi savimi.

Turime patys patirti kiekvieną klaidą, kentėti dėl to ir patys ją ištaisyti. Nuo tada, kai pradedame studijuoti kabalą, turime laiko išsitaisyti. Studijuodami kabalą per vieną gyvenimą galime atlikti daugiau nei atliktume nestudijuodami per šimtus gyvenimų.

KARAS DVASINIAME PASAULYJE

Kažkada minėjote kovą dvasiniame pasaulyje, bet taip ir nepaaiškinote, ką tai reiškia. Ar galite paaiškinti dabar?

Gamtos dėsniai ir visa kūrinija aiškiai padalyta į teigiamas (Kūrėjo) ir neigiamas (jėgų, kurios priešingos Kūrėjui) savybes. Kūrėjas taip sukūrė tyčia.

Blogosios jėgos padeda pasirinkti gerąsias. Blogųjų mums reikia, kad išsirinktume gerąsias.

Esame tarp šių dviejų gėrio ir blogio sistemų. Jeigu naudosimės jomis teisingai, pakilsime į absoliutaus panašumo Kūrėjui lygį. Pamažu „sugeriame" į save blogąsias jėgas, tiriame jas, apibrėžiame kaip blogas, pašaliname ir teikiame pirmenybę Kūrėjo galioms įgyti, o ne joms.

Šios dvi sistemos (gerųjų ir blogųjų jėgų) nėra pastovios, jos keičiasi tiek sinchroniškai, tiek nesinchroniškai, pagal tam tikras taisykles, pavyzdžiui, savaitės dienas, šventes ir daugybę kitų.

Be to, negalima įsivaizduoti Kūrėjo kaip šalto ar griežto, nekintančio dėsnio. Apskritai viskas juda, todėl tau kartais atrodo, kad išlošia velnias, o kartais triumfuoja gėris.

ĮŽVALGOS IR MINTYS

TIESUOLIAI KRINTA PIRMIEJI

Kai visi žmonės degraduoja, vis giliau grimzdami į egoizmą, pirmieji nupuola geriausieji. Kodėl taip yra?

Nes jie gyvena tarp mūsų tik tam, kad perduotų mums Aukštesniojo pasaulio Šviesą, o jeigu mes jos neverti, tada nėra jokios būtinybės jiems egzistuoti šiame pasaulyje. Tad jie ir išeina.

Ką daryti, kai visi aplink spaudžia mane į kampą. Ko jie nori iš manęs?

Puiku, kai jauti, jog tavo dabartinė būsena nepakenčiama, nes tada esi pasirengęs ją palikti! Pats Kūrėjas pastato tave į tokią situaciją, nes nori tave priartinti prie Savęs. Tau tereikia šaukti: „Ko tu (Kūrėjau) nori iš manęs?", nukreipti tai Jam, nes būtent Jis yra visko šaltinis.

Bet kad savo šauksmą nukreiptum teisingai, kad jis būtų nukreiptas į gyvenimo Šaltinį, Kūrėją, o ne į aklą tikėjimą, tau reikalinga kabala. Priešingu atveju, tai – šauksmas tyruose. Žmogus šį pasaulį jaučia kaip dykumą, nes jis neduoda ničnieko, kuo galėtume patenkinti savo menkus norus.

Tavo šauksmą turėtų lydėti Kūrėjo ilgesys, o ne vien troškimas, kad viskas būtų gerai. Šis pasaulis buvo sukurtas būtent kentėti! Jeigu nori atsikratyti šios būsenos, ištrūk iš šio pasaulio. Būtent tą siūlo kabala. Nuolat skaityk ir suprasi.

SAVIŽUDYBĖ

Kodėl savižudybė laikoma tokia nepriimtina? Jeigu gyvenimas neturi prasmės, kodėl individas negali pasirinkti mirties? Juk žinoma, kad žmogus negali pakęsti skausmo, tai kaip tada savižudybė dera su kūrimo tikslu?

Jeigu viskuo nusivylęs žmogus nori išeiti iš gyvenimo tik tam, kad išvengtų kančių, tai rodo, jog jam svarbiausias dalykas ne gyvenimas, o malonumas! Be malonumo gyvenimas tampa našta, kurios norėtų atsikratyti kiekvienas žmogus. Iš to matyti, kad mes – tai troškimas mėgautis.

Žmogus turėtų įsisąmoninti, jog visos kančios siunčiamos Kūrėjo, kad žmogus taisytųsi, tobulėtų. Savižudybė – tai žmogaus atsisakymas pasinaudoti Kūrėjo pasiūlymu eiti pirmyn, taisytis.

Turime prisiminti, jog tobulėti galime tik šiame pasaulyje ir tik šiame kūne. Kartais tą sunku priimti, tačiau tai – tiesa.

SUVOKTI TIKROVĘ

Jeigu esame nepatenkinti savimi ir norime išsivaduoti iš sunkumų, ar galime pradėti kabalos studijas?

Niekada šio pasaulio jutimo organais nepajusime, kas mūsų laukia. Nežinome, iš kur kyla mūsų problemos; sunkumai tiesiog ateina kaip gyvenimo faktas, kaip tikrovė, kurioje esame gimę. Kad išvystume, kaip šis paveikslas formuojamas, turime studijuoti kabalą.

Ji leidžia pažinti, kaip sukonstruotas tikrovės vaizdas. Nėra jokios ypatingos išminties, kurią mums reikėtų įgyti, pakanka susidomėjimo. Bet šitai ir yra problema: mūsų tai nedomina! Jeigu mūsų nedomina, kas su mumis vyksta, ateina bendroji realybės jėga ir veikia mus. Ji spaudžia mus, kad bėgtume nuo sunkumų ir atsiverstume knygas ar pagaliau bent kiek susidomėtume tuo, kad esame bendros tikrovės, per kurią turėtume veikti šį pasaulį, dalis.

VISATOS SISTEMA

Ką turite omenyje sakydamas „valdyti prigimtį"? Argi žmogus kada nors tą darė sąmoningai?

Valdyti – tai pažinti sistemą ir žinoti, kaip ją pakreipti norima linkme. Kišdamiesi į sistemą, sukeliame judėjimą ir pokyčius joje. Savaime suprantama, darome prielaidą, kad veiksmus visada atliekame mes. Tačiau klausimas kitas – kaip gerai pažįstame sistemą, kurią norime paveikti? Neretai trokštame atlikti kažką tam tikru būdu, siekdami geriausių rezultatų sau, tačiau mus lydi nesėkmės. Taip yra dėl to, kad pažįstame tik dalį sistemos ir matome, jog teisingai neįvertinome savo veiksmų pasekmių.

Iš esmės žmogus visada stovi priešpriešais bendrajai visatos sistemai ir dirba, kad ją paveiktų.

INSTINKTAS

Kodėl žmogus šio žinojimo negauna iš prigimties kaip gyvūnai?

Tiesa, gyvūnai iš prigimties žino, kaip teisingai ir natūraliai gyventi. Šią informaciją jie gauna kaip instinktus, nes egzistuoja tam tikrame, apibrėžtame išsivystymo lygmenyje, kaip pasakyta: „Dienos veršiukas jau vadinamas jaučiu." Daugiau jiems nieko nereikia.

O besivystantis žmogus savaime negauna prigimtinių gyvūnams savybių. Skirtumas akivaizdus: pažvelkite į tikslius, prasmingus veršiuko veiksmus ir į neseniai šviesą išvydusio kūdikio judesius. Apie tai gali daugiau pasiskaityti straipsnyje „Religijos esmė ir tikslas".

POVEIKIS GAMTAI

Koks ryšys tarp kabalos ir įprastų mokslų? Ar jos tikslas – padėti žmogui pažaboti materialius gamtos dėsnius, kaip kad fizikoje ir chemijoje, o gal net atrasti naujus?

Nei viena, nei kita. Kabala moko žmogų nukreipti savo mintis ir norus teisingai, kad būtų galima geriausiai sąveikauti su aplinka. Ji kalba apie tai, kad žmogaus mintys, o ypač jo santykis su tuo, kas vyksta, turi didesnę galią negu fiziniai veiksmai. Kuo stipresnės priemonės ir jėga, tuo giliau jos paslėptos.

Pastebime, jog gamta jaučia, kaip į ją žiūrime. Pavyzdžiui, augalai jaučia, ar šalia jo esantis žmogus yra geras, ar blogas. Jeigu gyvūnas nori jį suėsti, augalas nereaguoja, nes jis tam ir buvo sukurtas, tai jam natūralu. Bet jeigu žmogus negatyviai galvoja apie augalą, nors ir gerai prižiūri, laisto, augalas vis tiek nuvysta.

ĮŽVALGOS IR MINTYS

Neseniai mokslininkai pastebėjo, jog tikslaus eksperimento rezultatas priklauso nuo žmogaus, kuris jį atlieka, kitaip tariant, konkretaus fizikinio bandymo rezultatas priklauso nuo to, kas juos atlieka. Visi spaudžiame tą patį mygtuką, bet sulaukiame kitokios reakcijos.

Tai kaip galime teisingai veikti gamtą?

Be fizinio veiksmo, žmogus tegali paveikti pasaulį vadinamuoju „ketinimu". Jeigu išmokstame teisingai mąstyti, galime apmokyti prigimtį atlikti reikiamus veiksmus savo mintimis. Bet norėdami žinoti, kaip paveikti pasaulį, visą realybę, turime daug ko išmokti. Kaip ir kituose moksluose, ne visi nori tiek daug studijuoti, kad ką nors pasiektų.

Mūsų pasaulyje žmonės jaučiasi nelaimingi, nors visi trokšta laimės. Bet norėdamas būti laimingas, žmogus turi žinoti, ką daryti, kad pasijustų gerai. Turėtume žinoti, jog jau pats mūsų egzistavimas vienaip ar kitaip veikia šį pasaulį. Todėl kuo daugiau darome, tuo geriau turėtume žinoti savo veiksmų pasekmes.

Ar žmogus, kuris dar neišmoko, kaip teisingai paveikti pasaulį, kenčia studijuodamas kabalą?

Pradėjus studijuoti kabalą, mūsų santykis su gamta visiškai pasikeičia, nes gamta veikia žmogų priklausomai nuo jo ketinimų, o ne nuo veiksmų. Todėl svarbiausia – mėginti ir turėti teisingą ketinimą.

ATSAKYMAS MOKSLININKUI

Aš – mokslininkas. Sakote, kad kabala – mokslas. Ar įmanoma pasiekti dvasinį pasaulį naudojant mokslinius metodus?

Džiugu girdėti, jog esi mokslininkas, nes kabala yra mokslas, ir tai leis mums geriau vienam kitą suprasti. Tai, ką moksliniais metodais žmogus atskleidžia šiame pasaulyje, nėra dvasiška, nes pagal apibrėžimą dvasingumą žmogus gali patirti tik dvasinėmis atidavimo savybėmis, kurios vadinamos „ekranu". Šis ekranas – tai indas kitam pasauliui suvokti, o suvokti jį galima tik per kabalą.

Mūsų kūnas pasižymi įspūdingais slaptais gebėjimais, tačiau visi jie – materialūs! Šiuos gebėjimus galima išsiugdyti lavinantis. Gyvūnams irgi būdingos tokios savybės; taip yra visame pasaulyje, nors mes to nejaučiame.

Dvasinį pasaulį pajuntame tik įgiję ekraną, tačiau neįmanoma šių pojūčių perduoti tiems, kurie jo neturi. Nenorėčiau, kad mano atsakymą laikytum išsisukinėjimu, nes iš esmės jis neatsako į klausimą, bet, deja, neįmanoma atskleisti idėjų tokiame pokalbyje (klausiančiajam nesusipažinus su sąvokomis, apibrėžimais kabalos moksle), kad ir koks būtų klausytojo išsilavinimo lygis.

AR ŽMOGUS KILO IŠ BEŽDŽIONĖS?

Kurioje kūrimo stadijoje beždžionė evoliucionavo į žmogų?

Šis reiškinys kabaloje vadinamas „aukštesniojo *Malchut* tampa žemesniojo *Keter*". Tai perėjimas iš vieno kūrinijos lygmens į kitą, tačiau ne iš vienos prigimties į kitą. Klaidinga manyti, jog tokiu pat būdu galima šokinėti iš vieno ekrano lygmens į kitą ar tarp kūrinio keturių noro gauti dalių: negyvosios, augalinės, gyvūninės ir kalbančiosios. Tokie perėjimai neįmanomi! Dvasiniai genai amžini! Dėl to neįmanoma, kad akmuo virstų augalu ar beždžionė – žmogumi. Tačiau žmogus neabejotinai gali vystytis dvasiškai, t. y. kilti dvasiškai iš „negyvojo" lygmens į „augalinį", „gyvūninį" ir „kalbantįjį" („žmogus") lygmenį.

Tai susiję tik su gebėjimu išnaudoti norą, naudojimo būdu ir grubumo realizavimu, t. y. kiekybiniais, o ne kokybiniais pokyčiais. Kūrėjo sukurtas bendrasis noras turi tikslią struktūrą ir žmogus ją įvaldo laipsniškai, priklausomai nuo įgyto ekrano lygmens.

Kaip vyksta ši metamorfozė? Jeigu įmanoma, paaiškinkite, kokie jausmai užlieja širdį, o ne tai, kaip tą techniškai atlikti.

Nauja būsena negali realizuotis, kol nepajuntame, jog ankstesnioji yra nebepakenčiama ir iš visos širdies trokštame ją pakeisti naująja. Iš tikrųjų dabartinė ir būsima žmogaus būsenos yra atsietos. Jas skiria veiksmas „aukščiau žinojimo", t. y. iš vienos į kitą reikia pereiti prieštaraujant protui. Panašiai kaip sėkla turi supūti žemėje prieš išaugant naujam daigeliui, taip ir mūsų norai. Dabartinis noras turi visiškai „supūti" ir tada jį atmesime. Ir tik tuomet galime pagalvoti apie kažko naujo įgyvendinimą.

Ar tiesa, jog mūsų reakcijos ir charakteris priklauso šiam pasauliui ir nesikeičia, kai tampame kabalistais?

Tiesa. *Zohar* pasakyta, kad charakteris – tai prigimtiniai įpročiai, būdingi „gyvūniniam kūnui" ar nekintantiems materialiems norams. Šie norai nekinta būtent todėl, kad jie priklauso mūsų pasauliui, o visa, kas yra mūsų pasaulyje, palyginti su dvasiniu pasauliu, yra negyva ir nekinta.

Dėl to kabaloje gimimas – tai pirmojo minimalaus ekrano įgijimas, iškart po to, kai kertame barjerą tarp šio pasaulio ir dvasinio pasaulio pojūčių. Tai vadinama „Raudonosios jūros perėjimu". Tai vainikuoja pirmąjį mūsų vystymosi etapą, po kurio įžengiame į dvasinį pasaulį.

Ar gali žmogus tapti kabalistu, altruistu dvasiniame pasaulyje ir tuo pačiu metu likti egoistu šiame pasaulyje?

Tavo pasakymas prieštarauja „dvasingumo" sąvokos apibrėžimui. Dvasinį pasaulį galima pasiekti tik turint dvasingumui pritaikytas savybes. Tokios savybės kaip davimas vadinamos „dėl Kūrėjo". Visi kiti ketinimai, tokie kaip „dėl kitų žmonių", „dėl žmonijos" ir t. t., iš tikrųjų yra „dėl savęs". Šie ketinimai kyla iš noro sulaukti atpildo netiesiogiai arba iš noro kontroliuoti, valdyti, būti gerbiamam ir pan.

Tik visiškai atsiskyrę nuo savo prigimties, o tas įmanoma tik mūsų ketinimui esant „dėl Kūrėjo", išsilaisviname iš savo norų. Tada matome, kad per ketinimą „dėl Kūrėjo" pamilstame visą žmoniją ir iš tikrųjų linkime jai gero.

Tai pasiekiame būtent dėl to, kad įgyjame Kūrėjo savybę. Pamilstame žmones taip, kaip juos myli Kūrėjas, bet tik per Kūrėjo savybes, o ne per savąsias.

Galbūt tu kitaip apibrėži, kas yra egoizmas ir dvasingumas. Gal manai, jog dvasingumas – tai kažkas trapaus, aukšto, lyriško, malonaus, atsieto nuo pasaulio ir pan.

Bet šie apibūdinimai absoliučiai nesutampa su kabalistiniu, nes yra jaučiami ir atsiskleidžia kitokioje substancijoje, kuri skiriasi nuo mūsų pačių prigimties. Dėl to kabalistai tą jaučia visiškai kitaip nei esame įpratę mes. Ir būtent čia kabala tampa slaptąja išmintimi.

Gaila, tačiau tiktai tie, kurie įeina į dvasinį pasaulį, gali suprasti kabalistus. Ir būtent tai yra konflikto šaltinis tarp kabalistų ir kitų žmonių, tarp Kūrėjo ir neištaisytų kūrinių, tarp kabalos priešininkų ir ją suvokiančių. Kabalisto dvasingumas kitoks: mes šiame pasaulyje gėrį ir blogį apibrėžiame pagal tai, ar mums tai malonu ar ne, o kabalistui pasaulis atrodo visiškai kitoks, nes kabalistai aukščiau jo.

Kabalistas mato viską, kas ateina į mūsų pasaulį, įtraukiant kančių šaltinį ir visų įvykių pasaulyje priežastis. Kabalistas mato, kas griauna pasaulio laimę ir tobulumą. Pats gali paskaityti ir pamatysi, kaip negailestingai didieji kabalistai rašo apie žmonijos kančių priežastį, kuri iš esmės yra noro studijuoti kabalą trūkumas. Patarčiau paskaityti Baal Sulamo „Įvadą į knygą *Zohar*".

KABALISTO MIRTIS

Kas užima kabalisto vietą jam mirus?

Tu neįstengsi suvokti, ką reiškia kabalisto ryšys su amžinybe, su Kūrėju, jo egzistavimo dimensija, vis dėlto pasistengsiu atsakyti. Būtent Kūrėjas paskiria kabalistą į šį pasaulį ir, kai reikia, pakeičia jį kitu. Kūrėjas taip daro ne dėl to, kad ankstesnis kabalistas nepakankamai nuveikė ar paseno, o dėl to, kad kiekviena siela atlieka tik jai skirtą užduotį ir negali atlikti kitų.

Kūrėjas paskiria jėgą, o paskui pakeičia ją kita, tačiau pačios jėgos nekeičia, nes kiekviena siela gali atlikti tik tam tikrą užduotį ir po to imasi kito veiksmo, aukštesnio. Tu to nematai, tačiau kabalistai mato.

Kas bus su mano mokiniais? Kai manęs nebus, jie gaus reikiamas nuorodas iš kitų vadovų. Apskritai mirtį šiame pasaulyje reikėtų sutikti su džiaugsmu, o ne liūdesiu, bet tai visai atskira tema.

Nustebau sužinojęs, jog didieji kabalistai gali būti nužudyti, persekiojami. Visada maniau, jog kabala suteikia didžiulę galią, valdžią šiame pasaulyje, tačiau dabar esu įsitikinęs, kad kabala neturi nieko bendra su šiuo pasauliu. Kodėl dvasiniame pasaulyje kylantys kabalistai neapsaugoti nuo kančių šiame pasaulyje?

Pradedi teisingai mąstyti! Tarp materialaus (gyvūninio) ir dvasinio pasaulio nėra jokio ryšio, kaip kad įsivaizduojame. Kabalisto kūnas niekuo nesiskiria nuo bet kurio kito žmogaus kūno. Nėra tokio ryšio tarp kūno ir sielos, kai neva pastaroji daro įtaką baltyminiam, materialiam kūnui. Kūrėjas nekeičia kūrimo dėsnių specialiai dėl kabalistų, tad visi fiziniai, gamtos dėsniai galioja ir jiems. Kabalistas neskraido ore it raganius, neatlieka jokių antgamtiškų veiksmų, jis gali susirgti, kaip ir visi kiti.

Žmonės tą suvokia klaidingai, nes nejaučia, kas iš tikrųjų yra siela, todėl dvasingumo ieško materijoje ar bando įžvelgti sąsajas su ja. Kabalistui nereikia atlikti išorinių veiksmų, nes dvasinis pasaulis – visai kitame matavime. Ryšys su dvasiniu pasauliu užmezgamas per vidinį kontaktą. Niekas mūsų pasaulyje nėra tiesiogiai susijęs su Aukštesniuoju pasauliu. Šio pasaulio ypatybės tik patvirtina, jog jame nėra jokio dvasingumo! Žmogus dvasingumą atskleidžia per savo sielą, kuri yra Aukštesniojo pasaulio dalis. Jeigu žmogus ją jaučia, tai randa ryšį (dvasiškai susilieja) su Aukštesniuoju pasauliu, Kūrėju.

AR VISA GAMTA EGZISTUOJA MANYJE?

Mane visada žavėjo paukščių, augalų, žuvų gausa. Neseniai vienoje iš jūsų paskaitų supratau kodėl. Tai yra sfirot *tarpusavio prasiskverbimo, jų sąveikos dvasiniame pasaulyje rezultatas. Mano klausimas toks: „Ar žmogus viską savyje apima ir kaip tai atsispindi manyje? Ar tai pasireiškia mano jausmų įvairiapusiškumu?"*

Tai, kas dvasiniame pasaulyje vyksta viename kūne, vienoje sieloje, dalijama į daugybę kūnų mūsų pasaulyje. Pavyzdžiui, žmoguje yra Faraonas, paukščiai, žuvys, tai, kas mus supa, bet kas, ką tik įstengiame įsivaizduoti. Šitai egzistuoja mumyse kaip dvasinės jėgos, norai.

Kiekviena iš šių vidinių savybių taip pat egzistuoja už mūsų kaip atskiras kūnas, kitokia rūšis, kita savybė. Tiksliau būtų sakyti, kad aš esu tas, kuris savo emocijomis padalija supančią jėgą į kūnus, savybes, įvairias jėgas. Tai mes vadiname „mūsų pasauliu". Tačiau, pavyzdžiui, dvasinis įsakymas „mylėk artimą kaip save" yra akivaizdus, nes tiek aš, tiek kažkas kitas esame vienas dvasinis kūnas.

Todėl bendrame organizme darnūs vienos dalelės santykiai su kitomis yra akivaizdūs. Ir taip su visais kitais mūsų pasaulyje atskirtais dalykais. Visos problemos kyla dėl to, kad nejaučiame ryšio tarp įvairių visatos dalių, jų tarpusavio priklausomybės. Bet kadangi kiekviename žmoguje yra visos mūsų pasaulio jėgos ir savybės, tai tas, kuris ištaiso save, ištaiso ir visą pasaulį.

Tiksliau sakant, kai taisomės ir į visą pasaulį pradedame žiūrėti kaip į savo kūną, ištaisome tai, kas yra mūsų viduje ir išorėje.

KUR YRA SIELA?

Jeigu mokslas gali klonuoti žmones, kur tada Kūrėjas ir kur siela?

Kabalistai šimtmečiais slėpė kabalą ir leido ją studijuoti iš esmės tik mūsų laikais, kai sielos jau pakankamai subrendusios. Praeityje daugybė žmonių norėjo netinkamai ja pasinaudoti, tačiau šiuo metu tokių žmonių nebeliko; žmonės pernelyg užsiėmę savo menkų norų tenkinimu, kad imtų mėgautis tokiais dalykais.

Draudimas viešai atskleisti tokį aukštą žinojimą taikytas ir kitiems mokslams. Tiek Aristotelis, tiek Platonas savo darbuose minėjo draudimą mokyti ir atskleisti mokslines žinias žmonėms, kurie ją iškeistų į pinigus ar kitus malonumus. Pats žinojimas jiems buvo jėga, kurios negalima perduoti, kad žmonės nepanaudotų jos prieš kitus. Tik nedaugelis tų, kurie galėjo saugoti šias žinias, buvo priimami į mokinius.

Deja, ši taisyklė buvo laužoma kelis šimtus metų ir dabar kenčiame nuo padarinių. Technologinis progresas mums nieko nedavė, nes jis neina koja kojon su mūsų moraliniu vystymusi. Todėl jis mums suteikia tik kančias.

Sakai, nori žinoti, kur yra siela klonuotame žmoguje? Tada paklausiu, o kur ji neklonuotame žmoguje? Kur ji yra organų persodinimo operaciją išgyvenusiame žmoguje? Ir apskritai kas yra siela? Ar ją turi paprastas žmogus, gyvūnas? Kiek turi būti išlavintas kūnas, kad būtų vertas, jog jį apsivilktų siela? Kodėl klonas nenusipelno turėti sielos?

Siela – tai ypatingas jutimo organas, kurį mėgstu vadinti „šeštuoju pojūčiu". Būtent šia jusle jaučiame Aukštesnįjį pasaulį – tai, ko nejuntame prigimtiniais jutimo organais. Tai realybė anapus mūsų pasaulio. Šį organą galima išvystyti tik kabalos metodika. Ji vadinama kabala (hebr. „gavimas"), nes leidžia žmogui įgyti aukštesniuosius pojūčius, supratimą, pajausti viską, kas yra už įprastų juslių ribų.

GYVENIMAS – ŽAIDIMAS, MES – ŽAISLAI

Koks jūsų požiūris į kompiuteriais valdomus robotus ir jų reakcijas į žmones?

Patikėk, robotų aš neturiu! Žinoma, tai tik mechaniniai žaislai, neturintys jokių egoistinių norų. Tačiau juos galima užprogramuoti, kad imituotų norus, ir tada jie turės užprogramuotus poreikius. Tai gali apkvailinti mus, jeigu norime būti apkvailinti; jeigu žaislai gana įmantrūs (o tai neišvengiamai nutiks ateityje), bus keblu atskirti tikrąjį ir užprogramuotą elgesį.

Esmė ta, jog nėra jokio skirtumo, ar tai asmeninis objekto noras, ar jis buvo įdiegtas jame. Atkreipk dėmesį, kaip auklėjimas ir reklama įperša mums norus ir jie tampa mūsų pačių. Ką dar, be šių įgytų norų, turime? Tad svarbiausia ne tai, kaip šie žaislai padaryti, o žmogaus požiūris į juos, apsisprendimas primesti ar neprimesti savo jausmus ir mintis robotams, taip juos įdvasinant. Visas šis vystymasis reikalingas, kad subręstume, suvoktume, kas esame, ir galų gale išsitaisytume pasiekdami Kūrėjo lygmenį.

ŽMONĖS-ROBOTAI KABALOJE

Kaip gyvą žmogų galite prilyginti gamtos užprogramuotam mechanizmui? Šiame jūsų moksle viskas atsiremia į iš anksto nulemtą elgesį. Bet paskui net ir jūs prašnekate apie jausmus, tai kurgi logika?

Tau tikriausiai teko skaityti apie modernius programuojamus žaislus. Kai kurie net atrodo kaip tikri gyvūnai! Juose įdiegtos sudėtingos elgesio programos, stimuliuojančios ir neva spontaniškus veiksmus, ir tai, kad žaislai gali mokytis patys. Laikui bėgant programa vystosi ir žmogui atrodo, kad žaisliukas auga, atpažįsta jo vardą, turi būti pašeriamas (pakraunamas), kai parodo norįs maisto.

Kadangi žmonės netgi savo kompiuteriams suteikia jausmus, tai jų santykis su tokiais žaislais tampa ypatingas: žmonės projektuoja savo emocijas į žaislą. Žaislas atpažįsta tik savo šeimininko balsą ir paklūsta vien jo komandoms. Pajungdamas žaislą savo reikmėms, žmogus gauna geresnį draugą už kompiuterį ir nė kiek neprastesnį nei šuo ar kitas žmogus.

ĮŽVALGOS IR MINTYS

Šiandien žmonės tampa vis vienišesni. Neretai gyvena vieni, neturi vaikų. Taip yra dėl mūsų egoizmo vystymosi. Todėl tokie robotai užpildys didėjančią tuštumos dalį. Visa tai reiškia, jog tikrieji jausmai, tą greitai pastebėsime, galimi tik Šaltinio, Kūrėjo atžvilgiu. Viso kito atžvilgiu pajusime tą patį, ką ir tiems žaislams. Tačiau per Kūrėją mes, žmonės, užčiuopsime visą pasaulį ir išmoksime mylėti visus žmones taip, kaip mylime Kūrėją.

Ar klonai ateityje bus kuriami tam, kad pakenktų žmonijai?

Nereikia būti pranašu, jog pamatytum paprastą tiesą: kol neišvystame visos pasaulėdaros, viskas, ką darome, tik kenkia mums. Ir tik kabalos išmintis leidžia tą išvysti.

VEGETARIZMAS

Neseniai lioviausi valgęs mėsą ir žuvį, nes manau, kad gyvos būtybės (turinčios nervų sistemą ir jaučiančios skausmą) neturėtų kentėti vien tam, kad taptų patiekalu ant mano stalo. Ar yra kažkokia gilesnė, man nežinoma mėsos valgymo prasmė?

Visa gamta, įtraukiant visus Aukštesniuosius ir žemesniuosius pasaulius, buvo sukurta žmogui ir kyla kartu su juo. Todėl turime viskuo naudotis dėl savęs: naikinti kenkėjus, auginti ir pjauti naminius gyvulius, sėti ir imti derlių, puoselėti tai, kas gera, ir naikinti tai, kas bloga. Taip gamta įsilieja į žmogų. Paskui, žmogui kylant, kartu su juo kyla ir gamta.

Kūrimo tikslas – kad žmogus pačiu tinkamiausiu būdu mėgautųsi savo aplinka. Jis negali elgtis kaip užsigeidęs: atsiskirti, neigti malonumą, badauti, riboti save.

Toliau teisingai studijuodamas suvoksi, ką turi daryti (nors ten apie vegetarizmą nebus parašyta nė pusės žodžio). Tokia kabalos ypatybė – jos mokymasis formuoja teisingą mokinio požiūrį į gyvenimą.

FIZINĖS FORMOS PALAIKYMAS

Jeigu kas nors stengiasi palaikyti fizinę formą dėl dvasinio darbo ir toks yra mankštinimosi tikslas, ar šie veiksmai tampa dvasiniais?

Per dvylika metų, kada buvau asmeniniu savo mokytojo Barucho Ašlago sekretoriumi ir padėjėju, mes reguliariai ėjome plaukioti, vaikštinėdavome parke ar lankėmės sporto salėje. Tuo metu jam buvo nuo 75 iki 86 metų! Jis itin stengėsi palaikyti formą, kad galėtų mokyti dešimtis jaunų mokinių. Dar daugiau, jis lankė balso pamokas, kad valandų valandas galėtų kalbėti be pertraukų, nuovargio, neužkimdamas. Kai ko nors reikia dvasiniam darbui, tai išties laikoma jo dalimi.

Tikiuosi, jog galėsi aiškiai suprasti tikruosius savo fizinės veiklos motyvus, kad to, ko nori, nevaizduotum kaip būtinybės. Gali užsiimti bet kokiais fiziniais pratimais, tačiau nemedituok.

ĮŽVALGOS IR MINTYS

FIZINIS VYSTYMASIS IR JO TIKSLAS

Jeigu žmogus užsiima fizine veikla, ar tai sumažina dvasinės Šviesos kokybę?

Nėra tiesioginio, tvirto ryšio tarp dvasinių Šviesų ir materialių kūnų, jėgų, nors tai tampa akivaizdu tik virš barjero. Žmogaus fizinio aktyvumo esmė glūdi kruopščioje žmogaus santykio su Kūrėju ir ryšio su Juo analizėje. Ryšį užmegzti galima tik per materialius apvalkalus.

Netgi taisymosi pabaigoje mums reikės saitų su šiuo pasauliu, jo apdarų, kad galėtume jausti visą tobulumą.

MADA IR APRANGA – IŠ APVALKALŲ IR IŠ ŠVENTUMO

Kokia mados, brangenybių ir kosmetikos šaknis?

Kaip ir visi mūsų veiksmai, žmogaus noras būti patraukliam nulemtas vidinių paskatų. Kabala tvirtina, kad visi apdarai – tai išsitaisymas. Tai primena Adomą, kuris nusidėjęs pastebėjo savo nuogumą, nepakankamą egoizmo ištaisymą, nors anksčiau prieš Kūrėją nejautė jokios gėdos, nes jo paties egoizmas buvo nuo jo paslėptas.

Mūsų pasaulyje stimulas prisidengti kyla iš kitokios egoizmo formos, nes gėda ateina ne iš Kūrėjo, o iš valdžios ir šlovės siekių. Todėl troškimas apsirengti, pasipuošti ateina ne iš noro būti ištaisytam, bet priešingai – ateina kartu su išoriškumo siekiančiais apvalkalais, pridedančiais dar daugiau išorinių sluoksnių.

Siekiantieji vidinio atskleidimo pasirengę atsisakyti visų išorinių dalykų, nekreipti dėmesio į visus apdovanojimus bei pagyrimus ir gali vaikštinėti apsitaisę skarmalais. Tai nutinka, nes jie vis labiau atveria savo vidines gelmes. Taigi kas vakar jausta kaip vidus, šiandien tampa išoriška ir turi būti atmesta.

MENAS IR DVASINGUMAS

Sunku patikėti, kad didieji menininkai – paprasti žmonės. Manau, jog jie „pažymėti" Kūrėjo ir pasiekė dieviškumą.

Mūsų pasaulyje yra daugybė žmonių, turinčių ypatingų talentų: pradedant didžiausiais nusidėjėliais, mokslininkais, muzikantais, politikais ir baigiant filosofais, religiniais veikėjais, išsilavinusiais žmonėmis. Tačiau tai nereiškia, kad jie pasiekė Aukštesnįjį pasaulį. Galima lengvai įrodyti, jog, nepaisant savo genialumo, jų norai lieka neištaisyti ir šioje srityje jie dažnai būna pažengę mažiau nei paprasti žmonės.

Kiekvienas iš jų turi ypatingą misiją, kartais materialią, o ne dvasinę. O jų kūrinius, laimėjimus laikome kažkuo aukštu, nes savo neištaisytomis savybėmis galime vertinti tik tokį žmogaus pasiekimų ir kūrybos tipą.

Kabalistas – tai žmogus, kuris visais savo pojūčiais aiškiai ir atvirai gyvena Kūrėjo rūmuose, kaip kad mes gyvename šiame pasaulyje. Jis gali tyrinėti Kūrėjo veiksmus, judėti ir augti dvasiniuose pasauliuose.

Jeigu įgysi dvasines savybes, pajusi Kūrėją ir pastebėsi, kaip keičiasi tavo prioritetai. Tačiau kol taip atsitiks, nesibaimink, jog augdamas liausiesi žavėjęsis menu. Tarsi išaugęs vaikas išmoksi ir suvoksi tikrosios pilnatvės prasmę per savo naująsias dvasines savybes.

KABALOS POŽIŪRIS Į MENĄ RELIATYVUS

Koks jūsų požiūris į meną?

Žmogaus požiūris į viską mūsų pasaulyje turi būti konstruktyvus. Viskas buvo sukurta mums kaip taisymosi pagrindas. Kartą, kai aš su savo mokytoju ėjome pro stadioną, jis pasakė, kad turime gerbti šią vietą, nes ji atneša džiaugsmo daugybei žmonių.

Gali daryti savo išvadas, tačiau taip pasakė žmogus, esantis Aukštesniajame pasaulyje. O dėl meno galiu priminti, jog savo laiku kabalistas A. Y. Kukas patvirtino pirmosios Izraelio menų akademijos „Betzalel" įsteigimą.

LITERATŪRA IR KABALA

Ką apskritai manote apie literatūrą ir ypač knygas?

Visas knygas, išskyrus kabalistines, parašė žmonės, suvokiantys tik šį pasaulį. Todėl jos arba neteisingos, arba geriausiu atveju teisingos labai siaura prasme. Nepatariama gyventi pagal jas, kaip negali lavinti žmogaus išgalvotomis disciplinomis.

Pastaruoju metu matome, kiek daug taisyklių, disciplinų, pasiūlymų ateina ir išeina ir kaip greitai jos keičia viena kitą, nes praranda savo pagrįstumą.

O kabalistai rašo knygas remdamiesi savo suvokimu apie dvasinės šaknies Aukštesniajame pasaulyje ryšį su jos fizine šaka mūsų materialiame pasaulyje. Todėl kabalistai negali suklysti patardami.

Kad jų patarimų sunku laikytis – tai jau kitas klausimas, tačiau tik jų patarimai duoda teigiamą rezultatą, pradedant „kaip pasirinkti tinkamą sutuoktinį" ir baigiant tuo, „kaip pajusti kitą tikrovę".

Kadangi viskas, kas vyksta mūsų pasaulyje, – tai veiksmų, atliktų dvasinėse šaknyse, rezultatas, nepajėgsime teisingai suprasti, kas vyksta, kol būsime įsprausti į šio pasaulio žinių rėmus, nes didžioji kūrinijos dalis nepasiekiama tyrinėtojui mūsų pasaulyje.

Kaip galima patarinėti nematant įvykių šaknų? Problema ta, kad tikrieji kabalistai neduoda patarimų, kaip pagerinti kasdienį gyvenimą; tai nėra jų užduotis. Jų darbas – pakelti žmoniją į Aukštesnįjį pasaulį, padėti įgyti dvasinį suvokimą ir nepriklausomai gyventi dvasiniame pasaulyje.

Nesiūlau deginti knygų, tačiau taip būtų galima išvengti daugybės klaidų ir aklaviečių. Žmogus natūraliai mokosi iš savo klaidų.

VAIZDUOTĖ

Kas kabaloje yra fantazija?

Vaizduotė – tai iš vidinės Šviesos ateinančio žinojimo ir tam tikro, kylančio dėl supančios Šviesos samprotavimo, derinys. Tik kabalistai gali fantazuoti, nes kūrinijos vaizdus galima suformuoti tik iš Šviesos ir indo.

ĮŽVALGOS IR MINTYS

KABALISTINĖ MUZIKA

Mane stipriai sužavėjo Barucho Ašlago dainos. Ar galėtumėte paaiškinti muzikos vietą studijuojant kabalą?

Dainos ir melodijos taip pat yra kabala, tačiau kitokia kalba – ta, kurią visi galime suprasti. Ji persmelkia mus net tada, kai nieko nesuprantame, ir ima veikti mus „iš vidaus". Patarčiau muzikos klausytis dažniau, netgi tada, kai tai ne itin dera ar kai nesi nusiteikęs klausytis muzikos. Gali jos klausytis netgi vairuodamas. Ši muzika paspartins tavo būsenų kaitą ir pagreitins tobulėjimą. Mes suinteresuoti žinių apie kabalą skleidimu, tad gali naudotis visa medžiaga bet kuria pasirinkta forma. Tik nereikia joje nieko keisti.

ĮTAKA

Kaip žmonės, kurie nuo vaikystės nebuvo šito mokomi, gali imti mąstyti taip, kaip to moko kabala?

Privalome paprastai ir suprantamai visiems paaiškinti, jog žmogui derėtų žinoti, kaip elgtis šiame pasaulyje. Pagaliau visi nori laimės, sėkmės ir to neprašo iš mokslininkų, žmonės kreipiasi į ateities būrėjus ir kabalistus.

Tai reiškia, kad žmonės tiki, jog įmanoma daryti įtaką mūsų ateičiai ir sėkmei. Jeigu pažvelgsi į nuorodas kabalistiniame maldyne, suprasi, ką galima atlikti su aukštesniosiomis *sfirot*, kurias galime panaudoti pasauliui valdyti.

Sistema, kuria galima paveikti pasaulį, vadinama „ketinimais". Tačiau tai – ypatingi ketinimai, kuriuos galima įgyti tik studijuojant kabalą.

DVASINIAME PASAULYJE NĖRA PRIEVARTOS

Skaičiau Zohar *ir jūsų knygas. Imu suprasti, jog šios knygos manyje paliko savo pėdsakus. Noriu šią Šviesą perduoti kitiems. Tačiau šiuo metu žmonės nesidomi kabala. Kaip galiu juos įtikinti?*

Kabala draudžia įtikinėti. Leidžiama parodyti, aiškinti, nukreipti, tačiau tai priklauso nuo žmogaus noro klausyti. Negalima versti, priešingu atveju tu atlieki patį didžiausią antidvasinį veiksmą, koks tik gali būti!

Dvasiniame pasaulyje nėra vietos prievartai. Netgi materialiame pasaulyje prievartos šaknys ne tyrume ir šventume, o apvalkaluose (*klipot*).

Pradedančiuosius užlieja emocijos ir jie trokšta dalytis šiais jausmais su kitais, sujaudinti juos. Tačiau emocijas reikėtų reikšti pasyviai: tą galima padaryti dalijant lankstinukus, knygas, įrašus, bet be prievartos. Antraip tik pakenksi sau.

DALYTIS JAUSMAIS

Ar patartina dalytis savo jausmais su kitais?

Niekam negalima pasakoti apie savo ryšį su Kūrėju ar įvardyti savo jausmų Jam. Tačiau tai netaikoma žinioms, įgytoms studijuojant kabalą.

Kai atveri savo jausmus neištaisytam žmogui (nekalbama apie žinojimą, kurį galima perduoti), leidiesi, netgi nenorėdamas, kad kito žmogaus neištaisytos mintys ir ketinimai prasiskverbtų į tavo sielą. Kitas asmuo nieko apie tai nežino ir nelinki tau blogo. Tačiau jo neišsitaisymas susijungia su tavuoju ir kenkia judviem abiem.

KABALA IR VAIKAI

Ar kabala – tai toks požiūris į gyvenimą, kurio nereikia mokytis mokykloje ar universitete?

Gali pradėti mokyti kabalos mažus vaikus mokyklose, nes ji kalba ir apie juos. Jie irgi gyvena abiejuose pasauliuose ir kaip suaugusieji neįstengia pajausti tiesos, nes ji jiems dar neatskleista. Didieji kabalistai tikėjosi, jog kabalos mokys nuo mažų dienų. Pavyzdžiui, Agra (Vilniaus Gaonas) sakė, jeigu tik galėtų, imtų mokyti vaikus nuo devynerių ar net nuo šešerių (tai kabaloje laikoma ypatingu amžiumi).

ŠEIMOS IRIMAS

Kokie ateityje bus santykiai tarp vyrų ir moterų ir kas laukia šeimos? Ar kabala ir dvasinis tobulėjimas gali tai pagerinti?

Viena iš žmogaus vystymosi padarinių – šeimos irimas. Greitai nebeliks žodžio „šeima". Žmonijai vystantis auga egoizmas ir mes nebegalime būti su kitais.

Kadaise buvo miesteliai, kaimai, juose gyveno didžiulės šeimos. Vėliau šeima buvo išsaugoma dėl žmogaus gyvūninės prigimties, tačiau nūnai ir to nebėra. Esame vieni su savimi, daugiau niekas nebesieja žmonių.

Dėl to irsta šeimos. Vyksta nuolatinis procesas, vadinamas „blogio įsisąmoninimu", kai paprasti, nedvasiniai ryšiai nebesuteikia jokio atlygio. Šeimos griūva, nes tai dirbtina.

Tačiau tikrasis ryšys turi būti užmezgamas iš vidaus ir tą galima padaryti tik su kabala. Kabala padeda susirasti tikrąją porą, sukurti tikrą dvasinį ryšį su juo ar ja. Nes ji apima viską; visa kita irgi bus ištaisyta žmogiškajame biologiniame lygmenyje.

Kabalai būdinga nuostabi savybė: ji gali atgaivinti žmoniją. Mūsų pasaulis vystosi dėl mumyse esančio „dvasinio geno". Žmonija turės pasiekti visiško susiskaldymo būseną ir po to prasidės taisymosi procesas.

Ateities šeimą galima įsivaizduoti tik tiek, kiek vyras su savo dvasiniu vyriškuoju genu ir moteris su savo moteriškuoju dvasiniu genu susijungs taip tvirtai, kad bus sujungti kaip vyras ir moteris dvasiniame pasaulyje.

Besimokiusieji kabalos išminties žino, jog yra *parcufas*, vadinamas ZON, t. y. *Zeir Anpin* ir *Nukva*, idealus mūsų pasaulio vyro ir moters atvaizdas, dvasinis vyriškas ir moteriškas pradas. Toks pat ryšys turėtų egzistuoti ir tarp biologinio vyro bei moters. Antraip apskritai nebus jokio ryšio.

ĮŽVALGOS IR MINTYS

Štai tokia kryptimi juda mūsų pasaulis. Todėl visų kūrinijos dalių sujungimas, įtraukiant vyriškąjį ir moteriškąjį pradą, bus realizuotas per kabalos mokslą, kaip ir visi kiti ištaisymai.

Minėjote, jog būta moterų pranašių. Ko gali tikėtis į šį pasaulį atėjusios moters kūne? Ar jų vaidmuo pagalbinis? Ar yra išimčių?

Tai itin subtilus klausimas. Ar visi žmonės, visos tautos, visi asmenybių tipai gali pasiekti kūrimo tikslą? O gal yra skirtumų tarp lyties, amžiaus, tautybių ir pan.?

Kūrėjas suformavo Savo kūriniją iš negyvosios gamtos, augalijos, gyvūnijos ir žmogaus (kalbantysis). Žemiausioji forma – negyvoji, aukščiausioji – kalbančioji. Taip pat kiekviena pakopa yra natūraliai padalyta į dvi lytis.

Žmogus išsiskiria iš visos gamtos, nes jis turi įvykdyti užduotį: pats pasiekti kūrimo tikslą. Visos kitos kūrinijos dalys pasiekia savo kūrimo tikslą, tobulybę, amžinybę per žmogų.

Todėl galų gale kūrimo tikslą pasieks visi. Žmonės taip pat padalyti į pakopas, vidines ir išorines dalis. Anksčiau minėjau, jog vyriškoji ir moteriškoji kūrinijos dalis skiriasi viena nuo kitos.

Iki mūsų dienų kabala buvo keleto išrinktųjų privilegija. Tačiau, kaip rašė visi didieji praeities kabalistai bei didžiausias mūsų laikų kabalistas Jehudis Ašlagas, pradedant mūsų laikais kabalą gali studijuoti visi, tarp jų ir moterys. Jokių išimčių nėra.

Moterys paprastai siekia atlikti vyriškus vaidmenis, tačiau koks moters vaidmuo kūrinijoje? Lyčių skirtumai šiame pasaulyje kyla iš dvasinės šaknies skirtumų. Todėl studijavimo metodas ir kabalistinių žinių taikymas moterims ir vyrams nevienodas. Dėl šios priežasties jie turi studijuoti atskirai.

DVASINIS TOBULĖJIMAS

Jeigu gyvenimo esmė – tai dvasinis pakilimas, kokia tada milijardų žmonių gyvenimo prasmė, kurie neturi vienos iš 600 000 sielų?

Kiekvienos būtybės, netgi kirmino, gyvenimo prasmė – artėti prie galutinės tobulumo būsenos. Tačiau nuo negyvosios, augalinės ir gyvūninės gamtos nepriklauso, ar pasieksime šią būseną – tai priklauso tik nuo kalbančiojo lygmens, žmogaus.

Viskas turi sielą. Visi žmonės žemėje turi gyvūninę sielą, kuri panaši į kitų gyvūnų sielas. Be to, visi turi dvasinės sielos užuomazgą. Žmonės gali ją vystyti ir tapti amžini. Priešingu atveju lieka tokie kaip kiti žvėrys.

Skaičius 600 000 – tai bendrosios sielos *Adam*, kuri sudužo į mažytes dalis ir toliau vystėsi, kibirkštys. Todėl tau nėra ko baimintis – pakaks visiems, nes svarbiausia, kad būtų kas nors, kas norėtų jas gauti ir pakilti.

TAISYMASIS PER LIGAS

Kas yra psichiškai nesveiki žmonės ir koks jų vaidmuo pasaulyje?

Protinė liga yra vienas iš daugelio ištaisymų, kuriuos turi pereiti siela. Tačiau ne visos sielos patiria šią būseną; iš tikrųjų sielos

ĮŽVALGOS IR MINTYS

tarpusavyje susijusios. Kai kurios jų atlieka šį ištaisymą už kitas sielas taip, kaip mūsų pasaulyje žmogui reikalinga kiekviena profesija, tačiau visų mokytis nereikia, kad galėtų mėgautis jų teikiama nauda.

Egzistuoja sudėtinga žmonių abipusių tarpusavio ryšių sistema, kuri nulemia, kas vyksta dvasiniame lygmenyje. Šis reiškinys vadinamas „sielų priklausomybe". Tai tarpusavio laidavimas, ryšys tarp sielų.

Kodėl Dievu tikintys žmonės psichiškai nesveikus ar sergančius autizmu laiko „Dievo žmonėmis", tarsi per juos kalbėtų Dievas. Ar tai pagrįsta?

Protiškai sergantys nesuvokia Kūrėjo. Jie nelaimingi žmonės, negalintys suvokti net šio pasaulio, o kur jau ten dvasinis. Tam tikru metu sužinosime, kodėl Kūrėjui jų reikia ir kam.

Tiesa, kai kurie mūsų protiškai nesveikus žmones laiko dvasingais, aukštesniais, „Dievo pateptaisiais". Taip manantieji iš tikrųjų siekia „atjungti" savo protą, atsiriboja nuo skepticizmo, tetrokšta fanatiškai tikėti.

Tačiau kelias pas Kūrėją – tai ne kelias „žemiau žinojimo", netikrinant kelio teisingumo. Tokiu būdu neįmanoma suvokti Kūrėjo.

Kelias į Kūrėją nutiestas taip, kad kiekviena žemesnė pakopa negali užčiuopti, suvokti Aukštesniosios pakopos. Dėl to mums reikalinga Kūrėjo pagalba. Žmogus tik atskleidęs Kūrėją, tik jausdamas Jį gali veikti prieš savo protą ir dėl to kilti.

Paneigęs savo dabartinį protą, žmogus pasiekia kitą, aukštesnę dvasinę pakopą, įgyja daugiau išminties. Dėl to kabalistai veikia prieš protą, eina aukščiau jo, todėl tampa išmintingesni, o tie, kurie prieštarauja protui ir eina žemiau jo – kvailėja, tampa fanatikais.

Žmogui kylant jo protas vystosi. Todėl kabalistai gerbia išmintingesnius, o masės – neišmanėlius. Todėl visos religijos, veikiančios pagal principą „žemiau žinojimo", be išimčių lankstosi prieš kančias. Jos nežino, jog būtent Kūrėjas jas siunčia, norėdamas priversti mus eiti, o ne tam, kad aklai paklustume ir laikytume kančią tikslu. Taip žmoguje kalba netyros jėgos, raginančios jį kentėti ir gerbti šią būseną.

Dabar gali matyti skirtumą tarp kabalos ir žmogaus sugalvotų religijų.

Kas yra beprotybė? Kodėl psichiškai nesveiki taip baudžiami?

Beprotybė yra sveikatos sutrikimas, kuris atima savimonę ir valios laisvę – toks žmogus visiškai paklūsta gamtos valiai (Kūrėjo Valiai).

Niekas neturi visiškos ir objektyvios pasirinkimo laisvės, nors mums ir atrodo, jog turime daugybę pasirinkimo galimybių prieš atlikdami kiekvieną veiksmą. Bet jeigu stebėtume normalaus žmogaus elgesį iš šalies, nebūtų aišku, kur tas jų normalumas pasireiškia.

Protiškai nesveikų žmonių atliekami ištaisymai, tai ištaisymai bendrojoje sieloje, *Malchut*, „Pirmajame Žmoguje"; dalis jos turi būti ištaisyta nesąmoningose būsenose. Tokia *Malchut* dalis egzistuoja kiekviename iš mūsų.

ĮŽVALGOS IR MINTYS

Mūsų pasaulyje kiekviena bendrosios sielos savybė atsiskleidžia per skirtingus individus, tačiau bendroje Pirmojo Žmogaus sieloje visos dalys susilieja ir papildo viena kitą. Todėl žmonės, sergantys psichine liga, kažką ištaiso už mus, o mes kažką ištaisome už juos.

Ar žmogaus ligą ir žmogaus dvasinį pasaulį kas nors sieja?

Taip, žinoma. Žmogaus liga, kaip ir kitos kančių rūšys – tai vienas iš būdų žmogaus niekingumui atskleisti ir paskatinti mus klausti: „Kodėl gyvenu, kodėl kenčiu, kaip galiu tą pakeisti?"

Šviesa, nusileidžianti ant mūsų, gydo mus tiek nuo dvasinių, tiek nuo fizinių ligų.

Tačiau nepasakyčiau, jog kabalistai sveikesni už kitus. Dvasinėmis pakopomis kylantis kabalistas apima savyje visų žmonių sielas, kad ištaisytų jas, pakeltų ir taip išgelbėtų. Taip kabalistas tartum perima ir jų ligas. Tačiau tai galioja tik kalbant apie ypatingus kabalistus.

NUO KANČIŲ Į KŪRIMO TIKSLĄ

Indas priverstas vystytis tik kentėdamas ir per „tašką širdyje". Todėl pradedant nuo pirmosios stadijos ir iki pat taisymosi pabaigos, visi neišvengiamai turi vystytis. Kančios duodamos, kad pasiektume kūrimo tikslą, pabaigoje suteikiant indui, kuris dabar kenčia nusileidęs į šį mažą apgailėtiną pasaulį, amžiną ir tobulą malonumą. Žmogus gali patikėti ir šituo, bet paaiškinkite, kodėl tai ne fanatizmas?

Jeigu tikėsi, jog viskas įvyks, kaip kad apibūdinai, tada esi teisus. Tačiau kančios skatina mus suprasti, tapti išmintingesniems, pasiekti, norėti, mylėti. Mūsų patiriamos kančios tiksliai parinktos tam, kad pajaustume Kūrėją ir Jam prilygtume. Būti mušamam ir paskui gauti malonumą kaip palengvėjimą – tai ne tikslas. Sunkumai skatina mus tobulėti ir pradėti teisingai kentėti, t. y. patirti pasitenkinimą teikiančias kančias, meilės kančias, jaučiamas kaip Šviesa ir malonumas, neblėstančias, vis stiprėjančias. Esame pavargę nuo žemiškų kančių ir trokštame tik pailsėti, atsipūsti. Savo išsekusia siela negalime praryti nieko kito, nieko tobulo.

Aš suprantu tave, tačiau... gelbėk save! Klausimas „Kokia mano gyvenimo prasmė?" – būtina sąlyga tobulėjimui, apie kurį kalbu. Teisingai jį plėtok, nenusiramink ir jis atves tave pas Kūrėją, tavo klausimas bus atsakytas.

TIKĖTIS GERO – LAIKO ŠVAISTYMAS

Sakote: „Jeigu naudosimės ja teisingai, kad pasiektume Kūrėją, tada pasaulyje vyraus taika. Nėra kito būdo terorui sustabdyti. Mūsų užsispyrimas atves prie nelaimių."

Šis pasaulis nenusipelno taikos ir mes tikriausiai neįvykdysime savo „misijos". Tad palaukime 6000 metų pabaigos ir tada Kūrėjas Pats viską ištaisys ir įsivyraus taika ir gėris. Nebedaug liko laukti... O dėl teroro – turime kovoti su arabais, su visu pasauliu, Kūrėju...

ĮŽVALGOS IR MINTYS

O jūs, mokytojau Laitmanai, liaukitės buvęs vietine Kasandra (neapsimoka), nes tai niekam nepadeda, tik erzina!

Ką tik apibūdinai, kaip atrodau visuomenės akyse; nieko negaliu pakeisti. Viskas tik blogės – žinau. Visi bus nusistatę prieš kabalą ir keiks ją. Paskui tokių gretos vis mažės. Pasaulyje bus blogiau, nes jis gaus mažiau Šviesos. Bet galbūt mes turime šansą, nes kabala buvo duota iš Aukščiau!

MEILĖ

Kas yra meilė?

Meilė – tai vidinių bruožų, t. y. savybių, panašumo rezultatas. Kabaloje yra vienas dėsnis – formos, savybių ir norų panašumo dėsnis. Jeigu du dvasiniai objektai tapatūs savo savybėmis, jie susijungia. Tai nereiškia, jog jie tapo vienu, jie *yra* kaip vienas. Tai, kas atsitinka su vienu, praturtina kitą ir akimirksniu yra pajaučiama kito.

Šis abipusis jausmas, kurį du atskiri objektai bendruose jutimo organuose jaučia vienodai, visiškas jų tapatumas (ar tai du žmonės, ar žmogus ir Kūrėjas) – vadinamas „meile". Meilė – tai dvasinių savybių tapatumo jautimas. Savybių ir norų nevienodumas atitolina žmones vieną nuo kito, kad net gimsta neapykanta.

Norų, minčių, savybių (tai iš esmės yra tas pats, nes savybės nulemtos minčių bei norų) artumas suartina juos, skatina vienam kitą pamilti ir suprasti.

RAKTAS Į KABALĄ

Kabaloje tvirtinama, jog didžiausias malonumas šiame pasaulyje – jausti formos tapatumą su Kūrėju.

RIBOTOS GALIMYBĖS VEIKTI

Ar privalu dvasiškai „išvalyti" gebėjimą vesti pasaulį?

Taip. Kiek jį „išvalome", tiek nusipelnome valdyti savo likimus. Priešingu atveju pakenktume sau ir kitiems. Pavyzdžiui, gamta naujagimiui nesuteikia jėgos, nes jis gali susižaloti. Gamta nustato, kad žmogaus galios turi proporcingai atitikti jo žinias, kaip tą galią panaudoti.

Kabaloje galioja taisyklė: žmogus nebus įleistas į dvasinį pasaulį ir negalės atlikti dvasinio veiksmo, kuris priklauso didesniam išsitaisymo lygmeniui nei žmogaus baimė nepakenkti sau ir kitiems. Todėl taisančios žmogų dvasinės jėgos pakelia jį į tam tikrą lygmenį, kuris ir apibrėžia, kiek žmogus įtraukiamas į bendrą valdymo sistemą. Tačiau nėra ko baimintis, nes žmogus negali veikti savo nuožiūra, jis veikia tik iš savo lygmens.

BENDRUMAS

Ar galiu padėti kitiems pats studijuodamas kabalą?

Žinoma. Visos problemos ir sunkumai kyla dėl Šviesos trūkumo. Kabalos išmintis suteikia mums galimybę pritraukti šią Šviesą ir būti ja užpildytiems. Vadovaudamiesi išmintimi galime suvokti žmogaus sielos struktūrą, visas kitas sielas, ryšį tarp jų, nes visi esame bendrosios sielos *Adam Rišon* ar „Pirmojo Žmogaus" dalys.

Todėl, pasiekdamas tam tikrą išsitaisymą, kabalistas atitinkamai turi ištaisyti savo asmeninę dalį kitose sielose. Ir tą turime atlikti visi. Todėl priesakas „Mylėk artimą kaip save" – tobulėjimo pagrindas. Negalima pakilti nesuradus ryšio su kitomis sielomis ir bendrai neišsitaisius.

Tad studijavimas grupėje pats praktiškiausias būdas dvasiškai augti.

SĄLYGINĖ ŠEIMA

Kas svarbiau: studijuoti kabalą ar būti maloniam kitiems?

Gražiai elgtis kitų atžvilgiu, jeigu tai nėra grindžiama dvasiniu suvokimu – dirbtina. Matome, kaip mūsų laikais nyksta šeimos, po penkerių šešerių metų šeimos sąvokos visai nebebus. Netgi dabar Europoje daugumoje šeimų sutuoktiniai dirba skirtinguose miestuose ir susitinka tik savaitgaliais.

Noras gauti (egoizmas) išaugs tiek, kad toks mažas vienetas kaip šeima nebesugebės toliau egzistuoti. Tokia dezintegracija tęsis tol, kol žmonija supras, jog ji privalo gyventi pagal panašumą Aukštesniajai sistemai ir kad tai vienintelis kelias pasiekti laimę.

Tik tada žmonija iš tikrųjų įstengs atlikti kažką gera dėl savęs. Tuomet šeima vėl taps šeima, bet tik per kabalos išmintį.

Vyras ir moteris mūsų pasaulyje – tai dvasinės struktūros *ZON de Acilut* (*Zeir Anpin* ir *Nukva* pasaulyje *Acilut*) pasekmė. Šeima gali egzistuoti tik su sąlyga, kad ji funkcionuoja panašiai kaip ši dvasinė struktūra.

Žmonės taip paskęs savosiose kančiose, kad apsispręs kurti ryšius dvasiniu pagrindu. Žmogus suvoks dvasinių ryšių tobulumą ir galės tą patį įgyvendinti mūsų pasaulyje. O iki tol tarp žmonių nebus jokios meilės.

BENDRAS VISUOMENĖS EGOIZMAS

Ar pakanka nevogti, nekeikti kitų ir būti maloniems vieniems su kitais?

Žinoma – ne. Ne šito Kūrėjas iš mūsų reikalauja. Dvasinės savybės, kurias turime įgyti, skiriasi nuo to, kas visuomenės akyse vadinama gėriu. Mes sukūrėme priimtino elgesio taisykles, kad neerzintume vienas kito. Ir vadiname tai „civilizuota visuomene".

Iš tikrųjų tai tik modifikuotas egoizmo naudojimas; jis neturi nieko bendra su dvasinėmis savybėmis, kurias turime pasiekti.

Dvasines savybes savyje turime išvystyti veikiant Šviesai, kuri šviečia ir daro mums įtaką tik studijuojant kabalistines knygas. Taip yra dėl to, kad jas rašęs autorius buvo pasiekęs tam tikrą dvasinį lygmenį ir turėjo ryšį su Šviesa.

NAUJAS POŽIŪRIS Į GEROVĘ

Nuolat nerimauju, kaip galiu padėti pasauliui. Ar galiu tam panaudoti kabalą?

Kaip ketini padėti pasauliui? Net jeigu padėsi visiems pasaulio vargšams ir benamiams, ką iš tikrųjų pakeisi? Žmonija pamažu įsisąmonina, jog toks požiūris klaidingas.

Tiesiogiai nieko ištaisyti negalime, reikia eiti per Aukštesnįjį pasaulį. Jeigu stengiamės ką nors daryti tiesiogiai, iš Aukščiau

ĮŽVALGOS IR MINTYS

sutvarko taip, kad kančias, beviltiškumą ir nelaimes jaučiame stipriau. Prieštaravimas tas, kad kuo labiau stengiamės daryti pasauliui gera, tuo blogiau tai baigiasi. Dabar pasaulis nebekuria naujų hitlerių ir koncentracijos stovyklų. Tad neverta mėginti taip pagerinti pasaulio, nes viskas, ką darome, virsta blogiu! Kai susergame, kreipiamės pagalbos į gydytojus. Gydytojas turi leidimą gydyti. Tai dvasinis dėsnis. Mes turime kurti rūpybos sistemas šiame pasaulyje, tačiau taip šio pasaulio neištaisysime. Ištaisyti jį galima tiktai iš Aukščiau, iš ten, kur jis valdomas.

DETALUSIS TURINYS

Įvadas 5

Pirmas skyrius. Kūrimo Sumanymas 9
ŽMOGUS – KŪRIMO TIKSLAS 9
IŠSITAISYMAS 10
ŽMONIJOS VYSTYMASIS 11
DOMĖJIMASIS KŪRIMO TIKSLU 12
ŽMONIJOS PADĖTIS 13
KŪRINIJOS TOBULUMAS 14
KŪRĖJO PASLĖPTIS 15
KANČIŲ PRASMĖ 16
NEATSAKYTI KLAUSIMAI 18
DVASINĖ ŠAKNIS 18
GAUNANČIOJO POJŪTIS 20
GĖDOS JAUSMAS 21
MATERIJOS PABAIGA 22
VISIŠKAS SUSILIEJIMAS SU KŪRĖJU 23
CIVILIZACIJOS LAIMĖJIMAI 23
KODĖL GAVIMAS DĖL SAVĘS – BLOGIS? 25
KŪRIMO TIKSLAS 27
KANČIŲ IR KŪRIMO TIKSLO RYŠYS 30
ŠVIESOS GAVIMAS 30
APIE „ADOMĄ" IR PASAULĮ 32
DU KŪRIMO DĖSNIAI 33
KODĖL REIKIA STUDIJUOTI? 35

DETALUSIS TURINYS

DVASINGUMO TROŠKIMAS 36
TAŠKAS ŠIRDYJE 36
PERĖJIMAS – SIELOS ĮGIJIMAS 38
MALONUMO JAUTIMAS 38
ARTUMAS KŪRĖJUI 41
REIKALAUTI IŠ KŪRĖJO 43
KANČIŲ PRIEŽASTIS 44
VIENINTELIS TIKSLAS 46
RYŠYS PER BLOGĮ 47
ANGELAI 48
NORO IEŠKOJIMAS 49
KAS MUS IŠJUDINA? 50
KOKIA MANO GYVENIMO PRASMĖ? 51
PAGERINK PADĖTĮ PRADĖDAMAS 52

Antras skyrius. Kabalos mokymas 53
KABALOS MOKSLAS 53
KABALOS METODO PRIVALUMAI 57
TIKROVĖ KABALOS AKIMIS 58
KABALA IR RELIGIJA 60
RITUALAS 60
KABALOS KALBA 61
APIE „ŠAKŲ KALBĄ" 64
KABALA – NE RELIGIJA 65
PASAULIS, RELIGIJOS IR KABALOS MOKSLAS 65
KABALOS REIKŠMĖ 66
TIKROSIOS KNYGOS 66
SUKŪRIMO KNYGA 67
KNYGA *ZOHAR* 68
ARI IR „MOKYMAS APIE DEŠIMT *SFIROT*" 72
KITŲ KELIŲ NĖRA 72
SAVO LIKIMO KEITIMAS 73
ŠEŠTASIS JUTIMAS 75

RAKTAS Į KABALĄ

RINKIS PATS NIEKUO NETIKĖDAMAS ... 76
MOKSLAS APIE TIKROVĘ ... 77
PIRMĄSYK ATVERSTI KNYGĄ ... 79

Trečias skyrius. Kabalos studijos ... 81

TIKSLAS ... 82
KĄ IR KAIP STUDIJUOTI ... 84
GYVENIMO BŪDAS ... 86
KABALISTINIS POŽIŪRIS ... 86
KO REIKIA STUDIJOMS ... 87
KABALĄ STUDIJUOJANČIOS MOTERYS ... 90
VYRAI IR MOTERYS ... 92
VIDINIS BALSAS ... 92
PASIRENGIMAS KABALAI ... 93
KABALOS DRAUDIMAS ... 93
BŪTINOS SĄLYGOS ... 94
KABALĄ GALI STUDIJUOTI VISI ... 95
STUDIJAVIMO METODAS ... 97
ŠIUOLAIKINĖS MOKYMOSI KNYGOS ... 98
PER DAUG MOKYTIS ... 99
ŠALTINIŲ GAUSA ... 100
PAŽINIMAS IR SUVOKIMAS ... 101
KETINIMAS STUDIJUOJANT ... 101
VIDINIS ŽINOJIMAS ... 103
POJŪČIAI UŽ PROTO IR MINTIES RIBŲ ... 104
TOBULĖJIMO POŽYMIS ... 104
NORAS, O NE TALENTAS ... 105
MOKYDAMASIS TAPSI PROTINGESNIS ... 106
TIKSLUI PRADINGUS TOLIAU EITI PIRMYN ... 106
MINTYS IR JAUSMAI, KYLANTYS STUDIJUOJANT ... 108
SKUBĖK PATS ... 109
LAIKO PASPARTINIMAS ... 110
ASMENINIS RŪPESTIS ... 111

DETALUSIS TURINYS

ANAPUS ASMENINIO VALDYMO 112
KABALA IR ASKETIZMAS 113
PIRMENYBĖ DVASINGUMUI 114
DVASINGUMAS – NAUJAS GYVENIMO BŪDAS 115
KAIP PAKEISTI SAVO TIKSLĄ? 117
DVASINIS NUOVARGIS 118
DVASINIS „KRITIMAS" 119
POKALBIAI SU NEPAŽĮSTAMAISIAIS 120
DVASINIO DARBO DALIJIMASIS SU GRUPĖS DRAUGAIS 121
VEIKTI AR MOKYTIS? 122
SKAITYMAS NESUPRANTANT 124
NESUVOKIAMI POKYČIAI 125
MINTYS MIEGANT 125
SKAITYMAS PRIEŠ UŽMIEGANT 126
PERVARGIMAS 126
METAS JAUSMAMS IR METAS APMĄSTYMAMS 127
DVASINIAI ŽAIDIMAI 128
KABALA DARBE 129
LAISVALAIKIS 130
KLAUSIMAS – INDAS 131
ATSAKYMO LAUKIMAS 132
BŪSENŲ KAITA 132
TAISYMASIS STUDIJUOJANT 134
ŠVIESA KEIČIA 134
ŽINOJIMAS, MALONUMAS IR RYŠYS 135
ĮSPŪDŽIO GALIA 135
ATSAINUMAS 136
MOKYMASIS BE MOKYTOJO 136
VIRTUALUSIS MOKYMASIS 137
VIRTUALI KABALISTŲ GRUPĖ 138
KABALA ANGLIJOJE 139
ĮEITI IR IŠEITI 139

MOKYTIS AR NESIMOKYTI? ŠTAI KUR KLAUSIMAS!...... 140
NEBERGŽDŽIOS PASTANGOS 140

Ketvirtas skyrius. Dvasinis darbas 142
KAS YRA „DVASINIS DARBAS"?.. 142
„TARNAUTI KŪRĖJUI" – TAI PRILYGTI JAM.................. 142
AR YRA KITŲ KELIŲ, VEDANČIŲ PAS KŪRĖJĄ?............ 143
PRIE KARALIAUS STALO 143
PIRMOJI DVASINĖ PAKOPA 147
SPRENDIMAS APRIBOTI 149
NORŲ ANALIZAVIMAS 150
GEBĖJIMAS NUSPRĘSTI 152
SUPANTI TAISANTI ŠVIESA 153
EKRANAS – DVASINIS SPRENDIMAS 153
GELEŽINĖ SIENA APLINK MUS.. 154
BARJERO KIRTIMAS 156
VISI TURI IŠSITAISYTI.. 157
125 PAKOPOS 158
BŪDAS PASIKEISTI 159
TIK EKRANAS TAISO.. 159
BADAVIMAS – IŠ KABALOS NESUPRATIMO.................. 160
MŪSŲ ELGESYS IR DVASINIAI PASAULIAI 160
GERI VEIKSMAI – TIK IŠ AUKŠČIAU 162
PAJUSTI GĖRĮ 163
PASIKEITIMAS: REINKARNACIJA 163
PRIEŠINGOS NUOMONĖS 164
VERTINIMAS IR SAVITYRA 165
NAUJOS SMEGENYS 165
PER PAKILIMĄ 166
NAUJAS NORAS – NAUJAS TAISYMAS 167
TEISINGAS KETINIMAS 168
PRISITAIKYTI, TEIKTI PIRMENYBĘ,
O NE ATSISAKYTI 169

DETALUSIS TURINYS

RYŠIO BŪTINUMAS 169
PRIEŠ ATSIVĖRIMĄ 170
BANDYMAI PAJAUSTI DVASINGUMĄ 171
PASITIKĖJIMAS IR TIKĖJIMAS 171
JAUSMŲ PAŽADINIMAS 172
NEREIKALINGOS BAIMĖS 173
TIESUOLIAI IR NUSIDĖJĖLIAI – AMŽINA KOVA 173
KAIP IŠVENGTI KRITIMO? 174
DVASINIAI PAKILIMAI IR KRITIMAI 176
NUTRAUKTI ATOVEIKSMIO GRANDINĘ 176
PRISITAIKYTI PRIE DVASINIŲ KRITIMŲ 177
LAIKYTIS PAKILIMO 177
GREITIS – TAISYMŲ DAŽNIS 178
IŠ TAMSOS ATRASTI ŠVIESĄ 178
JIS IR AŠ 179
IŠ NEVILTIES Į PALAIMĄ 180
BŪSENŲ KAITA 181
NUO KO PRIKLAUSOME? 182
KUR YRA „AŠ"? 182
AŠ AR KŪRĖJAS? 186
ATLYGIS IR BAUSMĖ 187
JUSLIŲ TAISYMAS 187
SĄMONINGA BEPRASMYBĖ 188
ABEJINGUMO ĮVEIKIMAS 189
ABEJINGUMO BŪSENA 190
VIDINĖ KOVA 190
KARTI TIESA AR SALDUS MELAS? 191
NEŽUDYK 191
„APRIBOJIMAS" – VARTAI Į DVASINGUMĄ 192
PASIRENGIMO METAS 192
„MANO SŪNŪS NUGALĖJO MANE" 193
KALTINTI KŪRĖJĄ 193
EKRANO SUDAUŽYMAS 196

DVASINIS TIKĖJIMAS 196
SVARBOS KĖLIMAS 197
TIKĖJIMAS AUKŠČIAU ŽINOJIMO 197
„TIKĖJIMAS AUKŠČIAU ŽINOJIMO" GRUPĖS DARBE 199
BENDRAS TIKSLAS 200
PASIEKTI AUKŠTESNĘ DVASINĘ PAKOPĄ 201
MEILĖS RIBOS 203
BARJERAS 204
KANČIA DVASINIAME PASAULYJE 205
BE TIKĖJIMO NĖRA MEILĖS 205
PAJAUSTI KŪRĖJĄ 206
ATSISKLEIDIMO PRIEŽASTIS 207

Penktas skyrius. Malonumo troškimas – atrasti ir ištaisyti 208
BEGALINIS NORAS 208
MALONUMAS – GYVENTI AR MIRTI 209
NORŲ ŠALTINIS 209
ATLYGIS – RAMYBĖ IR TOBULUMAS 211
DVASINIO NORO ŠALTINIS 211
NORAI PO GALUTINIO IŠSITAISYMO 212
MATERIALŪS IR DVASINIAI MALONUMAI 212
KABALOS PLATINIMAS IR SIELOS VYSTYMASIS 213
BLOGIO JĖGA – KŪRĖJO JĖGA 214
AR IŠ EGIPTO IŠEITA PER ANKSTI? 217
EGOIZMAS KAIP DVASINIS NORAS 218
MALONUMO TROŠKIMAS – SU EKRANU 218
PRAEITIES KANČIOS 219
NUO MATERIALIŲ MALONUMŲ PRIE DVASINIŲ 220
TROŠKIMAS 221
NORO GIMIMAS 221
BAIGTINIS NORAS 222
KETINIMO KEITIMAS 223
ŽEMIŠKŲJŲ NORŲ KAITA 224

DETALUSIS TURINYS

RAUDONOSIOS JŪROS PERĖJIMAS ... 225
CHARAKTERIS, SAVYBĖS IR ĮPROČIAI ... 226
PAVYDAS IR GEISMAS ... 227
MELUOTI GAUNANČIAJAI PRIGIMČIAI ... 227
„GERI" IR „BLOGI" NORAI ... 229
TIKROJO „AŠ" SURADIMAS ... 229
PASLĖPTA NUO KITŲ ... 230
EGOIZMAS VISUOMENĖJE ... 232
SAVĘS SUVOKIMAS ... 235
DVASINĖ DIAGNOZĖ ... 235
TIESOS SIEKIMAS ... 237
POŽIŪRIS IŠ ŠALIES ... 238
PERGALĖ PRIEŠ EGOIZMĄ ... 239
ATLYGIS IR BAUSMĖ ... 240
POVEIKIS KŪRĖJUI ... 241
VALIOS LAISVĖ ... 242
GAMTOS DĖSNIAI ... 243
RENGIMASIS ŠVIESESNIAM RYTOJUI ... 244
GERIAUSIA BŪSENA ... 245

Šeštas skyrius. Siela, kūnas ir reinkarnacija ... 247
PANAŠU Į HOLOGRAMĄ ... 247
SIELA IR FIZINIS KŪNAS ... 248
GYVYBINĖ SIELA ... 249
MŪSŲ KŪNAS IR KABALA ... 250
DIEVIŠKOSios SIELOS APSIVILKIMAS ... 251
VISKAS APIE SIELĄ ... 252
ATNAUJINTA SIELA ... 255
ĮSIVILKTI Į KŪNĄ ... 256
KABALISTO PASAULIS ... 258
KIEK SIELŲ TURI KABALISTAS? ... 258
ŽMOGAUS IR SIELOS VAIDMUO ... 260
SIELOS LYTIS ... 260

PASAULIO LYDERIŲ SIELOS 262
TAŠKAS ŠIRDYJE 263
SIELA, VADINAMA *ADAM* 266
KABALA IR CHRONOLOGIJA 267
PIRMOJO ŽMOGAUS SIELOS TAISYMAS 268
SIELOS YPATINGUMAS 269
PARCUFŲ IR KŪNŲ GAUSA 270
SIELOS VYSTYMASIS 271
KELIO PASIRINKIMAS 272
KAS RIBOJA SIELĄ 272
IŠ KUR ATĖJOME, KUR EINAME? 273
NAUJOS SIELOS 273
GYVENIMO CIKLAI 274
REINKARNACIJA 275
ANKSTESNI GYVENIMAI 276
SUBRENDUSIOS SIELOS 277
GIMIMAS IR TAISYMASIS 278
FIZINIS IR DVASINIS KŪNAS 278
SIELA, PROTAS IR CHARAKTERIS 279
PAKEISTI MARŠKINIUS 281
MIEGAS IR SAPNAI 282
FARAONO SIELA 282

Septintas skyrius. Tikėjimai, mistika, antgamtiškumas 287

PASLĖPTAS VYSTYMASIS 287
NORO AUGINIMAS 288
DIDESNĖ ATSAKOMYBĖ 289
METAS VALDYTI 289
VISI TURI MANE PAŽINTI 290
LAIPSNIŠKAS VYSTYMASIS 290
KABALA YRA AUKŠČIAU MŪSŲ PASAULIO 293
RYTIETIŠKI MOKYMAI 293
KABALA – NE MISTIKA 295

DETALUSIS TURINYS

ATEITIES SPĖJIKAI – SOCIALINĖ PAGALBA 296
KLAIDINGOS SĄSAJOS SU AUKŠTESNIAISIAIS
PASAULIAIS 298
TAPTI DIDELIU EGOISTU 300
RAGANYSTĖS IR KABALA 301
MEDITACIJA 302
TARO KORTOS 303
MALONUMŲ VAIKYMASIS 304
KULTAI IR APEIGOS 305
EZOTERINIAI MOKYMAI 305
NUŽIŪRĖJIMAS 306
PRAKEIKSMAS 306
VELNIAS VIDUJE 308
APIE ANTGAMTIŠKUMĄ 308
ŠAMBALA 309
FIZINIO KŪNO NEREIKŠMINGUMAS 309
ŽMOGAUS TIKSLAS IŠSKIRTINIS 310
NSO 311
SAULĖS IR MĖNULIO UŽTEMIMAI 312
PARAPSICHOLOGIJA 312
ASTROLOGIJA 313
GEMATRIJA 316
TEISUOLIŲ KAPAVIETĖS 317
MIRIAM ŠULINYS 317
RAUDŲ SIENA IR KITI STEBUKLAI 318
STEBUKLAI 320
TIESOS ŠALTINIO ATRADIMAS 320

Aštuntas skyrius. Malda, prašymas, ketinimas 322
MALDOS REIKŠMĖ 322
BŪDAS RINKTIS 322
KAIP ATRASTI KŪRĖJĄ? 324
TROŠKIMAI BŪTI KAIP KŪRĖJAS 325

KO PRAŠYTI? 325
DĖKINGUMAS ŠIRDYJE 326
ŠIRDIES KETINIMAS 326
KETINIMAS – DVASINIS VEIKSMAS 328
DARBAS ŠIRDIMI 328
DARBAS PROTU 330
PRAŠYMAS IŠTAISYTI 331
PRIEŠTARINGAS PRAŠYMAS 331
PRAŠYMŲ GAUSA 332
ŠIRDIES PARENGIMAS 333
MALDA – PAKILIMAS Į AUKŠTESNĮJĮ PASAULĮ 334
MINTIES INTENSYVUMAS 335

Devintas skyrius. Mokytojas, mokinys ir grupė 337
TIKRASIS MOKYTOJAS 337
MOKINIO KLAUSIMAI 337
MOKYTOJO VAIDMUO 338
MOKINIO POŽIŪRIS Į MOKYTOJĄ 339
VALIOS LAISVĖ 341
MOKYTOJAS IR MOKINYS DVASINIAME PASAULYJE 342
MOKYTOJAS IR MOKINYS – DVASIŠKAI IR FIZIŠKAI 345
DARBAS SU MOKYTOJU 347
PRANOKTI MOKYTOJĄ 348
KELIO PAS ŽMONES IEŠKOJIMAS 349
MOKYTOJAS IR GRUPĖ 350
VIDINIS RYŠYS – TIK UŽ BARJERO 355
TRUKDŽIAI 356
DARBAS GRUPĖJE 359

Dešimtas skyrius. Mesijas ir pasaulio pabaiga 362
MESIJO ŠVIESA 362
KABALA IR MESIJAS 364
KAIP PAGREITINTI MESIJO ATĖJIMĄ ... 365

DETALUSIS TURINYS

LAIKO POJŪTIS 366
NEIŠSIPILDŽIUSIOS PRANAŠYSTĖS 367
KARAS IR IŠSIGELBĖJIMAS 368
TREČIOJI ŠVENTYKLA – IŠ PRADŽIŲ ŠIRDYSE,
PASKUI AKMENYJE 369
„KABALOS PASLAPČIŲ" ERA 369

Vienuoliktas skyrius. Kabalistinės sąvokos 371
KAS YRA DIEVAS? 371
PAGRINDINĖS SĄVOKOS 371
KAS YRA ŠVIESA? 372
KAS YRA DVASINGUMAS? 373
KAS YRA *GEMATRIJA*? 375
KAS YRA ATGAILA? 375
GYVENIMAS IR MIRTIS 376
KAS YRA MALONUMAS IR PASITENKINIMAS? 378
KĄ REIŠKIA JAUSTI PILNATVĘ? 379
KOKIUS VEIKSMUS ATLIEKA EKRANAS? 379
NUO KŪRĖJO IKI KŪRINIO 380
MALCHUT IR PASAULIS *EIN SOF* *381*
MALCHUT VYSTYMASIS 382
MALCHUT ŠVIESOS 383
SFIROT – KAS TAI? 384
VYSTYMOSI KRYPTYS 386
DVASINIS INDAS – KAS TAI? 386
TAISANTI ŠVIESA IR UŽPILDANTI ŠVIESA 389
DU EKRANAI 390
DVASINGUMAS IR MEILĖ ŽMOGUI 391
KAS YRA *BINA*? 391
KAS YRA 6000 METŲ? 392
DVASINIAI SUSKIRSTYMAI 392
SFIROT: JESOD IR *ZEIR ANPIN* *393*
KAS YRA SIELA? 394

455

KĄ REIŠKIA PRABUDIMAS IŠ APAČIOS? ...394
DVASINĖ JĖGA, VADINAMA „MESIJU" ...395
KAS YRA TIKRUMAS? ...395
KAS YRA DRAUGAS? ...396
KAS YRA KUKLUMAS? ...396
TEISUOLIAI IR BLOGIEJI ...397
KAS YRA TEISUOLIS? ...397
GĖRIS IR BLOGIS ...398
ŠVIESOS JĖGA ...398
KAS YRA BAUSMĖ? ...399
KAS YRA NUODĖMĖ? ...399
PASAULIO PABAIGA ...401
KAS YRA PRAGARAS ...401
KAS YRA ROJUS? ...402
LAIMĖ ...402
„GYVYBĖS MEDIS" IR „VIDINIAI APMĄSTYMAI" ...403

Dvyliktas skyrius. Įžvalgos ir mintys ...404
AR KŪRĖJAS EGZISTUOJA? ...404
AR KŪRĖJAS TURI KŪNĄ? ...404
KĄ TURĖČIAU PRISIMINTI? ...405
NUODĖMĖS KILMĖ ...405
AŠ AR JIS ...407
MOKYTIS IŠ KLAIDŲ ...407
KARAS DVASINIAME PASAULYJE ...408
TIESUOLIAI KRINTA PIRMIEJI ...409
SAVIŽUDYBĖ ...410
SUVOKTI TIKROVĘ ...410
VISATOS SISTEMA ...411
INSTINKTAS ...411
POVEIKIS GAMTAI ...412
ATSAKYMAS MOKSLININKUI ...414
AR ŽMOGUS KILO IŠ BEŽDŽIONĖS? ...414

DETALUSIS TURINYS

KABALISTO MIRTIS 417
AR VISA GAMTA EGZISTUOJA MANYJE? 419
KUR YRA SIELA? 420
GYVENIMAS – ŽAIDIMAS, MES – ŽAISLAI 421
ŽMONĖS-ROBOTAI KABALOJE 422
VEGETARIZMAS 423
FIZINĖS FORMOS PALAIKYMAS 424
FIZINIS VYSTYMASIS IR JO TIKSLAS 425
MADA IR APRANGA – IŠ APVALKALŲ IR IŠ
ŠVENTUMO 425
MENAS IR DVASINGUMAS 426
KABALOS POŽIŪRIS Į MENĄ RELIATYVUS 427
LITERATŪRA IR KABALA 427
VAIZDUOTĖ 428
KABALISTINĖ MUZIKA 429
ĮTAKA 429
DVASINIAME PASAULYJE NĖRA PRIEVARTOS 430
DALYTIS JAUSMAIS 430
KABALA IR VAIKAI 431
ŠEIMOS IRIMAS 431
DVASINIS TOBULĖJIMAS 434
TAISYMASIS PER LIGAS 434
NUO KANČIŲ Į KŪRIMO TIKSLĄ 437
TIKĖTIS GERO – LAIKO ŠVAISTYMAS 438
MEILĖ 439
RIBOTOS GALIMYBĖS VEIKTI 440
BENDRUMAS 440
SĄLYGINĖ ŠEIMA 441
BENDRAS VISUOMENĖS EGOIZMAS 442
NAUJAS POŽIŪRIS Į GEROVĘ 442

KITOS MŪSŲ KNYGOS

„Kabala be paslapčių: Paprasto žmogaus vadovas į ramesnį gyvenimą" („Kabbalah Revealed: Te Ordinary Person's Guide to a More Peaceful Life")

Ši knyga – aiškus, suprantamas vadovas supančiam pasauliui pažinti, kartu įgyjant vidinę ramybę. Kiekvienas iš šešių knygos skyrių skirtas nagrinėti skirtingiems kabalos aspektams, naujai pristatant šį seną mokymą, kuris taip dažnai buvo apipinamas mistika ir klaidingomis nuostatomis. Subtili, tačiau gili idėja susieja knygos skyrius į vientisą, tvirtą visumą.

Pirmuosiuose trijuose šios knygos skyriuose skaitytojui paaiškinama, kodėl pasaulis šiandien išgyvena krizę, parodoma, kaip mūsų augantys norai skatina progresą bei susvetimėjimą, ir kodėl svarbiausias teigiamų pokyčių stabdys slypi mūsų pačių sielose.

Kituose skyriuose patariama, kaip pasiekti teigiamus pokyčius. Juose sužinome, kaip patys, pasitelkdami savo vidines jėgas, galime susikurti saugų, esantį darnoje su visa Kūrinija gyvenimą.

Pirmą sykį plačiam skaitytojų ratui amžinus kabalos principus išdėsto kabalistas, mokslų daktaras Michaelis Laitmanas. „Kabala be paslapčių" skirta tiems, kurie siekia esminių pokyčių asmeniniu, visuomeniniu ir pasauliniu mastu.

„Pagrindinės kabalos sąvokos" („Basic Concepts in Kabbalah: Expanding Your Inner Vision")

Skaitydamas šią knygą žmogus įgyja iki šiol neturėtus vidinius stebėjimus ir požiūrius į tikrovę. Ši knyga skirta dvasinėms sąvokoms apmąstyti. Priklausomai nuo mūsų dalyvavimo dvasiniuose procesuose, atskleidžiame mus supančią dvasinę struktūrą, tarytum migla išsisklaidytų.

„Aukštesniųjų pasaulių suvokimas" („Attaining the Worlds Beyond")

Ši knyga – pirmasis žingsnis atskleidžiant dvasinio pakilimo malonumą, pasiekiamą šiame gyvenime. Knyga skiriama tiems, kurie ieško atsakymų, logiško ir patikimo būdo pasaulio reiškiniams suprasti. Šis nuostabus įvadas į kabalos mokslą suteikia naują suvokimą, kuris nušviečia protą, sujaudina širdį ir veda skaitytoją į jo sielos gelmes.

„Iš chaoso į harmoniją: visuotinės krizės sprendimas pagal kabalos mokslą" („From Chaos to Harmony: Te Solution to the Global Crisis According to the Wisdom of Kabbala")

Ši knyga atskleidžia veiksnius, skatinančius pavojingą padėtį šiandieniniame pasaulyje. Daugybė mokslininkų ir tyrinėtojų pripažįsta, kad visų žmonijos problemų priežastis – žmogaus egoizmas. Tačiau mokslininkas kabalistas Michaelis Laitmanas šioje naujoviškoje knygoje ne tik parodo, kad egoizmas yra žmonijos kančių per visą istoriją šaltinis, bet ir atskleidžia, kodėl egoizmas verčia mus kentėti ir kaip sunkią padėtį paversti malonumu, o sunkumus – galimybėmis.

Knyga sudaryta iš dviejų dalių. Pirmiausia analizuojama žmogaus siela, jos struktūra bei visų žmogaus nelaimių priežastis. Knygoje taip pat rašoma, ką turime daryti, kad vėl taptume laimingi, ir ko turėtume vengti, kad nekentėtume dar daugiau.

Knygoje autorius analizuoja žmonijos būseną, remdamasis praeities ir šiandienos kabalistais bei moksliniais pavyzdžiais. Ši knyga pabrėžia, kad mes ne tik galime, bet ir privalome kartu pakilti į naują egzistencijos lygmenį, ir paaiškina, kaip pasiekti šį tikslą asmeniniu, socialiniu, nacionaliniu ir tarptautiniu mastu.

„Pabusti kabalai"
(„Awakening to Kabbalah: Te Guiding Light of Spiritual Fulfillment")

Šioje išskirtinėje, asmeninėje, stebinančioje įžangoje į senovinį kabalos mokymą

M. Laitmanas (didžio kabalisto Barucho Ašlago, Jehudžio Ašlago sūnaus, mokinys) nuodugniau supažindina su šiuo fundamentiniu mokymu ir tuo, kaip pasitelkdami šią išmintį, galime paaiškinti tarpusavio santykius, santykį su supančiu pasauliu.

Pasitelkdamas ir mokslinę, ir poetinę kalbą, autorius kelia esminius dvasingumo, egzistencijos klausimus. Ši provokuojanti, unikali knyga įkvėps, suteiks jėgų matyti pasaulį, koks jis yra, suvokti kasdienio gyvenimo ribotumą, priartėti prie Kūrėjo ir atverti naujas savo sielos gelmes.

„Kabala, mokslas ir gyvenimo prasmė"
(„Kabbalah, Science and the Meaning of Life: Because your life has meaning")

Ši knyga ne tik brėžia mums žinomų mokslų vystymosi gaires (pavyzdžiui, I. Niutono, A. Einšteino teorijos), bet eina toliau – pristatomas kabalos mokslas, kuriuo remiantis galima pažinti paslėptas nuo mūsų realybės dalis, apie kurių egzistavimą šiandien pradeda kalbėti mokslininkai.

Visi kiti mokslai tyrinėja mums juntamą pasaulio dalį, o kabala moko, kaip mumyse vykstantys spontaniški pokyčiai veikia mus supančią tikrovę. Kabalos mokslas įgalina valdyti ir kontroliuoti šiuos pokyčius ir taip keičia mūsų pasaulį į gerąją pusę.

„Kabalos kelias"
(„The Path of Kabbalah: Revealing the Hidden Wisdom")

„Neturėsi kitų dievų, tiktai mane" (Išėjimo knyga 20, 3). Šis įsakymas – kabalos išminties pagrindas, nes kabalistai žino, kad vienintelė tikroji realybė – tai Jo Esmė, Aukštesnioji Jėga. Kai priimame šią koncepciją, mums iš tikrųjų atsiveria kiekvieno žmogaus, kiekvienos tautos, viso pasaulio laisvės perspektyvos.

Nors šioje knygoje daugiausia kalbama apie realybės struktūrą ir jos suvokimą, mus patraukia už šių temų besislepiantis pasakojimas apie žmogaus sielą: apie tave ir mane, apie visus mus. Ji apie tai, kas buvome, kas esame ir kas būsime.

„Kabalos mokslas"
(„The Science of Kabbalah")

Tai pirmoji serijos knyga, kurioje Michaelis Laitmanas, mokslininkas ir kabalistas, supažindina skaitytojus su ypatinga kabalos kalba ir terminologija. Joje autorius racionaliai ir brandžiai atskleidžia autentišką kabalą. Skaitytojai pamažu supranta logišką pasaulio ir gyvenimo planą.

„Kabalos mokslas" – revoliucingas veikalas, neprilygstamas savo aiškumu, gilumu ir racionalumu. Jis leis skaitytojui pasirengti kitiems, techniškesniems Baal Sulamo (Jehudis Ašlagas) darbams, pavyzdžiui, „Mokymui apie dešimt *sfirot*" ir *Zohar*.

Mokslininkai ir filosofai susižavės paaiškinimais, paprastas žmogus ras atsakymus į gyvenimo mįsles, kurias įspėti tegali kabala. O dabar, keliauk puslapiais, nusiteikęs nepakartojamai kelionei į Aukštesniuosius pasaulius.

„Įvadas į knygą *Zohar*"
(„Introduction to the Book of Zohar")

Tai yra antroji serijos knyga, kuri paruoš skaitytoją suvokti paslėptą *Zohar* prasmę. Greta daugybės kitų naudingų temų, aptartų šiame „Kabalos mokslą" papildančiame vadovėlyje, skaitytojas supažindinamas su „šakų ir šaknų kalba", be kurios *Zohar* – ne daugiau nei legenda ar pasakojimas. „Įvadas į knygą *Zohar*" neabejotinai padės skaitytojams suprasti tikrąją kabalą, kokia ji buvo sumanyta iš pradžių, – kaip priemonė Aukštesniesiems pasauliams suvokti.

http://www.kabbalahbooks.info

Michael Laitman
RAKTAS Į KABALĄ
Klausimai ir atsakymai
Iš anglų kalbos vertė *Asta Čepukaitė*
Kalbos redaktorė *Vitalija Dalmantaitė*
Specialioji redaktorė *Lėja Goldberg*
Korektorės *Aistė Širvinskienė, Laura Čaplinskaitė*
Viršelio dailininkas *Richard Aquan*
Maketavo *Jurga Morkūnienė*

T

www.ingramcontent.com/pod-product-compliance
Lightning Source LLC
Chambersburg PA
CBHW072043110526
44590CB00018B/3012